Europa um 1900 / Europa um 2000

d|u|p

Europa um 1900 / Europa um 2000

Herausgegeben von

Hein Hoebink

d|u|p

Bibliografische Information der Deutschen Nationalbibliothek
Die Deutsche Nationalbibliothek verzeichnet diese Publikation in der
Deutschen Nationalbibliografie; detaillierte bibliografische Daten sind
im Internet über http://dnb.dnb.de abrufbar.

© düsseldorf university press, Düsseldorf 2015
http://www.dupress.de
Umschlaggestaltung: Hannah Reller, Düsseldorf
Titelbild: „Un Dimanche à la Grande Jatte" (1884–1886) von Georges Seurat,
    The Art Institute of Chicago
Layout und Satz: STÜTTGEN | Lektorat · Satz · Druck, Jüchen
Herstellung: docupoint, Barleben

ISBN 978-3-95758-004-7

Inhalt

Hein Hoebink, Düsseldorf
Zur Einführung — 7

Horst A. Wessel, Düsseldorf
Europäische Kooperationen. Die Kartelle der Elektrotechnischen
Industrie sowie der Eisen- und Stahlindustrie vor 1945 — 39

Susanne Hilger, Düsseldorf
Unternehmen als Wegbereiter der Integration? Grenzüberschreitende
Kooperationen und Fusionen großer Konzerne in Europa nach dem
Zweiten Weltkrieg — 89

Heinz-Dieter Smeets und Anita Schmid, Düsseldorf
Europäischer Außenhandel zwischen regionaler Integration und
Globalisierung — 107

Mathias Mutz, Aachen
Energieströme in Europa 1900/2000. Vom transnationalen Ressourcen-
zum Energiehandelsnetz — 129

Christian Henrich-Franke, Siegen
Kommunikation und Verkehr über die Grenzen europäischer
Nationalstaaten hinweg — 161

Guido Thiemeyer, Cergy-Pontoise/Düsseldorf
Währungspolitik mit europäischen Nachbarstaaten. Das 19. und
20. Jahrhundert im Vergleich — 179

Alexander Proelß, Trier
Europa um 1900/um 2000: Vom Völkerrecht des „englischen Zeitalters"
zum supranationalen Recht der Europäischen Union — 201

Hein Hoebink, Düsseldorf
Formen und Möglichkeiten grenzüberschreitender Verbrechensbekämpfung –
unter besonderer Berücksichtigung der deutsch-niederländischen Grenze — 219

Armin Heinen, Aachen
Die Europäisierung der Lebenswelten und die Entnationalisierung der
deutschen Geschichtsschreibung: Durchbrochener nationaler Blick 1900,
ausdifferenzierte europäisierte Historiographie heute   255

Christoph Cornelißen, Frankfurt am Main
Die Diskussion der Intellektuellen und Wissenschaftler über Europa:
um das Jahr 1900/um das Jahr 2000   277

Kiran Klaus Patel, Maastricht
Europa in der Welt. Das Beispiel der transatlantischen Beziehungen   295

Autorinnen und Autoren   315

Anhang zu den Ausführungen in der Einführung   318

Zur Einführung

von Hein Hoebink, Düsseldorf

1 Zum Thema

Wer sich über Entwicklungen und Strukturen, markante Kennzeichen und das hervorstechende Profil des europäischen 19. Jahrhunderts mit Hilfe der rezenten geschichtswissenschaftlichen Literatur einen Überblick zu verschaffen sucht, wird leicht gewahr werden, dass mit dem von Immanuel Kant reklamierten Austritt der Menschen aus ihrer selbstverschuldeten Unmündigkeit,[1] unterstützt durch eine Auslegung herkömmlicher Naturrechte als allgemeine, wenn man so will: global geltende Menschen- und Bürgerrechte[2] sowie durch die von der amerikanischen Unabhängigkeitserklärung (1787) und die amerikanischen Bills of Rights vom 25.9.1789[3], die Französische Revolution und die französischen Revolutionsverfassungen der Jahre 1791[4] angestoßenen Veränderungen in den politischen Systemen der europäischen Staaten[5] ein Zeitalter selbstbewussten Umgangs mit individuellen Eigenheiten und Eigenschaften seinen Lauf nahm. Freiheit zur Entfaltung der eigenen Persönlichkeit zu genießen, wurde zu einer Grundforderung des langen 19. Jahrhunderts, verbunden mit einer „neuen Qualität von Freiheit"[6], wie der Rechtshistoriker (u. a.) Diethelm Klippel schreibt. Dieses Novum ergab sich aus der Überführung von Freiheitsrechten in den Kontext von Verfassungen „im modernen Sinn"[7] und damit in Verfas-

---

[1] S. die Darlegungen Kants zur „Beantwortung der Frage: Was ist Aufklärung?" in der Berliner Monatsschrift des Jahres 1784, S. 481–494 (481), in: Deutsches Textarchiv, im Internet unter: www.deutschestextarchiv.de/book/format/html/kant_aufklaerung_1784?hyphenation=1&normalize=0&fw=1&marginals=1&footnotes=1&textwidth=0&format=html (Stand: 23.9.2014).

[2] Vgl. Diethelm Klippel, Verfasste Freiheit. Die Entdeckung der Freiheitsrechte als Verfassungsprinzip im 18. und 19. Jahrhundert, in: Paul-Joachim Heinig u. a. (Hrsg.), Reich, Regionen und Europa in Mittelalter und Neuzeit. Festschrift für Peter Moraw, Berlin 2000, 149–169 (161).

[3] Ende der frühen Ratifikationen: 15.12.1791.

[4] Und später.

[5] S. dazu auch Klippel, S. 149, 151, 152, 154–158.

[6] Klippel. S. 154.

[7] Klippel, S. 154.

sungen, die auf drei juristischen Säulen aufbauten, aber damit gleichwohl für die Lebenspraxis der Menschen – unabhängig von ihrem Geschlecht, ihrer Religion, ihrer jeweiligen Nationalität, ihrer sozialen Stellung, ihrer Bildung oder auch ihrem Alter – noch keine festen, realitätsnahen Vorgaben machten:

1. Gewährleistung von Freiheitsrechten
2. Achtung der Volkssouveränität und der darauf aufbauenden Teilhaberechte an der politischen Herrschaft
3. Anerkennung der Gewaltenteilung nach Funktionen.[8]

Im Zeichen „verfasster Freiheit"[9] in den europäischen Staaten mit unterschiedlichen Regierungs- und Staatsformen entwickelten sich neue Formen der politischen Teilhabe. Daran wirkte eine Ausbreitung der Presse ebenso mit wie es politische Zirkel, Vereine oder Parteien taten, vor allem aber eine regional unterschiedliche und zeitlich in verschiedenen Phasen sich vollziehende Erweiterung des Wahlrechtes erwachsener Männer (in aller Regel), so dass Jörg Fisch in einem illustrativen Schaubild für das Jahr 1914 resümierend festhalten kann, dass der sich im 19. Jahrhundert tendenziell verstärkende Prozess der Demokratisierung bei Beginn des Ersten Weltkrieges darin gipfelte, einer Gruppe von Männern, die in den meisten europäischen Staaten mehr als 20 % der Bevölkerung ausmachte, ein vorgeblich allgemeines oder doch wenigstens ein beschränktes Wahlrecht einzuräumen. Rechtliche Gleichstellung war dabei eine hart erfochtene Voraussetzung, ohne deshalb in der politischen Praxis die vielen Hindernisse politischer Gleichheit bei der Stimmabgabe tatsächlich zu beseitigen.[10]

Die Praxis der von mannigfachen Fort- und Rückschritten begleiteten europäischen Demokratisierung – zugunsten einer umfassenden Sicherung und Verfestigung individueller verfassungsmäßig verankerter Freiheitsrechte – erhielt durch den vergrößerten Regelungsbedarf, den der Anstieg der europäischen Bevölkerung von 267,6 Millionen im Jahr 1850 auf 398,7 Millionen im Jahr 1900 und 447,8 Millionen im Jahr 1910[11] mit sich brachte, einen in be-

---

[8] Vgl. Klippel, S. 152.
[9] Klippel, S. 149.
[10] Vgl. Jörg Fisch, Europa zwischen Wachstum und Gleichheit 1850–1914, Stuttgart 2002, S. 280–282 (Handbuch der Geschichte Europas, 8. Bd.).
[11] Vgl. Fisch, S. 252. In seiner Bevölkerungsgeschichte Europas (von den Anfängen bis in die Gegenwart, Wien, Köln, Weimar 2012) gibt Andreas Weigl auf Seite 22 an, die

Zur Einführung

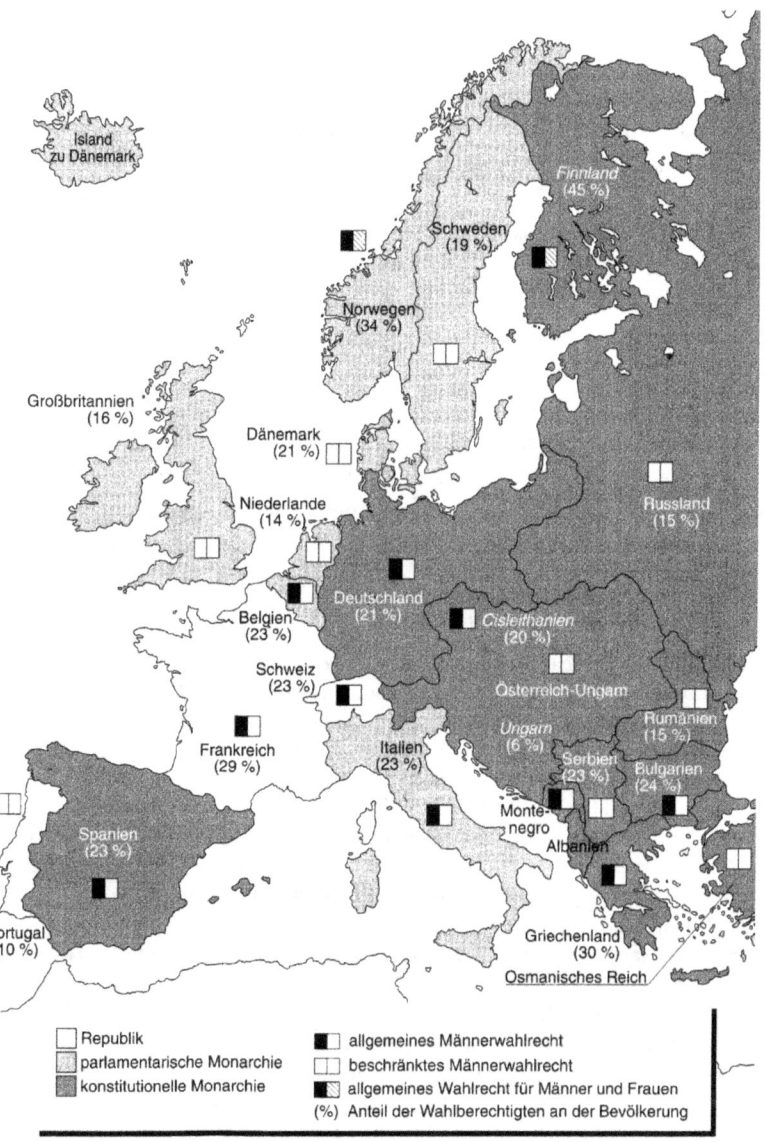

Abb. 1: Staatsformen und Wahlrecht in Europa 1914 (aus: Jörg Fisch, Europa zwischen Wachstum und Gleichheit 1850–1914, Stuttgart 2002, S. 276 [Handbuch der Geschichte Europas, 8. Band])

sonderer Weise herausfordernden Akzent. Darüber hinaus nötigte der durch eine fortschreitende Industrialisierung veranlasste Wandel der europäischen Gesellschaft von einer Stände- zur Klassengesellschaft[12] neue Maßnahmen sozialer Sicherung menschlicher Freiheitsrechte ab, insbesondere, seitdem sie im letzten Viertel des 19. Jahrhunderts „massenhaft" mit politischen Forderungen verbunden wurden und der Aufstieg des Sozialismus von den 90er Jahren an ein „Zeitalter neuer politischer Strategien"[13] kreierte, in dem nicht die Stabilität, wohl aber die Selbstgewissheit einer – liberalen – bürgerlichen Gesellschaft infrage gestellt wurde[14].

Die Freiheit, unter wechselnden Bedingungen auf differenten Wirklichkeitsfeldern zu sich selbst zu finden und sich emanzipatorisch selbst zu leben, galt im europäischen 19. Jahrhundert nicht nur als ein konstitutionelles Individualrecht. Anders gesagt: so, wie sich verschieden nach Theorie und Praxis, nach Regionen und jeweiligen Entwicklungsstadien die Bürger in Europa frei würden entfalten können, so sollten sich ebenso die von einem gemeinsamen politischen Willen zum Zusammenhalt auf einem bestimmten Territorium, von gemeinsamen Erinnerungen, gemeinsamer Geschichte, gemeinsamer Kultur, gemeinsamer Abstammung[15] und gegebenenfalls auch einer gemeinsamen Religion[16] geprägten

Bevölkerung Europas habe im Jahr 1800 bei 196 Millionen gelegen und im Jahr 1900 bei 422 Millionen. Zur Ergänzung: 1850 hatte Deutschland 33, 7 Millionen Einwohner, Frankreich 35,8 Millionen, Großbritannien 20,8 Millionen, Italien 23,9 Millionen und Russland 57,2 Millionen. 50 Jahre später, im Jahr 1900, wurden für Deutschland 56,7 Millionen, für Frankreich 39,0 Millionen, für Großbritannien 37,0 Millionen, für Italien 32,4 Millionen und für Russland 99,5 Millionen Bewohner verzeichnet. In den zehn folgenden Jahren erhöhte sich dann die jeweilige Bevölkerungszahl wie folgt: Deutschland 64,9 Millionen, Frankreich 39,2 Millionen, Großbritannien 40,9 Millionen, Italien 34,7 Millionen und Russland 130,8 Millionen (alle Angaben nach Fisch, S. 252).
[12] Vgl. Fisch, S. 259.
[13] Eric J. Hobsbawn, Die Politik der Demokratie, in: Eric J. Hobsbawn, Das imperiale Zeitalter 1875–1914, Frankfurt a. M. 1995, S. 113–145 (131).
[14] Vgl. Hobsbawn, S. 132, 135.
[15] Klaus J. Bade spricht vom „ethnischen Nationalismus des späten 19. und beginnenden 20. Jahrhunderts", in: Klaus J. Bade, Geschichte in Bewegung. Migration vom späten 18. Jahrhundert bis zur Gegenwart, München 22002, S. 186; dazu auch Eric J. Hobsbawn, Mit klingendem Spiel: Nationen und Nationalismus, in: Eric J. Hobsbawn, Das imperiale Zeitalter 1875–1914, Frankfurt a. M. 1995, S. 181–207 (186).
[16] Vgl. Heinrich August Winkler, Der lange Weg nach Westen. Deutsche Geschichte 1806–1933, Bonn 2006, S. 176, 285; Hobsbawn (Mit klingendem Spiel [S. 189]) bezeichnet die „Nation" als die „neue Bürgerreligion der Staaten".

Zur Einführung

Gesellschaften in Europa frei entfalten können.[17]

Die auf die Gründung und/oder Förderung der Nation ausgerichteten gesellschaftlichen „nationalistischen"[18] Bewegungen suchten bis gegen Ende des 19. Jahrhunderts[19] die Anerkennung des „Nationalitätenprinzips"[20] durch den diesbezüglich über viele Jahrzehnte eher widerläufigen Staat zu erreichen. Danach nutzte der nach Weltgeltung strebende Staat die „nationalistischen" Bewegungen, um jeweils nach innen die Gesellschaft im je eigenen Sinn zu homogenisieren und um sich nach außen gegen „Außenlagen"[21]; wie es bei Friedrich H. Tenbruck heißt, abzugrenzen.

Wo immer es möglich war, forcierten die sich jeweils auf eine Nation berufenden europäischen Nationalstaaten ihre imperialen Ansprüche[22] und gründeten außereuropäische Kolonialreiche, ohne deshalb im Wettbewerb miteinander ihren europäischen Kern aufzugeben – „Europa" mit Jürgen Osterhammel „irgendwie als historische Einheit" und „im Prinzip" als „einförmiger, dabei aber in sich differenzierter Lebensraum"[23] betrachtet.

---

[17] Vgl. in der langen Liste von Veröffentlichungen zur Nation, zum Nationalismus und zum Nationalstaat beispielhaft nur die Arbeiten von Ernest Renan, Was ist eine Nation? (in: Hagen Schulze, Ina Ulrike Paul (Hrsg.), Europäische Geschichte, Quellen und Materialien, München 1994, S. 1173–1176), Dieter Langewiesche, Nationalismus im 19. und 20. Jahrhundert: zwischen Partizipation und Aggression (Bonn 1994), Eric J. Hobsbawn, Mit klingendem Spiel (S. 181–207), Heinrich August Winkler, Die Wandlung des Nationalismus: 1871–1890 (in: Winkler, Der lange Weg nach Westen, S. 213–265 [214 f.]).

[18] So Hobsbawn in seinem Buch über „Das imperiale Zeitalter".

[19] Bei Hobsbawn (Mit klingendem Spiel, S. 181) ist vom Jahr 1880 die Rede. Auf Seite 184 spricht der Autor allerdings vom beträchtlichen Ansteigen nationalistischer „Bewegungen in Europa seit 1870".

[20] Hobsbawn, Mit klingendem Spiel, S. 182.

[21] Friedrich H. Tenbruck, Gesellschaftsgeschichte oder Weltgeschichte?, in: Kölner Zeitschrift für Soziologie und Sozialpsychologie, 41. Vol., 2. No., 1989, S. 417–439 (423).

[22] Jürgen Osterhammel (Die Verwandlung der Welt. Eine Geschichte des 19. Jahrhunderts, München 2009, S. 146) konstatiert: „Im sogenannten ‚Zeitalter der Nationalstaaten' waren die größten und wichtigsten Akteure Imperien"; vgl. zudem Eric J. Hobsbawn, Das imperiale Zeitalter, in: Hobsbawn, das imperiale Zeitalter 1875–1914, S. 79–111 (80).

[23] Osterhammel, S. 144. Im Hinblick auf die von Jörg Fisch für diesen Beitrag übernommene Abbildung 13: „Staatsformen und Wahlrecht in Europa 1914", seine Tabelle 16: „Zielgebiete der europäischen Exporte 1850–1910" sowie die Tabelle 17: „Herkunftsgebiete der europäischen Importe 1850–1910" (beide Tabellen S. 343) sei auch angegeben, dass sein politisches, von Fall zu Fall mehr oder weniger umfänglich kooperierendes Europa folgende Staaten umfasst: Frankreich, Deutschland, Österreich-Ungarn bzw. Ös-

Das führte – im Übrigen trotz der langen Friedenszeit, die wenigstens Westeuropa zwischen 1871 und 1914 erlebte – zu einer „fortschreitenden Militarisierung der Politik"[24], zudem zu einem durch technische Neuerungen und Erfindungen verschärften Wettrüsten.[25]

Das explosive Gegeneinander und die innere Entwicklung der Nationalstaaten haben in der wissenschaftlichen Geschichtsdarstellung des europäischen 19. Jahrhunderts ein umfängliches Echo erfahren. Sie wurden, offenbar der „Tradition des Historismus"[26] entsprechend, immer wieder ausgiebig thematisiert, so dass der Eindruck entstehen konnte, wie Ulrich Herbert in seiner „Geschichte Deutschlands im 20. Jahrhundert"[27] hervorhebt, der europäische Nationalstaat bilde quasi den „natürlichen Aggregatszustand der historischen Entwicklung ab"[28], dem gegenüber „Konvergenz und Vereinheitlichung" in Europa allenfalls als „nachgeordnet"[29] zu behandeln seien. Diese Blickverengung und Blickverzerrung der vermeintlichen „klassischen" Moderne hat und hatte weitreichende Folgen, behinderte sie doch die Verfertigung, Sammlung und Bewahrung von Materialien, die originär über die vielfältigen Formen der grenzüberschreitenden Verflechtungen ausgiebig und detailliert hätten Auskunft zu geben vermögen. Aus diesem bedauerlichen Sachverhalt lassen sich Lücken der europäischen Geschichtsschreibung herleiten, die zu schließen nur auf neuen Wegen und unter Erschließung neuer Zugänge versucht werden kann.

Die weitreichendsten Bemühungen, in das schlecht bestellte Feld der europäischen Historiographie des langen 19. Jahrhunderts vorzudringen, kommen

---

terreich und Ungarn, Russland, Dänemark, Schweden, Norwegen, die Niederlande, Belgien, Luxemburg, die Schweiz, Italien, Spanien, Portugal, Serbien, Rumänien, Bulgarien, Griechenland und das Osmanische Reich. Vgl. zur Übersicht das Inhaltsverzeichnis bei Fisch, S. 5–10 (5–8) und S. 99, Anm. 1.

[24] Theodor Schieder, Europäische Mächtepolitik nach 1871, in: Theodor Schieder, Staatensystem als Vormacht der Welt 1848–1918, Frankfurt a. M., Berlin, Wien 1982, S. 219–306 (225). Des Näheren dazu auch Matthias Schulz, Das 19. Jahrhundert (1789–1914), Stuttgart 2011, S. 193–285.

[25] Vgl. Osterhammel, S. 568 und 567; Eric J. Hobsbawn, Vom Frieden zum Krieg, in: Hobsbawn, Das imperiale Zeitalter 1875–1914, S. 379–409 (385).

[26] Ulrike von Hirschhausen, Jörn Leonhard, Europäische Nationalismen im Ost-West-Vergleich: Von der Typologie zur Differenzbestimmung, in: Ulrike von Hirschhausen, Jörn Leonhard (Hrsg.), Nationalismen in Europa, Göttingen 2001, S. 11–45 (!").

[27] München 2014.

[28] Herbert, S. 11.

[29] Herbert, S. 11.

Zur Einführung

bezeichnenderweise aus dem Bereich der Wirtschafts- und Sozialgeschichte, obwohl auch Wolfram Fischer in der von ihm herausgegebenen „Europäischen Wirtschafts- und Sozialgeschichte von der Mitte des 19. Jahrhunderts bis zum Ersten Weltkrieg"[30] festhalten muss:

> Die europäische Wirtschaft als Ganzes zu erfassen, ist schwieriger, als die einzelnen Volkswirtschaften zu analysieren. Das hat einen einfachen Grund: Alle dafür notwendigen Grunddaten, ob es sich dabei um die landwirtschaftliche oder industrielle Produktion, um die Ausdehnung und Leistung des Verkehrsnetzes, den Handel oder Kreditverkehr handelt, sind nur innerhalb der Einzelstaaten erhoben worden, und auch die mit Hilfe theoretischer Vorgaben errechneten und geschätzten gesamtwirtschaftlichen Größen wie das Bruttosozialprodukt, das Volkseinkommen, die Kapitalbildung, der Beitrag des technischen Fortschritts zum Wachstum oder die Konjunkturverläufe beziehen sich fast immer auf staatlich umgrenzte Volkswirtschaften.

Die sich an diese Ausführungen anschließende Frage nach einer europäischen Wirtschaftseinheit im 19. Jahrhundert beantwortet Fischer ausdrücklich weder mit Ja noch mit Nein.[31] „Selbstverständlich überschritten die Technik, der Handel, das Kapital und auch Arbeitskräfte die nationalen Grenzen, kooperierten Regierungen und Zentralbanken, aber eine einheitliche europäische Wirtschaftspolitik gab es nicht".[32] Trotzdem drifteten die nationalstaatlichen Wirtschaften – mit unterschiedlichem Rhythmus und mit unterschiedlicher Stärke – tendenziell aufeinander zu, modernisierten „alle Lebensverhältnisse"[33] und lancierten das Wachstum von Industrie und Handel, bei fallendem Gewicht ihrer Landwirtschaft.[34] Kooperative Regelungen des wirtschaftlichen Austausches durch verschiedene Regierungen in Europa waren an der Tagesordnung,[35] darüber hinaus unternehmerische Absprachen und Vereinbarungen.[36] Es galt, den technischen Fortschritt im Nachrichten- und Verkehrswesen zu nutzen,

---

[30] Stuttgart 1985, S. 100.
[31] Vgl. Wolfram Fischer (Hrsg.), Europäische Wirtschafts- und Sozialgeschichte von der Mitte des 19. Jahrhunderts bis zum Ersten Weltkrieg, Stuttgart 1985, S. 101 (Handbuch der europäischen Wirtschafts- und Sozialgeschichte, 5. Bd.).
[32] Fischer, S. 101.
[33] Fischer, S. 101.
[34] Vgl. Fischer, S. 101 f.
[35] Vgl. Fischer S. 102.
[36] Vgl. Fischer S. 102 f.

Jahr	Europa	Nordamerika	Südamerika	Asien	Afrika	Ozeanien	Total
1850	67,6	12,2	8,9	7,9	2,6	0,8	100,0
1860	67,5	9,1	7,7	10,0	3,2	2,5	100,0
1870	70,6	9,2	6,8	9,6	2,1	1,7	100,0
1880	72,2	8,4	6,0	8,6	2,5	2,3	100,0
1890	69,5	8,5	7,2	9,1	3,0	2,8	100,0
1900	71,1	6,7	5,3	9,8	4,4	2,7	100,0
1910	67,8	7,6	7,5	9,8	4,8	2,4	100,0

Tab. 1: Zielgebiete der europäischen Exporte 1850–1910

Jahr	Europa	Nordamerika	Südamerika	Asien	Afrika	Ozeanien	Total
1850	62,4	13,3	8,2	12,3	2,3	1,4	100,0
1860	61,0	14,3	7,8	12,1	3,2	1,7	100,0
1870	68,1	10,5	7,6	9,3	2,6	1,9	100,0
1880	64,7	16,2	6,1	8,1	2,7	2,2	100,0
1890	64,7	14,5	6,1	9,1	3,0	2,5	100,0
1900	60,7	18,4	6,5	8,6	3,1	2,7	100,0
1910	60,0	14,0	8,2	10,0	4,5	3,4	100,0

Tab. 2: Herkunftsgebiete der europäischen Importe 1850–1910 (aus: Jörg Fischer, Europa zwischen Wachstum und Gleichheit 1850–1914, Stuttgart 2002, S. 343 [Peter Blickle (Hrsg.), Handbuch der Geschichte Europas. 8 Bd.])

Patente – gerade in den neuen Wachstumsindustrien Chemie- und Elektroindustrie – zu schützen[37] und sich im technischen Know-how auf dem Laufenden zu halten.[38] Grenzüberschreitende Informationen waren im Rahmen einer „Verflechtung der europäischen Wirtschaft"[39] Voraussetzung für grenzüberschreitende Kapitalinvestitionen[40] und ebenso für einen intensiven Warenaustausch.

1913 machte der Warenhandel zwischen sieben industrialisierten Ländern Europas – Großbritannien, Frankreich, Deutschland, Belgien, Italien, Österreich und der Schweiz – nicht weniger als ein Drittel des gesamten Welthandels an Indus-

---

[37] Vgl. Fischer, S. 104.
[38] Vgl. Fischer, S. 104.
[39] Fischer, S. 104.
[40] Vgl. Fischer, S. 104.

Zur Einführung

Abb. 2: Die EWG/EG/EU und ihre Erweiterungsrunden 1973 bis 2013 (Karte nach Maximilian Dörrbecker (Chumwa), unter https://de.wikipedia.org/wiki/Erweiterung_der_Europäischen_Union#/media/File:Karte_EU-Erweiterungen.png; Stand: 15.06.2015)

trieprodukten aus, und von den Exporten dieser Länder ging jeweils mehr als die Hälfte in die sechs anderen.[41]

Zwischenbilanz: die politischen und wirtschaftlichen Freiheiten, die im Verlauf des 19. Jahrhunderts von Bürgern erkämpft wurden, brachten innerhalb der ent-

---
[41] Fischer, S. 104.

standenen Nationalstaaten konfliktreiche Herausforderungen mit sich und nach außen aggressive Bestrebungen um imperiale Weltgeltung, aber gegen Ende des 19. und zu Beginn des 20. Jahrhunderts auch einen beachtlichen wirtschaftlichen Austausch unter den europäischen Staaten sowie mannigfache grenzüberschreitende Kooperationen. Details harren der näheren Beschreibung und Analyse, weil die dazu erforderlichen Dokumente sich aufgrund nationalstaatlicher Obsessionen als sperrig erweisen.

Sieht man von dem aus heuristischen Gründen eingenommenen Standpunkt einer Zeit um 1900 aus auf den ebenso unter heuristischen Erwägungen bezogenen, 100 Jahre entfernt liegenden Gegenpol der Zeit um 2000 im nunmehr vereinten und zur organisatorischen Erleichterung und Förderung auch institutionalisierten Europa, um die in der Geschichte der europäischen Integration erbrachten Leistungen besser ausleuchten und bewerten zu können, so ergeben sich gerade aus dieser historischen Zusammenschau heraus zahlreiche erhellende Aspekte, wie sie nur durch einen historischen Vergleich möglich sind.

In der Zeit der Wende zum dritten Jahrtausend genoss die Achtung vor den Menschenrechten in den 15 Mitgliedstaaten der Europäischen Union, die hier im Wege einer konzentrierenden Selektion in den Fokus gerückt werden, eine allgemeine Anerkennung, ohne dass deshalb Interpretationsspielräume und manchmal auch ärgerliche Umsetzungshemmnisse ausgeschlossen waren.

Das hängt damit zusammen, dass alle Mitgliedstaaten der Europäischen Union (EU) nach und nach Mitglieder der Vereinten Nationen geworden waren, deren Generalversammlung bereits am 10.10.1948 eine Allgemeine Erklärung der Menschenrechte verabschiedet hatte und damit ein unübersehbares politisches Signal[42] setzte, ohne jedoch eine völkerrechtliche Verbindlichkeit zu erreichen.[43] Außerdem waren alle Mitgliedstaaten der EU auch Mitglieder des Straßburger Europarates, der im Jahr 2000 insgesamt 41 Mitglieder zählte. Er hatte bereits am 4.11.1950 in Rom die Unterzeichnung einer „Konvention zum Schutz der Menschenrechte und Grundfreiheiten" inszeniert, an die die Mitglieder der Europäischen Union gebunden waren oder gebunden wurden. Auf

---

[42] Ihm folgten weitere UN-Vereinbarungen.
[43] Vgl. zur Einführung dazu etwa: Bundeszentrale für Politische Bildung (Hrsg.), Menschenrechte. Dokumente und Deklarationen, Bonn ⁴2004; Karl Peter Fritzsche, Menschenrechte. Eine Einführung mit Dokumenten, Paderborn ²2009; Martyn Bond, The Council of Europe and Human Rights. An Introduction to the European Convention on Human Rights, Strasbourg 2010.

Zur Einführung

der Basis dieser am 3. 9.1953 in Kraft getretenen Konvention wurde – einmalig in der Welt – im Jahr 1959 ein nicht ständig tagender Europäischer Gerichtshof für Menschenrechte eingerichtet, der im Jahr 1998 dann zu einem ständig zusammentretenden Gremium wurde, dem nicht nur Staaten, sondern nunmehr grundsätzlich auch Einzelpersonen ihre Beschwerden vorbringen konnten. Mit dieser Reform schwoll die Zahl vorgebrachter Beschwerden rasch an – Europa war in Fragen der Menschenrechte und bürgerlichen Grundfreiheiten hoch sensibel geworden. Wurden zwischen 1955 und 1998 insgesamt 45.000 Eingaben gemacht, wurden im Jahr 2000 allein schon 10.500 Beschwerden[44] nach Straßburg gesandt.[45] Mit der wachsenden Flut von Beschwerden korrespondierte eine drastische Erhöhung von Urteilen in Menschenrechtsangelegenheiten: von 1959 bis 1998 wurden 837 Urteile gesprochen, allein 2000[46] waren es 695.[47]

Neben den Menschenrechten galt die Demokratie in allen Mitgliedstaaten der EU als eine verfassungsrechtlich und politisch unumstößliche Größe. Damit sollten die Freiheitsrechte der Bürgerinnen und Bürger gesichert, die politische Teilhabe und Teilnahme gefördert und Gewaltenteilung festgeschrieben werden, ohne deshalb eine den jeweiligen politischen Kulturen entsprechende, traditionsgeprägte „Performance" auszuschließen.

In der ein Jahr nach der europäischen Wende des Jahres 1989 von 29 europäischen Staaten[48] unterzeichneten „Charta von Paris für ein neues Europa"[49] las sich das Bekenntnis zu den Menschenrechten und zur Demokratie in Europa wie folgt:

> Wir verpflichten uns, die Demokratie als die einzige Regierungsform unserer Nationen aufzubauen, zu festigen und zu stärken. In diesem Bestreben werden wir an folgendem festhalten:

> Menschenrechte und Grundfreiheiten sind allen Menschen von Geburt an eigen; sie sind unveräußerlich und werden durch das Recht gewährleistet. Sie zu

---

[44] S. die Statistik des Europäischen Gerichtshofs für Menschenrechte im Internet unter: www.emrk.at/statistik.htm (Stand: 29.9.2014).
[45] Im Jahr 2010 sollten es dann 61.300 sein, 2013 schließlich 65.900, Angaben online unter: www.emrk.at/statistik.htm.
[46] 2010 sollten es 1.499 Urteile sein, 2013 schon 3.659 Urteile.
[47] S. die Daten im Internet unter: www.emrk.at/statistik.htm (Stand: 29.9.2014).
[48] Darunter alle Staaten der EU sowie der Heilige Stuhl, die Europäische Gemeinschaft, Kanada, die Türkei, die Union der Sozialistischen Sowjetrepubliken und die Vereinigten Staaten von Amerika.
[49] Online wiedergegeben unter: www.bundestag.de/blob/189558/21543d1184c1f627412a 3426e86a97cd/charta-data.pdf (Stand: 30.9.2014).

schützen und zu fördern ist vornehmste Pflicht jeder Regierung. Ihre Achtung ist wesentlicher Schutz gegen staatliche Übermacht. Ihre Einhaltung und uneingeschränkte Ausübung bilden die Grundlage für Freiheit, Gerechtigkeit und Frieden.

Demokratische Regierung gründet sich auf den Volkswillen, der seinen Ausdruck in regelmäßigen, freien und gerechten Wahlen findet. Demokratie beruht auf Achtung vor der menschlichen Person und Rechtsstaatlichkeit. Demokratie ist der beste Schutz für freie Meinungsäußerung, Toleranz gegenüber allen gesellschaftlichen Gruppen und Chancengleichheit für alle.

Die Demokratie, ihrem Wesen nach repräsentativ und pluralistisch, erfordert Verantwortlichkeit gegenüber der Wählerschaft, Bindung der staatlichen Gewalt an das Recht sowie eine unparteiische Rechtspflege. Niemand steht über dem Gesetz".[50]

Indem als Unterzeichner der Charta für ein neues, historisch zusammengehöriges, Schutz vermittelndes und West-, Mittel- und Osteuropa umfassendes Europa nicht nur die einzelnen nationalen Mitgliedstaaten auftraten, sondern auch die Europäische Gemeinschaft als gemeinschaftliche Institution, verdeutlichte dies, dass, anders als von den Gründungsvätern der Europäischen Gemeinschaften gewollt, die europäischen Nationen ihr politisches Gewicht, das sie bereits im 19. Jahrhundert verfolgt hatten, über zwei Weltkriege hinweg gewahrt hatten, dass ihnen aber eine ambitionierte europäische Gemeinschaft an die Seite getreten war, an die sie Souveränitätsrechte im je eigenen nationalen Interesse abgetreten hatten. So erwies sich das Vereinte Europa als Areal eines politischen Spannungsfeldes, auf dem die diplomatischen Spiele des politischen Tagesgeschehens nicht vom militarisierten Gegeneinander des späten 19. und beginnenden 20. Jahrhunderts bestimmt wurden, sondern von der politischen Bereitschaft zur Friedenserhaltung, zur Verständigung, zum Ausgleich und zum Kompromiss, militärisch bezeichnenderweise abgesichert durch das transatlantische Bündnis eines Nordatlantikpakts vom 4.4.1949[51]. Dass man allerdings ab-

---

[50] Charta, Abschnitt „Menschenrechte, Demokratie und Rechtsstaatlichkeit".
[51] Vgl. besonders die Artikel 1–5 des Nordatlantikvertrags, im Internet unter www.nato.diplo.de/Vertretung/nato/de/04/Rechtliche__Grundlagen/Nordatlantikvertrag.htm (Stand: 30.9.2014). Die mit der Europäischen Union im Maastrichter Vertrag vom 7.2.1992 aufgebaute und im Amsterdamer Vertrag vom 10.11.1997 im Wesentlichen übernommene Gemeinsame Außen- und Sicherheitspolitik diente einerseits der zusätzlichen Sicherung von Freiheit nach innen, aber vor allem der Verteidigung von Freiheit

Zur Einführung

sehbar sogar mit einer einzigen europäischen Sport-Mannschaft auflaufen werde, gehörte dabei noch immer zur treuherzig gepflegten politischen Illusion, die letztlich auch den Bürgerinnen und Bürgern der EU den Zugang zu „Europa", wie es blendend ausgreifend in Politik und Medien gern hieß, wenn man von der EU sprechen wollte, erschwerte oder gar verstellte.

Ihre Welt wurde in den 90er Jahren von der Sorge bestimmt, die trotz nationaler Beschäftigungspolitiken eine hohe Arbeitslosigkeit von rund 9%[52] in den EU-15 Staaten (zusammengenommen) hinterließ. Durch die politischen Bemühungen um eine Sanierung der Staatshaushalte wurden sie sogar noch vergrößert, obwohl sie identitätsstiftend mit dem Ziel unterlegt waren, mit dem Euro eine gemeinsame, den vermeintlich „irreversiblen"[53] Charakter der EU unterstreichende, heilende Währung für die Zukunft einzuführen.

Das verquere Urteil über Europa, das verquere Urteil über die Europäische Union, das durch das Mitschleppen von gemeinschaftsorientierten Wunschvorstellungen genährt wurde, die vor den Trümmern des Zweiten Weltkriegs nachvollziehbar und verständlich gewesen waren, täuschte darüber hinweg, dass die zur Europäischen Union führende europäische Integration mehr war als ein vertraglich besiegelter, um die Jahrtausendwende zuletzt durch den Amsterdamer Vertrag vom 2.10.1997 (in Kraft seit dem 1.5.1999) grundgelegter, programmatisch ausgerichteter politischer Willensentscheid mit rechtsverbindlichen Konsequenzen, der auch jeder noch so oberflächlichen öffentlichen Diskussion würde standhalten müssen. Das im Durchschnitt des Jahres 2000

---

und Sicherheit nach außen. Vgl. dazu den folgenden Erwägungsgrund in der Präambel des Maastrichter Vertrages, der im Amsterdamer Vertrag nur zeitgerecht angepasst wurde: „Entschlossen, eine gemeinsame Außen- und Sicherheitspolitik zu verfolgen, wozu auf längere Sicht auch die Festlegung einer gemeinsamen Verteidigungspolitik gehört, die zu gegebener Zeit zu einer gemeinsamen Verteidigung führen könnte, und so die Identität und Unabhängigkeit Europas zu stärken, um Frieden, Sicherheit und Fortschritt in Europa und in der Welt zu fördern," [...] haben die unterzeichnenden Staaten sich entschlossen, eine Europäische Union zu gründen. Der zitierte Text findet sich im Internet unter: europa.eu/eu-law/decision-making/treaties/pdf/treaty_on_european_union/treaty_on_european_union_de.pdf (Stand: 1.10.2014). Zum Amsterdamer Vertrag sei verwiesen auf: europa.eu/eu-law/decision-making/treaties/pdf/treaty_of_amsterdam/treaty_of_amsterdam_de.pdf (Stand: 1.10.2014).
[52] Vgl. die Tabelle „Arbeitslosenquoten" im Internet unter: www.wko.at/Content.Node/Interessenvertretung/ZahlenDatenFakten/Oesterreich_in_der_Europaeischen_Union.html (Stand: 17.01.2013).
[53] Helmut Kohl, Aus Sorge um Europa. Ein Appell, München 2014, S. 49.

insgesamt 377 Millionen Einwohner zählende[54] Vereinte Europa[55] war in seinem konstitutiven Kern die mühevolle und stets Mühe erfordernde Antwort auf die vielfältigen, grenzüberschreitenden Verflechtungen im Zeichen fortbestehender, heterogener nationaler Kulturen[56], die gegen Ende des 19. und zu Beginn des 20. Jahrhunderts bereits geformt worden waren und nach zwei europäischen Bürgerkriegen, die zu Weltkriegen geworden waren, neue, verstärkende und ausweitende Impulse in erster Linie aus der Lebens- und Arbeitswelt einer in Recht, Wirtschaft, Migration, Kultur, Technik und Politik grenzüberschreitend interagierenden Bevölkerung erhielten. Darüber hinausreichende politische und administrative Maßnahmen zur Etablierung und Entfaltung einer europäischen Integration nach 1945, die in der bisherigen Geschichtsschreibung im Vordergrund gestanden haben und im Vordergrund stehen, seien deshalb in ihrer relativen Bedeutung nicht geleugnet[57].

---

[54] Andreas Weigl gibt in seiner Bevölkerungsgeschichte Europas, S. 22, für Europa mit Russland 818 Millionen Einwohner an.

[55] S. Amt für amtliche Veröffentlichungen der Europäischen Gemeinschaften, Bevölkerungsstatistik, Ausgabe 2004, (Luxemburg) 2004, S. 39, im Internet unter: epp.eurostat.ec.europa.eu/cache/ITY_OFFPUB/KS-BP-04-001/DE/KS-BP-04-001-DE.PDF (Stand: 08.11.2014). Am 1. Januar 1960 zählte die EU-15 rund 315 Millionen Einwohner, am 1. Januar 2000 376 Millionen Bewohner, s. Bevölkerungsstatistik, Ausgabe 2004, S. 55. Zur Vergleichs-Ergänzung unter Verweis auf die Angaben in Fußnote 11 dieses Beitrages: Am 1. Januar 2000 hatte an Einwohnern: Deutschland 82 Millionen, Frankreich 59 Millionen, Großbritannien resp. das Vereinigte Königreich 60 Millionen und Italien 58 Millionen (s. Bevölkerungsstatistik, Ausgabe 2004, S. 55). Die Zahl der Russland resp. die Russische Föderation bewohnenden Menschen lag im Jahr 2000 bei durchschnittlich 146 Millionen (s. Bevölkerungsstatistik, Ausgabe 2004, S. 39).

[56] Der Koexistenz von Abgrenzung und Verbindung, Konkurrenz und Kulturtransfer, Wertschätzung und Gegnerschaft oder gar Feindschaft ist der von Martin Aust und Daniel Schönpflug herausgegebene Sammelband „Vom Gegner lernen. Feindschaften und Kulturtransfers im Europa des 19. Und 20. Jahrhunderts" (Frankfurt am Main, New York 2007) gewidmet. Vgl. dazu einführend insbesondere S. 12 f.

[57] Aus der großen Liste einschlägiger Veröffentlichungen seien eigens angeführt: Gabriele Clemens, Alexander Reinfeldt, Gerhard Wille, Geschichte der europäischen Integration. Ein Lehrbuch, Paderborn 2008; Jürgen Elvert, Die europäische Integration, Darmstadt ²2013; Guido Thiemeyer, Europäische Integration. Motive – Prozesse – Strukturen, Köln Weimar, Wien 2010; Michael Gehler, Europa. Ideen, Institutionen, Vereinigung, München ²2010; Harold James, Geschichte Europas im 20. Jahrhundert. Fall und Aufstieg 1914–2001, München 2010; Gerhard Brunn, Die europäische Einigung, von 1945 bis heute, Stuttgart ³2009; Franz Knipping, Rom, 25. März 1957. Die Einigung Europas, München 2004; Wolfgang Wessels, Das politische System der Europäischen Union,

Zur Einführung

Die Vielfalt wirtschaftlicher, sozialer, politischer, technischer, kultureller und demographischer Verflechtungen, die sich bis zur Jahrtausendwende zwischen den Zivilgesellschaften im Besonderen und den Staaten der Europäischen Union im Allgemeinen eingestellt hat, kann, wie oben bereits angesprochen, wegen weithin fehlender Daten in ihrer Komplexität gar nicht erfasst und ausreichend klar nachgezeichnet werden. Aber mithilfe der auf einen europäischen Vergleich ausgerichteten Statistiken von Eurostat, dem Statistischen Amt der Europäischen Union in Luxemburg, können aus dem reichen statistischen Material immerhin einige Anhaltspunkte zur Verdeutlichung eingetretener Verflechtungen ermittelt werden. Die entsprechend zusammengestellten und beigebrachten Tabellen zeigen, dass im Mittelpunkt des grenzüberschreitenden Austausches in einer im Jahr 2000 15 Mitgliedstaaten umfassenden Europäischen Union (EU) zweifellos weiterhin die Wirtschaft stand. So überstieg der Import von Waren aus den EU-15 Staaten in diese Staaten den Import aus dem „Rest der Welt" zwischen 1995 und 2010 jeweils beträchtlich, und nicht anders verhielt es sich mit dem Export.[58] Zur Illustration seien nur vier Zahlen genannt: im Jahr 2000 hatte der Import aus EU-15 Mitgliedstaaten einen Wert von 1.495.686.845.632 €, der Import aus dem Rest der Welt machte 1.033.435.695.482 € aus. Im gleichen Jahr belief sich der Export in EU-15 Staaten auf 1.565.814.512.204 €, der in Nicht-Mitglieder der EU-15 auf 942.044.391.818 €. Allerdings bleibt zu beachten, dass sich die wirtschaftliche Vernetzung des europäischen Bündnissockels, den die EU-15 Mitgliedstaaten darstellten, mit der globalen Welt in ihrer Dynamik in diesen Jahren abschwächte. Während die EU-15 Mitgliedstaaten zwischen 1995 und 2010 ihren internen Import und ihren internen Export in etwa verdoppeln konnten, verdreifachten sich, grosso modo gesprochen, Import und Export mit den Nicht-Mitgliedern der EU-15.[59]

Die ungleichen Wachstumsraten im Binnen- und Außenhandel der EU-15 Mitgliedstaaten gefährdeten nicht den Prozess wirtschaftlicher Integration und stellten erreichte Erfolge nicht zur Diskussion, relativierten aber seine Bedeu-

---

Wiesbaden 2008; Jürgen Mittag, Kleine Geschichte der Europäischen Union, Münster 2008; Andreas Wirsching, Der Preis der Freiheit. Geschichte Europas in unserer Zeit, München ²2012; Wilfried Loth, Europas Einigung, Frankfurt am Main 2014.
[58] Vgl. des Näheren die Tabellen „Binnenhandel der EU-15 Mitgliedstaaten" sowie „Außenhandel der EU-Mitgliedstaaten in Nicht-Mitglieder der EU-15" im „Anhang zu den Ausführungen in der Einführung".
[59] S. die schon angeführten Tabellen über den Binnenhandel und den Außenhandel der EU-Mitgliedstaaten.

tung im weltweiten Vergleich: „Europas Stellung im Welthandel" nahm ab. Eine Grafik des Fischer-Weltalmanachs hat dies eindrucksvoll dargestellt;[60] bei Eurostat wurden entsprechende Nachweise nur unter Bezug auf eine Europäische Union mit 25 bzw. 28 Mitgliedstaaten gefunden.[61]

Das besondere, aber keineswegs exklusive Interesse an einer sich in einem festen Rahmen vollziehenden wirtschaftlichen Verflechtung spiegelte sich auch in den Direktinvestitionen wieder, die aus dem Raum der EU-15 heraus in den EU-15 Mitgliedstaaten einerseits und in den Staaten der Welt insgesamt getätigt wurden. Ein Vergleich der jeweiligen Daten ergibt, dass zwischen 1995 und 2010 jeweils eine Mehrheit von gut 50 % (1995: 51,85 %; 2000: 58,4 %; 2005: 57,9 %; 2010: 55,8 %) den Investitionen *in* den jeweiligen EU-15 Staaten galt[62] und dass prozentual gesehen sehr viel mehr EU-15 Auslandsinvestitionen *an* alle Staaten der Welt (1995: 57,3 %; 2000: 66,2 %; 2005: 66,5 %; 2010: 63,9 %) gingen als an die EU-15 Mitgliedstaaten.[63]

Trotz des intensiven wirtschaftlichen Austauschs, mit dem sich die Europäische Union in einer globalen Welt um 2000 gut vernetzt positionierte, hielt sich der zivilgesellschaftliche Grenzwechsel in der EU-15 in engen Grenzen, so dass die Erfahrung einer fremden europäischen Kultur beschränkt blieb. Von den 375.600.000 Menschen, die 2000 in der EU-15 lebten, waren 13.6 Millionen Nicht-EU-Ausländer. Von den verbleibenden 362 Millionen EU-Bürgern waren aber nur 1,54 % außerhalb ihres EU-Heimatstaates in einem EU-Staat (als „EU-Inländer") gemeldet.[64]

Immerhin aber nutzten die Bürgerinnen und Bürger der Europäischen Union zwischen 1995 und 2010 die Möglichkeiten zu zahlreichen Reisen in ein anderes Land der Europäischen Union (mit 15 Mitgliedstaaten), und sie ver-

---

[60] Vgl. die Abbildung im „Anhang zu den Ausführungen in der Einführung".
[61] Vgl. die Übersicht „EU-Anteil am Welthandel" im „Anhang zu den Ausführungen in der Einführung".
[62] Vgl. die Tabellen „Direktinvestitionen (als Kapitalgabe) von EU-15 Staaten in den 15 Ländern der EU-Mitgliedstaaten oder in ‚allen Ländern der Welt'" im „Anhang zu den Ausführungen in der Einführung".
[63] Vgl. „Von EU-15 Mitgliedstaaten oder „allen Ländern der Welt" in EU-15 Mitgliedstaaten – im ‚Inland' – zur Anlage empfangene Direktinvestitionen" im „Anhang zu den Ausführungen in der Einführung".
[64] Vgl. Europäische Sozialstatistik. Bevölkerung, Ausgabe 2002, Luxemburg 2002, S. 66, Tabelle C-13. für den 1. Januar 2000 wird in der Tabelle B-1, S. 47, eine leicht abweichende Gesamtbevölkerung von 376,4818 Millionen Personen ausgewiesen.

Zur Einführung

banden diese Reisen offenbar oftmals mit statistisch erfassten, wegen des begrenzten Raumes hier aber nicht detailliert wiedergegebenen Nachweisen millionenfacher Übernachtungen – und zwar gerade auch solcher, die nicht beruflich veranlasst waren.[65] Der Abbau von Personenkontrollen im grenzüberschreitenden Grenzverkehr von 13 der EU-15 Staaten, die zwischen 1990 und 1996 auch dem Schengener Abkommen beigetreten waren[66], hat diese integrative Praxis erleichtert und befördert.

Leider lässt sich bezeichnenderweise nach dem Stand der Dinge derzeit nicht ermitteln, in welchem Umfang und in welcher Tiefe sich die europäischen Reisenden vorbereitend, nachbereitend oder begleitend mit der für sie jeweils fremden nationalen Kultur in Europa auseinandergesetzt haben, um ein europäisches Verständnis füreinander auszuweiten und zu verbessern. Unter diesen Voraussetzungen kann eine Explikation des Austausches von Printmedien zwischen den Staaten der EU-15 nur als ein Hinweis darauf herangezogen werden, dass es aus kommerziellen oder intellektuellen Gründen zwischen den EU-15 Staaten einen regen, wechselseitigen Austausch von Informationen gab, zwischen 1995 und 2005 mit ansteigender Tendenz, danach, wohl wegen einer wachsenden Bedeutung des Internets, mit leicht abgeflachter Ausrichtung. Dabei erreichte der Wert aller Druckwerke aus dem EU 15-Raum, die in Mitgliedstaaten der EU-15 importiert wurden, im Jahr 1995 eine Höhe von 1.859.332.266 €, im Jahr 2000 von 2.733.004.732 €, 2005 von 2.978.131.734 € und dann 2010 von 2.618.106.671 €,[67] und damit ein Ausmaß, das jeweils unter dem des Exports aus einem Land der EU-15 in andere Staaten der EU-15 lag: 1995 lag der Exportwert bei 2.115.144.351 €, 2000 bei 3.144.350.944 €, 2005 bei 3.574.122.145 € und 2010 bei nur noch 2.992.514.481 €.[68] Zum Vergleich: der

---

[65] Vgl. die Angaben unter: ec.europa.eu/eurostat/data/browse-statistics-by-theme Suche dortunter:tour_dem_tnw(Stand:26.11.2014)oderauchdirektunter:ec.europa.eu/eurostat/home?p_auth=y7WG7fCR&p_p_id=estatsearchportlet_WAR_estatsearchportlet&p_p_lifecycle=1&p_p_state=maximized&p_p_mode=view&_estatsearchportlet_WAR_estatsearchportlet_action=search&text=tour_dem_tnw Es (Stand: 26.11.2014).

[66] S. dazu auch meinen Beitrag „Formen und Möglichkeiten grenzüberschreitender Verbrechensbekämpfung – unter besonderer Berücksichtigung der deutsch-niederländischen Grenze" in diesem Sammelband.

[67] Vgl. die Tabellen „Der Handel mit Printmedien innerhalb der EU-15 Mitgliedstaaten und – zum Vergleich – mit den USA nach vorliegenden Angaben im „Anhang zu den Ausführungen in der Einführung".

[68] Errechnet aus den unter vorstehender Fußnote angegebenen Tabellen.

Wert der Druckwerke, die die EU-15 Staaten zwischen 1995 und 2010 aus den USA importierten oder auch in die USA exportierten, machte nur einen Bruchteil des Wertes von Druckwerten aus, die innerhalb der EU-15 importiert bzw. exportiert wurden. (Import aus den USA: 1995: 27,77 %; 2000: 27,92 %; 2005: 19,27 %; 2010: 21,50 %. Export in die USA: 1995: 18,80 %; 2000: 21,07 %; 2005: 14,00 %; 2010: 10,90 %)[69]

Die Vielfalt von Verflechtungen, die zwischen den Gesellschaften und Staaten der Europäischen Union bis etwa zum Jahr 2000 entstanden sind, konnten, leider weniger als erhofft, mithilfe des statistischen Materials von Eurostat nur in einigen Grundlinien mehr oder weniger scharf profilgebend nachgezeichnet werden. Das darf als Indiz dafür genommen werden, dass um die Jahrtausendwende ein europäisches Bewusstsein der Bevölkerung noch immer wenig oder gar nicht verankert war,[70] so das sich etwa auch viele Studierende der EU-15 Staaten kaum veranlasst sahen, sich durch ein Studium außerhalb des Heimatstaates, aber innerhalb der Europäischen Union, gegebenenfalls sogar gefördert durch das Erasmus-Programm der Europäischen Union, auf das gesponnene europäische Netz an Verflechtungen adäquat vorzubereiten. Im Europäischen Hochschulraum, den der Bologna-Prozess konstituiert hatte, waren im Jahr 2000 gerade einmal 2,1 % aller Studierenden Studentinnen oder Studenten aus einem EU-15 Mitgliedsland in einem fremden EU-15 Staat. In Deutschland waren es allerdings mit 6,4 % deutlich mehr, in Spanien mit gerade einmal 0,5 % der Studierenden deutlich weniger Studentinnen und Studenten.[71]

---

[69] Errechnet aus den unter vorstehender Fußnote angegebenen Tabellen.
[70] Vgl. dazu Wilfried Loth, Europas Einigung. Eine unvollendete Geschichte, Frankfurt a. M. New York 2014, S. 357; s. z. B. auch das Memorandum „Europa als Geschichts- und Kulturraum begreifen!", das der Deutsche Lehrerverband im Juni 1999 veröffentlichte (im Internet unter: www.lehrerverband.de/europa.htm (Stand: 06.04.2015).
[71] Vgl. die Tabelle „Ausländische Studierende aus dem Bologna-Raum in % der inländischen Studierenden in EU-15 Staaten im „Anhang zu den Ausführungen in der Einführung".

Zur Einführung

2 Überblick über die einzelnen Beiträge[72]

Um die bis zur Jahrtausendwende 2000 erreichten Besonderheiten eines nach dem Zweiten Weltkrieg initiierten, auf eine befriedete und solidarisch verbundene Europäische Gemeinschaft ausgerichteten Prozesses der europäischen Integration von den Formen der Kooperation und grenzüberschreitenden Interaktion abzusetzen, die sich innerhalb eines Konzerts der europäischen Mächte und ihrer europäischen Nachbarstaaten um 1900 entwickelten, haben zu einer am 20./21. Juni 2013 auf Schloss Mickeln in Düsseldorf durchgeführten Konferenz 13 Wissenschaftlerinnen und Wissenschaftler ihre fachkundigen und erhellenden Ausarbeitungen beigebracht. Dafür sei ihnen allen aufrichtig gedankt.

Elf von ihnen haben in der Folge ihre überarbeiteten Manuskripte auch für den Druck zur Verfügung gestellt. Diese wurden vom Herausgeber mit großer Wertschätzung und Freude entgegengenommen und jeweils bis auf die allfälligen redaktionellen Anpassungen unverändert übernommen. Für die Hilfe bei der redaktionellen Durchsicht der eingereichten Beiträge sei Herrn stud. phil. Stephan Baum herzlich Dank gesagt.

Im Rahmen der Konferenz hat *Horst A. Wessel* mit seinem Beitrag über „*Europäische Kooperationen. Die Kartelle der Elektrotechnischen Industrie sowie der Eisen- und Stahlindustrie vor 1945*" auf den breiten Weg der Kartelle geführt und an Beispielen aus dem elektrotechnischen Bereich und dem Eisen- und Stahlbereich angezeigt, dass bis in die Zeit nach dem Ende des Zweiten Weltkrieges hinein, beginnend bereits im 19. Jahrhundert, zuweilen sogar mit Billigung oder auf Betreiben staatlicher Instanzen, unternehmerische Marktordnungen organisiert wurden. Je mehr dabei die Märkte von grenzüberschreitenden Konkurrenzen in den einzelnen Nationalstaaten bestimmt wurden, je mehr erhielten in den genannten Bereichen auch die Kartelle ein europäisches Format – wenn nicht gar ein transatlantisches. Aber das führte nicht, wie Wessel resümierend feststellt, zu europäischen Bündnissen. „Man blieb – wie es die Kartelle zuließen und begünstigten – vorrangig eine nationale Veranstaltung, in der ebenfalls ein Mitglied mit dem anderen konkurrierte. Man suchte die Verständigung mit denen, mit denen man in Wettbewerb geriet – im eigenen Land, auf dem europäischen Kontinent, in einem darüber hinausgreifenden Europa und weltweit".

---

[72] Aus technischen Gründen können in diesem Abschnitt die beim Herausgeber vorliegenden manuskriptbezogenen Seitenangaben zur Identifizierung direkter und/oder indirekter Zitate nur schwer in den Druck übernommen werden, so dass stattdessen hier nur pauschal auf die jeweiligen Einzelbeiträge verwiesen sei.

In den 30er Jahren gerieten die Kartelle mehr als bisher in das Fahrwasser der Politik; nach dem Ausbruch des Zweiten Weltkrieges brachen die europäischen Kartelle dann auseinander, ohne dass deshalb alle grenzüberschreitenden freundschaftlichen Beziehungen von Wirtschaftsakteuren abgebrochen worden wären.

Gleich nach dem Ende des Zweiten Weltkrieges, am 1.11.1945, haben die Alliierten Kartelle ausdrücklich abgeschafft, wie Wessel festhält. Aber die Bindungen und Verbindungen, die in der Vergangenheit grenzüberschreitend zwischen Vertretern der Wirtschaft geknüpft worden waren, ließen sich weiter nutzen. Deshalb urteilte der Wirtschaftshistoriker Harm Schröter, den Wessel zitiert, die Europäische Gemeinschaft für Kohle und Stahl stehe „durchaus in der Tradition der Stahlkartelle der Zwischenkriegszeit". Von einem „europäischen Bewusstsein" war man zu diesem Zeitpunkt jedoch gewiss noch weit entfernt, wie Horst A. Wessel mit Blick auf die Eisen- und Stahlindustrie hervorhebt.

Die nach 1945 betriebene intensive Verflechtung der europäischen Wirtschaft, die durch zwei Weltkriege „lediglich unterbrochen" worden war, dokumentiert auch der Beitrag von *Susanne Hilger*, den sie mit dem Titel „*Unternehmen als Wegbereiter der Integration? Grenzüberschreitende Kooperationen und Fusionen großer Konzerne in Europa nach dem Zweiten Weltkrieg*" versehen hat.

Hilger berichtet u. a. darüber, dass Marxisten in grenzüberschreitenden Kooperationen und Fusionen ein Streben nach „Kapitalkonzentration" erkannten. Andere ideologische Grundpositionen führten zu der Erkenntnis, dass bei der Ausgestaltung wirtschaftlicher Verflechtungen schon in den 60er Jahren eher die „Konzentrationspeitsche" geknallt habe, um sich im Wettbewerb zu behaupten. Unter diesen Voraussetzungen seien, älteren Vorbildern folgend, in den 80er Jahren dann erste „genuin europäische" Unternehmen entstanden, ohne dass deshalb „unterschiedliche Überzeugungen" in der Geschäftsführung überwunden worden wären.

Hilger expliziert dann des Näheren, dass Probleme mit unterschiedlichen Unternehmenskulturen auch schon bei einigen beispielhaft angeführten großen europäischen Unternehmenskooperationen in den 60er und 70er Jahren entstanden waren. Im Einzelnen verweist die Autorin auf Agfa Gevaert, auf Enka Glanzstoff, VFW-Fokker Aerospace, Estel und UNIDATA.

Der Markt war, so wird Guido Colonna de Paliano herangezogen, „europäisch geworden", aber „die Unternehmen [...] seien national geblieben". Damit war amerikanischem Wettbewerbsdruck nur unzulänglich genüge getan.

Zur Einführung

Während also die Beiträge von Horst A. Wessel und Susanne Hilger indizieren, dass die bereits im 19. Jahrhundert in Reaktion auf eine veränderte Marktlage entwickelten und später zeitgerecht weiter ausgestalteten Formen einer europäischen wirtschaftlichen Kooperation im 20. Jahrhundert mit neuen Akzenten versehen fortgeführt wurden, unterbrochen allerdings durch zwei Weltkriege, erläutern *Heinz-Dieter Smeets und Anita Schmid* in ihrer Abhandlung über den *„Europäischen Außenhandel zwischen regionaler Integration und Globalisierung"* die Liberalisierung des Wirtschaftsmarktes nach 1945, in den in Europa[73] eine „regionale Integration" implementiert wurde, die volkswirtschaftlich betrachtet nur eine „second-best Lösung" ausmachte, aber dazu beitrug, dass „rund 70 % der Warenexporte europäischer Länder [...] innerhalb Europas gehandelt" wurden: „In keiner anderen Region der Welt", so bilanzieren die Autoren, ist die regionale Integration „so weit vorangeschritten wie in Europa".

Erstrangiges Thema der regionalen Integration in Europa war der Abbau von Zöllen – insbesondere nach innen, aber auch nach außen. Eine fortbestehende tarifäre Abgrenzung nach außen betraf in erster Linie den Agrarbereich, weniger den Industriesektor, so dass sich der europäische Außenhandel „im Industriebereich eher in Richtung weltweiter statt in Richtung regionaler Integration entwickelt zu haben" scheint. Dabei konnte im Einzelfall der globale Außenhandel sogar über den Weg der europäischen Integration gefördert werden.

Mathias Mutz verweist in seiner Darlegung von *„Energieströmen in Europa um 1900/um 2000. Vom transnationalen Ressourcen- zum Energiehandelsnetz"* auf das „Zusammenspiel" zweier „Integrationspfade". Der eine Pfad führte zum „Europa der Kohle, das seinen Höhepunkt im frühen 20. Jahrhundert hatte". Der andere Pfad führte zum „Europa der Elektrizität, das nach 1951 [...] geschaffen wurde und heute die Debatten um den europäischen Energiesektor prägt".

Unabhängig davon, ob nun das „Europa der Kohle" oder das „Europa der Elektrizität" zur Diskussion stand, nahm der Energieverbrauch in Europa stark zu, wobei sich die Struktur der Energiekonsumenten veränderte. Dieser Zuwachs förderte den grenzüberschreitenden Austausch, der wiederum „neue europäische Institutionen" wie zum Beispiel die Internationale Rohstahlgemeinschaft erforderlich machte, aber darüber hinaus auch einen Ausbau der europäischen Energieinfrastruktur, d.h. eines der Energieversorgung dienenden Verkehrsnetzes.

---

[73] Konkret gemeint ist hier der Europäische Wirtschaftsraum (EWR), ergänzt um „eine Vielzahl benachbarter Staaten" (Smeets/Schmid, in diesem Band S. 115 f.), mit denen die EU Handelsabkommen abgeschlossen hat.

Der europäische Kohlenhandel berührte nicht zuletzt das deutsch-französische Verhältnis, vor allem auch nach dem Ende des Ersten Weltkrieges, als „Versorgungsengpässe" zu einer weiteren „Politisierung der Kohle- und Stahlfrage" führten. Diese „Politisierung der Kohle- und Stahlfrage" setzte dann nach dem Ende des Zweiten Weltkrieges den bekannten „Aussöhnungsprozess" in Gang, verbunden mit der Gründung einer integrationsdynamischen EGKS und, etwas später, einer EWG.

Das „Europa der Elektrizität" entwickelte sich, wie Mutz schreibt, im Windschatten einer Kohlenutzung bereits im 19. Jahrhundert, aber die Verteilung des Stromes in Europa wurde erst durch Impulse verbessert, die nach dem Zweiten Weltkrieg gesetzt wurden und dem Ausbau der europäischen Integration zugutekommen sollten. Schon in den 70er/80er Jahren des 20. Jahrhunderts erreichte dieser Ausbau nicht nur west-, sondern auch osteuropäische Staaten.

„Begünstigt" wurde der Stromhandel in Europa schließlich „durch die[74] Liberalisierungspolitik der EU, die den internationalen Austausch als elementaren Wettbewerbsfaktor betrachtete". Im Ergebnis gelang es der EU, „einen Bereich der europäischen Infrastruktur-Integration, der sich weitgehend außerhalb von Gemeinschaftsinstitutionen etablierte, wesentlich stärker an sich zu binden [...]". Die Ziele der EU blieben dabei jedoch durchaus auslegungsbedürftig, weil „unterschiedliche technische und politische Europas gebaut wurden, die einer mehr oder weniger großen Nähe zur europäischen Idee entsprungen sein mochten. Zentral stand nur das Streben nach Wettbewerb auch auf dem Energiesektor. Nach Mutz führte es „zu einer neuen Form der Europäisierung technischer Infrastrukturen", die „historisch gewachsene Integrationspfade" miteinander verband und historisch wechselnde „institutionelle Ordnungen der (Energie-) Wirtschaft" berücksichtigte. Insgesamt betrachtet bleibt zu konstatieren, so Mutz, dass Energie „zum Testfeld der Kooperation und zum Fundament von integrierten Märkten" wurde, die sich in Zahlen freilich nur schwer fassen lassen.

In seinem Aufsatz über *„Kommunikation und Verkehr über die Grenzen europäischer Nationalstaaten hinweg"* hebt *Christian Henrich-Franke* hervor, dass die „Verkehrs- und Telekommunikationsarten", die um 1900 bereits bestanden, noch als „modale Monopole" mit „wenig Konkurrenz" betrachtet werden konnten, während um 2000 „eine starke intermodale Konkurrenz zwischen den Verkehrsträgern" zu beachten war – was eine „intensivere Zusammenarbeit" nicht

---

[74] mit der Einheitlichen Europäischen Akte einsetzende, vgl. Mutz.

Zur Einführung

ausschloss. Zudem lag die „Leistungsfähigkeit der Infrastrukturnetze" um 2000 „qualitativ wie quantitativ" deutlich höher als um 1900, was erklären mag, dass sich die obrigkeitlichen Gewalten um Verkehr und Kommunikation um 2000 mehr kümmerten als um 1900.

Sowohl der Telekommunikationssektor als auch der Verkehrssektor erforderten bereits um 1900 grenzüberschreitend geltende Standards, aber diese blieben nicht über Jahrzehnte unverändert. Bis zum Jahr 2000 erwarben die Standards „einen hohen Grad an Transmodalität", d. h., es entstanden („primär intergouvernemental bzw. supranational" organisierte) „Entscheidungsstrukturen, innerhalb derer sich mit verschiedenen Telekommunikations- oder Verkehrsarten gleichzeitig auseinandergesetzt wurde". Diese regulativen, aber um 1900 nur so weit wie nötig, um 2000 dann in der Europa Union weitgehend auf eine Vereinheitlichung hin ausgerichteten Auseinandersetzungen beeinflusste die EU, indem sie in einem komplexen Governance-Geflecht als liberalisierender Akteur auftrat, ohne deshalb die Akzeptanz nationaler Märkte grundsätzlich hintanzustellen. Eine solche Position entsprach dem vorherrschenden politischen Willen zur Europäisierung (als dem politischen Willen, im europäischen Bündnis das idealiter oder zumindest realiter Unerlässliche gemeinsam zu machen) sowie einer Akzeptanz funktionaler Effekte grenzüberschreitender Interaktion, wie Henrich-Franke richtig analysiert hat.

Das Wachstum des wirtschaftlichen Handels in Europa und die vom jeweiligen Stand der Technik mitbestimmte Nutzung der Infrastruktur über bestehende nationalstaatliche Grenzen hinweg förderten den Gedanken, den Austausch durch eine zwischen mehreren europäischen Staaten vereinbarte gemeinsame Währung zu erleichtern und zu befördern. Diese Idee mochte visionär sein, unumstritten war sie nicht, schon weil sie an mannigfache politische, wirtschaftliche und historische Umstände gebunden war, wie *Guido Thiemeyer* in seiner Bewertung der *„Währungspolitik mit europäischen Nachbarstaaten. Das 19. und 20. Jahrhundert im Vergleich"* erläutert hat.

Um den genannten Umständen methodisch angemessen gerecht werden zu können, beschränkt sich Thiemeyer auf einen Vergleich zwischen der Lateinischen Münzunion – „der wichtigsten internationalen Währungsunion des 19. Jahrhunderts" – und „der internationalen europäischen Währungsintegration nach 1945".

Der Lateinischen Münzunion gehörten Frankreich, Belgien, die Schweiz und Italien an, war aber von 1865 an für Erweiterungen durchaus offen. Dominiert wurde sie von Frankreich und dem damals wichtigsten Finanzzentrum Kontinentaleuropas, Paris. Diese herausragende Rolle Frankreichs in der Lateinischen Münzunion kam nicht zuletzt auch in den Währungskonferenzen zum Ausdruck, zu denen regelmäßig das französische Außenministerium einlud und mit denen verdeutlicht wurde, dass die Nationalstaaten die maßgeblichen Referenzpunkte in dieser Union setzten.

„So, wie die Lateinische Münzunion wurde auch die Struktur der europäischen Währungsunion nach 1945 in starkem Maße von Märkten geprägt", schreibt Thiemeyer. Die Liberalisierung von Gütermärkten durch die EWG führte dazu, dass der Handel zwischen den EWG-Staaten zwischen 1960 und 2000 jährlich um 7% wuchs. Dieser intensive Güteraustausch förderte neben der Errichtung eines gemeinsamen europäischen Agrarmarktes „die währungspolitische Integration". Im Mittelpunkt der „Mitte der 60er Jahre" einsetzenden Integrationsprozesse stand die Deutsche Mark, aber es setzten schnell Bemühungen ein (Werner-Plan), die Bedeutung der Mark in einem europäischen Währungssystem zu relativieren. Vor diesem Hintergrund engagierte sich der Europäische Rat seit 1977 für die europäische Währungsintegration, unterstützt von dem bereits „seit den frühen 1960er Jahren" zusammentretenden Komitee der europäischen Zentralbanken als einem Gremium der Fachleute. Hilfreich zur Seite stand außerdem das 1956 von Jean Monnet gegründete „Comité d'Action pour les États Unis d'Europe", in dem Thiemeyer „ein wichtiges Netzwerk von Europa-Politikern" sieht, das eine europäische Währungsunion nach 1945 voranbrachte.

„Mit dem Vertrag von Maastricht vom 7. Februar 1992 wurde das Ziel der europäischen Währungsunion erstmals in einen europäischen Vertrag aufgenommen und ein konkreter Stufenplan zur Realisierung bis 1999 erstellt", zu dem erste Anstöße schon 1969 ergangen waren, die François Mitterand dann 1984 wiederbelebt hat.

Nachdem die Währungsunion von EU Mitgliedstaaten im Jahr 1999 verwirklicht werden konnte, rückte die Europäische Zentralbank in eine integrative Schlüsselfunktion, die jedoch aus nationalstaatlicher Perspektive häufig der Kritik ausgesetzt war. Bewahrt blieb trotz allem die Auffassung der Europäischen Kommission und des Europäischen Parlaments, dass „die Währungsintegration" nur einen „Zwischenschritt auf dem Weg zur (föderalen) politischen Integration" ausmache. Eine solche Erwartung war der formal bis zum 1. Januar 1927 bestehenden Lateinischen Münzunion fremd geblieben.

Zur Einführung

Dem europäischen Rechtssystem hat sich der Trierer Jurist *Alexander Proelß* zugewandt und eine Ausarbeitung unter dem Titel „*Europa um 1900/Europa 2000: vom Völkerrecht des ‚englischen Zeitalters' zum supranationalen Recht der Europäischen Union*" verfasst. Dabei wendet er sich in seiner Niederschrift sehr schnell dem „englischen Zeitalter" zu, als das in der Völkerrechtsgeschichte die Zeit zwischen dem Ende des Wiener Kongresses und dem Beginn des Ersten Weltkrieges bezeichnet wird. In dieser Epoche bildeten sich in Europa nicht nur Nationalstaaten aus, sondern es wuchs auch das geschriebene Recht „in den internationalen Beziehungen" sowie ein funktionell ausgerichtetes Völkerrecht, das z. B. in „einer internationalen Verkehrsgemeinschaft" seinen Ausdruck gefunden hat.

In diesem Zusammenhang stellt sich für Preuß auch die Frage nach der Kompetenz, „rechtsverbindliche Mehrheitsbeschlüsse fassen zu können", die in den Mitgliedstaaten der Organisation unmittelbar wirken und zur Übernahme bestimmter staatlicher Aufgaben verpflichten.

In seiner Antwort verweist Proelß auf „ein differenziertes Bild" und nimmt diese Konstellation in der Folge zum Anlass, gerade den „Besonderheiten der Supranationalität im Europa des 20. und 21. Jahrhunderts" nachzuspüren:

Unmittelbare Wirkung ist, so Proelß, bereits von den Entscheidungen der Hohen Behörde der Montanunion ausgegangen und insoweit ist die EGKS eine supranationale Institution gewesen. Die EU hat später supranationale Kompetenzen übernommen und neue eingerichtet, aber daneben auch Formen intergouvernementaler Zusammenarbeit etabliert. Proelß führt weiter aus: „Neben die unmittelbare Geltung und Wirkung des Unionsrechts […] tritt sein Anwendungsvorrang vor dem nationalen Recht der Mitgliedstaaten als prägende Ausprägung von Supranationalität", so dass resümiert werden darf, dass das Unionsrecht „hinsichtlich der erreichten Integrationstiefe" und zahlreicher weiterer Facetten „ohne historisches Vorbild" ist. Dieses Unionsrecht ist freilich kein originäres Recht, sondern ein „von der Rechtsmacht der Mitgliedstaaten" abgeleitetes Recht, das nach Auffassung des Europäischen Gerichtshofs in Luxemburg „nur in den Grenzen der verfassungsrechtlichen Ermächtigung" wahrgenommen werden kann.

Der Herausgeber dieses Bandes, *Hein Hoebink*, hat in seinen mit den Worten „*Formen und Möglichkeiten grenzüberschreitender Verbrechensbekämpfung – unter besonderer Berücksichtigung der deutsch-niederländischen Grenze*" überschriebenen Ausführungen seinerseits versucht, an einem konkreten thematischen Beispiel herauszuarbeiten, dass der seit den 50er Jahren prägend gewordene politische Wille zur europäischen Einigung auf mannigfachen Verflechtungen ruhte, deren Wurzeln bis in das 19. Jahrhundert zurückreichten, ohne dass in dieser Zeit schon feste Fundamente zu einem europäischen Gebäude gelegt worden wären.

Hoebink fokussiert seine Darlegungen selektiv auf den Raum an der preußisch/nordrhein-westfälisch/deutschen Grenze zu den Niederlanden und verweist in diesem Kontext darauf, dass jedermann im 19. Jahrhundert noch die preußisch-deutsche Grenze zu den Niederlanden frei passieren konnte, weil es noch keine Pässe gab. Sie wurden erst in der Zeit des Ersten Weltkrieges eingeführt und danach allenfalls zur Förderung eines kleinen Grenzverkehr wieder infrage gestellt.

Das Problem eines erleichterten Grenzübertrittes war mit dem einer wirtschaftlichen Wiederbelebung des Grenzbezirks eng verbunden, galt es doch, die Frage zu beantworten, wie auch dem Schmuggel zu begegnen und damit polizeilich zur Einhaltung öffentlicher Sicherheit und Ordnung beizutragen sei. Ein reger Pendlerverkehr, ein umfänglicher persönlicher Kontakt und intensive wirtschaftliche Beziehungen lieferten mannigfache Herausforderungen für die Polizei. Sie sollte einer grenzüberschreitenden Kooperation, einem liberalen Miteinander in Europa nicht entgegenstehen, sich aber um die Beachtung der implizierten rechtlichen Bedingungen kümmern – bis hin zur „Sammlung politischer bedeutsamer Nachrichten im Grenzverkehr" oder einer Auslieferung von Delinquenten.

Die komplexe grenzüberschreitende Zusammenarbeit der Polizeien an der preußisch/deutsch-niederländischen Grenze förderte die Einsicht, dass zur Bewältigung der Aufgaben „auch eine international aufgestellte, informell eng vernetzte Polizei gehörte". Sie ließ bereits im Jahr 1923 „eine ‚Internationale kriminalpolizeiliche Kommission'" (IKPK) in Wien entstehen, die „den polizeilichen Kampf gegen internationales Verbrechertum" verbessern sollte. Die IKPK wurde zur Vorläuferin von Interpol in Lyon, der „Internationalen kriminalpolizeilichen Organisation" bzw. der „International Criminal Police Organization", aber zugleich auch zur Vorläuferin von „Europol", dem Europäischen Polizeiamt in Den Haag, das polizeilich eine Reaktion auf die intensive grenzüberschreitende Interaktion im Vereinten Europa darstellte. Denn mit dem Maastrichter Vertrag vom 7. Februar 1992 war klar geworden: „offene Grenzen, grenzenlose Kriminalität und lähmende Verunsicherung" der Bürgerinnen und Bürger in

Zur Einführung

der EU würden einander ausschließen müssen, wenn die in Aussicht genommenen weiteren Fortschritte in der Europäischen Union und im europäischen Binnenmarkt im Besonderen erfolgreich sein sollten.

Um den Erfordernissen der Zeit zu genügen, wurde der europäische „Raum der Freiheit, der Sicherheit und des Rechts" im Amsterdamer Vertrag zum Ziel erhoben und 1999 im finnischen Tampere vom Europäischen Rat begründet.

Maßgeblichen Anteil an der Umsetzung dieses Konzeptes hatten neben Europol die im Grenzgebiet eingesetzten Polizeien, die freilich in ihre Arbeit langjährige, häufig auch informelle Erfahrungen und Kenntnisse einbringen konnten.

Die angesprochene polizeiliche Tätigkeit erhielt ein neues Profil durch das „Schengener Abkommen" und das „Schengener Durchführungsübereinkommen" zur Grundlegung gemeinsamer grenzüberschreitender Polizei- und Justiztätigkeit, das in den 80er und 90er Jahren des 20. Jahrhunderts zunächst jeweils fünf europäische Staaten abschlossen und dem bis 2013 jeweils 21 Staaten zusätzlich beigetreten sind. Bei allem kam es darauf an, „die polizeiliche Zusammenarbeit über nationalstaatliche Grenzen hinweg zu verbessern und unter Berücksichtigung geltender Regional- und Nationalgesetze grenzüberschreitend an der vorbeugenden Verbrechensbekämpfung ebenso mitzuwirken wie an einer Aufklärung begangener Straftaten". Ganz wichtig war darüber hinaus eine Verkürzung der Informationswege zwischen den Polizeien, was immerhin bedeutete, dass man langjährig gepflegte diplomatische Zöpfe ablegte und so u. a. auch das Schengener Informationssystem (SIS) der Polizeien nutzen konnte, das seit 1997 als gemeinschaftliches Instrument der EU betrachtet werden konnte.

Das SIS mag als Signal für die weiteren Fortschritte gesehen werden, die im Prozess der europäischen Integration auch auf dem Feld der grenzüberschreitend tätigen Polizeien erzielt wurden. Aber auch dieses Signal repräsentierte letztlich nur eine „situativ wachsende, interkulturell mehr oder weniger kompetente Öffnung füreinander unter Bewahrung der jeweiligen Eigenständigkeit".

Wenn, wie eben auch im Bereich der Polizeien, im Prozess der europäischen Integration Elemente des Gemeinsamen mit Elementen gezielt bewahrter nationaler Eigenständigkeit zusammenfließen, stellt sich die Frage, welche angemessenen Konzepte eine nationale Geschichtsschreibung einerseits und eine europäische Historiographie andererseits verfolgen kann.

Im Konkreten beginnt *Armin Heinen* seinen Beitrag über die „*Europäisierung der Lebenswelten und die Entnationalisierung der deutschen Geschichts-*

schreibung: Durchbrochener nationaler Blick 1900, ausdifferenzierte europäisierte Historiographie heute" mit einer ähnlich gelagerten Frage, wenn er unter Punkt 1 formuliert: „Wie national war die Geschichtswissenschaft 1900 und wie europäisiert ist sie heute?" Seine Antwort will Heinen im Rahmen der „Erprobung eines Ideenhorizonts" geben. Mehr sei „gar nicht angestrebt".

In den Rahmen des von Heinen gezeichneten „Ideenhorizontes" fallen zwei Hypothesen:

1. Um 1900 lag der Fokus der deutschen Geschichtsschreibung „auf der Frage nach der Herausbildung nationaler Identität und nationaler Selbstbestimmung", ohne deshalb die Erklärung „transnationaler Interaktionen" prinzipiell auszuschließen.
2. Um 2000 findet sich eine „stark ausdifferenzierte" Geschichtswissenschaft, die die „Fixierung auf den Nationalstaat" aufgelöst hat und innerhalb der „Europa" eine der „zentralen neuen Deutungsachsen" abgibt.

Der von Armin Heinen erhobene Befund bestätigt seine Hypothese, dass die deutsche Geschichtswissenschaft um 1900 maßgeblich national ausgerichtet war. Und er bestätigt auch die weitere Hypothese, dass die „europäische Geschichte" erst „in den letzten Jahren immer wichtiger geworden ist". Eine genauere Beleuchtung erfordert allerdings eine Einschränkung dieser Aussagen, weil es um 1900 doch auch schon weiter ausgelegte Perspektiven gab.

Was waren die Ursachen für den zaghaft startenden Prozess der Europäisierung in der deutschen Geschichtsschreibung? Heinen verweist auf „gesamtgesellschaftliche Entwicklungen", aber auch auf „inhärente Dynamiken der Geschichtswissenschaft", im Einzelnen u. a. auf „zunehmende Verflechtung und das Ausgreifen aus dem nationalen Horizont um 1900". Wie weit dieses Ausgreifen bei einzelnen Historikern reichte, war von vielen Faktoren abhängig, gelegentlich auch von speziellen biografischen Aspekten. Insgesamt betrachtet, lässt sich aber festhalten, dass sich die deutsche Geschichtswissenschaft um 1900 mehrheitlich weigerte, „die veränderte Welt in ihre Deutungsmuster aufzunehmen".

Diese Einstellung hat die deutsche Geschichtswissenschaft im 20. Jahrhundert noch beibehalten, als sich in der Folge eines Mitte der 60er Jahre einsetzenden Aufbruchs in die Postmoderne von Mitte der 70er Jahre an eine" Hinwendung zu den Kulturwissenschaften" international schon entwickelt hatte. In der deutschen Geschichtswissenschaft setzte eine Wende erst um 1990 ein,

Zur Einführung

verbunden mit einer „ausgeprägten Europäisierung", die auf „Globalisierung" und den „Zusammenbruch des Ostblocks" reagierte. Dabei interessierten, so Heinen, vordergründig „die vielfältigen Erzählungen von Alterität, funktionalen Äquivalenzen, des Auslotens von Verständigungsmöglichkeiten, von Kulturtransfer und grenzüberschreitender Verflechtung".

Die breit gestreute Aufmerksamkeit für Verhältnisse, Strukturen, Wandlungen, Brüche und Entwicklungen in Europa ist, in Antwort auf eine „Europäisierung der Lebenswelten", eingemündet in eine „Förderung europäischer Forschungsvorhaben" und in neu zugeschnittene Berufungen an den Universitäten, so dass es möglich wird, das europäische Sujet postmodern „im Plural zu denken" und mit der Aufgabe zu versehen, übersetzend und deutend Fremdes zu erklären, gegebenenfalls angelehnt an eine von Armin Heinen abschließend noch einmal hervorgehobene „Akteur – Netzwerk – Theorie".

Der Beitrag von *Christoph Cornelißen* beschäftigt sich mit der *„Diskussion der Intellektuellen und Wissenschaftler über Europa: um das Jahr 1900/um das Jahr 2000"*. In ihm hebt der Autor darauf ab, dass es bisher „kein wirklich ‚europäisches Café' gibt", aber sowohl um 1900 als auch um 2000 einen Europadiskurs von Intellektuellen und Wissenschaftlern gab. Er verläuft allerdings zumeist „innerhalb national abgeschlossener Diskursräume", so dass eine „transnationale Debatte unter den Intellektuellen und Wissenschaftlern" nicht entstanden ist. Für Cornelißen stellt sich damit die Frage, welche Rolle „Intellektuelle und Wissenschaftler" oder auch die „für die Geschichte des 20. Jahrhunderts so wichtigen Experten in den Prozessen kollektiver Bewusstseinsbildungen" spielen. Antworten liefert der Autor mit seinen Darlegungen zu den Europadiskursen um 1900 sowie um 2000.

Um 1900 entwickelten zahlreiche Intellektuelle und Wissenschaftler aus unterschiedlichen Perspektiven und mit unterschiedlichen Akzenten Vorstellungen von einem kurzfristig zu realisierenden Vereinten Europa, das dem „Frieden", dem „deutsch-französischen Ausgleich" oder auch einer „internationalen Verständigung" diene, mit manchen „wirtschaftlichen Hoffnungen" verbunden und zugleich befähigt war, von außen herandrängende Gefahren wirksam abzuwehren.

Um 2000 war der Europadiskurs vielstimmiger und breiter angelegt als 100 Jahre zuvor geworden – und die EU hatte daran als fördernder Akteur wie als Stein des Anstoßes ihren Anteil. Die kritische Begleitung des europäischen Integrationsprozesses ließ nun wieder mehr als zuvor auch Töne laut werden, in denen es um „die Belange der eigenen Nation", die Bewahrung kulturellen Eigenlebens oder sogar um eine weitreichende Abwehr des „Sanften Monsters Brüssel" ging, von dem Hans Magnus Enzensberger gesprochen hat. Andererseits setzten um 2000 „mitteleuropäische Intellektuelle" auf einen nach der Wende 1989/90 erforderlich werdenden gemeinsamen europäischen Schutz vor einer „Umklammerung" durch Russland, einige andere Denker reklamierten „die pluralistischen und multikulturellen Grundlagen der europäischen Identität", zu der, Cornelißen zufolge, Jürgen Habermas die „Glaubensfreiheit, soziale Gerechtigkeit, persönliche Integrität und Rechtstaatlichkeit"[75] rechnete. Immerhin mochten sich diese identitätsstiftenden Grundlagen nur nach Maßgabe einer von Habermas erhofften „länderübergreifenden Kommunikation" angemessen und wirkungsvoll entfalten können. Schon deshalb bleibt auch bei Cornelißen offen, „wohin die Reise des Kontinents gehen wird".

Für den Verlauf dieser Reise sind (und waren) zweifellos die USA von großer Bedeutung. Deshalb wendet sich *Kiran Klaus Patel* den transatlantischen Beziehungen zu und schreibt über *„Europa in der Welt. Das Beispiel der transatlantischen Beziehungen"*.

Innerhalb der transatlantischen Beziehungen kam und kommt nach Patel den Faktoren „Migration" und „Handel" große Bedeutung zu. Dabei verlor der Faktor „Migration" zwischen 1900 und 2000 an Gewicht (ohne unwichtig zu werden), während der Faktor „Handel" nach Überwindung einer durch zwei Weltkriege verursachten „Delle" an Bedeutung gewann. Auch die wechselseitigen Investitionen waren beachtlich. Aber Europa hat seine noch 1900 eingenommene Rolle als „Machtzentrum des globalen Machtsystems" im Verlauf der folgenden 100 Jahre an die USA abgetreten.

Durchweg wurde dabei das Verhältnis europäischer Staaten zu den USA davon geprägt, dass europäische Staaten im „Bereich der Außenpolitik" nicht bereit waren, untereinander „ihre Souveränität zugunsten europäischer Integration drastisch einzuschränken". Geändert hat sich jedoch die Verfasstheit der europäischen Staaten: 1900 waren sie als konstitutionelle Monarchien organisiert, die Außenpolitik als „Arkanpolitik" betrieben, im Rahmen der um 2000 bestehenden EU waren europäische Staaten dann als „demokratisch legitimierte, postklassische Nationalstaaten" eingerichtet, an deren Außenpolitik die Legislative, die Judikative und die Öffentlichkeit (über die Medien) intensiv Anteil nahmen.

---

[75] Nach Cornelißen.

Zur Einführung

Um 1900 ging es in der europäischen Außenpolitik in erster Linie um Fragen des europäischen Ausgleichs und der kolonialen Expansion, weniger um den „Nordatlantik" und die USA. Umgekehrt nahm auch „Europa" in der US-amerikanischen Außenpolitik um 1900 nur eine untergeordnete Rolle ein, angereichert durch Auseinandersetzungen mit dem Imperialismus.

Um 2000 entwickelten sich die europäischen Beziehungen zu den USA im Zeichen beharrlicher „Einladungen' von europäischer Seite an die USA, sich in der Alten Welt zu engagieren", die nach dem Ende des Zweiten Weltkriegs ausgesprochen worden waren und ihren Niederschlag auch in der Transatlantischen Erklärung vom November 1990 und in einer Neuen Transatlantischen Agenda vom Dezember 1995 gefunden hatten. Aber das sollte nicht dazu führen, dass Gewicht „einer ganzen Reihe von ‚Europas'" im globalen, vor allem im transatlantischen Netzwerk zu überschätzen. Es gab und gibt Regeln, aber keine Gewissheit über ein Einvernehmen in ihrer Deutung. Krisenzeiten (späte 70er Jahre, beginnende 80er Jahre, beginnendes neues Jahrtausend) waren damit im transatlantischen Verhältnis ebenso wenig ausgeschlossen wie Phasen der „Hochzeit transatlantischer Kooperation" in den 80er und 90er Jahren oder auch nach der Jahrtausendwende.

3 Zum Ausklang

Wer die Einladung zur Lektüre der einzelnen Beiträge annimmt – und es ist zu hoffen, dass alle Beiträge viele Leserinnen und Leser finden werden – wird bestätigt sehen, dass Europa und jedenfalls die Europäische Union kein fertiges Haus ist, sondern eine zu mannigfachen Auseinandersetzungen verleitende Baustelle, deren Fundament durch dichte, schon seit dem ausgehenden 19. Jahrhundert nach und nach gewachsene Verflechtungen gelegt ist. Die Leserinnen und Leser dieses Sammelbandes werden darüber hinaus am Ende vielleicht die These teilen, dass die Geschichte der EU vorrangig nicht die Geschichte ihrer Institutionalisierung und ebenso nicht die Geschichte ihrer Institutionen und deren politischer und administrativer Arbeit ist, sondern die Geschichte historisch entwickelter, grenzüberschreitender Verflechtungen ihrer Mitgliedstaaten und deren institutionalisierte, politisch gewollte, gestützte und ausgebaute sowie rechtlich verbindlich geregelte Handhabung durch nationale und die dazu speziell eingerichteten europäischen Instanzen.

Hein Hoebink

Abschließend ist noch einmal ein Wort des Dankes notwendig: der Dank gilt all denen, die den Druck dieses Buches gefördert und ermöglicht haben. Eigens genannt seien die Anton-Betz-Stiftung in Düsseldorf, die Gesellschaft von Freunden und Förderern der Heinrich-Heine-Universität Düsseldorf e. V. unter der Leitung ihres seinerzeitigen Präsidenten, Altrektor Prof. Dr. Dres. h. c. Gert Kaiser, sowie Prof. Dr. Hans Süssmuth und seine Mitarbeiterin Sonja Seippel M. A., die beide für die düsseldorf university press GmbH tätig sind.

Europäische Kooperationen. Die Kartelle der Elektrotechnischen sowie der Eisen- und Stahlindustrie vor 1945

von Horst A. Wessel, Düsseldorf

1 Die Aktualität der Thematik

Kartelle, also der vertragliche Zusammenschluss rechtlich und wirtschaftlich selbständig bleibender Unternehmen einer Branche zur Regelung bestimmter Wettbewerbselemente bzw. zur Marktbeeinflussung, sind seit 1945 grundsätzlich verboten.[1] Obwohl Verstöße mit einem hohen Bußgeld, das mit bis zu zehn % des weltweiten Umsatzes veranschlagt wird, geahndet werden und einzelnen Geschäftsführern oder Vorständen eine zusätzliche Geldstrafe von bis zu einer Million Euro droht, das Image bei Geschäftspartnern und Kunden leidet und von den Banken die Bonität schlechter eingeschätzt wird, werden Jahr für Jahr Tausende von Vergehen gegen die Wettbewerbsregeln durch verbotene Absprachen aufgedeckt. Allein in Deutschland sind von 1995 bis 2010 mehr als 96.000 Wettbewerbsdelikte von der Polizei erfasst worden.

2000 wurde ein Preiskartell um die SGL Carbon[2] samt Marktaufteilung bei Grafitelektroden aufgedeckt; im Jahr darauf acht Vitamin-Kartelle mit dem Schweizer Pharmakonzern Roche als Initiator und Organisator – dabei war das Unternehmen bereits früher wegen des Verstoßes gegen das Kartellverbot bestraft worden.[3] Die Versuchung, gegen das Kartellverbot zu verstoßen und der Glaube, unentdeckt zu bleiben, der ist nach wie vor groß, wie zahlreiche Beispiele aus der jüngsten Vergangenheit zeigen. Die großen europäischen Mineralölkonzerne gerieten seit langem immer wieder in das Visier der Kartellbehörden und werden zur Zeit (2013!) verdächtigt, den Ölpreis und damit den Markt ma-

---

[1] 1945 durch das Potsdamer Abkommen; 1957 durch das Bundesgesetz gegen Wettbewerbsbeschränkungen (Bundeskartellamt); 1951 durch den Montanvertrag über die Europäische Gemeinschaft für Kohle und Stahl; 1962 durch den EWG-Vertrag, Art. 85 u. 86; 2004 durch den Vertrag über die Arbeitsweise der Europäischen Union, Art. 101–106 (insbes. §101), und die Europäische Fusionskontrollordnung, Verordnung Nr. 139 des Rates (die EU hat einen eigenen Wettbewerbskommissar).
[2] SGL Carbon steht vermutlich (Genaueres ließ sich nicht ermitteln) für Siemens – Great Lakes Carbon
[3] Vgl. FAZ vom 22. November 2001: „Wiederholungstäter".

nipuliert, Autofahrer, Anleger und Betreiber von Ölheizungen um Milliarden Euro betrogen zu haben.[4] Die Strafe und der Schadenersatz, die ThyssenKrupp durch die Beteiligung am Europäischen Schienen- und an einem Aufzugskartell zu tragen hat[5], wurden von der Unternehmensleitung mit als Begründung für das schlechte Geschäftsergebnis und die geplanten Personaleinsparungen genannt. Die im April diesen Jahres nach einer polizeilichen Durchsuchung wegen des Verdachts auf Preisabsprachen bei Autostählen gestartete interne Untersuchung hat offenbar Hinweise auf weitere Kartellabsprachen ergeben.[6] Wie die wettbewerbswidrigen Absprachen deutscher Zementwerke[7], deutscher und französischer Mühlenbetriebe[8], Brauereien sowie das vor wenigen Wochen aufgedeckte „Kartoffel- und Zwiebelkartell"[9] und die Mitte Mai diesen Jahres bei Zuckerfabriken auf Veranlassung der EU durchgeführten Durchsuchungen[10] zeigen, sind auch andere Branchen der europäischen Wirtschaft betroffen.

2 Gegenstand der Untersuchung

Ziel des Beitrags ist es, die Bildung von grenzüberschreitenden Kartellen von Unternehmen der Elektrotechnischen sowie der Eisen- und Stahlindustrie seit ihrer Entstehung, insbesondere seit dem letzten Drittel des 19. Jahrhunderts sowie in der Zwischenkriegszeit, vorzustellen, in ihrem rechts- und wirtschaftspolitischen Kontext zu untersuchen und in ihrer die Interessen ausgleichenden Funktion zu analysieren. Dabei sollen zugleich branchenbedingte Unterschiede herausgearbeitet, ferner in den Fokus genommen werden, weshalb damals gegründete Kooperationen erfolgreich waren oder gescheitert sind, und außerdem im Hinblick darauf bewertet werden, in wieweit sie als Vorläufer der nach dem Zweiten Weltkrieg politisch geschaffenen europäischen Einrichtungen anzusehen sind.[11] Zwar stehen die grenzüberschreitenden Kooperationen im Vorder-

---

[4] Vgl. FAZ vom 16. Mai 2013: „Wie der Ölpreis manipuliert werden kann".
[5] Vgl. WAZ vom 5. Juli 2012: „Millionenstrafen gegen Schienenkartell verhängt" (allein ThyssenKrupp soll 103 Mio. € zahlen); Vom 30. April 2013: „Schienenkartell zahlt ersten Schadenersatz".
[6] Vgl. Rheinische Post vom 18. Juni 2013: „ThyssenKrupp wertet Kartell-Hinweise aus".
[7] Vgl. WAZ vom 10. April 2013: „Bundesgerichtshof bestätigt Strafe (330 Mio. €)".
[8] Vgl. Die Welt vom 14. März 2012: „Knapp 100 Millionen Euro für Mehl-Kartell".
[9] Der Tagesspiegel vom 13. Mai 2013: „Wie das Kartoffel-Kartell funktioniert".
[10] Vgl. Focus online vom 17. Mai 2013: „EU Razzia bei Nord- und Südzucker".
[11] Vgl. Wolfgang Bührer, Ruhrstahl und Europa. Die Wirtschaftsvereinigung Eisen und

Europäische Kooperationen

grund unseres Interesses, aber die deutsche Entwicklung muss in die Betrachtung mit einbezogen werden, weil sie fast ausnahmslos zeitlich früher einsetzte und der Anstoß zur Gründung europäischer und internationaler Kartelle meist von deutschen Produzenten gekommen ist; außerdem wurde vielfach das nationale Kartell nur entsprechend erweitert und war wesentlicher Bestandteil der neuen, grenzüberschreitenden Kooperation.

Die in der Vergangenheit öfter behandelte Problematik[12], in wieweit die Kartelle wirkungsvolle Krisenwerkzeuge („Kinder der Not") waren oder zu wirtschaftlichen Fehlentwicklungen der Branche geführt und eine ansonsten zwangsläufig einsetzende Bereinigung verhindert haben, wird ebenso ausgeklammert wie die Bedeutung der Kartelle für die vertikale Konzentration in der Wirtschaft (gemischte Konzerne)[13] und die Antwort auf die Frage, welchen Einfluss die Banken darauf genommen haben.[14] Schließlich soll auch die Möglichkeit, dass die Kartelle im Sinne eines starken fürsorglichen Staates gewirkt haben, nach dem sich angeblich die Menschen in Europa und zumal in Deutschland traditionell sehnen, nicht untersucht werden. Auch die zahlreichen Vereine „zur Wahrung der Interessen" einer Branche oder einer Region bleiben, weil es sich nicht um Kartelle handelt, außer Betracht.

Stahl und die Anfänge der europäischen Integration 1945-1952, München 1986.
[12] Siehe z. B. Ulrich Wengenroth, Krisen in der deutschen Stahlindustrie im Kaiserreich und in der Zwischenkriegszeit, in: Friedrich Wilhelm Henning (Hrsg.), Krisen und Krisenbewältigung vom 19. Jahrhundert bis heute, Frankfurt am Main 1998, S. 49-69; Wilfried Feldenkirchen, Krise und Konzentration in der deutschen Elektroindustrie am Ende des 19. Jahrhunderts, in: ebd. S. 92-139; Harm Schröter, Kartelle als Versuch der Krisenbewältigung, in: ebd. S. 161-187.
[13] Vgl. Hans Pohl/Wilhelm Treue (Hrsg.), Die Konzentration in der deutschen Wirtschaft seit dem 19. Jahrhundert (Zeitschrift für Unternehmensgeschichte, Beiheft 11), Wiesbaden 1978; Wilfried Feldenkirchen, Concentration in German Industry 1870-1939, in: Hans Pohl (Hrsg.), The Concentration Process in the Entrepreneurial Economy since the late 19th Century (Zeitschrift für Unternehmensgeschichte, Beiheft 55), Wiesbaden 1988, S. 113-146.
[14] Vgl. Wilfried Feldenkirchen, Banken und Schwerindustrie im Ruhrgebiet. Zur Entwicklung ihrer Beziehungen 1873-1914, in: Bankhistorisches Archiv, H. 2 (1979), S. 26-52; Ders., Unternehmensfinanzierung in der deutschen Elektroindustrie in der Zwischenkriegszeit, in: Dietmar Petzina (Hrsg.), Zur Geschichte der Unternehmensfinanzierung (Schriften des Vereins für Socialpolitik NF 196), Berlin 1990, S. 35-68; Volker Wellhöner, Großbanken und Großindustrie im Kaiserreich (Kritische Studien zur Geschichtswissenschaft 85), Göttingen 1989.

3 Die damalige rechts- und wirtschaftspolitische Bewertung von Kartellen

Vor 1945 war die rechts- und wirtschaftspolitische Bewertung der Kartelle ganz anders als heute. Im und nach dem Ersten Weltkrieg[15] und insbesondere in der nationalsozialistischen Zeit waren Unternehmen durch den Staat zur Bildung von oder zum Beitritt zu bereits bestehenden Kartellen gezwungen worden.[16] Im 19. Jahrhundert hatten sich Produzenten freiwillig zusammengeschlossen, weil man glaubte, auf diese Weise wirtschaftliche Krisen besser überstehen zu können, und weil man sich für berechtigt hielt, Schaden durch einen ungezügelten Wettbewerb abzuwenden. Die Kartelle waren im Allgemeinen nicht geheim. Bei der Eisen- und Stahlindustrie wurde über ihre Gründung, Verlängerung, Veränderung und Auflösung in der Regel in den Fachorganen und in den Tageszeitungen berichtet.[17] Die Elektrotechnische Industrie machte dagegen oft ein Geheimnis darum.[18] Die Nationalökonomen und Juristen waren in den letzten Jahrzehnten des 19. Jahrhunderts überwiegend für Kartelle.[19] Man sah die freiwilligen Zusammenschlüsse als ebenso legitime wie wirkungsvolle Werkzeuge „zur Abwehr eines ruinösen Wettbewerbs, zur Verbesserung der Marktbedingungen und zur Sicherung einer allseitigen Marktversorgung" und rechnete sie daher einer freien Wirtschaftsordnung zu.[20]

---

[15] Aus „Gründen des gemeinen Wohls" wurden das Deutsche Kalisyndikat und das Kohlesyndikat errichtet; weitere waren geplant gewesen: Harm G. Schröter, Die internationale Kaliwirtschaft 1918 bis 1939. Zum Verhältnis von internationaler Kartellpolitik und Staatsinterventionismus, Kassel 1985; Wilfried Feldenkirchen, Das Zwangskartellgesetz von 1933. Seine wirtschaftliche Bedeutung und seine praktischen Folgen, in: Hans Pohl (Hrsg.), Kartelle und Kartellgesetzgebung in Praxis und Rechtsprechung vom 19. Jahrhundert bis zur Gegenwart (Nassauer Gespräche Bd. 1), Stuttgart 1985, S. 145–164.

[16] Vgl. Horst A. Wessel, Die Haltung der Unternehmer zur Zwangskartellierung, in: Hans Pohl (Hrsg.), Kartelle, S. 188–201.

[17] Vgl. beispielsweise die Zeitschriften. „Stahl und Eisen" des Vereins Deutscher Eisenhüttenleute oder die „Kartell-Rundschau" der Röhrensyndikate.

[18] Vgl. Horst A. Wessel, The German Feeble Current Cable Association (DSV) – Background, Foundation and Early Years 1876–1917, in: German Yearbook on Business History 1983, Berlin 1984, S. 57–75.

[19] Vgl. Ulrich Nocken, Die Nationalökonomie und das Zwangskartellgesetz von 1933, in: Hans Pohl (Hrsg.), Kartelle, S. 176–187.

[20] Vgl. Karl-Heinz Fezer, Die Haltung der Rechtswissenschaft zu den Kartellen bis 1914, in: ebd. S. 58; Hans Pohl, Die Konzentration in der deutschen Wirtschaft vom ausgehenden 19. Jahrhundert bis 1945, in: ders./Wilhelm Treue (Hrsg.), Die Konzentration, S. 8.

Europäische Kooperationen

Der preußische Finanzminister von Baben hoffte 1903 inständig, dass der geplante Stahlwerks-Verband endlich zustande komme: „Ich halte eine solche Organisation, eine solche Zusammenfassung der einzelnen Kräfte, geradezu für unerlässlich [...] Es muss jeder lernen, seine individuellen Wünsche den Interessen der Gesamtheit unterzuordnen. Es würde eine segensreiche Folge sein, wenn es den Anstrengungen eines solchen Verbandes gelänge, die Produktion in verständigen Grenzen zu halten".[21]

Die 1904 erfolgte Gründung des Verbands wurde von der Handelskammer Bochum in deren Jahresbericht mit nachstehenden Worten kommentiert: „Von der Notwendigkeit und dem Nutzen gut organisierter und geleiteter Syndikate durch langjährige Erfahrungen überzeugt, begrüßen wir mit lebhafter Genugtuung die Gründung des großen Stahlwerks-Verbandes [...] und wünschen, dass die an sein Zustandekommen nicht nur von den beteiligten Produzenten, sondern auch von vielen Konsumenten geknüpften Hoffnungen in Erfüllung gehen mögen, indem wir annehmen, dass die vorbildliche Preispolitik des Kohlensyndikats, die maßvolle Haltung in Bezug auf die Preisfestsetzungen auch in diesem Verband Geltung haben wird. Wenn in unseren maßgebenden Syndikaten das Bewusstsein von der auf ihnen ruhenden Verantwortung stets lebendig ist, und wenn die kürzlich ausgesprochene Mahnung des Vorsitzenden des Kohlensyndikats an dessen Mitglieder, im Hinblick auf das Wohl des Ganzen die Sonderinteressen zurückzusetzen, befolgt wird, dann darf auch gehofft werden, dass die Syndikate, denen auch die Kartell-Enquete nicht zum Schaden gereicht hat, die vielen Anfeindungen gut überstehen werden. Eine jede aufstrebende Volkswirtschaft schafft sich die den Zeitverhältnissen angemessene neue Unternehmungsorganisation. Als solche muss man die Syndikate auffassen, und alle Bedenken wegen der durch sie bedingten Fesselung der einzelnen Betriebe müssen vor der volkswirtschaftlichen Notwendigkeit zurücktreten".[22]

Wie die Stellungnahme der Kammer zeigt, gab es auch kritische Stimmen. In der Tat verstärkte sich unter dem zutreffenden Eindruck, dass praktisch der gesamte inländische Vertrieb industrieller Erzeugnisse durch Verkaufsverbände

---

[21] Will Rinne, Stahlwerks-Verband (Maschinenschrift im Archiv der Wirtschaftsvereinigung Stahl), zitiert von Helmut Uebbing, Stahl schreibt Geschichte. 125 Jahre Wirtschaftsvereinigung Stahl, Düsseldorf 1999, S. 47–48.

[22] Handelskammer Bochum, Jahresbericht 1904, zitiert von Will Rinne, Ruhrgeist und Ruhrstahl. 125 Jahre eisenschaffendes Volk an Ruhr und Rhein (Vergangenheit und Gegenwart. Länder – Menschen – Wirtschaft), Berlin 1941, S. 168.

organisiert wurde und die dort getroffenen Absprachen nicht nur zum Vorteil der Verbraucher waren, die Skepsis gegenüber den Kartellen. Zwar wurden diese nicht grundlegend infrage gestellt, aber zunehmend wurde die Forderung nach staatlicher Kontrolle erhoben.[23] Allgemein sahen jedoch Wirtschaft, Politik und die politisch einflussreichen Teile der Gesellschaft mit Genugtuung sowie Beruhigung, dass Kartelle in Krisenzeiten Ruhe in die Märkte brachten.[24]

Das Reichsgericht hatte in seinen Entscheidungen von 1890 und 1897 die Kartelle als mit der Gewerbefreiheit vereinbar und die in Kartellabsprachen eingegangenen Verpflichtungen für verbindlich erklärt. Noch die Verordnung gegen den Missbrauch wirtschaftlicher Machtstellungen von 1923 hatte die Rechtmäßigkeit von Kartellen und deren Vereinbarungen, wenn sie schriftlich getroffen worden waren und jedem Mitglied die Möglichkeit der fristlosen Kündigung einräumten, bestätigt. Sie richtete sich, wie ihre Bezeichnung nahe legt, gegen Missbrauch und vor allem gegen übertriebene Preissteigerungen.[25] Davon abgesehen sah das Reichsgericht in der Kartellierung „nicht nur eine berechtigte Betätigung des Selbsterhaltungstriebes, sondern auch eine dem Interesse der Gesamtheit dienende Maßregel".[26]

Die Notverordnung von 1932 (allgemeiner Rabatt von 10 %) sollte in Verbindung mit den von Reichskanzler Brüning zur Überwindung der Weltwirtschaftskrise erlassenen Sparmaßnahmen Produzenten und Verkaufsverbände zu Preissenkungen zwingen. Von dort bis zum Gesetz über die Errichtung von Zwangskartellen der Nationalsozialisten von 1933 war es dann nur noch ein kleiner Schritt. Es ist nicht ausgeschlossen, dass zunächst um der Propaganda willen dem Schutz der Abnehmer und Verbraucher zulasten der Produzenten Priorität eingeräumt worden ist, spätestens seit 1936. Nun wurden die Kartelle offiziell „marktordnende Verbände" genannt, und von den Reichsgruppen Industrie und Handel mussten entsprechende Verzeichnisse geführt werden. Die Kartelle wurden zu Werkzeugen der staatlichen Autarkiepolitik und Kriegsrüs-

---

[23] Vgl. Karl-Heinz Fezer, Die Haltung, S. 55.
[24] Vgl. Ruprecht Vondran, Rede in der Mitgliederversammlung des Bundesverbandes Deutscher Stahlhandel auf dem Stahlhandelstag ‚83 in Hamburg, zitiert von Helmut Uebbing, Stahl, S. 49; Jakob Wilhelm Reichert, Mitgliederversammlung des Vereins Deutscher Eisen- und Stahlindustrieller 1917, zitiert von Helmut Uebbing, Stahl, S. 49.
[25] Vgl. Wilfried Feldenkirchen, Die Deutsche Wirtschaft im 20. Jahrhundert (Enzyklopädie Deutscher Geschichte, Bd. 47), München 1998, S. 11.
[26] Zitiert von August Zöllner, Entwicklung der deutschen Eisenindustrie und ihrer Kartelle bis zur Gründung des Stahlwerksverbands, Diss. Würzburg, Leipzig 1907, S. 45.

Europäische Kooperationen

tung. Mitte des Jahres 1937 unterstanden der Kartellaufsicht allein etwa 1.700 Industriekartelle – allerdings handelte es sich bei mehr als der Hälfte von ihnen um lose Konditionenkartelle, also um lose Vereinbarungen über die Verkaufsbedingungen.[27] Das Kartellwesen war dem Reichswirtschaftsministerium unterstellt, „um Zusammenschlüsse als staatliche Lenkungsmaßnahmen zu ermöglichen".[28]

Auch in den anderen europäischen Großstaaten gab es keine Gesetze, die der Rechtsprechung eine wirksame Handhabe gegen Kartelle geboten hätte. Zwar waren in Österreich Verabredungen von Gewerbetreibenden zu dem Zweck, den Preis einer Ware zum Nachteil des Kunden zu erhöhen, untersagt. Das jedoch war unbestimmt und im Falle von Kartellen ebenso schwer nachweisbar wie auf der Grundlage der französischen Bestimmung des Code civil, die alle Verbindlichkeiten für unwirksam erklärte, die auf einem der öffentlichen Ordnung zuwiderlaufenden Grund beruhten. In England waren monopolistische Vereinbarungen verboten, jedoch stand das nicht in einer direkten Beziehung zu Kartellen. Im Übrigen spielten Kartelle in Großbritannien eine geringere Rolle als auf dem Kontinent. In Kanada stellten sich aus nahe liegenden Gründen die Verhältnisse ähnlich wie in England. In den USA hatten zunächst mehr als 20 Staaten der Union vergeblich versucht, durch sehr strenge Gesetze wettbewerbsregulierende Vereinigungen zu verbieten. Schließlich erließ die Bundesregierung 1900 ein Gesetz (Sherman Act), „das derartige Vereinbarungen jeder Art und Form für ungesetzlich erklärte, so dass ein Kartellvertrag von der amerikanischen Rechtsprechung grundsätzlich nicht mehr anerkannt und seine Erfüllung mithin unerzwingbar wurde".[29] Allerdings wurde das Verbot später für den Export gelockert (Webb-Pommerance Act).

4 Wirtschaftliche Kooperationen in Deutschland sowie international

4.1 *Marktregulierende Institutionen vor der Zeit der Kartelle*

Marktregulierungen durch Produzenten und Händler gab es nicht erst seit dem 19. Jahrhundert. Marktordnende Angelegenheiten waren bereits innerhalb der

---

[27] Vgl. Fritz Haussmann, Konzerne und Kartelle im Zeichen der Wirtschaftslenkung, Leipzig 1938, S. 126–127.
[28] Wilfried Feldenkirchen, Die Deutsche Wirtschaft.
[29] August Zöllner, Entwicklung, S. 49.

mittelalterlichen Zünfte geregelt worden. Eine wichtige Frage, auf die eine gemeinsame Antwort gesucht wurde, war die nach dem angemessenen Preis. In der frühen Neuzeit sowie in späteren wirtschaftlich schwierigen Zeiten wurde auch zu Maßnahmen gegriffen, die den Wettbewerb schärfer beschränkten. Dabei ging es darum, die Aufträge so zu verteilen, dass wenigstens die Existenz eines jeden Meisters mit seiner Familie, wozu auch die Gesellen und Lehrlinge gehörten, so weit wie möglich gesichert war („Familiennahrung").[30]

4.2 Kartelle in der deutschen Wirtschaft sowie international

Nach Einführung der Gewerbefreiheit und insbesondere der Eisenbahn waren derartige Absprachen wesentlich schwieriger – auch wegen der meist großen räumlichen Entfernung der Wettwerber voneinander; außerdem wuchs beispielsweise bei der Eisen- und Stahl- sowie in der Elektrotechnischen Industrie die Nachfrage nach deren Erzeugnissen so, dass auch neu in den Wettbewerb einsteigende Unternehmen ein Auskommen hatten. Erst bei einem Überangebot, wenn der Kampf um Aufträge über die Preise geführt wurde, kam es zu Absprachen und der Bildung von Kartellen, die den Wettbewerb einschränkten oder sogar ausschalteten. Man hielt das – auch volkswirtschaftlich – für gerechtfertigt, weil die Betriebe samt Arbeitsplätzen erhalten blieben, das investierte Kapital nicht verloren ging, ein angemessener Preis erzielt und schädliche Außenseiter wirkungsvoller bekämpft werden konnten. Die Auffassung, dass die Unternehmerverbände in der damaligen Wirtschaftsordnung tief begründet lagen, jedoch erst in Erscheinung traten, als sich Verkehr und Kapital im Großen regten, die war allgemein verbreitet.[31]

Kartellen, angefangen von den losen Formen, beispielsweise den Konditionenkartellen, bis hin zu den Syndikaten, die den Verkauf für ihre Mitglieder übernahmen, ging es im Allgemeinen nicht darum, Höchstpreise zu erzielen. Vielmehr sollte ein stabiles Preisniveau garantiert werden, auf dessen Grundlage ein „möglichst stoßfreier und gleichmäßiger Gang der Geschäfte" erreicht werden konnte. So wurden auch gewinnlose Geschäfte in Kauf genommen, wenn

---

[30] Rolf Sprandel, Gewerbe und Handel 900–1350, in: Hermann Aubin/Wolfgang Zorn (Hrsg.), Handbuch der deutschen Wirtschafts- und Sozialgeschichte, Bd. 1, Stuttgart 1971, S. 217; Ders., Gewerbe und Handel 1350–1500, ebd. S. 337.

[31] Vgl. A. Sartorius von Waltershausen, Deutsche Wirtschaftsgeschichte 1815–1914, Jena 1920, S. 486.

Europäische Kooperationen

nicht anders die störungsfreie Weiterbeschäftigung der Betriebe zu gewährleisten war.[32]

Es liegt auf der Hand, dass wenn in einem Kartell auch noch der Produzent mit den höchsten Gestehungskosten sein Auskommen finden sollte, ein inländischer Außenseiter mit günstigen Produktionsbedingungen sowie ein Teil der ausländischen Wettbewerber preiswerter anbieten konnte. Im erstgenannten Fall war ein Preiskampf, um den Außenseiter zur Aufgabe oder zur Mitarbeit im Kartell zu zwingen, unvermeidlich. Im zweiten Fall halfen entweder Zölle, die den Inlandsmarkt schützten bzw. die inländischen Produzenten begünstigten, oder internationale Verständigungen. Die deutschen Unternehmen hatten, soweit sie exportorientiert waren bzw. mit ausländischen Wettbewerbern auf dem Inlandsmarkt rechnen mussten, keine Vorbehalte gegenüber internationalen Verbänden. Und im Ausland stießen sie, vor allem nach dem Ersten Weltkrieg, auf großes Entgegenkommen. Bezeichnenderweise wurde, wie noch zu zeigen sein wird, bei vielen der montanindustriellen Kartelle die erprobte deutsche Organisation auf weitere europäische Länder ausgedehnt und nicht selten sogar nur die Geschäftsstelle des deutschen Verbands entsprechend erweitert.

In den übrigen kontinentaleuropäischen Volkswirtschaften war die Entwicklung ähnlich wie in Deutschland verlaufen. In Großbritannien, wo die Handlungsfreiheit nicht nur von Individuen , sondern auch von den Unternehmen hoch eingeschätzt wurde, war die Verbandskultur wesentlich geringer ausgeprägt – was allerdings nicht daran hinderte, Absprachen in einer weniger straffen Form, etwa als „Gentlemen's Agreements" zu treffen. In den USA war es nach dem Kartellverbot zu einer verstärkten Trustbildung gekommen, die gleichfalls dem Geist des Gesetzes zuwider lief. Außerdem wurden, insbesondere in der Montanindustrie, weiterhin kartellartige Vereinbarungen getroffen, nun geheim, außerdem meist mündlich und mit kürzeren Laufzeiten (etwa für ein Jahr). Für internationale Verabredungen im Export schuf man mit dem Webb-Pommerance Act sogar eine legale Grundlage.[33]

---

[32] Vgl. die Mitgliederversammlung des Vereins Deutscher Eisen- und Stahl-Industrieller von 1917; zitiert von Helmut Uebbing, Stahl, S. 46.
[33] Vgl. August Zöllner, Entwicklung, S. 49.

4.2.1 Kartelle im deutschen Zollvereinsgebiet, in den Freihäfen und Kolonien

4.2.1.1 Kartelle der deutschen Elektrotechnischen Industrie

Im Unterschied zur Eisen- und Stahlindustrie hüteten die Produzenten elektrotechnischer Materialien, Apparate, Geräte und anderer Erzeugnisse das Wissen um ihre Kartelle oft als Geheimnis. Als der Verfasser einer Schrift zum 50jährigen Bestehen eines weltweit führenden Draht- und Kabelherstellers Mitte der 1920er Jahre das Unternehmen um Auskunft über die Verbände, zu dieser Kategorie zählten die Kartelle, bat, erwies man sich dort als sehr zurückhaltend. Der Kontaktmann teilte ihm mit: „[...] dass ich inzwischen wegen der Verbände mit zwei maßgebenden Herren vom Vorstand, die speziell im Verbandswesen [...] die Firma vertreten, gesprochen habe. Diese Herren sind übereinstimmend der Ansicht, dass es besser ist, das Verbandswesen wegen der vielen Eigenarten, die hier infrage kommen, nicht zu berühren. Sowohl den Käufern als auch den anderen Verbandsmitgliedern gegenüber, dürfte zu leicht [...] ein unvorsichtiges Wort, dessen Tragweite sich jetzt nicht einmal einschätzen lässt, zuviel gesagt sein. Ich bin daher nicht in der Lage, den bezüglichen Wunsch von Ihnen zu erfüllen [...] die hauptsächlichste Erwägung ist, dass Vorsicht geboten ist".[34]

In der Tat findet man, von Ausnahmen abgesehen, in den Firmenschriften, in den Fachorganen etc. keine direkten Hinweise. Die umfangreiche Geschichte der Starkstromtechnik von Dettmar/Humburg, die im zweiten Band mehrseitige Kapitel über die „Fabrikations-Unternehmungen" und über die „Vereine" enthält, erwähnt zwar den Konzentrationsprozess in der elektrotechnischen Industrie und den zeitweise bei einzelnen Produkten harten Wettbewerb, aber nicht, was man an Verabredungen im nationalen und internationalen Rahmen getroffen hat, um den Wettbewerb zu zügeln.[35]

Vereinzelt finden sich Hinweise auf bestehende Kartelle in den Geschäftsberichten der Großunternehmen, wenn nämlich Beteiligungen an Verbänden, die in der Form einer Kapitalgesellschaft gegründet worden waren, ausgewiesen

---

[34] Zitiert von Horst A. Wessel, „Mensa an Laetitia". Zur Geschichte der Schwachstromkartelle, in: VDE-Ausschuss „Geschichte der Elektrotechnik" (Hrsg.), Kolloquium „Elektrotechnik im Wandel der Zeit"; Frankfurt 1981, S. 76–81 (Zitat S. 76).

[35] Vgl. Georg Dettmar, Die Entwicklung der Starkstromtechnik in Deutschland, Teil 1: Die Anfänge bis etwa 1890 (Geschichte der Elektrotechnik, Bd. 8), 2. Aufl. (Reprint von 1940), Berlin/Offenbach 1989; Ders./Karl Humburg, Die Entwicklung der Starkstromtechnik in Deutschland, Teil 2: 1890–1920 (Geschichte der Elektrotechnik, Bd. 9), Berlin/ Offenbach 1991, S. 311–325, 329–334.

Europäische Kooperationen

werden (mussten). Mehr Aufschluss geben die Unterlagen in den historischen Archiven. Eine erste große Zusammenarbeit ist auf dem Gebiet der Nachrichtenkabel nachzuweisen. Bemerkenswerterweise ist diese durch die Reichstelegrafenverwaltung zustande gekommen. Die für das ab 1876 errichtete große unterirdische Telegrafennetz benötigten Kabel produzierte in Deutschland zunächst nur ein einziges Unternehmen, das darüber hinaus auch mit Erfolg die Teststrecke hergestellt hatte. Die Verwaltung wollte jedoch nicht von einem Lieferanten allein abhängig sein und beteiligte ein weiteres Unternehmen, das nicht in Deutschland, wohl jedoch in England eine Kabelfabrik betrieb. Kabel aus England kamen jedoch nicht in Betracht; die Behörde zwang das Unternehmen, in Deutschland eine Kabelfabrik zu errichten.

Anschließend wurden die Aufträge genau zur Hälfte geteilt. So hielt es die Verwaltung auch in den folgenden Jahren. Mit Wissen und ausdrücklicher Billigung der Post- und Telegrafenverwaltungen im Reich sowie in Bayern und Württemberg (sowie zeitweise in Baden), die praktisch Alleinnachfragerinnen[36] waren, verständigten sich die Duopolisten nicht nur über die Technik, sondern auch über Lieferbedingungen und Preise. Darüber hinaus trafen sie Vereinbarungen, die eine räumliche Aufteilung betrafen. Weil dies zur allgemeinen Zufriedenheit erfolgte, verfuhr man bei den Lieferungen für die Eisenbahngesellschaften und das Militär entsprechend.

Dass diese weitgehenden Vereinbarungen tatsächlich im Sinne der Abnehmer gewesen sind, dafür gibt es in der Korrespondenz eindeutige Belege. So teilte die Reichspost- und Telegrafenverwaltung einem der Lieferanten im Dezember 1888 mit, dass beabsichtigt sei, beide in den „nächsten beiden Etatjahren wie bisher [...] möglichst gleichmäßig zu beteiligen [...] Der Ausgleich soll wie bisher [...] herbeigeführt werden. Zu diesem Zwecke ist es erforderlich, dass die Preise [...] ebenso wie dies im Vertrage von 1879 bzw. im Nachtragsvertrage von 1887 geschehen ist,[...] gleich hoch angesetzt werden".[37]

---

[36] Bayern und Württemberg hatten bis 1920 Reservatrechte; Vgl. Horst A. Wessel, Die Entwicklung des elektrischen Nachrichtenwesens in Deutschland und die rheinische Industrie. Von den Anfängen bis zum Ausbruch des Ersten Weltkrieges (Zeitschrift für Unternehmensgeschichte, Beiheft 25), Wiesbaden 1983.

[37] Zitiert von Horst A. Wessel, Monopole, Oligopole, Kartelle und Preisbildung. Die deutschen Telegrafenverwaltungen und ihre Beschaffungspraxis 1848–1945, in: Gedenkschrift Wilfried Feldenkirchen (i.Dr.); Ders., Der Deutsche Schwachstromkabel-Verband. Vorgeschichte und Gründung sowie Entwicklung in den ersten Jahren seines Bestehens (1876–1917), in: Zeitschrift für Unternehmensgeschichte 27, H. 1 (1982), S. 27–28.

Horst A. Wessel

Unternehmen, die ab den 1890er Jahre die Herstellung von Kabeln und isolierten Leitungen aufgenommen hatten und ins ebenso sichere wie lukrative Behördengeschäft drängten, wurden zunächst trotz niedrigerer Preise nicht beteiligt. Die Verwaltung sah es als ihre Aufgabe an, ihre Lieferanten zu schützen. Als das politisch nicht mehr zu vermitteln war, wurde der Kreis der Produzenten, der zur Angebotsabgabe aufgefordert wurde, erweitert. Zwar kam es dann zu unterschiedlich hohen Preisforderungen, aber die Reichsverwaltung ließ die übrigen regelmäßig wissen, dass es nicht ihre Absicht sei, die Preise zu drücken. Sie sei im Gegenteil bereit, höhere Preise zuzugestehen, wenn mehrere Produzenten die Erklärung abgeben würden, dass sie zu den limitierten Preisen nicht liefern könnten. Ein Reinverdienst in Höhe von zehn % wurde als angemessen erachtet. Zu Lohnsenkungen wollte man auf gar keinen Fall Anlass geben, „weil solches Vorgehen dem Reiche nur schaden könne."[38]

Nach der Wirtschaftskrise von 1900/01, die besonders der elektrotechnischen Industrie zugesetzt hatte, schlossen sich einige Kabelfabrikanten, die unter wechselnden Decknamen miteinander korrespondierten, jedoch vorwiegend mündlich miteinander verkehrten, zu einem geheimen Submissionskartell zusammen, also zu einer Vereinbarung über Angebotspreise und -bedingungen, die bei öffentlichen Ausschreibungen vorzulegen sind. In Anbetracht der Marktkonstellation ist es verständlich, dass dieses Kartell im Inlandsgeschäft keine große Bedeutung erlangt hat.

Ende 1913 entstand mit Zustimmung und Förderung der Deutschen Reichspost- und Telegrafenverwaltung der Deutsche Schwachstromkabel-Verband (DSV), dem im Gründungsjahr 15 Verbands- sowie vier angegliederte Unternehmen angehörten. Später kamen zwei weitere hinzu, ohne dass es zu schwierigen Verhandlungen gekommen wäre. Fast alle Hersteller von Schwachstromkabeln und isolierten Leitungen arbeiteten im Kartell zusammen; ein Außenseiterproblem hat es nicht gegeben.

Das Verbandsgebiet umfasste den deutschen Zollverein, also das Deutsche Reich und Luxemburg, die deutschen Freihafengebiete sowie bei Marinelieferungen die deutschen Kolonien. Zur „Verbandsware" zählten alle Kabel und isolierten Leitungen für Nachrichten-, einschließlich Signal- und Uhrenanlagen, die dazu gehörenden Garniturteile sowie Binde-, Isolier- und Lötmaterialien, die Verpackung, die Verlegung und die Montage. Laut Satzung waren

---

[38] Zitiert von dems., Der Deutsche Schwachstromkabel-Verband, S. 30.

Europäische Kooperationen

die Hauptziele des Verbands, das Schwachstromkabelgeschäft zu heben und die gemeinsamen Interessen der Mitglieder zu wahren. In der Tat gelang es, den Schwachstromkabelmarkt durch ein System von Absatzkontingentierung und Preisabsprachen zu stabilisieren. Trotz seiner heterogenen Struktur ist der Bestand des DSV bis zu seiner Auflösung im Jahre 1945 niemals ernsthaft infrage gestellt worden. Innerhalb des DSV bestand eine Kommission, in der die Telegrafenverwaltung und die Verbandswerke sich über technische Werte, Liefer- und Zahlungsbedingungen sowie die Preise verständigten.[39]

Der DSV war eingebunden in das dichte Verbandsgeflecht der elektrotechnischen Industrie. Er gehörte zur Fachgruppe Acht (Kabelindustrie) im Zentralverband der Elektroindustrie (ZVEI). Er hielt Kontakte zu anderen Kartellen der Branche, insbesondere zur bereits 1901 gegründeten Vereinigung Deutscher Starkstromkabelfabrikanten (VDSF), deren Organisationsstruktur er im wesentlichen übernahm.[40]

4.2.1.2 Kartelle der deutschen Eisen- und Stahlindustrie

Marktregelnde Verbände lassen sich bei der deutschen Eisen- und Stahlindustrie bereits in den 1840er Jahren nachweisen. Rheinische und westfälische sowie saarländische Walzwerke trafen Absprachen, um gemeinsam an der Lieferung von Schienen für bestimmte Eisenbahnstrecken beteiligt zu werden. Sie schlossen sich 1852 sogar zu einem Schienenkartell zusammen, das bis nach der Gründerkrise in der ersten Hälfte der 1870er Jahre bestehen blieb. In der zweiten Hälfte der 1850er Jahre entstand die Vereinigung der nassauischen Roheisen-Produzenten in der Form des Syndikats, das den Verkauf der gesamten Erzeugung der Mitglieder übernahm. Dieses überdauerte jedoch die nächste schwere Krise ebenso wenig wie die Vereinigungen der Roheisenhersteller im Siegerland und in anderen Hüttenbezirken.

Die sieben Roheisenkartelle, die 1894 für verschiedene Roheisensorten und Erzeugungsgebiete bestanden, vereinigten sich bald darauf mit weiteren Produzenten zum Roheisensyndikat, das ganz Deutschland umfasste; Sitz der Verkaufsgemeinschaft war Düsseldorf. 1886 war die Trägervereinigung als reines Preiskartell entstanden; diese fand 1890 wegen der großen Überkapazitäten ein

---

[39] Vgl. ebd. S. 32–42.
[40] Vgl. Gottfried Eißfeldt, Die Kartellierung der deutschen Elektroindustrie, Berlin 1928, S. 79.

Ende. Ihm folgte 1891 die Verkaufsstelle für Stahlträger mit einer gemeinsamen Verkaufsstelle. 1899 schloss sich der Süddeutsche Trägerverband mit dem Niederrheinisch-Westfälischen Trägerverband zum Deutschen Träger-Verband zusammen. Der 1887 gegründete Deutsche Walzwerksverband war ein Zusammenschluss des einige Jahre zuvor aus einer losen Konvention zu einer festen Verkaufsvereinigung entwickelten Verbandes Oberschlesischer Walzwerke mit dem aus 16 Werken bestehenden Rheinisch-Westfälischen Walzwerksverband und der mitteldeutschen Gruppe. Es war eine mächtige Organisation, die jedoch wegen ihrer verfehlten Preispolitik Außenseiter groß werden ließ und schließlich 1893 unter dem Druck des Marktes auseinander brach.

Als 1903 die Kartellenquete durchgeführt wurde, bestanden 366 Industriekartelle, von denen 200 den Verkauf über eine zentrale Stelle abwickelten; darunter fünf Roheisenkartelle, der Halbzeugverband, die Vereinigung Rheinisch-Westfälischer Schweißeisenwerke, der Stahlformgussverband sowie 20 Kartelle der Walzwerksindustrie; insgesamt bestanden damals 44 Kartelle in der Stahlindustrie. Alle betrafen den Inlandsabsatz; allerdings traten die Verbände nicht als Verkäufer auf, sondern vermittelten lediglich zwischen Produzenten und Kunden; sie hatten keinen Einfluss auf die Produktion.[41]

Die drei rheinisch-westfälischen Roheisenkartelle waren 1896 zum Rheinisch-Westfälischen Roheisensyndikat mit Sitz in Düsseldorf zusammengefasst worden; diesem schlossen sich im folgenden Jahr die Siegerländer Hochofenwerke an. Zeitweise gehörte auch das Lothringisch-Luxemburgische Roheisencomptoir, allerdings nur in lockerer Form, zu diesem Kartell. Zwar handelte es sich um ein Syndikat, jedoch ohne Lieferpflicht seitens der Mitglieder, ohne gemeinsame Verrechnung und ohne Preisausgleich; außerdem gab es, wie bei den Walzerzeugnissen, gemischte und reine Werke sowie obendrein mächtige Außenseiter. Bei der Verlängerung des Syndikats im Jahre 1903 wurde eine GmbH gegründet, der man den In- und Auslandsabsatz übertrug. Die unterschiedlichen Interessen der gemischten und reinen Werke blieben bestehen, auch Außenseiter erschwerten das Geschäft. 1908 wurde das Roheisensyndikat aufgelöst, jedoch nach ruinösem Preiskampf 1910 die Roheisen-Verband GmbH, Essen, gegründet. Diesem traten nicht nur einige der Außenseiter, sondern auch das Oberschlesische Roheisensyndikat sowie 1911 fast alle luxemburgischen Hoch-

---

[41] Vgl. Wilfried Feldenkirchen, Die Eisen- und Stahlindustrie des Ruhrgebiets 1879–1914. Wachstum, Finanzierung und Struktur ihrer Großunternehmen (Zeitschrift für Unternehmensgeschichte, Beiheft 20), Wiesbaden 1982, S. 120.

Europäische Kooperationen

ofenwerke bei. Mit dem Beitritt der südwestlichen Gruppe 1912 erreichte der Roheisen-Verband für den Inlandsabsatz eine Monopolstellung sowie endlich auch eine vom Konjunkturverlauf weitgehend unabhängige Preisentwicklung.[42]

Als der Auslandsabsatz wegen der starken Konkurrenz, vor allem mit den britischen, belgischen und nordamerikanischen Produzenten, bei schwacher Inlandsnachfrage bzw. einer Überproduktion keinen ausreichenden Ausgleich mehr bot, wuchs der Wille zur Verständigung und zur Zusammenarbeit in einem straffen Kartell. Einer neuen, umfassenden Vereinigung günstig war das Auslaufen der früheren Vereinigungen. Allerdings wurde eine Verständigung nicht allein durch die unterschiedliche Größe und Erzeugungsstruktur der Wettbewerber, sondern auch dadurch erschwert, dass sich reine Walzwerke, Spezialisten, und gemischte Werke, die sowohl Halbzeug als auch Fertiggüter erzeugten, nicht selten sogar Rohstoffe und Hilfsgüter förderten und ihre Produkte durch eigene Absatzorganisationen im In- und Ausland verkauften, gegenüber standen.

1904 gründeten nach langwierigen Bemühungen, vor allem Adolf Kirdorfs vom Aachener Hütten-Actien-Verein und Carl Lueg von der Gutehoffnungshütte in Oberhausen, 27 fast ausschließlich gemischte Unternehmen, die Stahlwerksverband AG. Die nahm nicht nur den Halbzeugverband, die Schienengemeinschaft und den Deutschen Trägerverband in sich auf, sondern regelte auch den Auslandsabsatz. Die sogenannten A-Produkte, schwere Walzwerksprodukte (Halbzeug, Eisenbahn-Oberbaumaterial und Formeisen), wurden syndiziert, d.h. an der Absatzmenge hatten alle Mitglieder einen festen Anteil; der Verkauf erfolgte ausschließlich durch den Verband. Der Vertrieb der sogenannten B-Produkte, nämlich Stabeisen, Walzdraht, Röhren, Radsätze, Schmiedestücke, Stahlguss und alle anderen aus Rohstahl hergestellten Erzeugnisse, war lediglich kontingentiert; deren Verkauf erfolgte durch die Werke selbst. Eine Überschreitung der Quote wurde mit einer Zwangsabgabe in Höhe von 20 M je Tonne Rohstahl geahndet.[43]

Während sich die Syndizierung der A-Produkte durchaus bewährte, kam es bei den B-Produkten, wo gemischte Werke und reine Walzwerke mitein-

---

[42] Vgl. Artur Klotzbach, Der Roheisenverband. Ein geschichtlicher Rückblick auf die Zusammenschlußbestrebungen in der deutschen Hochofenindustrie, Düsseldorf 1926, S. 85-87, 102, 108, 117, 139 und 161.
[43] Vgl. Julius Kollmann, Der Deutsche Stahlwerksverband. Eine wirtschaftliche Studie, Berlin 1907.

ander konkurrierten und die Spezialisten feststellen mussten, dass Erstere zu ihren Lasten immer weiter in die Weiterverarbeitung drängten, bald zu heftigen Auseinandersetzungen. Weil hier eine Einigung nicht einmal mehr auf den kleinsten gemeinsamen Nenner möglich war, wurde die Kontingentierung 1912 aufgehoben. Der Einschätzung von Wilfried Feldenkirchen, dass „angesichts der Marktanteile die wirtschaftliche Position der Kartelle volkswirtschaftlich gesehen kleiner" zu sein scheint, als Wehler[44], Rosenberg[45] u. a. „glauben machen wollen",[46] ist zuzustimmen.

Bevor wir die Entwicklung während des Ersten Weltkriegs und nach dem Ersten Weltkrieg betrachten, soll kurz auf das besondere Verhältnis von Deutschland und Luxemburg vor 1918 hingewiesen werden. Denn von 1842 bis zum Ende des Ersten Weltkriegs gehörte das Großherzogtum Luxemburg zum Deutschen Zollverein. Mitte der 1880er Jahre entwickelte sich Luxemburg zu einem der größten Eisen- und Stahlproduzenten des europäischen Kontinents. Deutschland war ein sicheres und lohnendes Absatzgebiet, und Luxemburg bezog den größten Teil seines Bedarfs an Rohstoffen sowie an Halb- und Fertigfabrikaten aus Deutschland. „Die Zugehörigkeit zum Stahlwerksverband bedeutete für die luxemburgische Eisenindustrie den gesicherten Absatz eines Teils ihrer Produktion".[47]

Während des Ersten Weltkriegs wurden die Kartelle der Eisen- und Stahlindustrie, auch die zuvor in loser Form geführten Verbindungen, beispielsweise bei gewalzten Rohren, zentrale Zwangsverbände. Wie die (Kriegs-)Röhrenvereinigung standen sie im Dienste der Kriegswirtschaft.[48] „Als Säulen der kriegswirtschaftlichen Organisation gewannen die losen Zusammenschlüsse [...] an Bedeutung".[49]

---

[44] Vgl. Hans Ulrich Wehler, Der Aufstieg des organisierten Kapitalismus und Interventionsstaates, in: Heinrich August Winkler (Hrsg.), Organisierter Kapitalismus. Voraussetzungen und Anfänge (Kritische Studien zur Geschichtswissenschaft 9), Göttingen 1974, S. 40–41; Das deutsche Kaiserreich 1871–1918, Göttingen 1974, S. 51–55.
[45] Vgl. Hans Rosenberg, Große Depression und Bismarckzeit, 2. Aufl., München 1976, S. 268–271.
[46] Wilfried Feldenkirchen, Die Eisen- und Stahlindustrie, S. 123–124.
[47] Aloys Meyer, Die wirtschaftlichen Beziehungen zwischen Deutschland und Luxemburg, in: Deutschland, Belgien, Luxemburg. Beilage zur Kölnischen Zeitung vom 4. August 1935, S. 3.
[48] Salzgitter AG-Konzernarchiv/Mannesmann-Archiv, V 1.003–1.027.
[49] Wilfried Feldenkirchen, Die Deutsche Wirtschaft, S. 11.

Europäische Kooperationen

Nach dem Krieg kam es infolge der politischen und wirtschaftlichen Veränderungen zu einer weitgehenden Auflösung der Kartelle. Erst nach der Währungsstabilisierung und angesichts des durch die inzwischen neu entstandenen Produktionsstätten weltweit noch schärfer gewordenen Wettbewerbs wuchs die Bereitschaft zur Verabredung marktregelnder Vereinbarungen im nationalen und nun verstärkt auch im internationalen Rahmen erneut. Nach langwierigen Vorbereitungen entstand im November 1924, als Fortsetzung des ehemaligen Stahlwerks-Verbands, die Deutsche Rohstahlgemeinschaft, die nach Verlängerungen bis zum Verbot durch die Siegermächte Bestand hatte.

Weil man aus den Erfahrungen der Vorkriegszeit gelernt hatte, wurde die neue Vereinigung durch Verkaufsverbände gestärkt. Der alte A-Produkte-Verband wurde durch den zentralen Verkauf von Stabeisen, Grobblech und Bandeisen, schließlich auch von Universaleisen, Mittel- und Feinblech erweitert; besondere Verkaufsverbände entstanden für Röhren, Walzdraht, gezogenen Draht und rollendes Eisenbahnmaterial.[50] Der Gruppenschutz machte die Erweiterung des Erzeugungsprogramms von der Zustimmung einer besonderen Vertrauensstelle abhängig. Wegen der hohen Exportabhängigkeit und der besonderen, durch Zölle und Subventionen verzerrten Wettbewerbslage reichte nach Ansicht der deutschen Unternehmen eine Verständigung allein im nationalen Rahmen schon lange nicht mehr.

4.3 Kartelle in Europa und Übersee

Da, wo zuerst deutsche und ausländische Unternehmen erbittert um Marktanteile stritten, da kam es auch früh zu Verständigungen über marktregulierende Maßnahmen im europäischen und sogar im globalen Maßstab.

4.3.1 Internationale Kartelle der Elektrotechnischen Industrie

Bei Auslandsaufträgen scheint es nicht nur bei Nachrichtenmaterialien bereits früh häufiger zu Verständigungen gekommen zu sein – nicht nur unter den deutschen Fabrikanten, sondern unter Einschluss auch ausländischer Anbieter. Die rasche Nutzung der elektrischen Energie für Beleuchtung und Antrieb und die nach 1890 mit der Verbreitung des Wechselstromsystems einsetzende Vernetzung machten Verständigungen, beispielsweise über die Definition elektri-

---

[50] Vgl. Salzgitter AG-Konzernarchiv/Mannesmann-Archiv, P 7. 5510; 10.4; 50–54.

scher Einheiten, unumgänglich. Bereits anlässlich der ersten großen internationalen Elektroausstellung, 1881 in Paris, hatte der erste Elektrotechnikerkongress mit 220 Teilnehmern aus 28 Ländern stattgefunden. Auf dem zweiten, der im darauf folgenden Jahr gleichfalls in Paris tagte, schlug die französische Delegation vor, eine ständige Einrichtung nach dem Vorbild des Internationalen Büros für Maß und Gewicht mit Sitz in Paris zu schaffen. Das wurde vor allem von den deutschen Vertretern abgelehnt.[51]

1891, es war inzwischen der fünfte Kongress, tagte man in Frankfurt am Main, wo anlässlich einer internationalen Elektroausstellung die erste Fernübertragung von Drehstrom demonstriert wurde. An dieser Veranstaltung nahmen keine Regierungsdelegationen mehr teil; die Praktiker einigten sich erstmals auf präzise Definitionen. 1892 verhandelten im Rahmen der British Association for Advancement of Science in London deutsche, französische, britische und amerikanische Elektrotechniker miteinander; desgleichen ein Jahr später in Chicago, wo die Weltausstellung stattfand.[52] Nach weiteren Kongressen wurde 1906 die Internationale Elektrotechnische Kommission (IEC) gegründet, eine Fachvereinigung, der 1908 16 Staaten angehörten und sich bis 1918 acht weitere anschlossen. Sie sollte den internationalen Handel auf dem Gebiet der Elektrotechnik erleichtern.[53] Man kannte sich also bestens; es ist daher nicht verwunderlich, dass man sich auch über Aufträge und Lieferungen verständigte.

Im Februar 1902 fragte „Mensa" (S&H[54]) vertraulich bei „Laetitia" (F&G[55]) sowie zwei weiteren Kartellmitgliedern an, „ob nicht für die neue Submission der schwedischen Telegrafen-Verwaltung eine Verständigung der deutschen Konkurrenten möglich ist, trotz der zu erwartenden französischen und englischen Konkurrenz". S&H hielt eine Verständigung nicht allein unter den deutschen Kabelherstellern für angebracht, sondern auch mit der ausländischen Konkurrenz. F&G erklärte seine Bereitschaft, seine guten Beziehungen zu der ausländischen Konkurrenz einzusetzen und mit dieser zu verhandeln. „[...] in-

---

[51] Vgl. Gisela Buchheim, Die Entwicklung des elektrischen Messwesens und die Gründung der Physikalisch-Technischen Reichsanstalt, in: Schriftenreihe zur Geschichte der Naturwissenschaft, Technik, Medizin 14, H. 1, S. 16–32.
[52] Vgl. die Elektrotechnische Zeitschrift (ETZ) 16 (1895), S. 63–64.
[53] Vgl. W. E. Viefhaus, 50 Jahre Verband Deutscher Elektrotechniker, in: ETZ 64 (1943), S. 30–40, hier S. 39; L. Wolf, Die deutsche Mitarbeit in internationalen Gremien der Elektrowirtschaft und Elektrotechnik, München 1956, S. 11–12.
[54] S&H steht für Siemens & Halske.
[55] F&G steht für Felten & Guilleaume.

Europäische Kooperationen

dessen erachten wir es nicht für angezeigt, solches schriftlich zu thun [...]". Der Vorstand der Land- und Seekabelwerke äußerte nach entsprechenden Gesprächen die Auffassung, die französischen und österreichischen Kabelfabriken seien leicht für eine Verständigung zu gewinnen, „und bei den Engländern könnte man wegen der gegenwärtigen großen Beschäftigung derselben für Starkstromkabel und auch auf anderen Gebieten eine Geneigtheit voraussetzen".[56]

Die Auslandsabteilungen von F&G nannten insgesamt 37 Fernsprechkabelhersteller, die als Konkurrenten in Betracht kamen, davon acht in Großbritannien, sechs in Frankreich, je zwei in Italien und der Schweiz, je einen in Österreich und Kanada sowie 17 in den USA. In Zentral- und Südamerika sowie in Asien und Australien gab es damals noch keine derartige Produktion.[57] Weil die mündlich vereinbarten Abmachungen nicht schriftlich festgehalten wurden, wissen wir nur, dass es solche gegeben hat. Geführt wurden die Verhandlungen von Vertretern der seit 1901 bestehenden Vereinigung der Starkstromkabelfabrikanten (VSDF), die hinsichtlich der Produzenten fast deckungsgleich war; für diese ist eine kartellartige Zusammenarbeit für die Jahre von 1907–1911 nachweisbar. Zu einem der frühen international ausgerichteten Kartelle hatten sich die Glühlampenhersteller zusammengeschlossen.[58]

Die ersten Jahre nach dem Ersten Weltkrieg boten keine gute Grundlage, um an die Zusammenarbeit der Vorkriegszeit anzuknüpfen. Dann zwang die Überproduktion, zu der die während des Krieges in vielen Ländern in Europa und Übersee neu entstandenen Produktionsstätten wesentlich beitrugen, zur Verständigung. Eines der bedeutendsten internationalen Kartelle der elektrotechnischen Industrie, das Mitte der 1920er Jahre wiederbegründet wurde, war das Glühlampen-Kartell, das 1924 als „Phoebus-Abkommen" geschlossen wurde. Es vereinigte praktisch alle europäischen und amerikanischen sowie den größeren Teil der japanischen Hersteller von Glühlampen. Hier ging es darum, weiteren Anbietern den Marktzugang zu erschweren oder ganz zu verwehren. Die Glühlampenindustrie hatte vor dem Ersten Weltkrieg ein rasches Wachstum erlebt. Schon früh war es zu einer internationalen Zusammenarbeit mit gemeinsamen Unternehmensgründungen, Patentaustausch und schließlich Marktabsprachen gekommen. Nach dem Krieg hatten die vorher weltweit führenden

---

[56] Horst A. Wessel, Der Deutsche Schwachstromkabel-Verband, S. 22–23.
[57] Namentliche Aufstellung ebd. S. 24–25.
[58] Vgl. Bärbel Rath, Entstehung und Auflösung von Kartellen in der Glühlampenindustrie, Tübingen 1986 (ms).

deutschen Hersteller nicht nur ihre Werke und Rechte im Ausland verloren; sie sahen sich einer Konkurrenz gegenüber, die durch die Verstaatlichung und den Ausbau ehemals deutschen Besitzes sowie durch Neugründungen mächtig geworden war und sogar auf dem deutschen Markt Fuß zu fassen drohte. Deshalb vereinigten die drei größten deutschen Glühlampenhersteller, die bereits seit 1911 einen Patent- und Erfahrungsaustausch betrieben, ihre Produktion in der Osram GmbH KG. Diese gehörte als größte Glühlampenproduzentin Europas mit einem niederländischen und einem nordamerikanischen Unternehmen zu den größten Herstellern weltweit.

1924 wurde in Genf die Phoebus S. A. Compagnie industrielle pour le développement de l'éclairage als Gesellschaft schweizerischen Rechts gegründet. Diesem „Phoebus-Kartell" schlossen sich alle großen Glühlampenproduzenten sowie weitere elektrotechnische Unternehmen aus vielen Ländern an. Die Phoebus-Mitglieder brachten ihre Patentrechte ein, garantierten einander Heimatschutz und teilten den freien Export nach Quoten untereinander auf.[59] Das Kartell war nach der begründeten Auffassung von Wilfried Feldenkirchen „einer der effektivsten Zusammenschlüsse, auch wenn es generell keine Politik der Höchstpreise verfolgte, sondern vielmehr das Ziel hatte, den Absatz mit Hilfe von Preissenkungen zu steigern [...]". Es „fungierte als Preis- und Absatzkartell und regelte die Produktion elektrischer Glühlampen [...]" und ist erst 1940 aufgehoben worden.[60]

4.3.2 Internationale Kartelle der Eisen- und Stahlindustrie

Bereits vor dem Ersten Weltkrieg hatten die europäischen Stahlwerksunternehmen miteinander sowie gegebenenfalls mit ihren Wettbewerbern auf anderen Kontinenten kooperiert. Allerdings noch nicht im späteren breiten Rahmen, sondern bei einzelnen Walzwerkserzeugnissen, beispielsweise Stahlröhren, Draht oder Eisenbahnschienen.

---

[59] Vgl. Leonard Reich, General Electric and the World Cartelization of Electric Lamps, in: Terushi Hara/Akira Kudo (Hrsg.), International Cartels in Business History, Tokyo 1992.
[60] Wilfried Feldenkirchen, Siemens. Von der Werkstatt zum Weltunternehmen, 2., aktualisierte und erweiterte Auflage, München und Zürich 2003, S. 226–229 und 415 (Zitate S. 228); Die im Landesarchiv verwahrten umfangreichen Bestände sind zuletzt von Günther Luxbacher, Massenproduktion im globalen Kartell: Glühlampen, Radioröhren und die Rationalisierung der Elektroindustrie bis 1945, 2. Aufl., Berlin 2006, ausgewertet worden.

Europäische Kooperationen

Abb. 1: Gründungssitzung der ERMA 1903[61]

Eines dieser Kartelle, an der damals fast ausnahmslos alle europäischen Produzenten beteiligt waren, war die 1903 gegründete ERMA, die European Rail-Makers-Association.

Dieses Quoten-Kartell für Schienen und anderes Material für den Eisenbahnoberbau wurde nach dem Krieg – ohne die Produzenten im nun wieder bestehenden Polen – neu gegründet und Teil des internationalen Kartells IRMA.[62] Deutsche Unternehmer wie Ernst Poensgen waren Mitglied im Iron and Steel Institute; sie erfuhren während des Krieges über neutrale Mittelsmänner, dass die Mitgliedschaft nicht etwa ausgesetzt worden war, sondern dass sie ganz ausgeschlossen worden waren.

---

[61] Diese Abbildung und die noch folgenden Abbildungen sind zu finden im: Salzgitter AG-Konzernarchiv/Mannesmann-Archiv.

[62] Vgl. Ausschuss zur Untersuchung der Erzeugungs- und Absatzbedingungen der deutschen Wirtschaft: Die deutsche eisenerzeugende Industrie. Verhandlungen und Berichte des Unterausschusses für Gewerbe: Industrie, Handel und Handwerk (III. Unterausschuss), Berlin 1930, S. 257.

Horst A. Wessel

Nach dem Ersten Weltkrieg gab es hohe Überkapazitäten auf den Stahlmärkten. Zunächst hatten sich die deutschen Erzeuger wegen der für sie günstigen Währungsparitäten gegenüber den Mitkonkurrenten auf dem Weltmarkt gut behaupten können. Nach der Währungsreform jedoch war Deutschland ein Hartwährungsland, während die Frankenwährungen (von Frankreich, Belgien und Luxemburg) stark unter Druck standen. Das erschwerte den Export deutscher Erzeugnisse in außerordentlichem Maße und begünstigte die Einfuhren nach Deutschland aus dem Frankenraum. Während Deutschland 1913 4,5 Mio. t Walzstahl exportiert hatte, war es 1925 mit 2,2 Mio. t nicht einmal die Hälfte – selbst wenn man berücksichtigt, dass wichtige Produktionseinheiten in Lothringen, Oberschlesien sowie an der Saar verloren gegangen waren, genügte das bei weitem nicht, um eine angemessene Auslastung der Hüttenwerke an Rhein und Ruhr zu erreichen. Frankreich hatte im genannten Zeitabschnitt seinen Walzstahlexport von 0,43 auf 2,8 Mio. t (6,5-fache), Belgien von 1,32 auf 3,0 Mio. t (2,3-fache) steigern können.[63] Unter diesen Umständen war sogar der deutsche Inlandsabsatz gefährdet. Der vielfach geforderte und schließlich gewährte Zollschutz konnte allein keine ausreichende Hilfe bringen, weil Frankreich seinen Export subventionierte; die Subvention lag noch 15 Franken pro Tonne über dem deutschen Zollsatz. Selbst die mäßigen deutschen Inlandspreise wurden von der westeuropäischen Konkurrenz mit bis zu 30 und mehr % unterboten.

Ein deutsch-französischer Staatsvertrag, der das bestehende Missverhältnis beseitigt hätte, kam zunächst nicht in Betracht, weil wegen der allgemeinen Meistbegünstigungsklausel die von Deutschland gemachten Zugeständnisse auch anderen Staaten hätten eingeräumt werden müssen. Da die staatliche Hilfe ausblieb bzw. nicht ausreichte oder wegen staatsvertraglicher Klauseln nicht gewährt werden konnte, suchten die deutschen Stahlverbände das Gespräch mit ihren Wettbewerbern in Westeuropa. Dort stießen sie bemerkenswerterweise auf Verständnis. „Es bedurfte nach der langjährigen Absatz- und Erzeugungsstörung auf keiner Seite mehr besonderer Überredungskünste, um einen Eisenfrieden abzuschließen".[64]

Zunächst einigte man sich 1925, ohne bis zum Abschluss eines Handelsvertrages mit Frankreich zu warten, mit den Stahlproduzenten in Frankreich, Belgien und Luxemburg auf bestimmte Lieferkontingente. Das Abkommen wurde im folgenden Jahr mit Billigung der Reichsregierung unterzeichnet und „ebnete

---

[63] Aus Stahl und Eisen (1926), zitiert von Helmut Uebbing, Stahl, S. 100.
[64] Jakob Wilhelm Reichert, Die eisenindustriellen Beziehungen, in: Deutschland, S. 2.

Europäische Kooperationen

den Weg für einen günstigen Handelsvertrag mit Frankreich im Jahre 1927".[65] Das Kontingentabkommen betraf die Lieferungen von Halbzeug, Material für den Eisenbahnoberbau, Form-, Universal- und Bandstahl, Walzdraht, Grob-, Mittel-, Fein- und Weißbleche. Selbst Lieferungen von neuen Außenseitern wurden auf die Kontingente angerechnet.

Bereits vor dem Kontingentsabkommen hatte man sich im größeren Kreis über den Absatz von Eisenbahnschienen verständigt. Produzenten aus Belgien, Deutschland, Frankreich, Großbritannien und Luxemburg hatten die ERMA, das europäische Schienenkartell, wiederbegründet und 1926 zur IRMA, zum internationalen Schienenkartell (International Railmakers Association), ausgebaut.

Diesem traten im darauf folgenden Jahr die Produzenten aus Österreich, Ungarn, der Tschechoslowakei, aus den USA und Polen bei.[66] Die deutschen und französischen Quoten waren, den Gebietsveränderungen entsprechend, angepasst worden; Luxemburg hatte nun eine eigene Quote. Die Mitglieder sicherten sich gegenseitigen Heimatschutz zu. Die Organisation war bereits in der Vorkriegs-ERMA erprobt worden. Die Geschäfte wurden an die Zentralstelle in London, Ironmonger Lane 11, gemeldet und von dieser in Abstimmung mit einem international besetzten Komitee der jeweiligen Ländergruppe zur Ausführung übertragen. Pro Tonne wurde eine kleine Abgabe in eine gemeinsame Kasse gezahlt, um daraus einen Wettbewerb bestreiten zu können, wenn er notwendig sein sollte.[67]

Wie die erhaltenen Unterlagen[68] belegen, gingen die Mitglieder dieses internationalen Kartells unter der Präsidentschaft von Ernst Poensgen vertraut und zum Teil sogar freundschaftlich miteinander um; die vierteljährlich stattfindenden Komitee-Sitzungen waren gesellschaftliche Ereignisse, an dem auch häufig die Ehepartner teilnahmen. An der im Dezember 1937 nach Düsseldorf einberufenen Sitzung waren Vertreter aller Gruppen zugegen; für das „Frühstück" um 10.30 Uhr im Park-Hotel waren 72 Herren gemeldet. Für den Abend hatte das Ehepaar Poensgen, wie wir dem Schreiben an Aloys Meyer entnehmen, „einige Freunde, speziell von England [...] zum Abendessen und Bridge" gebeten.

---

[65] Helmut Uebbing, Stahl, S. 103.
[66] Vgl. das Salzgitter AG-Konzernarchiv/Mannesmann-Archiv, P 7. 5555–56, 58–59, 61, 63–66.
[67] Vgl. Ausschuss zur Untersuchung, S. 258.
[68] Vgl. das Salzgitter AG-Konzernarchiv/Mannesmann-Archiv, P 7. 5565.

Abb. 2: IRMA-Tagung in Düsseldorf im März 1937 mit Besuch des Petersbergs im Siebengebirge

„Würden Sie mir und meiner Frau ebenfalls das Vergnügen machen [...]." Ein Ausflug führte die Teilnehmer auf den Petersberg im Siebengebirge.

Das Treffen im Mai 1938 in Rom umfasste neben einem Damen-Programm mit der Besichtigung der Sehenswürdigkeiten in der Stadt sowie ihrer Umgebung eine Fahrt für alle Teilnehmer nach Ostia und Capri sowie einen Besuch beim Papst. Dafür gab es genaue Kleidervorschriften: „[...] Herren im Frack mit schwarzer Weste und weißem Binder (unter keinen Umständen weiße Weste [...] Damen hochgeschlossen (kein Dekolletee) [...] und schwarzer Schleier (keinen Hut) [...]".

Die italienischen Werke waren erst seit knapp einem Jahr Mitglied im Kartell. Sie hatten sich durch eine auf Wunsch der IRMA zurückgezogene Bewerbung um Aufträge u. a. für die ägyptischen Eisenbahnen „empfohlen".

Das letzte gemeinsame Treffen fand im Juli 1939, also einige Monate nach dem Einmarsch deutscher Truppen in die Tschechische Republik und wenige

Europäische Kooperationen

Abb. 3: IRMA-Tagung in Rom im Mai 1938 (im Vordergrund Präsident E. Poensgen im Stresemann)

Monate vor Ausbruch des Zweiten Weltkriegs, in Lüttich statt – die danach für September des Jahres in London geplante Veranstaltung fiel bereits wegen des Krieges aus. An dieser letzten gemeinsamen Sitzung in Lüttich nahmen Vertreter der amerikanischen, der belgischen, der britischen, der deutschen, der französischen, der italienischen, der luxemburgischen, der polnischen, der tschechischen und der ungarischen Gruppe sowie aus Südafrika teil. Obwohl die gegen die Amerikaner und Briten verhängten Sanktionen, die bereits im November 1938 Anlass für eine Sondersitzung gewesen waren, weiterhin strittig waren, verlief die Tagung harmonisch. Den Abschluss bildete ein festliches Abendessen im Kasino mit anschließendem Tanzabend – als Anzug war der Frack vorgeschrieben. Eine der letzten im Kreis der Kartellmitglieder kommunizierten Informationen betraf Mitte August 1939 die Finnen, die das Abkommen als erloschen betrachteten und fortan die IRMA bekämpfen wollten.

Absprachen über Kontingente vermochten Entlastung zu bringen; sie beseitigten jedoch nicht die Ursache, nämlich die starke Disparität von Produktion und Verbrauch sowie auf dem Inlandsmarkt die Spanne zwischen Weltmarkt- und den höheren Preisen der innerdeutschen Syndikate. Deshalb waren die deutschen Stahlverbände, allen voran Ernst Poensgen, bemüht, einen der ERMA bzw. der IRMA entsprechenden Zusammenschluss der europäischen, nach Möglichkeit auch der nordamerikanischen Hersteller auch für die anderen Produktbereiche zustande zu bringen. Im September 1926 wurde unter maßgeblicher Förderung durch den Genannten sowie Fritz Thyssen von belgischen, deutschen, französischen und luxemburgischen Produzenten die Internationale Rohstahlgemeinschaft (IRG) gegründet. Erster Präsident wurde mit Emil Mayrisch, der Chef des luxemburgischen Stahlkonzerns ARBED, der bereits am Zustandekommen des Kontingentabkommens federführend beteiligt gewesen war. Organisation und Quotensystem entsprachen der Deutschen Rohstahlgemeinschaft. Allerdings waren – im Unterschied zum deutschen Verband – zum einen nicht alle Erzeugnisse erfasst und zum anderen gab es nur globale Kontingente. Dabei wurde die Gesamterzeugung der Mitglieder nach dem geschätzten Bedarf festgelegt. Wegen der sehr unterschiedlichen Marktentwicklung in den Mitgliedsländern war diesem Kartell keine lange Bestandsdauer beschieden. Weil Deutschland eine viel zu geringe Quote erhalten hatte, waren wegen der ansteigenden Inlandsnachfrage, zu der auch die durch ein Sonderabkommen von 1925 (AVI) begünstigte eisenverarbeitende Industrie entscheidend und im doppelten Sinne nachteilig beitrug,[69] Überschreitungen nicht zu vermeiden. Hohe Strafgeldzahlungen zugunsten der Ausgleichskasse waren die Folge.[70] Außerdem war kein internationales (unter Einschluss der nordamerikanischen Produzenten), wie geplant und notwendig, sondern „nur" ein kontinentales Kartell zustande gekommen. Weder der Verfall der Preise noch der mengenmäßige Rückgang des Weltstahlhandels hatte verhindert werden können – daran hatte auch die Errichtung von Verkaufskontoren[71] für die einzelnen Erzeugnisse nichts geändert. Trotz nachträglicher Sondervereinbarungen, die der deutschen Lage Rechnung trugen, wurde der Vertrag 1929 von deutscher Seite gekündigt. Die Internationale Rohstahlgemeinschaft hat die Weltwirtschaftskrise nicht überlebt.[72] Sie verfiel 1931 und wurde formal Mitte 1932 aufgelöst. Nach Auffassung von Poensgen waren die getroffenen Bindungen zu lose gewesen.[73]

Bevor wir auf die unmittelbar darauf gegründete Internationale Rohstahlexportgemeinschaft IREG eingehen, soll zunächst auf ein Ereignis hingewiesen

---

[69] Vgl. Ulrich Nocken, Inter-Industrial Conflicts and Alliances as Exemplified by the AVI-Agreement, in: Hans Mommsen/Dietmar Petzina/Bernd Weisbrod (Hrsg.), Industrielles System und politische Entwicklung in der Weimarer Republik, Düsseldorf 1974, S. 693–704.

[70] Vgl. das Salzgitter AG-Konzernarchiv/Mannesmann-Archiv, P 7. 5514.

[71] Walzstahlkontore gab es also bereits damals und nicht erst, wie der Titel des nachstehend genannten Beitrags vermuten lässt, in den 1960er Jahren; Herbert W. Köhler, Walzstahlkontore. Neuartige Vertriebs-, Investitions- und Produktionsgemeinschaften der deutschen Stahlindustrie, Düsseldorf 1967; Salzgitter AG-Konzernarchiv/Mannesmann-Archiv, P 7. 5514; P 7. 5562.

[72] Vgl. Ervin Hexner, International Cartels, Chapel Hill 1946, S. 206; Alice Teichova, Internationale Großunternehmen. Kartelle und das Versailler Staatensystem in Mitteleuropa, Stuttgart 1988.

[73] Vgl. Ernst Poensgen in der Kölnischen Zeitung vom 8.7.1936, zitiert von Helmut Uebbing, Stahl, S. 107.

Europäische Kooperationen

werden, das dieser Zeit und diesem Zusammenhang zuzuordnen ist und die Verhältnisse auf dem Weltstahlmarkt sowie das Zusammenwirken zwischen Politik und Wirtschaft beleuchtet. Während der Gespräche mit Vertretern der Stahltrusts in den USA sah sich die IRG mit Dumping-Vorwürfen konfrontiert. Ernst Poensgen und Aloys Meyer von der luxemburgischen ARBED versuchten, eine Zollerhöhung der USA zu verhindern und gleichzeitig den internationalen Stahlmarkt nachhaltig zu beleben. Wie Meyer Poensgen in einem Schreiben vom 15. Januar 1929 mitteilte, waren seines Erachtens „eine Erhöhung der Eisenzölle und eine allgemeine Erschwerung des Importes [...] nicht in Einklang zu bringen mit dem Geist unserer Besprechungen und unseres Abkommens [...] Ich habe [...] bezüglich der anderen französischen und belgischen Werke, welche sich uns noch nicht angeschlossen haben, bisher noch nichts Weiteres unternommen, da die Verhandlungsergebnisse mit den Amerikanern doch all zu vage waren, um einen bestimmten Vorschlag unterbreiten zu können. Ich habe [...] Kenntnis genommen von Ihrer Mitteilung bezüglich des Arrangements mit den Polen. Ich nehme an, dass wir bei der nächsten Sitzung der IRG diese Angelegenheit besprechen werden [...]".[74]

Dem Schreiben Poensgens vom 28. Februar 1929 an Ministerialdirektor Dr. Ritter vom Auswärtigen Amt ist zu entnehmen, dass er die Regierung über seine Reise in die USA und deren Zweck vorab informiert hat. Über die Verhandlungen, die er im Oktober und November 1928 mit Vertretern der großen amerikanischen Stahltrusts geführt hatte, war der deutsche Botschafter in Washington unterrichtet. Die Verhandlungen waren seiner Zeit über Absichtserklärungen nicht hinausgekommen, weil „das auf beiden Seiten aufgestellte Zahlenmaterial nicht übereinstimmte. Es ist aber verabredet worden, dass vorläufig eine gewisse Zusammenarbeit zwischen den deutschen, luxemburgischen, belgischen, französischen Vertretungen auf der einen Seite und den Leitern der großen Werke drüben insofern stattfindet, als man sich von Zeit zu Zeit trifft und das gegenseitige Preisverhältnis erörtert. Weitere Verhandlungen sollen gelegentlich eines Besuches der führenden amerikanischen Herren in diesem Sommer in Europa stattfinden. Zugesagt ist uns dabei, dass man von Seiten der großen Werke drüben die Aktionen gegen die Einfuhr ausländischen Materials, wie die Antidumping-Maßregeln, die Erhöhung der Zölle und den Prozess wegen den Markierungsvorschriften nicht weiter betreiben will [...] Seit meiner Abreise

---

[74] Salzgitter AG-Konzernarchiv/Mannesmann-Archiv, P 7. 5570.

haben nun verschiedene der [...] angedeuteten Besprechungen stattgefunden, und es beginnt sich langsam ein gewisses Vertrauensverhältnis zu entwickeln, wenn auch die Besprechungen direkte Früchte noch nicht getragen haben".[75]

Poensgen bat das Auswärtige Amt zu prüfen, ob der deutsche Botschafter, wie von amerikanischer Seite vorgeschlagen, beim State Department in der Frage der drohenden Zollerhöhung vorstellig werden sollte. „Sollte das Auswärtige Amt der Meinung sein, dass solche Schritte unternommen werden sollten, so würde es mir möglich sein, unsere Freunde in Luxemburg, Belgien und Frankreich zu ähnlichen Schritten bei ihren Regierungen zu veranlassen [...]".[76]

Im Antwortschreiben vom 22. April 1929 wurde das Vorgehen von Poensgen gutgeheißen; insbesondere wurde begrüßt, dass es ihm gelungen sei, „ein gewisses Vertrauensverhältnis auch mit der amerikanischen Eisenindustrie anzubahnen." Ein abgestimmtes Vorgehen gegen die drohende Zollerhöhung hielt man nicht für angesagt, weil man den Eindruck vermeiden wollte, Deutschland würde eine gesamteuropäische Front gegen die USA errichten. Man werde die Angelegenheit genau verfolgen und der Gegenseite klar machen, „dass in Deutschland die Befürchtung bestehe, dass der deutsch-amerikanische Handelsverkehr durch weitere amerikanische Zollerhöhungen stark in Mitleidenschaft gezogen würde [...] Wenn die Regierungen von Frankreich, Belgien und Luxemburg sich von sich aus zu solchen Schritten entschließen sollten, so wäre hiergegen vom deutschen Standpunkt natürlich nichts zu erinnern; sie wären im Gegenteil als Unterstützung unserer eigenen Bestrebungen nur zu begrüßen [...]".[77] Wie der Inhalt eines persönlichen Schreibens an George E. Dix von der Steel Union Company Inc. in New York, der Vertretungsgesellschaft der Vereinigte Stahlwerke AG, vom 1. März 1929 belegt, ging es nicht nur um den US-amerikanischen Markt, sondern auch um die Ausfuhr nach Südamerika.[78]

Es ist nicht verwunderlich, dass die Stahlindustriellen in Anbetracht ihres trotz des Scheiterns der IRG fortbestehenden guten Verhältnisses zueinander und ungeachtet der Empfehlung der vom Völkerbund 1927 veranstalteten Weltwirtschaftskonferenz, die Weltwirtschaft zu liberalisieren[79], an ihrer Zielplanung festhielten. Bereits wenige Monate nach dem endgültigen Ende der IRG began-

---

[75] Ebd.
[76] Ebd.
[77] Ebd.
[78] Vgl. ebd.
[79] Vgl. ebd. P 7. 5567.

Europäische Kooperationen

nen sie mit dem Neuanfang. Im Februar 1933 wurden neue Verträge geschlossen, die die Gründung der Internationalen Rohstahlexportgemeinschaft (IREG) zur Folge hatten. Die Kartellvereinbarungen galten nur für den Export, sahen jedoch Quoten für die einzelnen Walzwerkserzeugnisse vor. Die Preise wurden zentral durch 18 international besetzte Verkaufskontore festgelegt. Damit war der Handel auf den Exportmärkten syndiziert. Die Kartellmitglieder sicherten sich gegenseitig zu, die Inlandsmärkte der Partner nicht mit kartellierter Ware zu beliefern („Heimatschutz"). Gründer waren die Mitglieder der ehemaligen IRG. Dass auch in diesem Falle die vier großen kontinentalen Stahlländer voran gingen, dafür hatte zweifelsohne die in den Jahren zuvor meist erfolgreich praktizierte Zusammenarbeit den Grund gelegt. Es kam jedoch hinzu, dass etwa zwei Drittel der Gesamtausfuhr aller Eisenländer auf diese Gruppe entfiel. Wenn diese sich einige waren, dann konnten sie, solange die Währungen in Großbritannien und den USA stabil waren und deren Märkte nicht durch eine Hochzollpolitik abgeschottet war, „eine Regelung der Weltmarktpreise herbeiführen".[80]

1936 traten die britische, die polnische und die tschechoslowakische Stahlindustrie der IREG bei; mit der südafrikanischen wurde ein Abkommen getroffen und mit der Stahlindustrie der USA kam bald darauf eine gegenseitige Verständigung zustande. Die Einigung mit der britischen Eisenindustrie war besonders dadurch erschwert worden, dass diese durch das Ottawa-Vorzugsabkommen mit den Eisenindustrien im Empiregebiet vertraglich vernetzt war. „England hat, vor der Alternative stehend: Fortsetzung des Eisenkrieges mit unübersehbaren Folgen oder Abschluss eines vertretbaren Eisenfriedens – dem letzteren den Vorzug gegeben".[81] Ein Vertreter der belgischen Schwerindustrie bewertete die Bedeutung des IREG Mitte der 1930er Jahre (der Beitritt von Großbritannien und Polen war beschlossene Sache) durchweg positiv: „Die günstigen Ergebnisse, die uns die Gemeinschaft in Europa gegeben hat, müssen für die Mitglieder ein Ansporn sein, um den manchmal drückenden Zwang der Disziplin zur Vermeidung eines gefährlichen und vernichtenden Wettbewerbs zu ertragen".[82]

Vor Ausbruch des Zweiten Weltkriegs waren rund 90 % der Weltstahlausfuhr unter der Kontrolle der IREG. Man kann zu Recht von einem Weltstahlkartell

---

[80] Jakob Wilhelm Reichert, Die eisenindustriellen Beziehungen, S. 2.
[81] Ebd.
[82] J. von Hoegarden, Bedeutung und Zukunftsaussichten der belgischen Schwerindustrie, in: Deutschland, S. 4.

sprechen.⁸³ Dieses bestand auch für den Absatz zahlreicher Fertigerzeugnisse, wie Röhren und Draht. Der internationale Walzdrahtverband setzte sich aus der deutschen Gruppe, der auch die Saarwerke angehörten, der luxemburgischen, belgischen, französischen und (seit 1.1.1930) der zentraleuropäischen Gruppe Österreich, Ungarn und Tschechoslowakei) zusammen. Er regelte den Absatz, bestimmte die Auslandspreise und sicherte den gegenseitigen Heimatschutz. Vor der Gründung im Jahre 1927 hatte es bereits eine allgemeine Preisverständigung gegeben.⁸⁴

Doch um diese Zeit standen in Deutschland und in dem als „Ostmark" angegliederten Österreich die Stahlindustrien bereits fast ausschließlich im Dienste der Kriegsrüstung; der Export spielte allenfalls ein Rolle als Devisenbeschaffer oder Ausrüster der Paktpartner. Man kann über die Richtigkeit des von den europäischen Stahlindustriellen beschrittenen – und ihnen vertrauten – Weges zu Recht streiten, zumindest kann man der Einschätzung von Arthur Klotzbach, Mitglied des Kruppdirektoriums und einer der Verbandsführer, zustimmen, diese grenzüberschreitenden Kartelle hätten das Gute gehabt, dass die Industrien der beteiligten Länder in regelmäßigen Abständen zu Besprechungen zusammen kamen, „die mehr und mehr zu der Erkenntnis geführt haben, dass nur durch eine vertrauensvolle Zusammenarbeit die Schwierigkeiten beseitigt werden können, denen sich die gesamte europäische Eisenindustrie durch die Diktate von Versailles usw. gegenübersieht". Allerdings einen neuen Weltkrieg mit noch verheerenderen Folgen haben auch sie nicht verhindern können.⁸⁵

Der Gedanke an europäische Kooperationen spielte bei den Stahlindustriellen ebenso wenig eine Rolle wie bei ihren Kollegen von der Elektrotechnischen Industrie. Man blieb – wie es die Kartelle zuließen und begünstigten – vorrangig eine nationale Veranstaltung, in der ebenfalls ein Mitglied mit dem anderen konkurrierte. Man suchte die Verständigung mit denen, mit denen man in Wettbewerb geriet – im eigenen Land, auf dem europäischen Kontinent, in einem darüber hinausgreifenden Europa und weltweit. Alles andere wäre auch dem Denken der damaligen Akteure fremd gewesen.

---

⁸³ Vgl. das Salzgitter AG-Konzernarchiv/Mannesmann-Archiv, P 7. 5516.
⁸⁴ Vgl. Ausschuss zur Untersuchung, S. 305.
⁸⁵ Vgl. Arthur Klotzbach, Maschinenschrift im Archiv der Wirtschaftsvereinigung Stahl, Nachlass Wilhelm Ahrens, zitiert von Helmut Uebbing, Stahl, S. 109.

Europäische Kooperationen

Abb. 4: Gründung der ersten Gasrohrkonvention am 23. Okt. 1877 in Düsseldorf (v. l. hinten: Piedboeuf, Hahn, Müllers; vorne: Poensgen, Huldschinsky, Tellering)

4.3.2.1 Das Fallbeispiel Stahlrohre

Das lässt sich am Beispiel der längsnahtgeschweißten bzw. der nahtlosen Stahlrohre veranschaulichen. 1877 bzw. 1879 hatten die deutschen Produzenten den Gasrohr- bzw. den Siederohrverband gegründet.[86]

Bereits 1881 wurden die ersten internationalen Konventionen – für Gasrohre zwischen englischen, schottischen und deutschen Fabrikanten, und für Siederohre unter Einbeziehung auch des in Frankreich und Belgien produzierenden Herstellers – geschlossen. In beiden Konventionen wurden gemeinsame Verkaufspreise und Zahlungsbedingungen in der Form eines sogenannten Gentlemen's Agreement vereinbart. Allerdings betrafen die Vereinbarungen nicht nur den Absatz in den eigenen Ländern, sondern weltweit. Dabei galt in-

---

[86] Vgl. Lutz Hatzfeld, Thyssen & Co., Mülheim – Werks- und Firmengeschichte, in: Horst A. Wessel (Hrsg.), Thyssen & Co., Mülheim an der Ruhr. Die Geschichte einer Familie und ihrer Unternehmung, Stuttgart 1991, S. 69, 72 und 103.

ternational eine Liste mit (britischen) Grundpreisen und für Deutschland sowie Österreich-Ungarn die deutsche Liste, bei deren Preisfestlegung die Selbstkosten berücksichtigt worden waren.[87] Obwohl immer wieder, insbesondere durch die kontinentaleuropäischen Mitglieder, über Verstöße geklagt und 1883 aus Verärgerung die Teilnahme an einem Meeting in London abgelehnt worden war und die internationalen Abkommen wiederholt gekündigt wurden, fand man wieder zusammen.

Angesichts der drohenden Gefahr, die in den 1890er Jahren durch das technisch überlegene nahtlos gewalzte Mannesmannrohr drohte, wurden die deutschen Röhrenkonventionen unter Einbeziehung der Schweißrohrwerke in Österreich-Ungarn zu straffen Syndikaten als Kampfverbände gegen die in Deutschland, Österreich-Ungarn und in Großbritannien produzierende Deutsch-Österreichische Mannesmannröhren-Werke AG weiterentwickelt. In diesem Zusammenhang wurden der Witkowitzer Bergbau- und Eisenhüttengewerkschaft in Witkowitz in Mähren Auslandslieferungen zugestanden, die möglichst durch die Syndikatsgeschäftsstelle in Düsseldorf verkauft werden sollten. Der Kampf ging zugunsten des neuen Wettbewerbers Mannesmann aus, nachdem sich zunächst die englische Kriegsmarine und dann auch die kaiserlich deutsche für die Verwendung der nahtlosen Stahlrohre entschieden und die bisherigen Lieferanten ultimativ aufgefordert hatten, Rohre, die nach dem Mannesmann- oder dem jüngeren Ehrhardt-Verfahren hergestellt worden waren, anzubieten, wenn sie weiterhin beteiligt werden wollten.[88]

Darauf gestand man Mannesmann nicht nur die Mitgliedschaft in den Syndikaten zu, sondern im Siederohrsyndikat die mit weitem Abstand höchste Quote und den Schutz seiner Spezialitäten. Obwohl für immer weitere Rohrarten Kartelle gegründet wurden, gelang es nicht, alle Produkte zu erfassen und den von Mannesmann geforderten Gruppenschutz zu erreichen. Gerade bei den nicht syndizierten Erzeugnissen suchten alle Hersteller den Ausgleich; außerdem stießen auch frühere Halbzeughersteller zunehmend in die Weiterverarbeitung vor. Immer neue Außenseiter drängten in den Markt, die unter Verringerung der Quote für die bisherigen Mitglieder in die Syndikate aufgenommen wurden.[89]

Unter diesen Voraussetzungen sprachen sich die starken Unternehmen, Mannesmann und Thyssen, gegen eine Verlängerung der Syndikate aus, was deren

---

[87] Vgl. ebd. S. 103.
[88] Vgl. das Salzgitter AG-Konzernarchiv/Mannesmann-Archiv, R 5.0033.
[89] Vgl. ebd. M 11.080; M 10.003; M 60.009; M 60.011; R 0. 2029; R 5.3090.

Europäische Kooperationen

Auflösung im Jahre 1910 zur Folge hatte. In dem darauf folgenden harten Wettbewerb, der vor allem über die Preise geführt wurde, übernahm Mannesmann für die meisten der Mitkonkurrenten den Verkauf. Letztlich gründete Mannesmann ein eigenes Syndikat; denn die Mitglieder seiner „Verkaufsgemeinschaft" lieferten entsprechend ihrer Quote und genossen einen Produktionsschutz, der ihren Spezialitäten und ihren besonderen Leistungsstärken Rechnung trug; die Laufzeit sollte 30 Jahre betragen.[90]

In der publizierten Öffentlichkeit ist Mannesmann der Vorwurf gemacht worden, das in der Röhrenindustrie mit Abstand führende Unternehmen erstrebe die Beherrschung an und entwickele sich zu einem Trust.[91] Dagegen setzte sich der Vorstandsvorsitzende zur Wehr und forderte neue Syndikate, die nicht einen Teil, sondern die gesamte Produktion umfassen sollten. „Der Produzent hat nicht nur an einem gewinnlassenden Preise, sondern ein viel höheres Interesse am Schutz seiner Existenz. Er muss einen umfassenden Produktionsschutz genießen und als Gegenleistung dafür den anderen Produzenten den gleichen Schutz gewähren [...]". Die dadurch mögliche Arbeitsteilung werde zu einer Spezialisierung und damit zu einer größeren Leistungsfähigkeit und einer Senkung der Selbstkosten führen – notwendige Voraussetzungen, um „uns über England und Amerika dauernde Überlegenheit" zu sichern. „[...] das kleinste Werk *kann* nicht nur weiterbestehen, sondern es *muss* infolge seiner Spezialisierung zur Blüte gelangen [...]. Der Konsum wird nicht mehr mit den Kosten einer unrationellen Fabrikation belastet; er kann und wird sich ausdehnen, weil er bei höherem Verdienste der Werke zu niedrigeren Preisen versorgt wird; die billigeren Preise schützen uns vor neuer Konkurrenz und gegen die Einfuhr fremdstaatlicher Fabrikate [...]".[92]

Bereits während des Ersten Weltkriegs wurde von den Röhrenfabrikanten „als feststehend angesehen, dass mit oder ohne staatlichen Zwang ein Röhren-Syndikat nach Friedensschluss zustande kommt [...]".[93] Im zweiten Kriegs-

---

[90] Vgl. Horst A. Wessel, Kontinuität im Wandel. 100 Jahre Mannesmann 1890–1990, Düsseldorf 1990, S. 100–106; Ders., Mit Engagement und Kompetenz für eine runde Sache. Die Geschichte der Mannesmannröhren-Werke GmbH. Ein Unternehmen der Salzgitter Gruppe 1846–2005, Salzgitter 2006, S. 28–29.
[91] Beispielsweise Berliner Morgenpost vom 5.10.1912.
[92] Festrede von Generaldirektor Nicolaus Eich anlässlich der Einweihung des Verwaltungsgebäudes 1912; Salzgitter AG-Konzernarchiv/Mannesmann-Archiv, M 30.011.
[93] Ebd. M 12.011 (Protokoll der Vorstandssitzung vom 24.11.1925).

jahr hatte eine staatlich veranlasste Preisvereinigung dem ruinösen Wettbewerb ein Ende gesetzt. Mitte des Jahres 1917 waren dann von amtlicher Seite Verhandlungen zu dem Zweck eingeleitet, die bestehende Röhrenkonvention wieder zu einem straff geführten Syndikat zu entwickeln. Die weitere Entwicklung während und auch nach dem Krieg ließ eine Vollendung des Plans nicht zu; nicht einmal die 1920 gebildete lasche Konvention überstand das erste Jahr ihres Bestehens. Nachdem die Gründung der die ganze rheinisch-westfälische Eisen- und Stahlindustrie umfassenden Vereinigte Stahlwerke AG 1925 nur ohne Mannesmann zustande gekommen war, blieb die Neuordnung der Röhrenmärkte die nächste wichtige Aufgabe.

Im Frühjahr 1925 wurde die Röhren-Verband GmbH mit Sitz in Düsseldorf gegründet. Es war der umfassendste Zusammenschluss, den es je in der Röhrenbranche gegeben hatte. Er hatte bis zu seiner Auflösung am 1. November 1945 Bestand. Er umfasste alle deutschen Hersteller mit ihrem In- und Auslandsgeschäft mit Ausnahme von Lieferungen nach Großbritannien. Nur wenige Produkte waren für den direkten Verkauf freigegeben; allerdings wurden auch diese auf die Quote angerechnet. Um die Produktion wirtschaftlicher zu gestalten, durften Sorten zwischen den Mitgliedswerken ausgetauscht werden; auch auf optimale Auftragsgröße und Zusammensetzung wurde geachtet. Es durften weder neue Werke errichtet noch die Herstellung neuer Erzeugnisse aufgenommen werden. Krupp konnte später von der Errichtung eines großen Röhrenwerks dadurch abgebracht werden, dass man ihm die Abnahme von Röhrenstreifen garantierte. Die Großhändlerorganisationen verpflichtete man sich durch die Zusicherung, handelsübliche Röhren nur an sie zu verkaufen. Die Großhändlerorganisationen wiederum sagten vertraglich zu, ausländische Erzeugnisse weder im In- noch im Ausland zu vertreiben und sich nicht am Bau und am Absatz neuer Röhrenwerke zu beteiligen. Ähnliche Vereinbarungen wurden mit der Gussrohr-Verband GmbH in Köln und mit der niederländischen Röhren-Händler-Vereinigung getroffen.[94]

1926, ein Jahr nach Gründung des deutschen Röhrenverbands, entstand durch Sonderverträge zwischen deutschen (Gruppe A), tschechoslowakischen (Gruppe B), polnischen (Gruppe C), belgischen und französischen (Gruppe D) und ungarischen Unternehmen (Gruppe E) bzw. den dort bestehenden nationalen Röhrenvereinigungen das kontinentale Röhrenkartell. Drei weitere polni-

---

[94] Vgl. Ausschuss zur Untersuchung, S. 295.

Europäische Kooperationen

sche Werke traten 1927 als Gruppe F bei – jedoch nur für das Ausland. Bei den Verlängerungsverhandlungen im Jahre 1930 gelang es, auch den niederländischen Gasrohrproduzenten N. V. Staalwerke De Maas zum Beitritt zu bewegen; allerdings hatte diesem kleineren Werk wie zuvor dem tschechischen Witkowitz eine Garantiemenge zugestanden werden müssen.

Während die deutsch-tschechoslowakische bzw. deutsch-polnische Annäherung dadurch erleichtert worden war, dass Mannesmann und Hahn dort seit vielen Jahren Röhrenwerke betrieben und die jetzt polnische Bismarckhütte ehemals in deutschem Besitz gewesen war, war das Verhältnis der deutschen Röhrenhersteller zu Belgien und Frankreich nicht nur durch den wirtschaftlichen Wettbewerb, sondern vor allem durch den Ersten Weltkrieg mit Besetzung und den Ruhrkampf belastet. Eine Verständigung war jedoch hier besonders notwendig, weil die französisch-belgische Röhrengruppe wegen des Frankenverfalls den deutschen Produzenten in den wichtigsten Exportländern die Preise ihrer Wettbewerber „in einem geradezu ruinösen Ausmaß unterbot.[95]

Das erste Zusammentreffen der jeweiligen Vertreter, im Oktober 1925 in Aachen, ergab trotz einer sich aus der politischen Situation resultierenden Reserve die allseitige Bereitschaft zur Verständigung. Einer der deutschen Vertreter schilderte den Vorgang einige Jahre später so: „Man ging tastend vor und begann mit einer provisorischen Vereinbarung über Bohr- und Leitungsrohre für die Petroleum-Industrie. Die allgemeine Verständigung wurde ebenfalls bereits in die Erörterung gezogen, konnte aber infolge der fehlenden Zustimmung zweier französischer Werke nicht unmittelbar gefördert werden."[96] Der ersten Zusammenkunft folgten weitere Besprechungen im kleinen Kreis mit teilweise wechselnden Teilnehmern in Paris und Frankfurt am Main. Schließlich wurde nach einer sechstägigen Sitzung, an der auch Vertreter der Gruppen B und C teilnahmen, acht Monate nach Aufnahme der Gespräche, ein allgemeiner Kartellvertrag geschlossen.

Dieses Kartell wurde nicht als europäisch, sondern korrekt als kontinental bezeichnet. Zum ersten Mal in der Verbandsgeschichte lag ihm ein Generalabkommen zugrunde. Jede Gruppe erhielt eine Generalquote für den Export und den Inlandsabsatz; allerdings blieben die Inlandserlöse ohne Durchrech-

---

[95] Robert Nyssen, Das Röhrensyndikat und seine Entwicklung, Düsseldorf 1949, S. 24.
[96] Bertold Nothmann, Die geschichtliche Entwicklung der Stahlrohrindustrie und der Röhrenverbände, Düsseldorf 1932, S. 62 (Maschinenschrift im Salzgitter AG-Konzernarchiv/Mannesmann-Archiv, M 30.536/b).

nung, was das Interesse auch an einem wachsenden Inlandsabsatz wach hielt. Auf den Exportmärkten erzielten alle die gleichen Erlöse. Garantiert wurde gegenseitiger Gruppen- und Heimatschutz.[97] Auf den größeren Märkten wurden die kontinentalen Vertreter zu Verkaufsgemeinschaften zusammengefasst. Die Durchführung und Überwachung der Bestimmungen übernahm ein neutrales Zentralbüro, „ABISE". Die Geschäftsführung hatten ein deutscher und ein französischer Generalsekretär. „Jede Gruppe kann nicht mehr beanspruchen und an sich reißen, als ihr vertraglich zusteht. Es gibt auch Strafbestimmungen".[98] Übrigens war die einheitliche Frachtbasis für alle Lieferungen des kontinentalen Kartells Düsseldorf-Grafenberg.[99]

Obwohl das Kartell bis 1940 festen Bestand haben sollte, arbeitete es nur bis Mitte der 1930er Jahre erfolgreich. Die Gründe für die Schwierigkeiten lagen weniger in der Rückgliederung der Saar; sie waren vor allem wirtschaftlicher bzw. wirtschaftspolitischer Natur. Die Arbeitsbeschaffungsmaßnahmen und die zunehmende Aufrüstung hatten im Deutschen Reich zu einem überaus starken Anwachsen des Inlandsbedarfs geführt. Weil die Quote entsprechend belastet und fast vollständig durch Inlandslieferungen in Anspruch genommen wurde, schrumpfte der deutsche Export auf ein Minimum. Dabei waren die Erzeugungskapazitäten keineswegs ausgelastet. Weil die übrigen Gruppen nicht wie früher bereit waren, den deutschen Produzenten entgegenzukommen – angeblich scheute man eine erneute Quotendiskussion; vermutlich hatte jedoch der Regierungswechsel mit seinen nur zu bald offenkundigen Folgen viel Goodwill gekostet –, fand das kontinentale Kartell 1935 sein vorzeitiges Ende. Zwangsläufig liefen auch die Verträge aus, die das kontinentale Kartell mit den übrigen Weltgruppen geschlossen hatte.

Bereits im Winter 1925 waren Vertreter des Röhren-Verbands, vor allem der Gruppe A (Deutschland), nach London gereist, um auch die britischen Röhrenproduzenten zu einer Zusammenarbeit zu bewegen. Die britische Wirtschaft war freihändlerisch, die Kundschaft national („buy British") eingestellt; die Röhrenindustrie war sehr heterogen, was eine Einigung erschwerte. Für die deutschen Röhrenproduzenten war Großbritannien ein wichtiger Markt; außerdem war der deutsche Zoll wesentlich niedriger als der französische und bot gegen britische Einfuhren einen nur unzureichenden Schutz. Daher war

---

[97] Vgl. Ausschuss zur Untersuchung, S. 287.
[98] Bertold Nothmann im Enquete-Ausschuss; Ebd. S. 287.
[99] Vgl. ebd. S. 285.

Europäische Kooperationen

Abb. 5: Abendveranstaltung des internationalen Röhrenkartells im Februar 1929 im Park-Hotel in Düsseldorf

Deutschland an einer Einigung mit den britischen Produzenten nachdrücklich interessiert. Die Verhandlungen zogen sich über einige Jahre und wurden mehrfach unterbrochen. Man blieb jedoch im Gespräch und besuchte sich gegenseitig. Die britischen Vertreter kamen auch nach Düsseldorf. Nach zähem Ringen gefundene Kompromisse fanden wiederholt nicht die Zustimmung der übrigen Gruppen des kontinentalen Kartells. Nach harten Preiskämpfen kam es erst im Dezember 1928 zu einer Verständigung.[100]

Inzwischen hatten die britischen Röhrenhersteller sich, von einigen kleinen Werken abgesehen, zur British Tube Association (BTA) zusammengeschlossen. Im Industrieclub in Düsseldorf wurde eine provisorische Abmachung („Pakt von Düsseldorf"), der endgültige Vertrag, mit einer Laufzeit bis 1935, in London unterzeichnet. Die Briten verpflichteten sich, keine Rohre in die Heimatmärkte des kontinentalen Kartells zu liefern, im Gegenzug beschränkte das kontinentale Kartell seine Exporte in den britischen Heimatmarkt auf eine Höchstmenge, die über die BTA verkauft werden sollte. Ferner erklärten sich die britischen Hersteller mit einer Verringerung ihres Anteils am Weltmarkt einverstanden.

---
[100] Vgl. ebd. S. 289–290.

Durch die Einigung mit Großbritannien war aus dem kontinentalen Kartell nicht etwa, was nahe gelegen hätte, ein europäisches Kartell geworden. Der Vertrag war zwischen dem kontinentalen Kartell „ABISE" und der BTA geschlossen worden, ohne dass die BTA Mitglied wurde. Man sprach, im Hinblick auf die Erweiterung durch amerikanische und weitere Röhrenproduzenten folgerichtig, fortan vom internationalen Kartell.[101]

1928 traf das kontinentale Röhrenkartell auf Anregung des europäischen Vertreters der U. S. Steel Corporation Verkaufsabsprachen u. a. mit Röhrenproduzenten in den USA. Mit den amerikanischen Röhrenproduzenten war man seit längerem im Gespräch; sie hatten auch die Briten wiederholt ermuntert, den Gesprächsfaden in den schwierigen Verhandlungen mit dem kontinentalen Kartell nicht abreißen zu lassen. Zwar verbot es der Sherman Act von 1890, Abreden zum Schaden des unabhängigen Handels zu treffen, aber der Webb-Pommerance Act hatte inzwischen derartige Vereinbarungen für den Export erlaubt. Die Verhandlungen führten auf europäischer Seite Vertreter der Gruppen A und D. Die amerikanischen Werke hatten sich 1928 innerhalb der Exportverkaufsgemeinschaft (Steel-Export Association of America), die fast alle Walzwerke umfasste, zusammengeschlossen.

Nach mehrwöchigen Besprechungen wurde ein inoffizielles Abkommen über den amerikanischen Binnenmarkt und ein offizielles über den Export von Ölfeldrohren geschlossen. Den Mitgliedern des kontinentalen Kartells wurde der Schutz der Heimatmärkte zugesichert; die großen internationalen Märkte wurden nach Länderquoten aufgeteilt. Der Ausgleich von Anspruch und Pflicht wurde durch einen entsprechenden Preisschutz erzielt; die Preise und Verkaufsbedingungen waren gleich. Jeder Vertragspartner sollte dem anderen alle größeren Aufträge melden; die Prüfung übernahm eine ausländische Treuhandgesellschaft, die jederzeit die Bücher einsehen durfte. Die Zuteilung der Aufträge übernahmen zwei paritätisch besetzte Ausschüsse in New York bzw. in Europa. Die Entscheidungen der Ausschüsse waren bindend. Die Verträge sollten bis Ende März 1933 wirksam sein.[102]

Dem 1929 gegründeten internationalen Röhrenkartell traten neben dem kontinentalen Kartell und der BTA die Röhrenproduzenten bzw. Vereinigungen aus den USA, Japan, Kanada und Schweden, schließlich auch aus den Niederlanden als Mitglieder bei. Das Abkommen betraf den Verkauf von Bohr- und

---

[101] Robert Nyssen, Das Röhrensyndikat, S. 32–34.
[102] Vgl. Ausschuss zur Untersuchung, S. 288; Robert Nyssen, Das Röhrensyndikat, S. 34–40.

Europäische Kooperationen

Ölleitungsröhren sowie Gas-, Wasser- und Dampfröhren. Im Unterschied zum kontinentalen Kartell gab es nicht eine Gesamtquote, sondern für jede der genannten Rohrgruppen eine gesonderte Quote. Jede Gruppe verkaufte selbständig, allerdings zu Preisen und Bedingungen, die von der Gesamtheit festgelegt worden waren. Im Hauptausschuss und im Preiskomitee saßen Vertreter aller Gruppen; die dort getroffenen Entscheidungen waren für alle Mitglieder bindend. Man gewöhnte sich bald daran, „alle irgendwie mit dem Röhrenabsatz zusammenhängenden Fragen gemeinschaftlich zu besprechen".[103] Übrigens handelte man bei der Preisfestsetzung nach der bewährten Maxime: gewinnbringend, jedoch nicht überhöht. Der Anreiz, die Produktion zu modernisieren und möglichst rationell zu gestalten, sowie die Qualität zu steigern, der blieb bestehen; zum einen erhöhte man den eigenen Gewinn, zum anderen war man gewappnet, wenn, wie bereits mehrfach geschehen, die Kartelle aufgekündigt wurden oder zerbrachen.

Sitz des Röhren-Verbands und des kontinentalen Kartells war Düsseldorf; die ab 1930 selbständige Geschäftsstelle des kontinentalen Verbands befand sich wie die des deutschen im Gebäude des Stahlwerksverbands („Stahlhaus") in der Breite Straße. Die übernationalen Verbände waren in der straffen Form wie der deutsche organisiert. So etwas hatte es für internationale Verbände bis dahin noch nicht gegeben. Jede nationale Vereinigung hatte ihre feste Quote, für deren weitere Aufteilung sie selbst zuständig war: Die deutschen Hersteller hatten im kontinentalen Kartell eine Quote von max. 56,1 %. Die Quoten im internationalen Kartell verteilten sich wie folgt: Kontinent max. 48,4 %, USA max. 17,8 %, Kanada max. 2,8 % und Großbritannien max. 33,1 %. Verkaufte ein Verband mehr, als ihm laut Quote zustand, dann zahlte er eine vereinbarte Abgabe in die gemeinsame Kasse; aus dieser wurden die vergütet, die unter der Quote geblieben waren. Verrechnet wurde nach „Anspruch" und „Pflicht".[104]

Die letzten Entscheidungen in allen wichtigen Fragen traf das „General Meeting", das nach Bedarf zusammentrat und dem Delegierte aller Gruppen angehörten. Den Vorsitz führte der Vorsitzende der Ländergruppe, in deren

---

[103] Robert Nyssen, Das Röhrensyndikat, S. 41.
[104] Salzgitter AG-Konzernarchiv/Mannesmann-Archiv, M 80.000; M 80.001; M 80.009–016; M 80.019–030; M 80.033–034; M 80.040–044; P 1.2660; P 8.6610/9; R 1.4019; R 1.5000; R 1.5002/2–20/1; R 1.5024/2; R 1.5197/2; R 3.5025; R 3.6070/1; R 5.2061/2; R 5.2062; R 5.2062/2; R 5.2064/1–2; R 5.2075/1; R 5.41048; R 5.4113/3; R 5.4141; R 5.5118; R 5.5351; R 5.6094; R 6.4048/5; R 8.6168; R 8.6169.

Land die Sitzung stattfand. Die laufende Regelung der Geschäfte, die Zuteilung größerer Aufträge, die Preisfestsetzung nach den Vorgaben des General Meeting übernahm das „Preiskomitee", das in der Regel alle sechs bis acht Wochen tagte. Von 1929 bis 1935 standen praktisch alle Weltproduktionen von Stahlröhren in einem Quotenverhältnis, waren Glieder einer internationalen Produktions-, einer internationalen Röhrengemeinschaft. Zwar entstanden, oftmals gefördert durch die Lieferung von Röhrenstreifen und geschützt durch hohe Eingangszölle, in verschiedenen Ländern Europas und in Übersee kleinere Neugründungen, aber diese waren nicht untereinander vernetzt; meistens warteten sie nur auf ein Angebot, um in die Kartelle aufgenommen zu werden.[105]

Obwohl die großen Räderwerke der nationalen Verbände, des kontinentalen und internationalen Kartells weitgehend reibungslos ineinander griffen, kam es zum vorzeitigen Ende. 1932, am Höhepunkt der Weltwirtschaftskrise, hatte auch Großbritannien dem Liberalismus abgeschworen und hatte einen hohen Schutzzoll eingeführt. Dadurch war fast der gesamte deutsche Röhrenexport nach Großbritannien und Irland, dem wegen der geringen Inlandsnachfrage besondere Bedeutung zukam, ausgefallen. Anschließend war die deutsche Inlandsnachfrage durch die Programme für Arbeitsbeschaffung und Aufrüstung so stark gepuscht worden, dass, den Abmachungen entsprechend, automatisch der Export empfindlich gedrosselt wurde. Die Rückgliederung des Saarlandes ins Deutsche Reich brachte ein weiteres Problem. Die Quote der beiden Röhrenwerke in Bous und Homburg waren bisher Teil der französischen Gruppenquote gewesen. Zwar wurde Homburg, das eine Außenseiterrolle bevorzugte, vom Reichswirtschaftsministerium gezwungen, Mitglied im Röhren-Verband zu werden; aber die Franzosen waren nicht bereit, den Deutschen bei der Quote sowie mit kontingentierten Lieferungen nach Frankreich entgegen zu kommen – offensichtlich hatte der Regierungswechsel in Deutschland beim Nachbarn den Willen zur Verständigung, der Mitte der 1920er Jahre die Annäherung ermöglicht und den Umgang miteinander geprägt hatte, erlahmen lassen. Das kontinentale Kartell zerbrach, damit wurden auch die Abmachungen im Rahmen des internationalen Kartells unwirksam.

Von März 1935 bis zum Ende des Jahres 1937 kam es zu einem ungezügelten Wettbewerb auf den Weltmärkten mit einem Verfall der Preise; bemerkenswerterweise blieb der vereinbarte Schutz der Heimatmärkte gewahrt. Der

---

[105] Vgl. Robert Nyssen, Das Röhrensyndikat, passim.

Europäische Kooperationen

deutsche Röhren-Verband verschaffte sich dank seiner festgefügten Organisation und seiner Stärke beim Exportabsatz Vorteile gegenüber den meisten anderen ehemaligen Mitgliedern des kontinentalen und internationalen Kartells. In gelegentlichen Besprechungen wurde der Wille, bald wieder zu einer festen Zusammenarbeit zurückzufinden, beschworen. Im Juli 1935 waren sich die großen Gruppen des internationalen Kartells in manchen Punkten bereits einig; nur bei der Neufestsetzung der Quoten gingen die Vorstellungen noch weit auseinander. Anfang 1936 gab es ein erstes Übereinkommen zwischen Großbritannien, Deutschland und der französisch/belgischen Gruppe. Zu der im November des genannten Jahres nach London einberufenen Sitzung wurden alle Gruppen des früheren internationalen Kartells eingeladen; die USA nahmen nicht teil, weil sie nicht zu ihren Lasten über die Quoten verhandeln wollten. Auch die Teilnehmer vermochten sich nicht zu einigen. Schließlich verständigten sich Deutschland, Großbritannien, Frankreich/Belgien, die Tschechoslowakei und Schweden mit der Bildung der International Tube Convention", einer Preiskonvention in Form eines Gentlemen's Agreement, auf eine Notlösung, über die man zu festeren Bindungen zu kommen hoffte. Während sich Ungarn, die Niederlande, Italien und schließlich auch die USA der Vereinigung anschlossen, blieben Polen und Schweden außerhalb. Die Suche nach der Grundlage für ein neues Syndikat wurde fortgesetzt; unter anderem gab es allein in der ersten Hälfte des Jahres 1937 vier Zusammenkünfte. Deutschland hatte inzwischen Schwierigkeiten, wegen der von der Regierung für Exporte freigegebenen, beschränkten Eisenkontingente seinen Verpflichtungen nachzukommen. Die Regierung war ohnehin gegen international festgesetzte Quoten, weil ihre Lenkungsmaßnahmen dadurch beeinträchtigt wurden.[106]

Im Herbst 1937 einigten sich Großbritannien, Frankreich/Belgien und Deutschland über die Bedingungen für ein festes europäisches Kartell unter Aufrechterhaltung der Preisverständigung mit der zunehmend unzuverlässiger werdenden amerikanischen Röhrenvereinigung. Allerdings erfolgte die deutsche Zustimmung nur unter Vorbehalt, weil erst die Genehmigung des Reichswirtschaftsministeriums eingeholt werden musste – was viel Zeit erforderte. Bei weiter nachlassender Konjunktur fanden Ende 1937 erneute Besprechungen unter Mitwirkung auch der kleineren europäischen Gruppen statt. Diese hatten umfangreiche Sonderwünsche, so dass es zu keiner Gründung kam. Da

---

[106] Vgl. Robert Nyssen, Das Röhrensyndikat, S. 64–67.

niemand die Zeit des ungehemmten Wettbewerbs zurückwünschte, einigte man sich, um Zeit für weitere Verhandlungen zu gewinnen, auf eine Zwischenlösung, nämlich eine Quotengemeinschaft auf breiter Grundlage für ein halbes Jahr; die International Tube Convention blieb – unter Erweiterung durch die polnische Gruppe – bestehen. Die Schweden blieben wegen ihrer unerfüllbaren Forderungen außerhalb des Provisoriums; einziger Außenseiter von Bedeutung war das Werk Oderberg. Mit dem Anschluss Österreichs vergrößerte sich der Heimatmarkt des Deutschen Reichs entsprechend; der Ausgleich erfolgte aus der deutschen Quote.[107]

Während des Provisoriums wurden die Bemühungen zur Gründung eines straffen und dauerhaften Quotenkartells fortgeführt. Zusätzliche Schwierigkeiten bereiteten die politischen Verhältnisse in Europa, die sich zunehmend zuspitzten (Sudetenkrise). Die Aussichten, zu einer Einigung zu gelangen, waren nach wie vor schlecht; deshalb verständigten sich alle Beteiligten auf den britischen Vorschlag und verlängerten das Provisorium um weitere drei Monate. Mit dem Anschluss der sudetendeutschen Gebiete wurde das Werk Komotau, eines der Gründerwerke der Mannesmannröhren-Werke AG, deutsch; die Werke Oderberg und Jäkel wurden polnisch. Dadurch wurde die Angelegenheit noch verwickelter; denn die ehemals tschechischen Werke hatten Sonderkonditionen für Lieferungen nach Großbritannien und Frankreich gehabt[108], die der deutschen und polnischen Gruppe nicht ohne weiteres zugestanden wurden. Außerdem waren neue Konkurrenzunternehmen in Europa, in den britischen Dominions, in Indien und in Chile entstanden, deren Inlandsabsatz, wie in Rumänien, durch hohe Einfuhrzölle geschützt wurde. Die Wettbewerbssituation der deutschen Hersteller auf den Weltmärkten verschlechterte sich zusehends noch dadurch, dass die Inlandsprogramme Vorrang hatten. Bei den gewünschten kurzen Lieferfristen konnten sie nicht mehr mithalten.[109]

Bei den Verhandlungen, die im Januar 1939 in Paris stattfanden, ließen die Franzosen und Briten gegenüber den Deutschen keine Zweifel daran, wer und was einer Einigung im Wege stand. Sie bildeten eine geschlossene Front. Die Forderungen der polnischen und tschechischen Werke konnten nicht erfüllt werden. So wurde schließlich das Provisorium um einen weiteren Monat verlän-

---

[107] Vgl. ebd. S. 72–78.
[108] Ausschuss zur Untersuchung, S. 289–290.
[109] Vgl. Robert Nyssen, Das Röhrensyndikat, S. 89–90.

Europäische Kooperationen

gert, um den Deutschen Gelegenheit zu geben, mit der Tschechoslowakei zu einer Einigung zu gelangen. Schließlich wurde doch noch ein neues europäisches Quotenkartell gegründet, das Ende Januar 1940 zur Verlängerung anstehen sollte. Es wurde von der deutschen, der britischen, der französisch/belgischen, der polnischen (ohne Jäkel und Oderberg), der tschechischen und der ungarischen Gruppe gebildet; mit dem niederländischen Werk und der italienischen Gruppe wurde eine Preisverständigung erzielt.[110]

Allerdings war die Zeit der freien Wirtschaftsverhandlungen vorüber; denn inzwischen, das hatten die letzten Verhandlungen in Paris deutlich gezeigt, war der politische Einfluss dominant. Auch die wichtigsten Grundlagen eines internationalen Kartells, feste Währungen und ungehinderter monetärer Zahlungsaustausch, waren weggebrochen. Das Preisabkommen mit den schon länger nicht mehr zuverlässigen amerikanischen Produzenten wurde gekündigt. Diese erhoben auf deutsche Importe hohe Sonderzölle. Im harten Wettbewerb mit dem europäischen Kartell standen neben den US-Amerikanern, die Kanadier, die Schweden, die Werke Jäkel und Oderberg sowie zahlreiche kleinere Außenseiter. Mit der Besetzung der (Rest-)Tschechoslowakei, geriet Witkowitz unter deutschen Einfluss, das zweite Werk gehörte zu der nunmehr selbständigen Slowakei.[111]

Nach Ausbruch des Zweiten Weltkrieges brach das europäische Kartell zusammen. Bis dahin war seit Mitte der 1920er Jahre, von der kartelllosen Zeit abgesehen, der mit Abstand größte Teil der weltweit gehandelten Stahlrohre bis 318 mm äußerem Durchmesser weltweit von den Röhrenkartellen verkauft – und hauptsächlich von Düsseldorf aus verwaltet worden. Selbst der Absatz von Spezialitäten wie Lokomotivrohre etc. oder die Abmachungen mit Ländern, die nicht dem kontinentalen oder internationalen Kartell angehörten, wie Südafrika, waren durch Sonderverträge („Agreements") geregelt. Die Akten, von denen die meisten erhalten geblieben sind,[112] belegen für alle, insbesondere für das deutsche und das kontinentale Kartell, eine akribische Verrechnung. Die erste große Bewährungsprobe hatten die Verbände während der Weltwirtschaftskrise zu bestehen gehabt, in der die Rohrkapazitäten schließlich nur noch zu weniger als 50 % hatten ausgenutzt werden können. Für höhere Absatzmengen konnten auch die Verbände nicht sorgen, jedoch für eine angemessene und wirtschaftlich

---

[110] Vgl. ebd. S. 92–93.
[111] Vgl. ebd. S. 95.
[112] Diese befinden sich im Salzgitter AG-Konzernarchiv/Mannesmann-Archiv, Bestand V Röhren-Verband (weitgehend unerschlossen und unausgewertet).

günstige Verteilung. Ein Preiskampf ist vor allem aufgrund der bestehenden internationalen Verträge vermieden worden.[113]

Ein Weiteres ist diesen internationalen Abmachungen, denen umfangreiche Vertragswerke zugrunde lagen, zugute zu halten: man redete nicht nur miteinander, sondern ging darüber hinaus freundlich miteinander um. Die Begegnungen und Gespräche trugen, wie einer der Beteiligten urteilte, „zum gegenseitigen Verstehen und zur Entgiftung auch der politischen Atmosphäre"[114] bei. Die auf Revision der Versailler Verträge ausgerichtete Politik der gewaltbereiten Nationalsozialisten, der sich die Wirtschaft unterzuordnen hatte, nahm darauf keine Rücksicht.

Der Röhren-Verband stellte mit Kriegsausbruch alle Lieferungen an die Feindstaaten ein; an neutrale und die Paktstaaten wurde weiter geliefert. Nach Abschluss des deutsch-sowjetischen Wirtschaftsabkommens hatten die deutschen Röhrenproduzenten große Mengen hochwertiger Rohre, insbesondere Ölfeldrohre, zu liefern. Abgesehen davon, dass deren Produktionskapazitäten ohnehin knapp waren, waren die Lieferfristen sehr kurz und die Kundschaft außergewöhnlich schwierig.[115] Nach dem siegreichen Polenfeldzug wurden die polnischen Werke dem Röhren-Verband als Vollmitglied – allerdings ohne Quoten – eingegliedert. Das rumänische Werk wurde wie Witkowitz von den Reichswerken Hermann Göring, die vom Röhren-Verband unabhängig sein wollten, übernommen.

Das Syndikat wurde unter Mitwirkung des Reichswirtschaftsministeriums mehrfach bis zu seiner Auflösung durch die Alliierten am 1. November 1945 verlängert. Am 1. April 1943 griff die Politik massiv in dessen Struktur ein; der Röhren-Verband wurde, wie alle anderen Verbände der Eisen- und Stahlindustrie auch, der neu geschaffenen Reichsvereinigung Eisen untergeordnet. Die Quoten wurden abgeschafft, Eisenkontingente und damit Aufträge nach Kapazitäten und militärischen Prioritäten zugeteilt; das Recht, Beschlüsse zu fassen, wurde durch die Erlaubnis, Ratschläge zu erteilen und unverbindliche Empfehlungen abzugeben, ersetzt; private Erlösgesichtspunkte spielten keine Rolle mehr. Ver-

---

[113] Vgl. H. Rebien, Der Handel mit Walzwerkserzeugnissen der eisenerzeugenden Industrie Deutschlands, Diss. Jena 1931, S. 46; P. Poerschke, Kostenerfassung, Verbands- und Absatzorganisation in der Stahlröhren-Industrie, Diss. Freiburg 1935, S. 94; Robert Nyssen, Das Röhrensyndikat, passim.
[114] Bertold Nothmann, Die geschichtliche Entwicklung, S. 68.
[115] Vgl. Horst A. Wessel, Kontinuität, S. 246.

Europäische Kooperationen

bände und Unternehmen waren weitgehend entrechtet. Der Bedarf war bei weitem größer als die Kapazitäten – weniger was die Anlagen als was die Menschen und das Material betrifft. Es existierte eine große Zahl amtlicher und halbamtlicher Stellen, die neben- und auch gegeneinander arbeiteten. Oft wurden Verrechnungspreise amtlicherseits festgelegt, die kaum einen Gewinn ließen.

Die Ausfuhr hatte zunächst über Italien auch noch Südamerika bedient; bald konnten nur noch kontinentale Länder und der Iran beliefert werden. Das Erbe der deutschen Unternehmen in Übersee übernahmen die nordamerikanischen Werke. 1940 wurde ein Sonderabkommen mit Schweden und Dänemark geschlossen, das bis in das Jahr 1945 hinein in Kraft blieb. Nach der Besetzung Belgiens und eines großen Teils der französischen Republik setzte sich der Röhren-Verband auf Wunsch der französisch/belgischen Röhrengruppe für die Wiedererrichtung des Comptoir F.B.S. in Paris als Zentrale für den gesamten dortigen Röhrenverkauf ein. Angeblich erhielten die französisch/belgischen Produzenten nur Aufträge auf Röhren für die zivile Verwendung aus Deutschland überwiesen, für die ihnen dieselben Erlöse zugestanden wurden wie den deutschen Werken.[116] Da jedoch die Produzenten meist gar nicht wussten, wofür ihre Erzeugnisse Verwendung fanden,[117] ist eine militärische Nutzung keineswegs auszuschließen – zumal es kaum noch Kontingente für einen privaten Konsum gab. Übrigens wurden die Lieferungen über die Geschäftsstelle des Röhren-Verbands in Düsseldorf verrechnet. Die freundschaftlichen Beziehungen wurden mit Verweis auf die ehemals enge Zusammenarbeit im kontinentalen Kartell und in der Hoffnung auf dessen Neugründung nach Ende des Krieges gepflegt.[118]

4.3.3 Das nicht ganz überraschende Ende der internationalen Kooperationen

Anfang 1939 waren die Vertreter der Eisen- und Stahlindustrie Deutschlands und Großbritanniens bereit zu umfassenden Verständigungsverhandlungen. Wilhelm Zangen, der Leiter der Reichsgruppe Industrie, hatte dazu erste Verabredungen in Düsseldorf mit Ernst Poensgen, dem Leiter der Eisenverbände, und in London mit hochrangigen britischen Industriellen sowie dem Staatssekretär des Handelsministeriums getroffen. Man hatte vereinbart, dass Ernst Poensgen

---

[116] Vgl. Robert Nyssen, Das Röhrensyndikat, S. 106.
[117] Vgl. Horst A. Wessel, Kontinuität, S. 246–247.
[118] Vgl. Robert Nyssen, Das Röhrensyndikat, S. 107.

die erste britische Kommission in Düsseldorf zu Verhandlungen empfangen sollte; schließlich sollte in Berlin im größeren Rahmen offiziell der erfolgreiche Abschluss der Verhandlungen gefeiert werden. „Die Arbeitsprogramme der einzelnen Wirtschaftsgruppen", so heißt es in den Erinnerungen Zangens, „waren fertig. Das große Bankett war vorbereitet. Unsere zuständigen Minister der Wirtschaft und des Auswärtigen wollten teilnehmen. Die englischen Vertreter kamen nach Düsseldorf und die Berichte über Verhandlungen lauteten hoffnungsfroh. Ich war in Stuttgart, von wo ich nach Berlin fahren wollte. Da kommt die Meldung vom Einmarsch der Deutschen in die Tschechoslowakei. Die englische Kommission beendet ihre Arbeiten in Düsseldorf programmgemäß, unterzeichnet mit uns noch ein Protokoll und reist ab. Gleichzeitig läuft die Absage [...] der englischen Hauptkommission, von der Vertreter [...] an den Düsseldorfer Verhandlungen teilgenommen hatten, ein: man sehe sich unter den gegenwärtigen Umständen [...]. Es sollte die letzte Gelegenheit bleiben, mit der Industrie vieles gutmachen zu können, was unsere Politiker verdorben hatten [...]".[119]

Der Röhren-Verband, der in seiner Blütezeit rund 600 Frauen und Männer in Düsseldorf beschäftigt und bis 1943 die Verkaufszahlen beträchtlich hatte steigern können, musste im Laufe des Krieges rund 300 Männer für den Kampf an der Waffe abgeben, von denen sehr viele ihr Leben lassen mussten oder beschädigt zurückkehrten.[120] Außerdem sind Frauen und Männer des Verbands wegen ihrer Tätigkeit für den Widerstand angeklagt, eingekerkert oder sogar hingerichtet worden.[121] Das Gebäude in der Breite Straße in Düsseldorf, in dem der Röhren-Verband untergebracht war, wurde bei dem schweren Bombenangriff am Pfingstsonntag des Jahres 1943 teilweise zerstört und ein Teil der Aktenregistratur vernichtet. Am 7. Mai 1945, am Tag vor dem offiziellen Kriegsende, stellte der Verband seine Verkaufstätigkeit ein. Am 1. November des genannten Jahres erfolgte mit dem alliierten Verbot sein offizielles Ende. Die Röhren-Verband GmbH trat in stille, am 1. März 1949, in offene Liquidation.[122]

---

[119] Wilhelm Zangen, Aus meinem Leben, Düsseldorf 1968, S. 132–133.
[120] Vgl. Robert Nyssen, Das Röhrensyndikat, S. 115.
[121] Ausarbeitung des Verfassers; vgl. Maschinenschrift im Salzgitter AG-Konzernarchiv/Mannesmann-Archiv, M 12. 820.1.
[122] Vgl. Robert Nyssen, Das Röhrensyndikat, S. 118.

Europäische Kooperationen

5 Resümee

Der Befund ist eindeutig: Die Kartellierung der deutschen, der europäischen sowie der Weltwirtschaft hat seit den 1870er Jahren zugenommen und insbesondere in der Eisen- und Stahlindustrie zu einem dichten Netz von den Markt regulierenden Absprachen geführt. Dabei ist es nicht allein zu einer zahlenmäßigen Zunahme der Kartelle gekommen; zugleich hat sich in Abhängigkeit von den wirtschaftspolitischen Voraussetzungen und Anforderungen die Art der verbandsmäßigen Zusammenschlüsse grundlegend gewandelt. Hatte man zunächst versucht, auskömmliche, die Existenz sichernde Preise durch lose Absprachen zu erzielen, so sahen sich bald mehr und mehr gezwungen, in straff geführten Syndikaten zusammenzuarbeiten. Dazu bedurfte es eines umfangreichen, schriftlich fixierten Vertragswerks mit Quoten, Ausgleichszahlungen und Sanktionen ebenso wie einer Geschäftsstelle, die in der Lage war, die Aufträge gerecht und sinnvoll zu verteilen, die Dokumentation nachprüfbar zu erstellen und die Märkte zu versorgen.

Eine weitere Entwicklungslinie zeigt unübersehbar, dass bei der Eisen- und Stahl-, jedoch auch bei der Elektrotechnischen Industrie wegen ihrer hohen Exportabhängigkeit nur eine Zusammenarbeit im nationalen Rahmen bei weitem nicht ausreichte. Bereits in den beiden letzten Jahrzehnten des 19. Jahrhunderts kam es vereinzelt, wie bei den Glühlampen, bei Walzdraht und Stahlröhren, zu grenzüberschreitenden Vereinbarungen, die sich Mitte der 1920er Jahre massiv verstärkten und schließlich globale Dimension hatten. Die Situation in der Elektrotechnischen Industrie lässt sich, jedenfalls was die internationale Ausrichtung betrifft, wegen der weitgehend praktizierten Geheimhaltung nicht ganz so klar übersehen. Die Indizien sprechen jedoch eindeutig dafür, dass es auch hier bei vielen Erzeugnissen derartige Kartelle gegeben hat – auch wenn diese nicht alle so umfassend und so straff organisiert waren wie das Internationale Glühlampenkartell.

Ein Ausnutzen der durch die Kartelle gewonnenen Marktmacht zur Erzielung möglichst großer Gewinne stand im Unterschied zu vielen Kartellabsprachen der Gegenwart nicht im Vordergrund. Ein derartiges Streben, das heute vielfach unser Marktgeschehen dominiert, hätte man damals als unmoralisch, als einem „ehrbaren Kaufmann" völlig fremd und unangemessen angesehen. Es galt vielmehr, die Folgen von Fehlentwicklungen zu mildern und einem zügellosen Wettbewerb Widerstand entgegenzusetzen. Man hat damals keineswegs geleugnet, dass der Konsument bei einem freien Spiel der Marktkräfte die Erzeugnisse zumindest zeitweise hätte billiger erwerben können. Man hätte jedoch hinzugefügt, dass der Volkswirtschaft durch einen Verkauf unter Wert, durch die Vernichtung von Kapital und Arbeitsplätzen ein großer Schaden entstanden wäre, der auch den Konsumenten belastet hätte – langfristig würde sich die Bedarfsdeckung verschlechtert und verteuert haben.

Auch heute wehrt man sich beispielsweise gegen „Dumpingpreise", werden staatliche Anreize, Förderungen u. a. Subventionen gewährt, die in das Marktgeschehen massiv eingreifen. Der Staat, teilweise auch die Länder und Kommunen, dürfen den Wettbewerb unbeschränkt einengen, und sie tun es – trotz des immer wieder laut geäußerten Bekenntnisses zur Freien Marktwirtschaft. Der Staat ist es, der heute am meisten gegen den Wettbewerb und die Wettbewerbsfreiheit verstößt. Er tut es bemerkenswerterweise mit den Argumenten, die vor 1945 von der privaten Wirtschaft ins Feld geführt wurden. Man denke nur an das Lome-Abkommen, an die „Kontingent-Bananen" oder an den Handelsstreit zwischen der EU und der Volksrepublik China mit vorläufigen Schutzzöllen auf Billig-Solarmodule auf der einen und dem Dumping-Verfahren gegen EU-Wein-Importe auf der anderen Seite.

Zumindest damals scheinen Unternehmer weitsichtiger und flexibler, im Sinne von pragmatisch, gehandelt zu haben als die Mehrheit der Politiker ihrer Länder. Das gilt nicht zuletzt für die französischen Stahlindustriellen, die im Gegensatz zu ihren Politikern die Auffassung vertreten haben, dass die harten Friedensbestimmungen zur Schwächung der deutschen Stahlindustrie auch ihnen nachhaltig geschadet hatten und daher früh um Ausgleich und Verständigung bemüht waren. Die europäischen Wirtschaftsverbände, insbesondere der Zwischenkriegszeit, haben in vielen Fällen den Weg für zwischenstaatliche Verträge geebnet; insofern geht ihre Bedeutung weit über die geplanten oder erreichten wirtschaftlichen Ziele hinaus.

Im Hinblick auf die Eisen- und Stahlindustrie haben Verantwortliche in der Wirtschaft Deutschlands, Frankreichs, Belgiens, Luxemburgs und anderer europäischer Staaten bereits nach dem Ersten Weltkrieg zu einem wesentlichen Teil das praktiziert, zu was sich die Politiker dieser Länder erst nach einem weiteren Weltkrieg mit der Gründung u. a. der Montanunion haben durchringen können. Zwar kann, wie bereits der Wirtschaftshistoriker Harm Schröter mit Verweis auf John Gillingham festgestellt hat, „die EGKS (Europäische Gemeinschaft für Kohle und Stahl) wegen ihres dominanten politischen Charakters kaum als eine

Europäische Kooperationen

besondere Ausformung eines Kartells begriffen werden. Jedoch steht sie durchaus in der Tradition der Stahlkartelle der Zwischenkriegszeit, von denen zumindest die IRG ebenfalls einen offenen politischen Zug aufzuweisen hatte.[123]

Die 1953 erschienene 16. Auflage der vom Verein Deutscher Eisenhüttenleute in Düsseldorf herausgegebenen „Gemeinfasslichen Darstellung des Eisenhüttenwesens" betonte, dass „die Verwirklichung der Montanunion [...] eine ganz neue Epoche für das Organisationswesen der europäischen Eisen- und Stahlwirtschaft eröffnet (hat) [...]. Wie vor dem Kriege die Spitzenverbände der nationalen Stahlindustrie im Rahmen der Internationalen Rohstahlgemeinschaft (IRG) engste Fühlung hielten, als internationale Kontore auf Grund der Kartellabmachungen die Handelstätigkeit der nationalen Verkaufsorgane (Stahlwerksverband, Comptoir de Vente de la Sidérurgie Belge, Comptoir Sidérurgique de France) regelten, so rückten in den letzten Monaten im Rahmen der Montanunion die zuständigen Länderverbände einander näher. Es entwickelte sich zumindest der gleiche Geist der Zusammenarbeit und beruflichen Kameradschaft wie vor Jahren im Zeichen der IRG".[124]

Ein europäisches Bewusstsein im engeren Sinne ist damals selbst bei den Akteuren der Eisen- und Stahlindustrie noch nicht vorhanden gewesen. Zwar waren die europäischen Produzenten sich oft einig, beispielsweise bei der Abwehr von Zöllen in den USA, und auch der Vertreter der belgischen Schwerindustrie lobte Mitte der 1930er die europäische Einigkeit in der IRG und in der IREG, aber die Kooperationen zielten darauf ab, den Wettbewerb zu regulieren und Außenseiter auszuschalten – nicht allein in Europa, sondern weltweit. Nicht zu übersehen ist jedoch, dass Belgien, Deutschland, Frankreich und Luxemburg immer – auch nach dem Ersten Weltkrieg – zuerst zusammengefunden und die Entwicklung dominiert haben. Dafür hat es mehrere Gründe gegeben, vor allem jedoch wirtschaftliche: die Industrien waren aufeinander angewiesen. Deutschland bezog aus Frankreich und Luxemburg Eisenerz und versorgte die dortigen Hochofenwerke mit Steinkohle bzw. Koks; außerdem lieferte es Maschinen und

---

[123] Vgl. Harm G. Schröter, Kartelle, S. 180; John Gillingham, Coal, Steel and the Rebirth of Europe, Cambridge 1991; In diesem Zusammenhang ist auf den auch für den Europagedanken wichtigen Sammelband Manfred Rasch/Kurt Düwell (Hrsg.), Anfänge und Auswirkungen der Montanunion auf Europa. Die Stahlindustrie in Politik und Wirtschaft, Essen 2007, zu verweisen.

[124] Verein Deutscher Eisenhüttenleute (Hrsg.), Gemeinfassliche Darstellung des Eisenhüttenwesens, 16. Aufl., Düsseldorf 1953, S. 450.

Anlagen; andererseits verkauften die westlichen Nachbarländer einen wesentlichen Teil ihrer Produktion auf dem deutschen Markt.

Für die nationalen und die internationalen Kartelle der Eisen- und Stahlindustrie hat Düsseldorf als der ehemalige „Schreibtisch des Ruhrreviers" eine herausragende Bedeutung gehabt. Und zwar, so scheint es, mit nachhaltiger Wirkung; denn 26 der 74 auf dem Gebiet des Wettbewerbs- und Kartellrecht herausragenden Experten sind in Düsseldorf tätig – „in keiner deutschen Stadt sind es mehr".[125]

Schließlich ist noch eine weitere Lehre aus diesem Abschnitt der Geschichte zu ziehen: So groß die Beiträge dieser europäischen und internationalen Kooperationen zur Schaffung und zum Erhalt des Wirtschaftsfriedens, zur gegenseitigen Verständigung und zum Ausgleich der Interessen auch gewesen sind, sie haben es nicht geschafft, den Zweiten Weltkrieg zu verhindern. Wirtschaftsfrieden ist wichtig; er ist jedoch nicht alles!

---

[125] Rheinische Post vom 12. Juni 2013: „Düsseldorfer Anwälte bei Vergleich vorne".

Unternehmen als Wegbereiter der Integration? Grenzüberschreitende Kooperationen und Fusionen großer Konzerne in Europa nach dem Zweiten Weltkrieg

von Susanne Hilger, Düsseldorf

1 Einleitung

„If European integration is really to be achieved, there must develop European corporations".[1] Dieses Zitat des amerikanischen Ökonomen und Wirtschaftshistorikers Charles Kindleberger aus den 1960er Jahren bildet die zentrale Ausgangsthese des vorliegenden Beitrags. Frage soll sein, ob die unternehmerische Wirtschaft als Wegbereiterin und Motor der europäischen Integration nach dem Zweiten Weltkrieg angesehen werden kann. Nach Auffassung des amerikanischen Historikers Carl Strikwerda dokumentierten vor allem Marktabsprachen und die anschwellenden Flüsse von Arbeit, Kapital und Know how über Grenzen hinweg seit dem späten 19. Jahrhundert den hohen Verflechtungsgrad der europäischen Wirtschaft, der durch die Weltkriege lediglich unterbrochen worden sei.[2]

„Gemessen an der außenwirtschaftlichen Verflechtung", sei die europäische Wirtschaft, so auch Hans-Werner Niemann, „bereits zu Beginn des 20. Jahrhundert eine deutlich zu identifizierende Einheit".[3] Dabei traten gerade die rohstoffreichen Staaten Europas wie das Deutsche Reich, Belgien, Frankreich und Luxemburg sehr aktiv in der Begründung transnationaler Unternehmen wie der ARBED (1907), der Deutsch-Luxemburgischen Bergwerksgesellschaft (1901) oder der Vieille Montagne hervor. Niemann spricht bereits sogar von einer „europäischen Arbeitsteilung" auf den Märkten für Güter, Kapital und Ar-

---

[1] Charles Kindleberger, European Integration and the International Corporation, in: Columbia Journal of World Business, Bd. 1, 1 (1966), S. 68.
[2] Vgl. Carl Strikwerda, The Troubled Origins of European Economic Integration: International Iron and Steel and Labor Migration in the Era of World War I: The American Historical Review, Bd. 98, 4 (1993), S. 1106–1129.
[3] Hans-Werner Niemann, Europäische Wirtschaftsgeschichte. Vom Mittelalter bis heute, Darmstadt 2009, S. 91.

beit, „die zu erheblichen Kostenvorteilen" geführt habe.[4] Parallel zur Integration der Gütermärkte griffen auch die Kartellierungsbestrebungen der Industrie über die Ländergrenzen hinaus. Bis 1913 gab es in Europa mindestens 100 länderübergreifende Kartelle.[5] Damit scheint der europäische Integrationsprozess auf mikroökonomischer also unternehmerischer Ebene bereits vor dem Ersten Weltkrieg weit vorangeschritten zu sein. Es steht zu erwarten, dass an diesen hohen Grad der Verflechtung rasch nach Einsetzen des Integrationsprozesses angeknüpft wurde, obgleich sich im Gegensatz zu der Zeit vor dem Zweiten Weltkrieg die politischen Verhältnisse nach dem Zweiten Weltkrieg, insbesondere seit dem Schumann-Plan und den Römischen Verträgen, nachhaltig verändert hatten. Der europäische Integrationsprozess dominierte fortan die politische Agenda und sollte auch Unternehmen durch die vereinfachten grenzüberschreitenden Betätigungsmöglichkeiten ganz neue Perspektiven eröffnen.

Zwar liegt zur Geschichte des europäischen Integrationsprozesses bereits eine Fülle an kulturwissenschaftlichen, ideengeschichtlichen und politikhistorischen Studien vor.[6] Doch stellt sich die Frage nach der Genese dezidiert europäischer Entwicklungspfade insbesondere der Wirtschafts- und Unternehmensgeschichte, die sich bislang vor allem auf die transnationalen Entwicklungen im Bereich der Wirtschafts- und Währungspolitik oder auf die institutionellen Veränderungen im Zuge der europäischen Einigung[7] oder technischer Annäherungen[8] konzentriert hat. Die einzelwirtschaftliche Entscheidungsebene dagegen

---

[4] Niemann, Europäische Wirtschaftsgeschichte, S. 91.
[5] Vgl. Niemann, Europäische Wirtschaftsgeschichte, S. 93.
[6] Vgl. Rainer Eising, Europäisierung und Integration. Konzepte in der EU-Forschung, in: Markus Jachtenfuchs/Beate Kohler-Koch (Hrsg.), Europäische Integration, 2. Aufl., Stuttgart 2003, S. 387–416. Aus kulturhistorischer Perspektive: Heinz Gollwitzer, Europabild und Europagedanke. Beiträge zur deutschen Geistesgeschichte des 18. und 19. Jahrhunderts, 2. Aufl., München 1964; Hagen Schulze, Phoenix Europa. Die Moderne von 1740 bis heute, Berlin 1998; Norman Davies, Europe. A History, Oxford/New York 1996, Élisabeth du Réau, L'Idée d'Europe au XXe Siècle. Des Mythes aux Réalités, Paris 1996; Larry Siedentop, Demokratie in Europa, Stuttgart 2002. Oliver Burgard, Das gemeinsame Europa – von der politischen Utopie zum außenpolitischen Programm, Frankfurt am Main 2000. Kiran Patel, Europas Symbole. Integrationsgeschichte und Identitätssuche seit 1945, in: Internationale Politik Bd. 59 (2004), S. 11–18.
[7] Vgl. Matthias Kipping, Zwischen Kartellen und Konkurrenz. Der Schuman-Plan und die Ursprünge der europäischen Einigung 1944–1952, Berlin 1996 (=Schriften zur Wirtschafts- und Sozialgeschichte, 46).
[8] Vgl. Andreas Fickers, „Politique de la grandeur" vs. „Made in Germany". Politische

Unternehmen als Wegbereiter der Integration?

blieb weitgehend ausklammert. Dabei gehören Unternehmen zu den wichtigsten Trägern wirtschaftlicher und kultureller Transformationsprozesse. Dies gilt insbesondere für die Integrationsprozesse auf transnationaler, also globaler oder auch europäischer Ebene.

Zwar hatte die marxistische Literatur die europäische Wirtschaftsgemeinschaft bereits in den frühen 1970er Jahren als „Gemeinschaft der Konzerne" bezeichnet[9] und damit die europäische und nicht zuletzt die deutsche Großwirtschaft als Trägerin der europäischen Integrationsbewegung identifiziert.[10] Die Schaffung des Gemeinsamen Marktes geriet dabei nicht nur zu einer Folge, sondern zum Motor der Kapitalkonzentration in Westeuropa. Als Träger und Hauptprofiteure wurden dabei die großen Industrien der europäischen Staaten identifiziert. Die Rolle multinationaler Konzerne im Integrationsprozess erhielt damit ein Dominanzpostulat, das mit der Realität in keinem Verhältnis stand.[11] So kommt Tugendhat noch 1972 zu der Einschätzung, „daß die internationale Konzentration vom Streben nach europäischer Einheit nur wenig beflügelt wurde".[12]

Die Schaffung des Gemeinsamen Marktes wurde in der trivialmarxistischen Literatur nicht nur als die Folge, sondern auch als der Motor der Kapitalkonzentration in Westeuropa identifiziert; Träger und Hauptinteressenten waren somit in erster Linie die großen Industrien der betroffenen Länder. Die Rolle

---

Kulturgeschichte der Technik am Beispiel der PAL-SECAM-Kontroverse, München 2007 (=Pariser historische Studien, 78); Christian Deubner, Die Atompolitik der westdeutschen Industrie und die Gründung von Euratom, Frankfurt am Main u. a. 1977; Niklas Reinke, Geschichte der deutschen Raumfahrtpolitik. Konzepte, Einflussfaktoren und Interdependenzen 1923–2002, München 2004.

[9] Johan Galtung, Kapitalistische Großmacht Europa oder die Gemeinschaft der Konzerne. A Superpower in the Making, Hamburg 1973.

[10] Vgl. Reinhard Opitz (Hrsg.), Europastrategien des deutschen Kapitals 1900–1945, Köln 1977; Frank Deppe (Hrsg.) Europäische Wirtschaftsgemeinschaft (EWG). Zur politischen Ökonomie der westeuropäischen Integration, Reinbek 1975; Christian Deubner et al., Die Internationalisierung des Kapitals. Neue Theorien in der internationalen Diskussion, Frankfurt am Main, New York 1979; Ernest Mandel, Die EWG und die Konkurrenz Europa-Amerika, Frankfurt 1968. Robert Rowthorn, Imperialism in the 1970s – Unity or Rivalry?, in: The New Left Review, Bd. 69 (1971), S. 31–54; Erwin Häkkel, Multinationale Konzerne und europäische Integration, Bonn 1975 (=Arbeitspapiere zur internationalen Politik, 5).

[11] Vgl. Wolfgang Michalski, Export und Wirtschaftswachstum. Schlussfolgerungen aus der Nachkriegsentwicklung in der Bundesrepublik Deutschland, Hamburg 1972.

[12] Christopher Tugendhat, Die Multinationalen. Internationale Konzerne beherrschen die Welt, Wien u. a. 1972, S. 105.

der multinationalen Konzerne im Integrationsprozess und ihr Einfluss auf die nationalstaatlichen Belange erhielt damit ein Dominanzpostulat, welches in der Empirie noch kein nennenswertes Ausmaß erreicht hatte, zumal zum Zeitpunkt der Gründung der Wirtschaftsgemeinschaft die Internationalisierung der Produktion in Form von multinationalen Konzernen und der Warenexport eine weitaus größere Bedeutung für die internationale Verwertung des europäischen Industriekapitals als die Auslandsproduktion besaß.[13]

Dabei gilt es jedoch zu differenzieren. Insbesondere bei forschungsintensiven neuen Industrien verbreitete sich der Typus des transnationalen Unternehmens überdurchschnittlich rasch. Die sich internationalisierende Szenerie des Wettbewerbs, die sich in den 1960er Jahren mit dem wachsenden Erscheinen amerikanischer Wettbewerber auf dem Europäischen Markt zeigte, wurde von Wirtschaftswissenschaftlern gerne als „Konzentrationspeitsche" bezeichnet, das sich der Prozess der Unternehmenszusammenschlüsse auf Europäischer Ebene deutlich beschleunigte. Ein Memorandum der Union der Industrien der Europäischen Gemeinschaft 1965 betonte das Ungleichgewicht der Größe von führenden Europäischen Firmen im Vergleich zu ihren Hauptwettbewerbern aus Drittländern. „Beim Betreten fremder Märkte besitzen amerikanische Firmen einen Wettbewerbsvorteil, der von ihren Wettbewerbern aus der Europäischen Wirtschaftsgemeinschaft lediglich auf dem Wege des Zusammenschlusse wahrgenommen werden" könne. Nicht nur der starke Wettbewerb auf den Märkten außerhalb der EWG, sondern gerade der Schutz gegen den zu starken Einfluss amerikanischer Wettbewerber auf dem gemeinsamen Markt erfordere ein beschleunigtes Wachstum europäischer Unternehmen. Um ihre Anpassung an die Konditionen des Gemeinsamen Marktes zu verbessern sollte das Unternehmenswachstum vor allem realisiert werden durch eine intensivierte Unternehmensintegration über die nationalen Grenzen der einzelnen Mitgliedsstaaten hinweg.[14] Und ähnlich sah auch die OECD „one reason advanced for the difficulties experienced by European companies in entering or maintaining a position in the market for some products in science-intensive industries is the inadequate size of firm".[15]

---

[13] Vgl. Michalski, Export und Wirtschaftswachstum.

[14] Vgl. Hans Otto Lenel, Unternehmensverflechtung in der EWG, Frankfurt am Main 1972, S. 3.

[15] Zitiert nach: Dieter Schröder et al., Wachstum und Gesellschaftspolitik. Gesellschaftspolitische Grundlagen der längerfristigen Sicherung des wirtschaftlichen Wachstums, Stuttgart u. a. 1971 (=Prognos Studien, 4), S. 247.

Unternehmen als Wegbereiter der Integration?

Im Folgenden soll mit Blick auf die grenzüberschreitende Fusions- und Kooperationstätigkeit von Unternehmen überprüft werden, inwieweit an diese Tradition und mit welchem Ergebnis angeknüpft wurde. Tatsächlich nämlich fanden sich zu Beginn der 1950er Jahre zunächst nur eine Handvoll Firmen wie z. B. Shell (1907) oder Unilever (1929), die in mehr als einem Land domiziliert waren und daher die Bezeichnung ‚europäisch' verdienten.[16] Da aber die modernen Hochtechnologien wie die Luft- und Raumfahrt oder die Informationsverarbeitung immer mehr grenzüberschreitende Kooperationsbereiche eröffneten, können europäische Joint Ventures wie Transall (1957), Airbus (1970), Ariane und Eurofighter als Beispiele für integrierte europäische Projekte angeführt werden. Diese bahnten seit den 1980er Jahren „genuin europäischen" Unternehmen wie ABB (1987/88, CH-S), AstraZeneca (1999, UK-S), Aventis 1999, F-G), Corus (NL-GB, 1999–2007), EADS (2001) oder Arcelor (E, Lux, F, 2001–2007) den Weg. Dies ist zuletzt auch von Vertretern der internationalen Technikgeschichte hervorgehoben worden.[17] Betrachtet man indessen die transnationale Zusammenarbeit in Europa heute, etwa am Beispiel des EADS-Konzerns, so herrschen vielfach nach wie vor „babylonische Verhältnisse".[18] Denn in politischer und institutioneller Hinsicht wie auch auf kultureller Ebene zeigt sich, dass auch in „europäischen Unternehmen" immer noch unterschiedliche Überzeugungen aufeinanderprallen und Konvergenzbemühungen unterminieren. Dies unterscheidet sich, wie wir sehen werden, kaum von den Konstellationen während der Frühphase der europäischen Integration seit den 1950er bis 1970er Jahren. Zwar liegt zur Geschichte des europäischen Integrationsprozesses bereits eine Fülle an ideengeschichtlichen, politik- und kulturhistorischen sowie wirtschafts- und sozialwissenschaftlichen Studien vor[19], zu denen auch Hein

---

[16] Vgl. Geoffrey Jones, Harm Schröter (Hrsg.), The Rise of Multinationals in Continental Europe, Aldershot 1993. Stephen Howarth et al. (Hrsg.), The History of the Royal Dutch Shell, OUP 2007. Geoffrey Jones, Renewing Unilever. Transformation and Tradition, OUP 2005.

[17] Vgl. Thomas J. Misa/Johan Schot, Inventing Europe: Technology and the hidden Integration of Europe, in: History and Technology, Bd. 21 (2005), S. 1–19.

[18] Siehe dazu: Emanuel Chadeau (Hrsg.), Airbus, un succès industriel européen. Industrie française et coopération européenne, 1965–1972, Paris 1995.

[19] Vgl. Rainer Eising, Europäisierung und Integration. Konzepte in der EU-Forschung, in: Markus Jachtenfuchs/Beate Kohler-Koch (Hrsg.), Europäische Integration, 2. Aufl., Stuttgart 2003, S. 387–416. Aus kulturhistorischer Perspektive: Heinz Gollwitzer, Europabild und Europagedanke. Beiträge zur deutschen Geistesgeschichte des 18. und 19. Jahrhunderts, 2. Auflage, München 1964; Hagen Schulze, Phoenix Europa. Die Moderne von

Susanne Hilger

Hoebink mit seinen Arbeiten vielfältig beigetragen hat. Die unternehmerische Perspektive ist in der historischen Gesamtschau Europas indessen immer noch unterrepräsentiert. Nicht umsonst hat Harm Schröter seinen Sammelband über „The European Enterprise" als „Historical Investigation into a Future Species" bezeichnet.[20]

Auf vergleichender Grundlage soll daher im Folgenden untersucht werden, wie sich sowohl die Markt- und Wettbewerbsstrategien (Erschließung von geographischen Märkten, Technologiepolitik, Absatzpolitik) als auch das unternehmerische Selbstverständnis (Corporate identity) von Unternehmen unter dem Eindruck des voranschreitenden europäischen Integrationsprozesses der 1960er und 1970er Jahre, also etwa durch die Formulierung transnationaler Unternehmensstrategien und ihrer praktischen Umsetzung verändert haben. Dazu werde ich zunächst einen Blick auf die europäische Wettbewerbssituation nach dem Zweiten Weltkrieg werfen und anschließend am Beispiel einzelner unternehmerischer Fallbeispiele die Gründe für und die Auswirkungen von grenzüberschreitender Fusionen und Kooperationen in Europa in den 1960er und 1970er Jahren hinterfragen.

Dabei unterscheiden sich Mergers und Acquisitions, also die Bildung von Konzernen durch Fusionen und Beteiligungen von losen und zeitlich begrenzten Formen der Unternehmenskooperation wie Strategischen Allianzen und Joint Ventures, aber auch von Kartellen, die nach 1945 aus rechtlichen Gründen, zumindest „offiziell", nun nicht mehr zur Disposition standen. Im Fokus der vergleichenden Untersuchung stehen ausgewählte Unternehmensbeispiele, bei denen „Europa", etwa in Form von transnationalen Kooperationsvereinbarungen und Joint Ventures, in das Zentrum der Unternehmensstrategie rückte. Dies gilt z. B. für Unternehmen wie Agfa-Gevaert, Enka Glanzstoff, Fokker-VFW, Hoesch-Hoogovens und UNIDATA, die im Folgenden näher vorgestellt werden sollen. Vorweg sei gesagt, dass nur wenige von diesen Zusammenschlüssen länger als einige Jahre hielten. Dies erscheint wenig überraschend. Noch heute

---

1740 bis heute, Berlin 1998; Norman Davies, Europe. A History, Oxford/New York 1996; Élisabeth du Réau, L'Idée d'Europe au XXe Siècle. Des Mythes aux Réalités, Paris 1996; Larry Siedentop, Demokratie in Europa, Stuttgart 2002. Oliver Burgard, Das gemeinsame Europa – von der politischen Utopie zum außenpolitischen Programm, Frankfurt am Main 2000. Kiran Patel, Europas Symbole. Integrationsgeschichte und Identitätssuche seit 1945, in: Internationale Politik, Bd. 59 (2004), S. 11–18.

[20] Harm Schröter (Hrsg.), The European Enterprise. Historical Investigation into a Future Species, Berlin/Heidelberg 2008.

scheitern 50 % aller Fusionen. Dies hatte auch, aber nicht ausschließlich kulturelle Gründe, denn sie alle teilten, wie sich zeigen wird, die gleichen Probleme: erhebliche wirtschaftliche Einbußen im Zuge der Wirtschaftskrise sowie strukturelle und organisatorische Schwächen.

2 Wettbewerbskontext: „Die amerikanische Herausforderung" und der „Zwang zur Größe"

Anders als zu erwarten, gab nach dem Zweiten Weltkrieg weniger der ‚Hype' um die europäische Einigung als das sich verändernde internationale Wettbewerbsszenario den Ausschlag für die grenzüberschreitenden Kooperationsaktivitäten auf dem Kontinent. Die unternehmerische Konzentrationswelle, die Europa seit der zweiten Hälfte der 1960er Jahren überzog, hatte in erster Linie wettbewerbsstrategische Gründe und resultierte erst in zweiter Linie aus institutionellen Veränderungen im Zuge des Gemeinsamen Marktes wie der zum 1. Juli 1968 in Kraft getretenen Zollunion.

Zeitgenössische Beobachter gehen davon aus, dass die moderne kapitalintensive Technologie den „Zwang" zu einer grenzüberschreitenden Konzentrationsbewegung begründete, um eine optimale Verwendung der Ressourcen zu gewährleisten und Risiken zu streuen.[21] Veröffentlichungen bemühen denn auch das Bild der „Konzentrationspeitsche"[22] zur Beschreibung der Wettbewerbsszenerie nach dem Zweiten Weltkrieg. Insbesondere seit den 1960er Jahren habe sich die Wettbewerbsituation auf dem Europäischen Markt aufgrund des verstärkten Erscheinens amerikanischer Unternehmen massiv verändert und grenzüberschreitende Zusammenschlüsse vorangetrieben.[23]

Ein Memorandum der Union der Industrien der Europäischen Gemeinschaft betonte 1965 die ungleichen Größenverhältnisse europäischer Firmen im Vergleich zu ihren Hauptwettbewerbern aus Drittländern, vor allem aus den USA: „Beim Betreten fremder Märkte besitzen amerikanische Firmen einen Wettbewerbsvorteil, der von ihren Wettbewerbern aus der Europäischen Wirtschafts-

---

[21] Vgl. Klaus-Heinrich Standke, Europäische Forschungspolitik im Wettbewerb. Industrielle Forschung und Entwicklung und internationale Wettbewerbsfähigkeit, Baden-Baden 1970 (= Schriftenreihe europäische Wirtschaft, 41).

[22] Rainer Hellmann, Weltunternehmen nur amerikanisch? Das Ungleichgewicht der Investitionen zwischen Amerika und Europa (Schriftenreihe europäische Wirtschaft, 45), Baden-Baden 1970, S. 224.

[23] Vgl. Hellmann, Weltunternehmen, S. 224.

gemeinschaft lediglich auf dem Wege des Zusammenschlusses wahrgenommen werden" könne. Dies bezog sich insbesondere auf die Kapitalintensität und das Innovationspotenzial. Um die europäische Wettbewerbssituation zu verbessern, sollte Wachstum vor allem durch eine intensivierte Unternehmensintegration über nationale Grenzen der einzelnen Mitgliedsstaaten hinweg realisiert werden.[24]

Der französische Politiker und Publizist Jean-Jacques Servan-Schreiber hat 1967 öffentlichkeitswirksam ein gemeinsames Vorgehen der europäischen Wirtschaft als Reaktion auf die „amerikanische Herausforderung" gefordert.[25] Wenn die europäische Industrie nicht von den Amerikanern absorbiert werden wolle, so Servan, müsse sie größere Einheiten bilden und ihre veralteten Management-Strukturen reformieren. Die grenzüberschreitende Konzentration von „nationalen Champions", die die europäische Kompetenz einer Branche bündeln sollten, war also politisch gewünscht und löste eine Welle der ‚cross border'-Kooperation mit Fusionen und Joint Ventures aus, an der sich vor allem deutsche, niederländische, französische, belgische und italienische Firmen beteiligten. Als ‚rein' europäische Kooperationen setzten diese, wie wir sehen werden, unter politischem Einfluss bewusst auf die „europäische Karte" („European Enterprise als Fortress"), um sich gegenüber amerikanischen Mitbewerbern zu behaupten.

3   Europäische Unternehmenskooperationen

Vor diesem Hintergrund geben unternehmenshistorische Fallstudien einen tieferen Einblick in die Konstitution und Funktionsweise, aber auch in das (fehlende) Selbstverständnis von „Europäischen Unternehmen". Lassen Sie mich exemplarisch einige ‚Cases' aufgreifen und vorstellen. Als „wichtigen Beitrag zum Aufbau der europäischen Wirtschaftsgemeinschaft", so bezeichnet der Geschäftsbericht von Agfa Gevaert 1965 den Zusammenschluss des belgischen Fotounternehmens Gevaert mit der Bayer-Tochtergesellschaft Agfa.[26] Die Konzentrationstendenz in der bundesdeutschen Fotochemieindustrie war nicht auf die Bundesrepublik beschränkt. Sie war eine Reaktion auf Veränderungen der in-

---

[24] Vgl. Lenel, Unternehmensverflechtung, S. 3.
[25] Jean-Jacques Servan-Schreiber, Die amerikanischer Herausforderung, Hamburg 1968.
[26] In diesem Falle wirkte der amerikanische Anbieter Kodak als „Konzentrationspeitsche": vgl. Hellmann, Weltunternehmen, S. 224. Vgl. Standke, Europäische Forschungspolitik, S. 152.

Unternehmen als Wegbereiter der Integration?

ternationalen Fotomärkte (Reifeprozess: Fototechnik, wandelnde Verbrauchergewohnheiten). Begünstigt durch die Öffnung der europäischen Außenhandelsgrenzen, drängten, wie Silke Fengler aufgezeigt hat, US-amerikanische Fotochemieunternehmen in die westeuropäischen Fotomärkte ein. Die Fusion von 1964 gilt als erstes herausragendes Beispiel für ein europäisches Zusammengehen, zumal Agfa durch die deutsch-deutsche Teilung die Arbeitsteilung mit dem ehemaligen Schwesterunternehmen in Wolfen (nun VEB Filmfabrik Wolfen) verloren hatte. Das Zusammengehen mit der Gevaert Photoproducten N. V. im belgischen Mortsel muss in diesem Kontext und, wie Silke Fengler aufgezeigt hat, unter dem Druck des amerikanischen Wettbewerbers Eastman Kodak gesehen werden. Sie war so etwas wie eine Weichenstellung für die kommenden Jahrzehnte und hatte, trotz erheblicher Zerreißproben, bis 2001 Bestand.[27]

Die Zusammenarbeit lässt sich, wie Lutz Alt nachweist, bis zu einer Preiskonvention von 1924 zurückverfolgen.[28] Beide Seiten erhofften sich von der Zusammenlegung ihres komplementären Produktions- und Entwicklungsprogramms Rationalisierungs- und Synergieeffekte für das krisengeschüttelte Geschäft mit der Amateur- und Profifotografie, das sich in dieser Zeit in einem strukturellen Umbruch befand. Der Zusammenschluss („Große Lösung") stellte ein unternehmensrechtliches Novum dar, für das auf europäischer Ebene noch „kein verbindlicher unternehmensrechtlicher Rahmen" existierte.[29] Umso mehr bemühten sich die Verantwortlichen, eine den Bedürfnissen beider Partner angemessene Organisation zu schaffen, die als modellhaft angesehen werden kann. Denn das Bemühen um Parität, das sich durch die Organisation zog, reichte bis in die bilingual geführte Unternehmenskorrespondenz und die Schaffung einer deutsch-belgischen Führungsstruktur hinein. „Die komplizierten Corporate Governance-Strukturen" führt Silke Fengler „einerseits [auf] steuerrechtliche Gründe" zurück. Andererseits wertet sie sie auch als „Ausdruck des Bemühens, nationalen und kulturellen Empfindlichkeiten auf beiden Seiten zu begegnen".[30] Dies umso mehr, als die belgische Seite bis zuletzt „[...] eine Übervorteilung

---

[27] Vgl. Silke Fengler, Entwickelt und fixiert. Zur Unternehmens- und Technikgeschichte der deutschen Fotoindustrie, dargestellt am Beispiel der Agfa AG Leverkusen und des VEB Filmfabrik Wolfen (1945–1995), Essen 2009 (=Bochumer Schriften zur Unternehmens- und Industriegeschichte, 18).
[28] Vgl. Lutz Alt, The Photochemical Industry. Historical Essays in Business Strategy and Internationalization, Ph.D thesis, MIT 1986.
[29] Fengler, Entwickelt und fixiert, S. 139.
[30] Fengler, Entwickelt und fixiert, S. 140.

durch den vermeintlich hegemonialen deutschen Chemiekonzern Bayer" befürchtete.[31]

Auf intrakultureller Ebene vertraten Belgier und Deutsche abweichende Führungsauffassungen. Während bei Bayer das liberale Harzburger Führungsmodell dominierte, herrschte in Belgien eine streng hierarchische Führungskultur. Stärker als dies wog indessen der anhaltende Streit um die adäquate finanzielle Ausstattung der Töchter, die sich unter dem Druck des internationalen Wettbewerbs und erhöhten Entwicklungsinvestitionen (Niedergang des deutschen Kamerageschäfts, USA und Japan) mit unterschiedlichem wirtschaftlichem Erfolg entwickelten. „Wegen des uneinheitlichen europäischen Rechtsrahmens war ein grenzüberschreitender Verlustausgleich nicht möglich".[32] Analog zu der angespannten wirtschaftlichen Situation der sechziger Jahre kam es im deutsch-belgischen Konzernvorstand zum Streit um die angemessene finanzielle Ausstattung der beiden Konzerntöchter in Leverkusen und Mortsel, der einen grenzüberschreitenden Verlustausgleich schwierig gestaltete. Wirtschaftliche Probleme sorgten, dass das Gemeinschaftsunternehmen in die Manövrierunfähigkeit geriet.

Silke Fengler führt die Manövrierunfähigkeit des Unternehmens auf das „Management by Querlegen" zurück, „wenn sich Blöcke abriegeln und eingraben, sich über Grundsatzfragen nicht mehr einigen können, es nur noch Verwaltung statt Führung gibt und schließlich ein Dornröschenschlaf zur unausbleiblichen Folge wird [...]. Für ein solches ‚Sich nicht mehr einigen können' wurde Agfa-Gevaert beispielhaft".[33] Schließlich übernahm Bayer zu Beginn der 1980er Jahre mit einer Kapitalaufstockung die Mehrheit an Agfa-Gevaert. Gevaert bekam im Gegenzug Bayer-Aktien und wurde so zum größten Einzelaktionär von Bayer.[34] Mit der Auflösung der Überkreuzbeteiligung und dem vollständigen Übergang der Kapitalanteile auf Bayer war das Unternehmen wieder handlungsfähig.

Im Textilsektor galt der Zusammenschluss der niederländischen Enka (früher AKU) mit der deutschen Glanzstoff im Jahr 1968 als Antwort auf den massiven Wettbewerb mit dem amerikanischen Dupont-Konzern. Sie ging gleichfalls auf eine Kooperation aus den 1920er Jahren zurück. Die Enka Glanzstoff AG

---

[31] Ebd. S. 152.
[32] Ebd.
[33] Zitiert nach Fengler, Entwickelt und fixiert, S. 155.
[34] Vgl. ebd. S. 175.

Unternehmen als Wegbereiter der Integration?

wurde der zweitgrößte Produzent von synthetischen Stoffen in der Welt nach Dupont. Mit einem Marktanteil von 13 % wurde sie europäische Marktführerin. Enka Glanzstoff galt zumindest aus organisatorischer Sicht als eines der positiven Beispiele für einen europäischen Zusammenschluss. Dies änderte allerdings wenig an der negativen wirtschaftlichen Performanz (1975 bis zu 1 Mio. Gulden Verlust pro Tag), auf die das Unternehmen mit Restrukturierungsmaßnahmen reagierte. Diese wiederum trafen an den betroffenen Standorten wie Breda und Kassel auf den erbitterten Widerstand der Gewerkschaften. Das Auseinanderbrechen von Enka-Glanzstoff in den 1980er Jahren war vor allem auf die zunehmenden wirtschaftlichen Schwierigkeiten im Zuge der Textilkrise zurückzuführen, als asiatische Textilimporte Überkapazitäten und Verluste heraufbeschworen.[35]

Mit Blick auf die kriegsbedingte, vielfach beschworene technologische Rückständigkeit und explodierende Entwicklungskosten kam es in der Luftfahrttechnik 1969 zwischen den Vereinigten Flugtechnischen Werken Bremen (VFW) und dem niederländischen Fokker Konzern zu einem ersten grenzüberschreitenden Zusammenschluss auf europäischer Ebene. Als neue Gesellschaft firmierte nach deutschem Recht die VFW-Fokker Aerospace, die trotz mannigfacher Probleme bis 1980 bestand.[36] Die erste transnationale Fusion in der europäischen Luftfahrt gründete auf komplementären Interessen und war gegen die „großen Drei" des amerikanischen Marktes, Boeing, McDonell-Douglas und Lockheed gerichtet. Die europäische Luftfahrtindustrie war eine der führenden Industriezweige, in der internationale Kooperation und Zusammenschlüsse als überlebensnotwendig angesehen wurden, um der amerikanischen Herausforderung zu trotzen. 1971 lagen z. B. 75 % der weltweiten kommerziellen Luftfahrt in amerikanischer Hand. Auf der Wertseite lag die Zahl zur gleichen Zeit sogar bei 90 %.[37]

Die deutsche Luftfahrtindustrie war nach dem Krieg zu klein, um allein zu bestehen. Der niederländische Flugzeugbauer Fokker war stark im zivilen Markt, während die VFW den Verteidigungssektor bediente. Dennoch erwies sich gerade in diesem Bereich, geprägt von nationalem Stolz und Chauvinis-

---

[35] Vgl. René Olie, European Transnational Mergers, Maastricht 1996, S. 123.
[36] Vgl. Hellmann, Weltunternehmen, S. 224. Fokker zählt zu den erfolgreichsten niederländischen Unternehmen. 1969 suchte Fokker die Zusammenarbeit mit der Deutschen Vereinigte Flugtechnische Werke GmbH (VFW) in Bremen. Die Kooperation blieb jedoch erfolglos. Das einzige Produkt war das Flugzeug VFW-614, von dem 19 verkauft wurden.
[37] Vgl. ebd. S. 7.

mus, eine Fusion geradezu als revolutionär. Die niederländische Regierung trieb die Gründung einer intereuropäischen Kooperation „auf Augenhöhe" voran. Fokker sollte so gestärkt und der niederländische Charakter des Unternehmens erhalten bleiben. Dabei war auch hier, gut zwei Jahrzehnte nach dem Ende der deutschen Besatzung in den Niederlanden, Fingerspitzengefühl gefragt. Parität zwischen den beiden Partnern bildete daher das wichtigste Gebot (50 %).

Die Fusion von VFW und Fokker 1969 brachte das Unternehmen mit 18.200 Beschäftigten an die 5. Stelle im europäischen Markt (vor MBB, Aérospatiale, BAC und Hawker Siddeley). Allerdings blieb auch diese Fusion, symptomatisch für die Periode der 1970er Jahre, vom Pech verfolgt. Die Rezession der frühen 1970er Jahre hatte einen starken Einfluss auf das Schicksal der deutsch-niederländischen Firma, vor allem im Zivilbereich, der als riskant und volatil angesehen wurde. Die Abwertung des Dollars verteuerte europäische Produkte weltweit. Die amerikanische Einfuhrpolitik des „buy American" sorgte für Schranken in dem größten Absatzmarkt für zivile Flugzeuge. Doch auch die Entwicklung des militärischen Marktes zeigte sich enttäuschend vor dem Hintergrund der Wirtschaftskrise. Das Fehlen neuer Projekte führte dazu, dass sich die neue Gesellschaft vor allem mit Unterhaltung und Reparatur befasste und wenig verkaufte. Erschwerend hinzu kamen das Fehlen einer europäischen Luftfahrtpolitik und eines europäischen Heimatmarktes.

Dennoch gilt Fokker-VFW als Modell einer grenzüberschreitenden Industriekooperation in Europa, um durch eine umfangreichere Kapitalgrundlage und größere Heimatmärkte Vorteile zu generieren. Allerdings zeigten sich auch hier, wiederum symptomatisch, personelle Querelen, die als Grund für das Auseinanderbrechen angeführt wurden: „[…] beide Seiten haben bei der Auswahl der Personen, die sie in die Führungsspitze […] entsandten, wenig Fingerspitzengefühl bewiesen. Nicht immer verstanden es die Vorstandsmitglieder, einen lebensfähigen Kontakt zur anderen Seite zu entwickeln. Außerdem hat das nach wie vor nationalstaatliche Denken im Europa verhindert, daß Rüstungsaufträge, die dem Konzern zuflossen, nach betriebswirtschaftlichen Gesichtspunkten auf die vorhandenen Werke aufgeteilt werden konnten".[38]

Wie die vorangegangenen Beispiele, war auch die Fusion von Hoesch mit dem niederländischen Stahlkonzern Hoogovens im Jahr 1972 auf den zunehmenden Wettbewerbsdruck außereuropäischer Firmen aus den USA und Ja-

---

[38] Die Zeit, 12.12.1978.

Unternehmen als Wegbereiter der Integration?

pan zurückzuführen. Das politisch gewollte Ziel war die Schaffung eines „europäischen Champion", der das größendefinierte Leitmotiv der „Economies of Scale" realisieren sollte: „The European steel industry must adapt itself to new dimensions; companies must emerge of such a size that they can hold their own against the large steel producers in the United States and Japan".[39]

Gerade die europäische Stahlindustrie kann als Schlüsselindustrie im Zuge der EGKS als „Vehicle for European Integration"[40] angesehen werden. Dies knüpfte, wie wir gehört haben, an weitreichende grenzüberschreitende Tendenzen vor dem Krieg an.[41] Durch die Fusion von Hoogovens, dem wichtigsten niederländischen Stahlunternehmen, und Hoesch entstand 1972 Estel, der zweitgrößte Stahlkonzern Europas und der siebtgrößte der Welt. Die beiden Unternehmen ergänzten sich nicht nur aufgrund ihrer Standorte (Tendenz zur Küste), sondern auch im Hinblick auf ihr Produktportfolio.

Wie die beiden vorgenannten Beispiele hatte auch Hoogovens seit den 1920er Jahren Beteiligungen an westdeutschen Stahlkonzernen wie dem Phoenix bzw. der Vereinigten Stahlwerke AG gepflegt. Nach 1945 war allerdings auch hier eine erhöhte interkulturelle und historische Sensibilität geboten. Das Unternehmen war nach niederländischem Recht eine ‚Naamloze Vennootschap', NV, das niederländische Äquivalent zur Aktiengesellschaft. In organisatorischer Hinsicht gehorchte daher das Konstrukt dem Anspruch auf paritätische Zusammensetzung. Das ging so weit, dass die Estel-Konzernzentrale für 300 Mitarbeiter in der „geographischen Mitte" zwischen Ijmuiden und Dortmund in Nijmegen angesiedelt wurde. Trotz paritätisch deutsch-niederländischer Besetzung blieb die Verteilung von Entscheidungskompetenzen und Zuordnungen teilweise strittig (eigener Estel-Stahl-Sektor, Weißblech-Linie), dies umso mehr, als es sich um eine Holdingstruktur handelte. Die neue Gesellschaft hatte keinerlei operative Aufgaben, sondern nahm lediglich eine Steuerungsfunktion für den Estel-Vorstand wahr.

Auch diese Unternehmenskulturen erwiesen sich als wenig kompatibel. Die partizipative Führungskultur des niederländischen Unternehmens traf bei Hoesch auf eine hierarchisch geprägte „preußische Stabstellen-Organisation": „Die Grundsätze preußischer Stabsorganisation müssen auch in den Nieder-

---

[39] Hoogovens annual report 1966.
[40] Olie, European Transnational Mergers, S. 223.
[41] Vgl. Strikwerda, Troubled Origins, S. 1128.

landen gelten können".[42] Als belastend erwies sich mehr noch, dass auch an Estel nur wenige Jahre nach dem Zusammenschluss die weltweite Stahlkrise nicht vorbei ging. Stärker als Hoogovens unterlagen die deutschen Stahlwerke heftigen Verlusten und durchliefen drastische Anpassungen. Als die Bundesregierung 1981 die Zahlung weiterer Subventionen ablehnte, scheiterte der Verbund.[43] Detlev Rohwedder, der damalige Vorstandsvorsitzende von Hoesch, sah „die supranationale Scheidung als einen verhängnisvollen Rückschlag der Europapolitik" und führte dies auch auf die fehlende europäische Rechtsbasis zurück: „die wechselseitigen, konzerninternen Lieferungen hätten kaum lösbare steuerliche Probleme aufgeworfen". Als desintegrierend wirkte, wie René Olie unterstreicht, auch „die unterschiedliche Handhabe der Mitbestimmung"[44], auch bei Enka.[45] Die Gewerkschaften befürchteten jeweils nachteilige Behandlung einzelner Standorte.

Symptome eines „nationalen Partikularismus" zeigten sich auch für den Computersektor als einem weiteren Bereich der so genannten Hightech-Industrie. Der neue industrielle Leitsektor wurde besonders durch IBM dominiert, während die deutsche und auch Teile der europäischen Industrie durch den Weltkrieg Entwicklungsdefizite zu verzeichnen hatten. Rund 75 % des europäischen Computermarkts wurde von IBM dominiert. Als „Europas Antwort auf die amerikanische Herausforderung"[46] bezeichnete die deutsche Presse UNIDATA, die erste transeuropäische Kooperation in der Datenverarbeitung. Sie wurde 1973 als Joint Venture von der Compagnie Industrielle pour L'Informatique (CII), Philips, und Siemens gegründet. Die Kooperation, die bereits 1975 auseinanderbrach, spiegelt einmal mehr die Schwierigkeiten grenzüberschreitender Joint Ventures in Europe, weil sie nicht nur technische und organisatorische Probleme, sondern ebenso personelle und kulturelle Hindernisse zu bewältigen hatte.[47]

---

[42] Klaus Harders, Vorstand ESTEL, Vorstandssitzung 1972, zitiert nach Olie, Transnational European Mergers, S. 289.
[43] Vgl. Olie, European Transnational Mergers, S. 221.
[44] Ebd.
[45] Vgl. Süddeutsche Zeitung, 16.11.1981.
[46] Der Tagesspiegel, 6.7.1973.
[47] Vgl. Susanne Hilger, The European Enterprise as a „Fortress" – The Rise and Fall of Unidata Between Common European Market and International Competition in the Early 1970s, in: Harm Schröter (Hrsg.), The European Enterprise, S. 141–154; Vgl. Christophe Chanier, La firme Philips face à la Construction de L'Europe. Une multinationale sur la

Unternehmen als Wegbereiter der Integration?

Der Gründung von UNIDATA entsprach ganz klar einer politischen Zielsetzung, die von den Staatsregierungen, vor allem in Bonn und Paris, formuliert worden war. Der ‚plan calcul', 1967 von der französischen Regierung initiiert, zielte auf die staatliche Unterstützung der Hochtechnologien auf nationaler Ebene und wurde zu einem Modell auch für die Bundesregierung.[48] Das wesentliche Motiv bildete hier wiederum, vielversprechende innovative Märkte zu erschließen und diese nicht nur den Amerikanern zu überlassen. Daher sollte nach Auffassung des damaligen Bundesministers für Forschung und Technologie, Hans Matthöfer, eine autonome europäische Computer-Industrie vor allem frei sein von amerikanischer Einflussnahme.[49] Europäische Kooperationen sollten daher auch die Funktion eines Bollwerks („Fortress") gegenüber amerikanischen Mitbewerbern erfüllen.

Wie Hans Matthöfer meinte, seien in diesem Markt transnationale gemeinsame Investitionen in Forschung und Entwicklung notwendig, um zu überleben. Nur so könnten die notwendigen hohen Verkaufsvolumen generiert werden. Es sei nur „eine europäische Lösung" möglich.[50] UNIDATA sollte einer der weltgrößten Computeranbieter außerhalb der USA werden und sämtliche Größenformate für Computer abdecken. Mit 35.000 Beschäftigten, einem er-

---

voie de l'integration économique dans les années 50–60, Paris 1990.

[48] Vgl. Bundesarchiv Koblenz, B 138/7678, European Co-operation in Data processing (1967). Ebenso Johannes Bähr, Die „amerikanische Herausforderung". Anfänge der Technologiepolitik in der Bundesrepublik, in: AfS 35 (1995), S. 115–130. Wolfgang Krieger, Zur Geschichte von Technologiepolitik und Forschungsförderung in der Bundesrepublik Deutschland: Eine Problemskizze, in: Vierteljahrshefte für Zeitgeschichte 35 (1987), S. 247–270, S. 260 ff. Susanne Hilger, Von der „Amerikanisierung" zur „Gegenamerikanisierung" – Technologietransfer und Wettbewerbspolitik in der deutschen Computerindustrie nach dem Zweiten Weltkrieg, in: Technikgeschichte Bd. 71 (2004), S. 327–344. Vgl. zur niederländischen Politik: Bundesarchiv Koblenz, B 138/7677, Kommission der Europ. Gemeinschaften, Sonderarbeitsgruppe Wissenschaftliche u. technische Forschung, 25.4.1968: Bericht der Fachgruppe Informatik. Siehe auch Jan van den Ende/Nachoem Wijnberg/Albert Meijer, The Influence of Dutch and EU Government Policies on Philips' Information Technology Product Strategy, in: Richard Coopey, Information Technology Policy. An International History, Oxford 2004, S. 187–208, vor allem S. 192 f. Ebenso Dirk de Wit, The Construction of the Dutch Computer Industry, in: Business History Bd. 39 (1997), S. 81–104.

[49] Vgl. Hans Matthöfer, Überlegungen zur französischen Entscheidung gegen Unidata im Jahre 1975, in: Pascal Griset u. a., Informatique, politique industrielle, Europe. Entre plan calcul et unidata, Paris 1998, S. 148.

[50] Matthöfer, Überlegungen, S. 148.

warteten Jahresumsatz von 6 Mio. DM und einem Marktanteil von 30 % sollte das Unternehmen IBM in seine Schranken weisen.

In seiner PR-Arbeit rekurrierte UNIDATA auf den europäischen Integrationsprozess und bezeichnete das Joint Venture als „a partnership in electronic data processing with Europe".[51] Allerdings sollte sich bald zeigen, dass diese Vision sich nur schwer in das Tagesgeschäft transferieren ließ. Dies umso mehr, als es sich bei der Kooperation um keine Fusion, sondern um ein Joint Venture handelte. Als Konsequenz erwiesen sich die Spielregeln ebenso wie die Management-Struktur als wenig effizient. In den einzelnen Märkten, insbesondere in den Heimatmärkten, beharrten die Muttergesellschaften auf ihren alten Rechten und weigerten sich z. B. den Verkauf an frühere Mitbewerber abzugeben. Vor diesem Hintergrund scheiterte UNIDATA bereits im Jahr 1975. Siemens allein erhöhte seine Verluste in den UNIDATA-Jahren zwischen 1971/72 und 1974/75 um mehr als 100 %, von 90 Mio. auf 190 Mio. DM.[52] Als Gründe für diese Entwicklung lassen sich

1. der wettbewerbsintensive und „schwierige" Produktmarkt,
2. die schlechter werdende konjunkturelle Lage in den 1970er Jahren,
3. das Fehlen einer europäischen Industriepolitik,
4. unterschiedliche Unternehmensstrategien, das Fehlen einer Rechtsgrundlage sowie psychologisch-kulturellen Hindernisse anführen.

4 Fazit

Auffällig ist, dass sich unter den prominenten europäischen Zusammenschlüssen der 1960er und frühen 1970er Jahre kaum „happy ending stories" finden lassen, die Kontinuität über einen längeren Zeitraum, ja über Jahrzehnte, belegen und damit eine konvergente Entwicklung andeuten. Die meisten grenzüberschreitenden Fusionen und Kooperationen hielten nur wenige Jahre und waren durch die wirtschaftliche Situation in Europa und der Welt sowie durch strukturelle Wandlungsprozesse einzelner Branchen schwer belastet. Es ist davon auszugehen, wie Olie betont, dass die Zusammenschlüsse die wirtschaftliche Situa-

---

[51] Evangelos Kranakis, Business between Nationalism and Internationalism: The Rise and Fall of Unidata, in: Griset, Informatique, S. 151.
[52] Vgl. Heinz Janisch, 30 Jahre Siemens-Datenverarbeitung. Geschichte des Bereichs Datenverarbeitung 1954–1984, München 1988, S. 108.

Unternehmen als Wegbereiter der Integration?

tion der beteiligten Unternehmen in den seltensten Fällen verbesserten, sondern die Verlustsituation noch vergrößerten.

Hinzu kam das veränderte politische Klima, das den europäischen Integrationsprozess Anfang der 1970er Jahre einer Stagnation unterwarf. Olie verweist denn auch auf die Konjunkturen der Europa-Politik: Während die Visionen eines vereinten Europa in den 1960er Jahren Beschleunigung erfahren hatten, lösten die 1970er Jahre in den meisten europäischen Regierungen eine ambivalente Haltung gegenüber ‚europäischer Kooperationen' aus. Trotz ihrer Unterstützung für Großprojekte wie etwa Airbus begannen sie zunehmend, nationale Interessen ein stärkeres Gewicht beizumessen als der gemeinsamen Entwicklung einer integrierten europäischen Industrie.

Dies führte dazu, dass z. B. eine supranationale Rechtsgrundlage für die Fusion von zwei Einheiten in den europäischen Mitgliedsstaaten lange fehlte. Für viele Unternehmen kam die Harmonisierung des europäischen Rechts mit der Einführung der Societé Europeénne in den 1990er Jahren zu spät. Zudem waren die Kooperationen von stumbling blocs (Olie) und internen Schwierigkeiten begleitet, die auch heute noch europäische Konsortien kennzeichnen. Es ging und geht dabei, ganz banal gesagt, vielfach um Fragen des nationalen oder unternehmerischen Prestiges, eingeschränkter Integrationsbereitschaft, organisatorischer Desiderate, auch personeller Unzulänglichkeiten, die die Lösung wirtschaftlicher Probleme im Zusammenhang mit der weltweiten Krise der 1970er Jahre erheblich erschwerten und betriebswirtschaftliche Notwendigkeiten nationalpolitische Rücksichten unterordneten.

Damit erwies sich das Europa-Argument in der unternehmerischen Vorgehensweise vielfach als reine Rhetorik. So bezeichnete auch Guido Colonna di Paliano, der seit 1967 für die Industriepolitik zuständige Kommissar der Europäischen Kommission, die europäischen Schlüsselindustrien als „Reservate des Wirtschaftsnationalismus". Dies unterstreiche, „dass der Markt europäisch geworden" sei, „die Unternehmen aber national geblieben sind"[53]. Der Prozess der europäischen Integration und seine Umsetzung auf unternehmerischer Ebene erweist sich somit, bis heute, als ein langer und mühsamer Lernprozess.

---

[53] Zitiert nach Hellmann, Weltunternehmen, S. 96.

Europäischer Außenhandel zwischen regionaler Integration und Globalisierung

von Heinz-Dieter Smeets und Anita Schmid, Düsseldorf

1 Die Ausgangslage

Seit der Weltwirtschaftskrise der Jahre 1929 bis 1932 war der internationale Handel durch starke protektionistische Strömungen gekennzeichnet. Diese Entwicklung verschärfte sich im nationalsozialistischen Deutschland noch weiter, sodass bis zum Jahre 1946 ein nahezu totales Außenhandelsmonopol bestand. Erst nach der Währungsreform und den parallel ergriffenen ordnungspolitischen Reformen vertraute man zunehmend wieder den wettbewerblichen Marktprozessen. Hiervon ausgenommen blieb zwar zunächst der gesamte Außenwirtschaftsbereich, doch die Signalwirkung der Knappheitspreise ließ die Kontakte zum Ausland wieder aufleben und durch den Kaufkraftschnitt an den Binnenmärkten gewann der Auslandsabsatz wieder an Interesse.

Am 16. August 1948 wurde die Organisation für europäische wirtschaftliche Zusammenarbeit (OEEC; heute OECD) mit dem Ziel gegründet, mit Hilfe des European Recovery Program (ERP) – das als Marshall-Plan bekannt wurde – die nach dem Zweiten Weltkrieg zerrütteten Volkswirtschaften Westeuropas wieder aufzubauen. Dies wollte man insbesondere durch die Liberalisierung des innereuropäischen Waren- und Dienstleistungsverkehrs und durch die Wiederherstellung der Konvertibilität der europäischen Währungen erreichen. Einen wichtigen Beitrag leistete dabei auch die Europäische Zahlungsunion, die eine Beseitigung der Diskriminierungen zwischen den OEEC-Ländern sowie eine weitgehende Liberalisierung bis 1955 vorsah. Damit waren die Weichen gestellt, um die Außenwirtschaft wieder marktwirtschaftlich zu organisieren und die wirtschaftlichen Vorteile eines freien internationalen Handels zu nutzen. Trotz aller Anstrengungen und Erfolge in der außenwirtschaftlichen Liberalisierung zeigte sich jedoch ein „harter Kern" mengenmäßiger Handelsbeschränkungen als äußerst widerstandsfähig, es gelang nur teilweise, auch ihn allmählich aufzulösen. In den Zeiten der Devisenbewirtschaftung erreichten und übertrafen die Schutzwirkungen der Zölle nur in ganz wenigen Fällen den Protektionsgrad der

Kontingente, sodass die Zölle gewöhnlich allein den Zweck hatten, Kontingentsrenten ganz oder teilweise abzuschöpfen. Im Zuge der Liberalisierung änderte sich diese Situation allerdings grundlegend, weil die Zölle nun aus ihrem Schattendasein heraustraten und ihr bislang latenter Protektionsgrad effektiv wurde. Dieser Entwicklung vermochten auch die ersten vier Zollrunden des GATT nicht entscheidend entgegenzuwirken.

Nicht zuletzt diese handelspolitische Stagnation führte in den fünfziger Jahren zum Aufbau europäischer Freihandelsgebiete. Mit der Errichtung der europäischen Gemeinschaft für Kohle und Stahl (EGKS) im Jahre 1952 wurde der Grundstein für die europäische Integration gelegt. Für das Gebiet der späteren Staaten der Europäischen Wirtschaftsgemeinschaft (EWG, heute: EU) schuf man mit ihr grundsätzlich einen Freihandelsraum für die Montanwirtschaft, wenngleich der EGKS-Vertrag manche wettbewerbsinkonforme, mehr interventionsfreudige Regelungen enthielt. Diese integrationspolitischen Erfolge sowie der Stillstand in den GATT-Aktivitäten nach 1956 förderten die europäischen Bemühungen, wenigstens die wirtschaftliche Zusammenarbeit der EGKS-Länder voranzutreiben.[1]

2 Weltweiter versus regionaler Freihandel

Nahezu alle Ökonomen sind sich einig, dass internationaler Freihandel zu einer effizienten Ressourcenallokation führt und die Wohlfahrt der beteiligten Länder optimiert. Die Vorteile des internationalen Handels lassen sich dabei insbesondere zurückführen auf: Spezialisierungs- und Tauschgewinne aufgrund absoluter oder komparativer Kostenvorteile, Skalenvorteile durch größere Märkte, zunehmende Produktvielfalt und bessere Befriedigung der Nachfragepräferenzen, Ideenaustausch durch Kommunikation und Wanderung, Technologieaustausch sowie erhöhte Innovationsanreize.

Staaten können nun die Verwirklichung des Freihandelsziels auf weltwirtschaftlicher Ebene unter Beteiligung möglichst aller Welthandelsländer (Multilateralismus) oder auf regionaler Ebene unter Beteiligung einer begrenzten Gruppe von Beitrittsstaaten eines Freihandelsabkommens (Regionalismus) an-

---

[1] Vgl. zur historischen Entwicklung ausführlich Helmut Gröner und Heinz-Dieter Smeets, Grundlagen der Reintegration in die Weltwirtschaft, in: Roland Vaubel und Hans Babier: Handbuch Marktwirtschaft, Pfullingen 1986, S. 150–156 sowie Heinz-Dieter Smeets: Internationales Währungssystem und deutsche Wirtschaftspolitik, ORDO, Bd. 48 (1999), S. 573–594.

Europäischer Außenhandel zwischen regionaler Integration und Globalisierung

streben. Mit der regionalen Integration verfolgt man – abgesehen von politischen Motiven – die Steigerung der Wohlfahrt der Teilnehmerländer durch den Abbau der zwischen ihnen bestehenden Hindernisse für den freien Wirtschaftsverkehr. Aus der Sicht der Integrationsländer verspricht ein solches Vorgehen eine räumlich zwar begrenzte Marktöffnung, die dafür aber stärker auf die nationalen Interessen zugeschnitten ist, als dies in einem multilateralen Rahmen kurz- oder mittelfristig durchzusetzen wäre.[2] Gegenüber dem theoretischen Ideal weltweiten Freihandels, stellt die regionale Integration somit eine second-best Lösung dar.

Gleichwohl scheint es naheliegend, in einer Welt, in der handelsbeschränkende Maßnahmen existieren, jeden – wenn auch nur regionalen – Abbau von Handelshemmnissen als eine Verbesserung der Wohlfahrtssituation anzusehen. Diese generelle Schlussfolgerung wurde jedoch von Jacob Viner[3] widerlegt. Er wies nach, dass Schritte, die lediglich auf den Idealzustand (weltweiter Freihandel) zuführen, ihn selbst aber nicht erreichen, die Wohlfahrtssituation sogar verschlechtern können. Im Mittelpunkt der Viner'schen Analyse stehen handelsschaffende (trade creation) und handelsumlenkende (trade diversion) Effekte, die im Folgenden mit Hilfe von Abbildung 1 kurz erläutert und in den weltwirtschaftlichen Kontext gestellt werden sollen.

Abbildung 1 (s. u.) geht davon aus, dass der Handel zwischen den betrachteten Ländern durch bestehende handelsbeschränkende Maßnahmen beeinträchtigt wird. Kommt es in einem solchen Umfeld zur Bildung einer Freihandelszone (EU), so führt dies durch den kompletten Abbau aller handelsbeschränkenden Maßnahmen innerhalb der Union zu einem intensivierten Handel zwischen den Mitgliedsländern (handelsschaffender Effekt). Auf der anderen Seite geht hingegen der Handel mit Drittländern (Rest der Welt) zurück, da die Waren dieser Länder weiterhin mit handelsbeschränkenden Maßnahmen belastet und somit gegenüber den Unionsmitgliedern diskriminiert werden (handelsumlenkender Effekt). Diese Überlegungen zeigen aber auch, dass die mit negativen Wohlfahrtseffekten verknüpften handelsumlenkenden Effekte an Bedeutung verlieren, wenn das Ausmaß der handelsbeschränkenden Maßnahmen sinkt. Würden alle handelsbeschränkenden Maßnahmen zwischen regionalen Handelszusammenschlüssen und den Drittländern abgebaut, kämen keine handels-

---

[2] Vgl. etwa Axel Borrmann et al., Regionalmustendenzen im Welthandel, Baden-Baden 1995.

[3] Vgl. Jacob Viner, The Customs Union Issue, New York 1950.

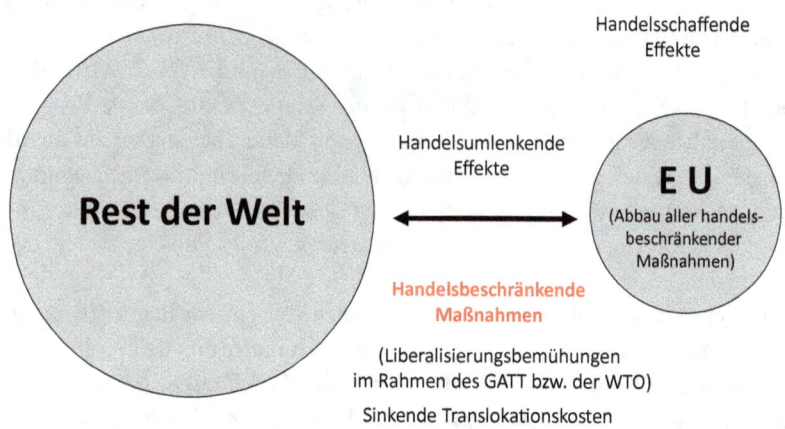

Abb. 1: Regionale Integration und weltweiter Rahmen (Quelle: eigene Darstellung)

umlenkenden Effekte mehr zustande und man käme zur first-best Lösung des weltweiten Freihandels.[4]

In diesem Zusammenhang spielen auch die Liberalisierungsbemühungen im Rahmen des GATT bzw. der WTO eine bedeutende Rolle. Je geringer die protektionismusbedingten handelsumlenkenden Effekte ausfallen, desto weniger sollte sich ein regionaler Handelszusammenschluss auf die internationalen Warenströme auswirken und umgekehrt. Auf diesen Überlegungen basiert auch die Ausnahmeregelung des Art. XXIV Ziffer 4 des GATT-Vertrags. Obgleich regionale Liberalisierungszusammenschlüsse nämlich gegen den GATT-Grundsatz der Meistbegünstigung verstoßen, heißt es dort: „Die Vertragsparteien erkennen an, dass es wünschenswert ist, durch freiwillige Vereinbarungen zur Förderung der wirtschaftlichen Integration der teilnehmenden Länder eine größere Freiheit des Handels herbeizuführen. Sie erkennen ferner an, dass es der Zweck von Zollunionen und Freihandelszonen sein soll, den Handel zwischen den teilnehmenden Gebieten zu erleichtern, nicht aber den Handel anderer Vertragsparteien mit diesen Gebieten Schranken zu setzen."

---

[4] Vgl. hierzu ausführlich zu diesen Effekten: Heinz-Dieter Smeets, Grundlagen der regionalen Integration: Von der Zollunion zum Binnenmarkt, in: Renate Ohr (Hrsg.), Europäische Integration, Stuttgart u. a. 1996, S. 47–75.

Europäischer Außenhandel zwischen regionaler Integration und Globalisierung

Neben einem kontinuierlichen Rückgang des (durchschnittlichen) Protektionismus haben aber insbesondere sinkende Translokationskosten (zum Beispiel in Form von Transport- und Kommunikationskosten) dazu geführt, dass der Welthandel insgesamt stark gestiegen ist. Sinkende Translokationskosten hatten zur Folge, dass früher einmal international nicht handelsfähige Güter zu international handelsfähigen Gütern geworden sind und damit der internationale Austausch – aber auch die Konkurrenzsituation – intensiviert wurde. Hierin kommt eine Form der Globalisierung (im Warenhandel) zum Ausdruck.

Vor diesem Hintergrund werden in den nächsten beiden Kapiteln zunächst die Stufen der europäischen Integration sowie die Entwicklung der weltwirtschaftlichen Rahmenbedingungen vorgestellt. In Kapitel 5 wird abschließend mit Hilfe einer empirischen Studie untersucht, welche der zuvor erläuterten Effekte die Außenhandelsstruktur innerhalb der EU und gegenüber Drittländern geprägt haben.

3 Etappen der europäischen Integration

Der Grundstein für die europäische (Wirtschafts-)Integration wurde – wie vorher bereits erläutert – durch die Errichtung der europäischen Gemeinschaft für Kohle und Stahl im Jahre 1952 gelegt. Trotz zum Teil stark divergierender ordnungspolitischer Vorstellungen stimmte man grundsätzlich überein, dass der weitgehende Abbau von Handelshemmnissen und die damit einhergehende Schaffung größerer Märkte den internationalen Warenaustausch steigern und auf diesem Wege den Wohlstand mehren.[5] So finden sich denn auch bereits im EWG-Vertrag die folgenden vier Grundfreiheiten als verbindliche Ordnungsprinzipien für die Errichtung und für das Funktionieren des Gemeinsamen Marktes, der heute als Binnenmarkt bezeichnet wird: Abschaffung der Zölle und mengenmäßigen Beschränkungen bei der Ein- und Ausfuhr von Waren sowie aller sonstigen Maßnahmen gleicher Wirkung und die Beseitigung der Hindernisse für den freien Personen-, Dienstleistungs- sowie Kapitalverkehr.[6]

---

[5] Vgl. etwa Alfred Müller-Armack, Die Wirtschaftsordnung des Gemeinsamen Marktes, in: Alfred Müller-Armack, Wirtschaftsordnung und Wirtschaftspolitik, Freiburg i. Br. 1966, S. 401–415.
[6] Zusammenfassende (Lehrbuch-)Darstellungen der Europäischen Integration finden sich beispielsweise bei Paul Klemmer, Handbuch Europäische Wirtschaftspolitik, München 1998; Josef Weindl, Europäische Gemeinschaft, München 1996; Renate Ohr & Theresia Theurl (Hrsg.), Kompendium Europäische Wirtschaftspolitik, München 2001;

Die handelspolitische Grundstruktur der EWG entsprang somit der Schaffung eines wettbewerblich geordneten Freihandelsraums, der – abgesehen von den beiden „Ausnahmebereichen" Landwirtschaft und Verkehr – nach und nach errichtet wurde: Bereits Ende 1961 wurden die letzten quantitativen Restriktionen zwischen den Mitgliedsstaaten beseitigt. Die Zölle zwischen den Mitgliedsländern wurden schneller als vertraglich vorgesehen, nämlich schon zum 30. Juni 1968, abgeschafft. Zugleich wurde die Harmonisierung des gemeinsamen Außenzolls abgeschlossen. Parallel dazu wurde bereits 1962 die erste Marktordnung im Rahmen der – zunächst von der Ausgestaltung her offenen – gemeinsamen Agrarpolitik (GAP) vereinbart.

Die „Gemeinschaftspräferenz für Agrarprodukte" wurde dabei mit Hilfe einer zunehmenden Protektionsrate gegenüber Drittländern durchgesetzt.[7]

Als Reaktion auf die Entstehung der EWG gründeten sieben europäische Staaten – Dänemark, Norwegen, Österreich, Portugal, Schweden, die Schweiz und Großbritannien – im Jahre 1960 die Europäische Freihandelszone (EFTA) mit dem Ziel, Wachstum und Wohlstand durch die Vertiefung des Handels zu fördern und gleichzeitig ein Gegengewicht zur EWG zu bilden. Im Unterschied zu den EWG-Mitgliedsstaaten behielten die der EFTA zugehörigen Staaten ihre wirtschaftspolitische Handlungsfreiheit. Zudem umfasste die durch die EFTA gebildete Freihandelszone primär Industriegüter. Während also der Integrationsprozess der Europäischen Union (EU) von Anfang an auf den Aufbau einer umfassenden Wirtschaftsunion ausgerichtet war, beabsichtigten die EFTA-Staaten, von den Vorteilen einer regionalen Handelsintegration zu profitieren ohne zugleich weite Teile ihrer nationalen (wirtschafts-)politischen Souveränität aufgeben zu müssen.[8]

Der überraschend zügig vollzogene Aufbau der EWG und die wachsende Bedeutung dieses Wirtschaftsblocks zog die Aufmerksamkeit weiterer euro-

---

Volker Nienhaus: Europäische Integration, in: Dieter Bender et al., Vahlens Kompendium der Wirtschaftstheorie und Wirtschaftspolitik, Bd. 2, 9, München 2007, S. 615–701; Jacques Pelkmans, European Integration, Harlow et al., 3, 2006, sowie Theo Hitiris, European Union Economics, Harlow u. a., 5, 2003; Vgl. auch das zentrale Internetportal der EU unter: http://europa.eu.int/index_de.htm (20.12.2013).

[7] Vgl. ausführlich zur GAP etwa Ulrich Koester, Gemeinsame Agrarmarktordnungen der EU, in: Renate Ohr (Hrsg.), Europäische Integration, Stuttgart u. a. 1996, S. 141–172.

[8] Vgl. Heinz-Dieter Smeets, Stand und Perspektiven der europäischen Integration, in: Dirk Wentzel (Hrsg.), Europäische Integration – Ordnungspolitische Chancen und Defizite, Stuttgart 2006, S. 1–45.

Europäischer Außenhandel zwischen regionaler Integration und Globalisierung

päischer Staaten auf sich. Insbesondere Großbritannien, das die europäischen Integrationsbemühungen anfangs argwöhnisch beobachtet und deren Erfolg bezweifelt hatte, befürchtete, angesichts der Anfangserfolge der EWG, ohne einen Beitritt zur EWG sowohl politisch als auch wirtschaftlich seinen Stellenwert zu verlieren. Auch Irland, Dänemark und Norwegen sahen die Vorteile eines EWG-Beitritts und stellten Anträge auf Mitgliedschaft. Da eine negativ ausgefallene Volksabstimmung den Beitritt Norwegens verhinderte, wurde die EWG zum 1. Januar 1973 mit Dänemark, Großbritannien und Irland um drei (ehemalige EFTA-)Mitglieder erweitert.

Um neue Handelsschranken zwischen der EG und der „Rest-EFTA" zu vermeiden, wurde – parallel zum EG-Beitritt und dem damit zusammenhängenden EFTA-Austritt der Staaten Dänemark, Großbritannien und Irland – zwischen beiden Handelsblöcken ein Freihandelsabkommen vereinbart. In einem Zeitrahmen von vier Jahren sollten alle Zölle auf Industriegüter abgebaut werden, wobei sich das Abkommen zwischen EG und EFTA stark am EFTA-Abkommen selbst orientierte. Darüber hinaus wurde der Präferenzhandel Großbritanniens mit seinen ehemaligen Kolonien ebenfalls „vergemeinschaftet". Dies fand seinen Niederschlag im ersten Lomé-Abkommen.

Nach der erfolgreichen Anfangsphase der EWG kam der Integrationsprozess jedoch Mitte der sechziger Jahre ins Stocken. Für die anschließende Krisenphase, in der sich die Mitgliedsstaaten wieder zunehmend national orientierten, wurden die Begriffe „Eurosklerose" und „Europessimismus" prägend.[9] Der Begriff Eurosklerose stellte insbesondere auf die Rigiditäten in den (Arbeits-)Märkten der wichtigsten EWG-Mitgliedsstaaten ab, die eine rasche und möglichst schmerzlose Anpassung nach aufgetretenen Schocks verhinderte. Der Integrationsprozess der siebziger und frühen achtziger Jahre war eher von Stillstand als von Fortschritt geprägt. Für alle wirtschaftlichen Bereiche der EG bestand somit noch ein erheblicher Spielraum, die Marktintegration voranzutreiben.[10]

Daher wurden Mitte der achtziger Jahre wieder Bemühungen aufgenommen, die EG endlich zu einem einheitlichen Markt auszubauen. Im Mittelpunkt stand hierbei die tatsächliche Umsetzung der bereits im EWG-Vertrag als Ordnungsprinzipien enthaltenen vier Grundfreiheiten. Konkret wurde am 14. Juni 1985 das „Weißbuch zur Vollendung des Binnenmarktes" vorgelegt, welches

---

[9] Herbert Giersch, Eurosclerosis, in: Kieler Diskussionsbeiträge, Nr. 112 (1985).
[10] Vgl. Rolf Langhammer, Hat der europäische Integrationsprozeß die Integration der nationalen Märkte gefördert?, Kiel 1987.

durch das Inkrafttreten der Einheitlichen Europäischen Akte (EEA) im Jahre 1987 seine Umsetzung fand. Wichtiger als die dort aufgeführten Einzelmaßnahmen war jedoch der Übergang zu einer neuen Integrationsstrategie in Form des Ursprungsland- bzw. Herkunftslandprinzips.[11]

Auf diese Weise konnte der Europäische Binnenmarkt tatsächlich zum 1. Januar 1993 realisiert werden, was konkret einen (weitgehenden) Abbau aller materiellen, fiskalischen und technischen Schranken im Personen-, Güter-, Dienstleistung- und Kapitalverkehr bedeutete. Ausnahmen sind nur noch bei zwingenden Erfordernissen der Gesundheit, der Umwelt und der Sicherheit zulässig. Mit dem am 1. November 1993 in Kraft getretenen Vertrag von Maastricht wurde die EG schließlich zur Europäischen Union (EU), die als weitere Säulen – neben der zentralen Säule der EG – die Gemeinsame Außen- und Sicherheitspolitik sowie die Innen- und Justizpolitik unter einem Dach vereinte.

Zwischen den EFTA- und EG-Staaten waren seit 1977 alle Zölle auf Industriegüter beseitigt. Da von Seiten beider Handelsblöcke aufgrund der bereits bestehenden intensiven Handelsbeziehungen das Interesse an einer noch stärkeren Bindung vorhanden war, wurden gemeinsame Verhandlungen zur Errichtung des Europäischen Wirtschaftsraums (EWR) aufgenommen, die zum Inkrafttreten des entsprechenden Abkommens am 1. Januar 1994 führten. Mit dem EWR wurde der Europäische Binnenmarkt mit den vier Grundfreiheiten in den Bereichen des Waren-, Personen-, Dienstleistungs- und Kapitalverkehrs auf die Mitgliedsstaaten der EFTA ausgeweitet.[12]

Die mit neuem Schwung voranschreitende Integration ab Mitte der achtziger Jahre weckte das Interesse weiterer europäischer Staaten an einer Mitglied-

---

[11] Vgl. zu diesem Prozess Hartmut Berg, Strategien wirtschaftlicher Integration zu Rationalität und Realisierungschance des Programms „EG-Binnenmarkt ‚92", in: Erhard Kantzenbach (Hrsg.), Probleme der Vollendung des Binnenmarkts in Europa nach 1992, Berlin 1990, S. 9–31; Norbert Berthold, Wirtschaftliche Integration in Europa – sind wir auf dem richtigen Weg?, in: Erhard Kantzenbach (Hrsg.), Probleme der Vollendung des Binnenmarkts in Europa nach 1992, Berlin 1990, S. 33–65 und Heinz-Dieter Smeets, Vorteile des EG-Binnenmarktes, in: Erhard Kantzenbach (Hrsg.), Probleme der Vollendung des Binnenmarkts in Europa nach 1992, Berlin 1990, S. 67–89.

[12] Da mehrere Staaten im Zug ihres EU-Beitritts die EFTA verließen, verfügt die Organisation heute nur noch über vier Mitglieder (Island, Liechtenstein, Norwegen und Schweiz), wobei die Schweiz – aufgrund des negativen Bürgerentscheids in Bezug auf das EWR-Abkommen – nach wie vor über das Freihandelsabkommen vom 1. Januar 1973 mit der EU verbunden ist.

Europäischer Außenhandel zwischen regionaler Integration und Globalisierung

schaft in der EU. Die bereits zur EFTA gehörenden Staaten Finnland, Österreich und Schweden wurden zum 1. Januar 1995 neue EU-Mitglieder. Da jedoch ein Jahr zuvor das Abkommen über den Europäische Wirtschaftsraum (EWR) zwischen der EG und der EFTA in Kraft getreten war, konnten die neu beigetretenen Staaten schon vorab von den Vorteilen des Binnenmarktes profitieren. Vielmehr ging es diesen Ländern um die Möglichkeit einer aktiven Mitgestaltung der weiteren Integration. Im Gegensatz dazu wurden Beitrittsanträge an die EU auch von mehreren mittel- und osteuropäischen Ländern (MOEL) gestellt, deren Interesse an einer EU-Mitgliedschaft vor allem wirtschaftlichen Überlegungen entsprang. Mit den sich in einer Umbruchphase befindenden Staaten waren bereits zuvor Handels- und Kooperationsabkommen geschlossen worden, um den Übergang hin zu einem demokratischen und marktwirtschaftlichen System zu unterstützen. Aus ökonomischer Sicht bedeuteten diese Abkommen eine Freihandelszone zwischen der EU und seinen mittel- und osteuropäischen Partnern, die schließlich im Mai 2004 der EU beitraten.

Nach dem Beitritt von drei weiteren mittel- und osteuropäischen Staaten [Bulgarien und Rumänien (2007) sowie Kroatien (2013)] zählt die EU im Jahre 2013 insgesamt 28 Mitgliedsstaaten.[13] Der EWR, dem die EU-28 sowie die EFTA-Staaten (mit Ausnahme der Schweiz) angehören, umfasst damit 31 Staaten. Aktuelle Zahlen spiegeln die weit fortgeschrittene wirtschaftliche Integration Europas wider:

Tabelle 1 zeigt – grau hinterlegt – die Anteile des intraregionalen Warenexports am gesamten Export einer Region sowie die interregionalen Warenexporte – also diejenigen Exportanteile, die eine Region mit Ländern anderer Regionen handelt. Die Zahlen zeigen dabei zum einen deutlich die enge Handelsverflechtung in Europa – rund 70 % der Warenexporte europäischer Länder werden innerhalb Europas gehandelt – und zum anderen, dass die regionale Integration in keiner anderen Region der Welt so weit vorangeschritten ist wie in Europa.

Dabei beschränkt sich die regionale Integration in Europa nicht allein auf die dem EWR angehörenden Staaten, sondern umfasst zusätzlich eine Vielzahl

---

[13] Insbesondere um den veränderten Bedingungen im Zuge der EU-Erweiterungen gerecht zu werden, bemühten sich die Mitgliedsstaaten immer wieder um Reformen des Vertragswerkes der EU (Vertrag von Amsterdam (1997), Vertrag von Nizza (2001), Vertrag von Lissabon (2007). Für einen Überblick über die Inhalte der Verträge siehe bspw. R. Baldwin, R. & C. Wyplosz, The Economics of European Integration 2009, S. 32–39.

Von \ Nach	Nord-amerika	Süd- und Zentral-amerika	Europa	GUS	Afrika	Mittlerer Osten	Asien
Nordamerika	48,3	8,8	16,7	0,7	1,6	2,8	20,9
Süd- und Zentralamerika	24,2	26,7	18,3	1,1	2,8	2,4	22,5
Europa	7,3	1,8	70,6	3,5	3,0	2,9	9,7
Gemeinschaft unabh. Staaten (GUS)	5,5	1,4	51,8	19,5	1,6	3,0	14,8
Afrika	17,1	3,3	34,5	0,3	13,0	3,6	24,5
Mittlerer Osten	8,6	0,8	12,6	0,5	3,0	8,8	52,8
Asien	16,4	3,4	16,7	2,0	2,8	4,4	52,8

Tab. 1: Intra- und interregionale Warenexporte (in % der Gesamtexporte; Quelle: International Trade Statistics 2012, WTO)

benachbarter Staaten, mit denen die EU Handelsabkommen unterhält. Mit Andorra, San Marino und der Türkei bestehen seit Anfang der neunziger Jahre Zollunionen. Die potentiellen EU-Beitrittskandidaten Albanien, Bosnien-Herzegowina, Mazedonien, Montenegro und Serbien sind über Stabilisierungs- und Assoziierungsabkommen, die zwischen 2004 und 2010 geschlossenen wurden, mit der EU verbunden. Seit dem Jahre 1995 unterhält die EU im Rahmen der Euro-mediterranen Partnerschaft (EUROMED) Abkommen mit den Mittelmeeranrainerstaaten außerhalb Europas sowie seit Ende der neunziger Jahre Partnerschafts- und Kooperationsabkommen mit den Mitgliedern der Gemeinschaft Unabhängiger Staaten (GUS). Diese Partnerschaften beinhalten neben der wirtschaftlichen Kooperation auch eine Zusammenarbeit im politischen und sozialen Bereich. Des Weiteren bestehen Abkommen zwischen der EU und Entwicklungsländern: Mit dem Ziel, der Gruppe der afrikanischen, karibischen und pazifischen Staaten (AKP-Gruppe) – zumeist ehemalige Kolonien Frankreichs und Großbritanniens – den Zugang zu den EU-Märkten zu erleichtern, wurde im Jahre 1975 das Lomé-Abkommen unterzeichnet, das nach seinem Auslaufen im Jahre 2000 durch das Cotonou-Ankommen ersetzt wurde. Zudem unterhält die EU bilaterale Handelsabkommen mit einer Vielzahl von Ländern weltweit, wozu die Freihandelsabkommen mit Chile (in Kraft seit 2005), Südkorea (in Kraft seit 2010), Mexiko (in Kraft seit 2000) und Südafrika (in Kraft seit 2004) gehören. Weitere Freihandelsabkommen – mit dem Golf-Kooperationsrat (GCC), Indien, Kanada, Malaysia, Singapur, der Ukraine sowie dem Verband

Südostasiatischer Nationen (ASEAN) – sind aktuell in Verhandlung. Auch die sich seit 2013 in Kraft befindlichen Handelsabkommen der EU mit den Andenstaaten Peru und Kolumbien sowie einer Anzahl zentralamerikanischer Staaten enthalten den Abbau von Zöllen auf einen Großteil der gehandelten Güter.

4 Weltwirtschaftliche Rahmenbedingungen

Theoretisch betrachtet stellt regionale Integration, wie sie im vorhergehenden Abschnitt behandelt wurde, lediglich eine Second-Best-Lösung dar, da die gegenüber Drittstaaten bestehenden Zölle Wohlfahrtsverluste bedeuten. In der Praxis ist regionaler Freihandel jedoch leichter umsetzbar als die theoretische First-Best-Lösung des internationalen Freihandels. Dennoch wurden auch auf internationaler Ebene weitreichende Bemühungen in Richtung Handelsliberalisierung getroffen.

Einen wichtigen Grundstein bildete das am 1. Januar 1948 in Kraft getretene Allgemeine Zoll- und Handelsabkommen (GATT); ein völkerrechtlicher Vertrag, in dem die 23 Gründungsmitglieder den schrittweisen Abbau von Zöllen und anderen Handelshemmnissen im internationalen Handel vereinbarten, um auf diese Weise die Erhöhung des Lebensstandards, die Verwirklichung von Vollbeschäftigung, ein hohes und ständig steigendes Niveau der Realeinkommen sowie die volle Erschließung der Hilfsquellen der Welt zu realisieren.[14] Deutschland trat dem Abkommen am 1. Oktober 1951 bei. Die ersten Verhandlungsrunden des GATT, in denen ausschließlich Zollsenkungen ausgehandelt wurden, erbrachten – wie in Abbildung 2 erkennbar – lediglich eine geringe Senkung der Zölle auf Industrieprodukte, so dass auch nach vier Verhandlungsrunden immer noch ein erheblicher Zollschutz bestand.[15]

Insbesondere die USA, die in dem europäischen Integrationsprozess eine Bedrohung ihrer Exportmärkte sahen, drängten auf weitere Handelsinitiativen. Wie eindringlich die USA auch immer die politische und wirtschaftliche Integration Europas unterstützten und förderten, waren sie dennoch bestrebt, die handelspolitische Diskriminierung durch die EWG möglichst abzuschwächen. Eine frühe Bewährungsprobe für die liberale Handelspolitik der EWG nach außen war die Dillon-Runde des GATT (1960–1962). Doch obgleich sich zeigte, dass die EWG eine GATT-konforme Handelspolitik einschlug und zumindest

---

[14] Vgl. hierzu ausführlich Richard Senti, GATT – System der Welthandelsordnung, Zürich 1986.
[15] Vgl. WTO World Trade Report 2007, S. 206 ff.

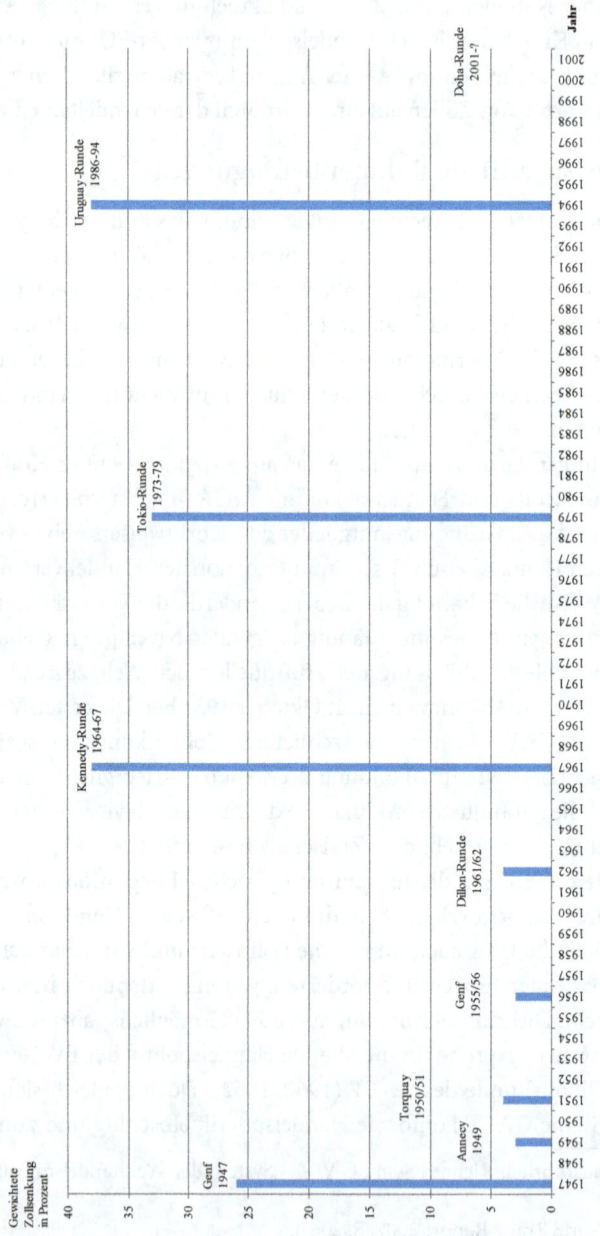

Abb. 2: Zollsenkungen der Industrieländer im Industriegüterbereich (Quelle der Daten: WTO, World Trade Report (2007), S. 207)

Europäischer Außenhandel zwischen regionaler Integration und Globalisierung

im gewerblichen Bereich im Großen und Ganzen keinen protektionistischen Kurs verfolgte, gelangen nur geringfügige Zollermäßigungen. Die USA reagierten auf diese Entwicklung mit einer neuen multilateralen Handelsinitiative im GATT, der Kennedy-Runde (1964–1967). In diesen Verhandlungen erklärte sich die EWG schließlich bereit, ihre Außenzölle um etwa ein Drittel auf durchschnittlich 6,7 % zu senken.

Ab Mitte der sechziger Jahre und mit dem Beginn der Kennedy-Runde wurden zusätzliche Themen – wie z. B. Anti-Dumping-Maßnahmen oder die besondere Behandlung von Entwicklungsländern – in die Verhandlungen aufgenommen.[16] Demgegenüber nahm die Bedeutung der Zölle in den Verhandlungen stetig ab, da diese im Laufe der Zeit ein ohnehin niedriges Niveau erreicht hatten und zunehmend andere Arten von Handelshemmnissen zur Anwendung kamen. In der achten und letzten erfolgreich abgeschlossenen Verhandlungsrunde (Uruguay-Runde), in der auch die Gründung der Welthandelsorganisation (WTO) als Nachfolgeorganisation des GATT beschlossen wurde, standen die Liberalisierung des Dienstleistungsbereiches, der Schutz geistigen Eigentums und ein (kaum umgesetzter) besserer Zugang zu den stark subventionierten Agrarmärkten der Industrieländer im Mittelpunkt der Agenda.[17]

Insgesamt führten die bisher abgeschlossenen acht Welthandelsrunden zu einer beachtlichen Senkung des durchschnittlichen Zollsatzes, den die Industrieländer auf Industriegüter erheben, auf weniger als 4 %.[18] Die erfolgreiche Reduktion der Zölle im Industriegüterbereich ist – neben gesunkener Transport- und Kommunikationskosten – zweifelsfrei einer der Gründe für den Anstieg des weltweiten Warenexports um fast 85 % im Zeitraum von 1970 bis 2008.[19] Der geringere Protektionsgrad bedeutet gleichzeitig einen Rückgang der handelsumlenkenden Effekte, die im Zuge der regionalen Integration in Europa gegenüber Handelspartnern außerhalb der EU entstanden. Mit der als Doha-Runde bekannt gewordenen neunten Verhandlungsrunde kam der Prozess der multilateralen Handelsliberalisierung jedoch ins Stocken, woraufhin regionale Abkommen wieder an Bedeutung gewannen. Insbesondere die von Ent-

---

[16] Vgl. etwa WTO, Understanding the WTO – The GATT years. Abrufbar unter: http://www.wto.org/english/thewto_e/whatis_e/tif_e/fact4_e.htm (20.12.2013).
[17] Vgl. etwa Richard Senti, GATT-WTO – Die neue Welthandelsordnung nach der Uruguay-Runde, Zürich 1994.
[18] Vgl. WTO World Trade Report 2007, S. 209.
[19] Vgl. WTO, International Trade Statistics 2011.

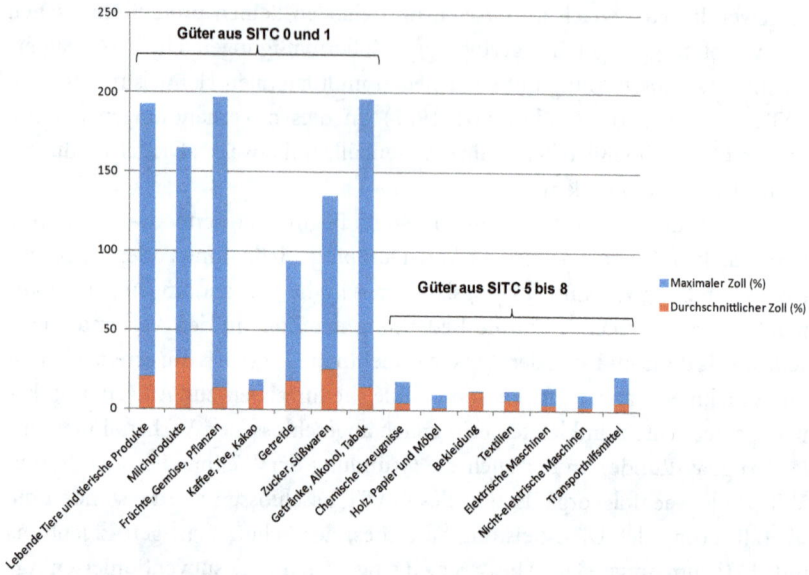

Abb. 3: Zölle auf Einfuhren in die EU[20] (Quelle der Zollsätze: Trade Policy Review, Report by the Secretariat (2013), S. 46 f.)

wicklungsländern geforderte Liberalisierung des auch durch die Gemeinsame Agrarpolitik der EU geprägten Agrargüterhandels ist ein höchst umstrittenes Verhandlungsthema. Nach wie vor besteht im Bereich der Agrargüter – insbesondere im direkten Vergleich zu Industriegütern – ein hoher Protektionsgrad. Dies verdeutlicht auch Abbildung 3, in der die durchschnittlichen und die maximalen Außenzölle der EU für das Jahr 2013 dargestellt sind: Im Bereich der Industriegüter liegen die durchschnittlichen Zollsätze lediglich zwischen 1,2 und 6,6 %, mit der Ausnahme von Bekleidung, auf die im Durchschnitt ein Zoll von 11,6 % erhoben wird. Der höchste Zoll im Industriegüterbereich findet sich bei den Transporthilfsmitteln und beträgt 16,9 %. Demgegenüber erreichen einzelne Zölle im Agrargüterbereich fast 200 % und selbst die Durchschnittszölle bewegen sich zwischen 13,3 und 31,7 % – also deutlich oberhalb der durchschnittlichen Zölle auf Industriegüter.

---

[20] Anmerkung: „SITC" steht für „Standard International Trade Classification", dem „Internationalen Warenverzeichnis für den Außenhandel", s. dazu die Erläuterung unter Punkt 5.2 dieser Abhandlung.

5 Empirische Untersuchung des europäischen Außenhandels
5.1 Das Gravitationsmodell

Abschließend soll in diesem Kapitel die Struktur des europäischen Außenhandels mithilfe eines Gravitationsmodells empirisch untersucht werden. Im Mittelpunkt der Analyse steht dabei die Frage, ob der Außenhandel Europas eher von der Globalisierung oder von regionaler Integration geprägt wurde.

Gravitationsmodelle bilden seit vielen Jahren die Grundlage („work-horse") für empirische Untersuchungen von internationalen Handelsströmen. In ihrer Grundform erklären sie – in Anlehnung an Newtons Gravitationstheorie – den Handel zwischen zwei Ländern durch die ökonomische Größe der beiden Länder – dem BIP – und der geographischen Entfernung zwischen ihnen. Genauer gesagt wird angenommen, dass der Handel zwischen zwei Ländern umso größer ist, je größer die einzelnen Länder sind und je kleiner die Entfernung zwischen ihnen ist. Dabei ist die Überlegung hinter der ersten Annahme, dass mit einem Anstieg des Einkommens und der Produktion auch eine Zunahme der Im- und Exporte einhergeht. Die zweite Annahme basiert darauf, dass mit der Entfernung die Transaktionskosten zunehmen, die sich negativ auf das Handelsvolumen auswirken. Nachdem das Gravitationsmodell zunächst nur zu empirischen Zwecken verwandt wurde,[21] erfolgte im Laufe der Zeit auch eine zunehmende theoretische Fundierung auf der Basis verschiedener Handelsmodelle.[22]

Formal lässt sich der beschriebene Zusammenhang gemäß Gleichung (1) darstellen, wobei $Trade_{ij}$ die Summe der Importe und Exporte zwischen Land i und Land j bezeichnet, die Variablen Y_i und Y_j stellen die ökonomische Größe – gemessen am BIP des jeweiligen Landes – dar und B_{ij} steht für Handelsbarrieren zwischen den Ländern i und j.

$$Trade_{ij} = \frac{(Y_i \cdot Y_j)^{\alpha}}{B_{ij}^{\beta}} \quad (1)$$

---

[21] Vgl. etwa Jan Tinbergen, Shaping the world economy: Suggestions for an international economics policy. The Twentieth Century Fund, 1962, sowie Pentti Pöyhönen, A Tentative Model for the Volume of Trade Between Countries, in: Weltwirtschaftliches Archiv, Bd. 90 (1963), S. 93–99.

[22] Vgl. beispielhaft James E. Anderson, A Theoretical Foundation for the Gravity Equation, in: The American Economic Review, Bd. 69 (1979), S. 106–116, sowie Alan V. Deardorff, Determinants of Bilateral Trade: Does Gravity work in a Neoclassical World? In: Jeffrey Frankel, The Regionalization of the World Economy (1998), S. 7–32.

Daraus geht hervor, dass der Außenhandel mit der Größe der beteiligten Länder zunimmt, während er mit steigender Bedeutung der Handelsbarrieren abnimmt. Häufig geht man ferner davon aus, dass sich diese Beziehungen proportional bzw. reziprok proportional verhalten, was Werte für die Koeffizienten α und β in Höhe von eins impliziert. Die Handelsbarrieren können wiederum verschiedene Formen aufweisen wie etwa Transport- und Kommunikationskosten sowie weitere länderpaarspezifische Kosten wie zum Beispiel handelsbeschränkende Maßnahmen und Kosten, die durch kulturelle oder Sprach-Barrieren entstehen. Das zuvor beschriebene Basismodell wurde daher im Laufe der Zeit um eine Vielzahl von Variablen erweitert, so dass beispielsweise eine gemeinsame Grenze, koloniale Verbindungen, Sprachbarrieren oder Handelsabkommen in die Erklärung der Handelsströme einfließen bzw. einen Test zur Wirkung dieser Variablen zulassen.

5.2 Methode und Daten

Basierend auf dem Gravitationsmodell sollen im Folgenden die Handelsströme dreier repräsentativer europäischer Länder (Deutschland, Frankreich und Italien) mit jeweils 250 Partnerländern innerhalb und außerhalb Europas für die Jahre 1978, 1987 und 2007 untersucht werden. Details zu den verwendeten Daten können der Tabelle 5 im Anhang entnommen werden. Eine Neuerung im Vergleich zur bestehenden Literatur ist dabei die sektorspezifische Anwendung des Gravitationsmodells, indem das gesamte Handelsvolumen in die zehn einstelligen Klassen des Internationalen Warenverzeichnisses für den Außenhandel [Standard International Trade Classification (SITC)] unterteilt wird. Die Schätzung erfolgt daher im Rahmen einer Panelanalyse mit fixen sektorspezifischen Effekten.

Da die Gravitationsgleichung gemäß (1) eine nichtlineare Form aufweist, wird sie durch Logarithmieren in die folgende lineare Schätzgleichung umgewandelt:

$$\ln \text{Trade}_{ijkt} = a_t + a_k + b_1(\ln Y_{it} * \ln Y_{jt}) + b_2 \ln \text{Dist}_{ijt} + b_3 \text{Dum}_{ijt} + \varepsilon_{ijt} \quad (2)$$
$$t = 1, \ldots, T$$
$$k = \text{SITC } 0, \ldots, \text{SITC } 9$$

Mithilfe der Schätzgleichung (2) wird der Handel zwischen den Ländern i und j innerhalb einer einstelligen SITC-Klasse k zum Zeitpunkt t untersucht.

Als erklärende Variablen für den Handel werden in das log-lineare Modell zunächst die Größe der Handelspartner i und j ($\ln Y_{it} * \ln Y_{jt}$) sowie die Entfernung zwischen den Handelspartnern ($\ln Dist_{ijt}$) einbezogen. Die fixen sektorspezifischen Effekte werden durch die Konstante a_k repräsentiert, während a_t eine Dummy-Variable für die drei betrachteten Zeiträume bildet. Weitere Dummy-Variablen (Dum_{ijt}) werden berücksichtigt, die die Ausprägung 1 erfahren, wenn das jeweilige Land j zu den Gründungsmitgliedern der EU gehörte, im Laufe der Zeit der EU beigetreten oder Mitglied eines Freihandelsabkommens mit der EU ist oder zu einer bestimmten Ländergruppe gehört[23], und anderenfalls die Ausprägung 0. ε bezeichnet den Störterm. Fälle, in denen kein bilateraler Handel zwischen Ländern in einer Produktgruppe vorhanden war, wurden bei den Berechnungen nicht berücksichtigt. Daher ergeben sich zum Teil unterschiedliche Angaben hinsichtlich der Zahl der berücksichtigten Fälle (NOBS).

5.3 Empirische Ergebnisse

Aus Platzgründen werden im Folgenden nur die besonders relevanten Ergebnisse in Bezug auf den Handel mit Agrarprodukten (SITC 0 und 1) sowie den Handel mit Chemikalien und Industriegütern (SITC 5–8) genauer betrachtet. Hierfür wurden die genannten SITC-Klassen jeweils aggregiert. Tabelle 2 zeigt die Ergebnisse für den Handel in den SITC-Klassen 0 und 1 während Tabelle 3 die entsprechenden Werte für die SITC-Klassen 5 bis 8 enthält. Wichtige Ergebnisse sind dabei jeweils grau hervorgehoben.

Wie erwartet, zeigt sich für alle betrachteten Länder eine negative Abhängigkeit des Handels von der Entfernung und ein positiver Zusammenhang zwischen dem Handel und der Größe der Handelspartner, wobei die Koeffizienten im Industriebereich nahe bei eins liegen. Die Entfernungs-Koeffizienten (LDISTANCE) fallen jedoch bei den Agrargütern deutlich kleiner aus als bei den Ergebnissen für Industriegüter. Ein Grund hierfür könnte sein, dass spezifische Faktoren – wie das Vorhandensein natürlicher Ressourcen und klimatischer Bedingungen – den Handel mit Agrarprodukten stärker beeinflussen. Das Handelsargument der Nichtverfügbarkeit eines Gutes im eigenen Land könnte in diesem Zusammenhang dazu führen, dass die Distanz zum potenziel-

---

[23] Die Zusammensetzung der verwendeten Dummy-Variablen kann Tabelle 4 im Anhang entnommen werden.

Unabh. Variable	Frankreich	Deutschland	Italien
LDISTANCE	-0.63 (0.10)***	-0.61 (0.10)***	-0.78 (0.08)***
LGDP	0.81 (0.03)***	0.86 (0.03)***	0.85 (0.03)***
EU75	1.55 (0.35)***	1.56 (0.35)***	1.84 (0.31)***
ENL1	1.33 (0.42)**	1.27 (0.44)**	1.33 (0.43)**
ENL2	-0.05 (0.42)	0.20 (0.47)	0.66 (0.43)
EUEAST	-0.08 (0.28)	0.75 (0.33)*	0.75 (0.29)**
EFTA	0.61 (0.43)	0.51 (0.45)	0.73 (0.42)*
ACP	0.92 (0.14)***	-0.06 (0.15)	0.35 (0.15)*
SEASIA	0.84 (0.26)**	0.05 (0.27)	0.00 (0.27)
NOBS	984	972	963
Adj. R2	0.67	0.72	0.73

Tab. 2: Ergebnisse der Panelanalyse (SITC 0 und 1; Signifikant mit einer Irrtumswahrscheinlichkeit von: *** = 1 %; ** = 5 %; * = 10 %)

len Lieferanten an Bedeutung verliert. Es zeigt sich aber auch, dass der Entfernungs-Koeffizient Deutschlands im Bereich der Industriegüter kleiner ausfällt als derjenige Frankreichs und Italiens. Hierin könnte zum Ausdruck kommen, dass Deutschland in starkem Maße über die Qualität seiner Produkte konkurriert und weniger über den Preis. Dies kann – insbesondere beim Export – den Einfluss der Distanz reduzieren.

Die hohen und signifikanten Koeffizienten der Dummys für eine EU-Mitgliedschaft in Tabelle 2 – insbesondere EU75 und ENL1, welche die „Kern"-EU-Länder beinhalten – zeigen jedoch eindeutig, dass der Außenhandel mit Agrarprodukten vor allem durch die Gemeinsame Agrarpolitik (GAP) der EU bestimmt wird und als deren Folge in verstärktem Maße innerhalb der EU stattfindet. Im Bereich der Agrarprodukte spiegeln die Ergebnisse des Gravitationsmodells damit deutlich die regionale Integration in Europa und die damit verbundenen protektionismusbedingten (siehe auch Abbildung 3) handelsumlenkenden Effekte wider. Diese Effekte sind durch die stetige Erweiterung der EU sowie die Errichtung des EWR noch zusätzlich verstärkt worden. Ein signifikant höherer Handel Frankreichs und Italiens mit den AKP-Ländern deutet wohl weniger auf Globalisierungseffekte hin, sondern vielmehr auf die traditionellen (kolonialen) Beziehungen zwischen diesen Ländern.

Europäischer Außenhandel zwischen regionaler Integration und Globalisierung

Unabh. Variable	Frankreich	Deutschland	Italien
LDISTANCE	-1.09 (0.06)***	-0.82 (0.04)***	-1.04 (0.04)***
LGDP	1.06 (0.02)***	1.06 (0.01)***	1.01 (0.02)***
EU75	-0.54 (0.22)*	0.24 (0.14)*	0.02 (0.15)
ENL1	0.13 (0.27)	0.40 (0.18)*	0.04 (0.21)
ENL2	-0.35 (0.27)	0.34 (0.19)*	-0.18 (0.21)
EUEAST	-0.28 (0.18)	0.57 (0.14)***	-0.09 (0.14)
EFTA	-0.92 (0.27)***	0.30 (0.19)	-0.48 (0.21)*
ACP	0.67 (0.21)*	-0.46 (0.06)***	-0.25 (0.07)***
SEASIA	0.85 (0.16)***	0.79 (0.11)***	0.65 (0.13)***
NOBS	2045	2067	2034
Adj. R2	0.78	0.91	0.86

Tab. 3: Ergebnisse der Panelanalyse (SITC 5–8; Signifikant mit einer Irrtumswahrscheinlichkeit von: *** = 1%; ** = 5%; * = 10%)

Die Ergebnisse in Tabelle 3 machen hingegen deutlich, dass die Regionalisierung im Bereich der Industriegüter deutlich geringer ausfällt als im Bereich der Agrarprodukte. Dies lässt sich an den nun zumeist nicht signifikanten Koeffizienten der EU-Länderdummies ablesen. Nur Deutschland bildet eine Ausnahme, für das nach wie vor ein verstärkter Handel mit Ländern innerhalb der EU – insbesondere mit osteuropäischen Staaten – erkennbar ist, was sich in diesem Fall in einem positiven und signifikanten Koeffizienten der Dummy-Variablen EUEAST widerspiegelt. Ferner zeigt sich nun in allen drei Fällen ein eindeutig verstärkter Handel mit Ländern Südostasiens. Damit scheint sich der europäische Außenhandel im Industriebereich eher in Richtung weltweiter statt in Richtung regionaler Integration entwickelt zu haben. Dieses Ergebnis ist kompatibel mit den niedrigen – in Abbildung 3 abzulesenden – Außenzöllen und den damit in den Hintergrund tretenden handelsumlenkenden Effekten.

Der verstärkte Handel Deutschlands mit süd- und osteuropäischen Staaten könnte gleichzeitig auch Ausdruck einer Produktionsverlagerung in Richtung dieser Staaten sein. Dabei traten Produktionsverlagerungen nach Südeuropa eher in der Anfangsphase unseres Beobachtungszeitraums auf, während eine Verlagerung nach Mittel- und Osteuropa primär den letzten Teil der Beobachtungsperiode betrifft. In dem Maße, wie Teile der Produktion im Ausland erfolgen, führt die Endmontage im Inland zu einem erhöhten Warenhandel zwischen den Ländern.[24] Vor diesem Hintergrund kann die Intensivierung des Handels mit den Nachbarstaaten Deutschlands nicht nur als Regionalisierung, sondern ebenso als eine Folge der Globalisierung verstanden werden. Durch die hier vorgenommene Panelschätzung sind die Entwicklungen im Zeitablauf allerdings nicht nachzuvollziehen.

6 Schlussbemerkungen

Insgesamt lässt sich festhalten, dass zweifelsfrei eine starke Regionalisierung des Handels der EU-Mitgliedsländer erkennbar ist, was sowohl auf die stetige Erweiterung als auch auf die Handelsabkommen mit Nachbarstaaten, die (noch) nicht der EU angehören, zurückzuführen ist. Besonders deutlich zeigt sich die Wirkung der Regionalisierung im Bereich der Agrarprodukte, die stark durch die GAP geprägt ist und damit in erster Linie den Mitgliedern der EU „zugute" kommt. In diesem Falle sind es über die Größen und die Distanz hinausgehende regionale Effekte, die Drittländer diskriminieren und den Intra-EU-Handel begünstigen.

Bei den Industrieprodukten fällt die Regionalisierung – bedingt durch die weltweit niedrigen Zölle in diesem Bereich – hingegen geringer aus. Die regionale Konzentration des Handels kommt in diesem Bereich primär durch die räumliche Nähe der Handelspartner zustande. Nur Deutschland weist einen – unter Berücksichtigung der sonstigen Einflussfaktoren – überproportionalen Handel mit den Mitgliedsländern der EU auf. Vielleicht drückt sich hierin auch die zentrale Lage Deutschlands in der EU aus.

Darüber hinaus ist der Handel insbesondere mit den Ländern Südostasiens besonders intensiv. Dieses letzte Ergebnis spricht wiederum in gewissem Maße für einen Globalisierungseffekt. Versteht man Globalisierung im Handelsbereich ferner nicht nur als eine Ausweitung des Handels mit weit entfernten Ländern aufgrund gesunkener Translokationskosten, sondern auch als Verlagerung der Produktion ins kostengünstigere Ausland, die wiederum Handelsströme auslösen kann, so lassen sich durchaus auch solche Entwicklungen in Europa erkennen.

---

[24] Sinn bezeichnet diese Entwicklung als „Basar-Ökonomie". Vgl. hierzu Hans-Werner Sinn, Die Basar-Ökonomie. Deutschland: Exportweltmeister oder Schlusslicht?, Berlin 2005.

7 Anhang

Dummy-Variable	Beteiligte Länder oder Ländergruppen (Beitrittsjahr)	Handelsabkommen
EU75	Belgien (Gründungsmitglied), Deutschland (Gründungsmitglied), Frankreich (Gründungsmitglied), Italien (Gründungsmitglied), Luxemburg (Gründungsmitglied), Niederlande (Gründungsmitglied) Dänemark (1973), Irland (1973), Großbritannien (1973)	EU (davor EWG, in Kraft seit 1958, bzw. EG, als „Europäische Gemeinschaften" in Kraft seit 1987, als „Europäische Gemeinschaft" in Kraft seit 1993)
ENL1	Griechenland (1981) Spanien (1986), Portugal (1986)	
ENL2	Finnland (1995), Österreich (1995), Schweden (1995)	
EUEAST	Tschechische Republik (2004), Estland (2004), Lettland (2004), Litauen (2004), Polen (2004), Ungarn (2004), Slowenien (2004), Slowakei (2004)	
EFTA	Island (1970), Liechtenstein (1991), Norwegen (Gründungsmitglied), Schweiz (Gründungsmitglied)	EFTA (1960)
ACP	Gruppe der afrikanischen, karibischen und pazifischen Staaten	Cotonou-Abkommen (2000) (Nachfolger des Lomé-Abkommens 1975)
SEASIA	Südostasiatische Länder	Allgemeines Präferenzsystem (APS)

Tab. 4: Zusammensetzung der Dummy-Variablen

Variable	Quelle
Trade	Eurostat (http://epp.eurostat.ec.europa.eu/newxtweb/mainxtnet.do) (in Euro)
GDP	Worldbank (http://data.worldbank.org/indicator/NY.GDP.MKTP.CD) (in Millionen US Dollars)
Population	1988 und 1995: Worldbank (http://data.worldbank.org/indicator/SP.POP.TOTL) 2008: United Nations World Population Prospects (2007) (http://www.un.org/esa/population/publications/wpp2006/WPP2006_Highlights_rev.pdf , S 39–43) (in Tausend)
Distance	CIPII Frankreich (http://www.cepii.fr/anglaisgraph/bdd/distances.htm) Datei: dist_cepii.xls (in km)

Tab. 5: Datenquellen

Energieströme in Europa um 1900 / um 2000. Vom transnationalen Ressourcen- zum Energiehandelsnetz

von Mathias Mutz, Aachen

Energiepolitik ist heute ein etabliertes Politikfeld der *Europäischen Union* (EU). Es gibt in der Kommission einen eigenen Kommissar für dieses Aufgabenfeld und einige, wenn auch teilweise schwierig zu vereinende gemeinsame Zielsetzungen, zusammengefasst im „magischen Dreieck" von Versorgungssicherheit, Wirtschaftlichkeit und Umweltverträglichkeit.[1] Die liberale Ausgestaltung eines gemeinsamen europäischen Strommarktes ist seit zwei Jahrzehnten ebenfalls Teil dieser politischen Agenda. Zwar ließe sich seine europäische Dimension insofern in Frage stellen, als es sich überwiegend um regionale Teilmärkte handelt, die über Energiebörsen wie die *European Energy Exchange* (EEX) in Leipzig, die *Amsterdam Power Exchange* (APX) oder *Nord Pool* in Oslo funktionieren.[2] Dessen ungeachtet basiert der Stromhandel auf einer gemeinsamen, d.h. nicht an den nationalen Grenzen endenden Infrastruktur: einem europäischen Verbund, dessen Leitungen Gibraltar mit dem Nordkap verbinden und bis zum Bosporus reichen. Das macht dieses Netz, das zu weiten Teilen synchronisiert ist bzw. den Austausch zwischen Teilnetzen zulässt, zu einem technischen und ökonomischen Symbol für die Fortschritte der Europäischen Integration. Doch wie weit reicht diese Vernetzung im historischen Vergleich, insbesondere zur Kohlewirtschaft des 20. Jahrhunderts? Was sagt der Wandel der Energie-Integration über die Dynamik der Verflechtung aus? Ist die Energieversorgung hier Triebkraft oder Resultat politischer Prozesse?

---

[1] Vgl. neben den Informationen auf den Internetseiten der EU-Kommission (http://ec. europa.eu/energy/index_de.htm): EU (Hrsg.), Energy 2020. A Strategy for Competitive, Sustainable and Secure Energy, Luxemburg 2011. Download unter: http://ec.europa.eu/ energy/publications/doc/2011_energy2020_en.pdf (11.03.2014). Der Autor dankt Anna Quadflieg und Christiane Katz für ihre Unterstützung bei der Arbeit an diesem Beitrag.
[2] Die EU-Kommission plant jedoch die Einführung eines einheitlichen Stromhandels bis 2015. Vgl. Hendrik Kafsack, EU will eine einheitliche Strombörse, in: FAZ. net vom 25.09.2013. Online verfügbar unter: http://www.faz.net/aktuell/wirtschaft/ binnenhandel-eu-will-eine-einheitliche-stromboerse-12589781.html (11.03.2014).

Mathias Mutz

Die Frage, welche Integrationspotentiale das Verflechtungsfeld Energie beinhaltet und wie sie sich im 20. Jahrhundert entfalteten, lässt sich nur beantworten, wenn herausgearbeitet werden kann, wie sich die europäischen Energiemärkte um 1900 bzw. 2000 unterscheiden. Die Etablierung einer gemeinsamen Energiepolitik und eines europäischen Energiebinnenmarktes ist eine Entwicklung, die erst mit der ersten EU-Energierichtlinie an Fahrt gewonnen hat, als das Europäische Parlament und der Rat am 19. Dezember 1996 „gemeinsame Vorschriften für den Elektrizitätsbinnenmarkt"[3] schriftlich niederlegten. Andere Aspekte der Energiewirtschaft waren jedoch wesentlich früher durch Handelsbeziehungen vernetzt. Beispielsweise entstanden schon in der Frühen Neuzeit grenzübergreifende Handelsnetze für den Brennholzbedarf der großen europäischen Städte.[4] Im 19. Jahrhundert waren es zunehmend Kohlelieferungen, die den Energiehunger der wachsenden Metropolen deckten und zu einer transnationalen Verflechtung führten. Die darauf folgenden Entwicklungen des 20. Jahrhunderts lassen sich als einen tiefgreifenden Wandel vom Ressourcen- zum Energiehandel beschreiben, in dem nicht mehr nur Energierohstoffe, sondern auch direkt nutzbare Energie (meist Elektrizität) ausgetauscht wurde. Diese Verschiebung war gleichzeitig mit enormen Veränderungen bei Produktion, Versorgung und Konsum von Energie verbunden.[5]

In dieser Konstellation ist ein Vergleich entlang der Nutzung eines einzelnen Energieträgers oder einer spezifischen Energieinfrastruktur kaum möglich bzw. über den Zeitraum eines Jahrhunderts gesehen wenig aussagekräftig. Die langfristige Vernetzungsdynamik wird nur deutlich, wenn es gelingt, den technologischen Strukturwandel so einzubinden, dass veränderte Institutionen- und Akteurskonstellationen und Wechselwirkungen mit politischen und ökonomischen Prozessen sichtbar werden. Das bedingt gleichzeitig den Verzicht auf eine

---

[3] Richtlinie 96/92/EG des europäischen Parlaments und des Rates vom 19. Dezember 1996 betreffend gemeinsame Vorschriften für den Elektrizitätsbinnenmarkt. Online verfügbar unter: http://eur-lex.europa.eu/LexUriServ/LexUriServ.do?uri=CELEX:31996L0092:DE:HTML (11.03.2014).
[4] Vgl. Joachim Radkau, Das Rätsel der städtischen Brennholzversorgung im ‚hölzernen Zeitalter', in: Dieter Schott (Hrsg.), Energie und Stadt in Europa. Von der vorindustriellen ‚Holznot' bis zur Ölkrise der 1979er Jahre, Stuttgart 1997, S. 43–75.
[5] Vgl. als Überblick Alfred W. Crosby, Children of the Sun. A History of Humanity's Unappeasable Appetite for Energy, New York/London 2006; Vaclav Smil, Energy in World History, Boulder/CO 1994; Joachim Varchmin u. a., Kraft, Energie und Arbeit. Energie und Gesellschaft, Reinbek 1981.

detaillierte Schilderung der technischen Umsetzung. Alexander Badenoch und Andreas Fickers sprechen von einem „Europe/technology uncertainty principle",[6] das ein gleichzeitiges Erfassen übergreifender europäischer Dynamiken und technischer Spezifika erschwert. In diesem Sinne fokussiert dieser Beitrag die (Be-)Deutung von Technik im politischen Kontext und nicht ihr scheinbar unpolitisches Funktionieren.

Der Markt für elektrische Energie, die heute neben Öl und Gas als Heiz- oder Kraftstoff die Energienutzung bestimmt, steckte um 1900 noch in den Kinderschuhen. Erst nach 1950 wurde elektrischer Strom zur Alltagsenergie, deren Bedeutung durch die Elektrifizierung des Haushalts, das Aufkommen von Unterhaltungselektronik und die „digitale Revolution" seit den 1970er Jahren stetig anstieg. Immerhin 26% des Endenergieverbrauchs der EU erfolgt heute als Elektrizität.[7] Zwar gab es mit dem Schwachstromnetz der Telegraphie seit Mitte des 19. Jahrhunderts ein zusammenhängendes europäisches Elektrizitätsnetz; es war jedoch auf Kommunikation ausgelegt und nicht auf den Energieaustausch.[8] Zu Beginn des 20. Jahrhunderts waren die neu entstandenen lokalen E-Werke für die Energiebilanz weitaus weniger relevant als Dampfmaschinen, Dampfloks und Kohleöfen. Zugespitzt kann hier von einem „Europa der Kohle" gesprochen werden, dem im Folgenden ein „Europa der Elektrizität" gegenübergestellt werden kann. Zwar handelt es sich bei Elektrizität nicht um eine Primärenergiequelle, wie sie die Kohle darstellt, und Kohle bleibt parallel zur Elektrifizierung ein wichtiger Rohstoff der Stromerzeugung. Aber eine Gegenüberstellung ist dennoch zielführend, weil sie unterschiedlichen Organisations- und Funktionslogiken entspricht.

Der Blick in die Energiegeschichte gibt nicht nur Aufschluss über die Relevanz der europäischen Integration für den Energiesektor und den Beitrag von Kohle- und Elektrizitätswirtschaft zur Dynamik der Kooperation, sondern er-

---

[6] Alexander Badenoch/Andreas Fickers, Introduction: Europe Materialzing? Towards a Transnational History of European Infrastructures, in: dies. (Hrsg.), Materializing Europe. Transnational Infrastructures and the Project of Europe, Basingstoke 2010, S. 1–23, hier S. 8.

[7] Vgl. EU (Hrsg.), EU Energy in Figures. Statistical Pocket Book 2013, Brüssel 2013. Download unter: http://ec.europa.eu/energy/publications/doc/2013_pocketbook.pdf (11.03.2014).

[8] Vgl. Peter J. Hugill, Global Communications since 1844. Geopolitics and Technology, Baltimore/London 1999, insbesondere die Karte des europäischen Netzes der 1870er Jahre S. 42.

weitert den Fokus der Europa-Debatte um zentrale Gesellschaftsbereiche. Das Thema schließt Energie als Politikfeld und als Integrationsmedium im Sinne großtechnischer Systeme und Infrastrukturen in den Europäisierungsprozess mit ein. Gerade das Wechselspiel von politisch-soziokulturellem und technologischem Strukturwandel ist für ein multidimensionales Verständnis des heutigen Europas aufschlussreich. Dabei kann auf eine umfangreiche Literatur zur integrierenden Wirkung von Elektrizitätsnetzen und zur Bedeutung von Infrastrukturen im europäischen Kontext zurückgegriffen werden.[9] Die europäische Dimension der Kohlewirtschaft vor dem Zweiten Weltkrieg ist demgegenüber kaum erforscht und kann im Folgenden nur grob skizziert werden.[10]

Den geeigneten Ausgangspunkt, um die europäische Energie-Integration erfassen zu können, bietet die gesellschaftliche Bedeutung der Energieversorgung und der technologische Strukturwandel des Energiebereichs im 20. Jahrhundert. Anschließend werden zwei Phasen getrennt betrachtet: Zunächst das Europa der Kohle, das seinen Höhepunkt im frühen 20. Jahrhundert hatte, dann technisch und ökonomisch langsam an Bedeutung verlor, aber für den Integrationsprozess der 1950er Jahre politisch von zentraler Bedeutung blieb. Schließlich das Europa der Elektrizität, das um 1900 noch nicht existierte, in der Zwischenkriegszeit diskutiert, nach 1951 durch die *Union pour la coordination de la production et du transport de l'électricité* (UCPTE) geschaffen wurde und heute die Debatten um den europäischen Energiesektor prägt. Erst das Zusammenspiel der beiden Integrationspfade erklärt die historische Entwicklungslogik der eu-

---

[9] Vgl. u. a. Per Högselius u. a. (Hrsg.), The Making of Europe's Critical Infrastructure. Common Connections and Shared Vulnerabilities, Basingstoke 2013; Christian Kleinschmidt, Infrastructure, Networks, (Large) Technical Systems. The ‚Hidden Integration' of Europe, in: Contemporary European History 19 (2010), S. 275–284; Badenoch/Fickers, Materializing Europe; Gerold Ambrosius, Internationale Politik und Integration europäischer Infrastrukturen in Geschichte und Gegenwart, Baden-Baden 2010; Erik van der Vleuten u. a., Europe's System Builders. The Contested Shaping of Transnational Road, Rail, and Electricity Networks, in: Contemporary European History 16 (2007), S. 321–347; Erik van der Vleuten/Arne Kaijser, Arne (Hrsg.), Networking Europe. Transnational Infrastructures and the Shaping of Europe, 1850–2000, Sagamore Beach/MA 2006.

[10] Vgl. als zeitgenössische Beiträge Theodor Hassel, Der internationale Steinkohlenhandel, insbesondere seine wirtschafts-statistische Gestaltung im Jahrzehnt 1891/1900, Essen 1905; Rudolf Sonndorfer, Der internationale Kohlenhandel, Wien/Leipzig 1910; Otto Polster (Hrsg.), Zur Geschichte und Entwicklung des Kohlenhandels. Als Denkschrift im Auftrage des Vorstandes des Zentralverbandes der Kohlenhändler Deutschlands anläßlich seiner Gründung, Berlin 1903.

ropäischen Energiepolitik und ermöglicht es, den Mehrwert der Energie-Integration zu diskutieren.

1 Verflechtungsfeld Energie

Energie ist politisch. Sowohl als weltpolitischer Machtfaktor, etwa in Bezug auf strategische Ölreserven, als auch bei sozialpolitischen Maßnahmen, wo der billige Zugang zur Energie eine wichtige integrative Funktion übernimmt, wird ihr eine große Bedeutung zugeschrieben. Steigende Energiepreise gelten als Wachstumshemmnis, auch wenn eine zunehmende Energieeffizienz eine gewisse Entkopplung von Wirtschaftswachstum und Energieverbrauch ermöglicht.[11] Blickt man auf den langfristigen Wandel der Energienutzung, zeigt sich die grundsätzliche Abhängigkeit menschlicher Gesellschaften von der Energieversorgung – vom Grundbedürfnis Nahrung, die im biologisch-physikalischen Sinne nichts anderes als Energie ist, bis hin zum energieintensiven „American way of life" des 20. Jahrhunderts.[12]

Zu den gesellschaftlichen und politischen Implikationen der Industriegesellschaft gehört die besondere Herausforderung, die sich daraus ergibt, dass die vorherrschende Nutzung fossiler Energieträger zeitlich begrenzt, also nicht nachhaltig ist. Das schafft bei der Ressourcenversorgung einen Handlungsdruck, dem man sich bereits im 19. Jahrhundert bewusst war. Bekannt ist das Beispiel William Jevons', der in seinem Buch „The Coal Question" von 1865 die Kohle gleichzeitig als Ursprung der modernen Zivilisation und als Ursache eines unaufhaltsamen Niedergangs des britischen Empires beschreibt:

> With coal almost any feat is possible or easy; without it we are thrown back into the laborious poverty of early times. [...] But the maintenance of such a position

---

[11] Vgl. Peter Hennicke/Michael Müller, Weltmacht Energie. Herausforderung für Demokratie und Wohlstand, Stuttgart 2005; Werner Müller/Bernd Stoy, Entkopplung. Wirtschaftswachstum ohne mehr Energie?, Stuttgart 1978.

[12] Die Forschung unterscheidet Energieregime anhand der veränderten Energie- und Ressourcenintensität, die in Bezug auf den jährlichen Pro-Kopf-Verbrauch auf dem Weg von Jäger- und Sammlergesellschaften (10–20 Gigajoule (GJ)) über Agrargesellschaften (60–80 GJ) bis zur Industriegesellschaft (250 GJ) erheblich zunahm. Vgl. Rolf P. Sieferle, Nachhaltigkeit in universalhistorischer Perspektive, in: Wolfram Siemann (Hrsg.), Umweltgeschichte. Themen und Perspektiven, München 2003, S. 39–60. Siehe auch Vaclav Smil, World History and Energy, in: *Encyclopedia of Energy*, Bd. 6, Amsterdam 2004, S. 549–561.

is physically impossible. We have to make the momentous choice between brief greatness and longer continued mediocrity.[13]

Zweifelsohne wurde die Energiefrage also nicht erst in der jüngeren Vergangenheit politisch aufgeladen. Im langfristigen Vergleich ist somit weniger die heute sicherlich stärker ausdifferenzierte ideelle und kulturelle Bedeutung der Energie als vielmehr die Struktur der Energienutzung die bemerkenswerteste Veränderung. Dieser Strukturwandel wird zunächst quantitativ deutlich; so verdoppelte sich der Pro-Kopf-Energieverbrauch in Großbritannien als der ersten Industrienation zwischen 1820 und 1920, seither nahm er – vor allem in den 1950er und 60er Jahren – noch einmal um rund ein Drittel zu.[14] Mit entsprechender Zeitverzögerung lässt sich diese Entwicklung in allen sich industrialisierenden Ländern nachweisen, auch wenn die Verbrauchswerte zwischen einzelnen Ländern erhebliche Differenzen aufweisen.[15] Insbesondere in England wird auch die frühere Dominanz der Kohle deutlich, während sich im Laufe des 20. Jahrhunderts eine stärkere Diversifizierung der Primärenergieversorgung ergab, in der allerdings Erdöl und Erdgas besonders hervorstechen. Der Energie-Mix der Länder der EU ist heute sehr heterogen. Der Anteil der Kohle für die Primärenergieversorgung lag 2009 in Polen bei 54,4 % und in Frankreich bei lediglich 4,4 %. Dafür besaß Frankreich mit 41,7 % den größten Atomstromanteil, während zwölf von 27 EU-Staaten keine Kernkraftwerke besaßen. Bezogen auf die gesamte EU ergeben sich für 2009 die folgenden Werte: 34,7 % Erdöl, 25,1 % Erdgas, 16,1 % Kohle und 14,1 % Kernenergie.[16]

---

[13] William S. Jevons, The Coal Question. An Inquiry concerning the Progress of the Nation, and the Probable Exhaustion of our Coal-mines, London ²1866, S. 2, 376.

[14] Vgl. Rolf P. Sieferle, u. a., Das Ende der Fläche. Zum gesellschaftlichen Stoffwechsel der Industrialisierung, Köln u. a. 2006, S. 262; ausführlich Fridolin Krausmann u. a., Vergleichende Untersuchung zur langfristigen Entwicklung von gesellschaftlichem Stoffwechsel und Landnutzung in Österreich und dem Vereinigten Königreich, Stuttgart 2003.

[15] Der Pro-Kopf-Primärenergieverbrauch der USA war 2012 mehr als doppelt so hoch wie der Durchschnittswert der EU-Staaten. In den USA wurden insgesamt 2,21 Mrd. t Rohöleinheiten verbraucht, in der EU 1,67 Mrd. t. Vgl. PB (Hrsg.), BP Statistical Review of World Energy 2013, London 2013, S. 40. Download unter: http://www.bp.com/statisticalreview (11.02.2014).

[16] Vgl. Bundeszentrale für politische Bildung (BpB) (Hrsg.), Themengrafik: Energiemix nach Staaten, Bonn 2012. Download unter: http://www.bpb.de/nachschlagen/zahlen-und-fakten/europa/75140/themengrafik-energiemix-nach-staaten (11.03.2014).

Energieströme in Europa um 1900 / um 2000

Abgesehen von neuen Primärenergieträgern hatten vor allem neue Verbrauchergruppen und Formen des Energiekonsums Einfluss auf die Gestaltung der nationalen und europäischen Energiewirtschaft. Hier lässt das vorhandene statistische Datenmaterial für den Beginn des 20. Jahrhunderts zwar keine exakte Quantifizierung zu. Reduziert man den Energiekonsum aber auf Kohle, kann man für Deutschland annehmen, dass vor dem Ersten Weltkrieg etwa zwei Drittel auf Bergbau und Hüttenwesen, Industrie sowie Elektrizitätswerke (vorwiegend für Beleuchtungszwecke) entfielen, ein weiteres Achtel wurde im Verkehrssektor verbraucht, während rund ein Viertel der Kohle in den Platzhandel kam, also vor allem von Privatpersonen und Kleingewerbe erworben wurde.[17] Im Vergleich zu heute fällt vor allem auf, dass EU-weit der Verkehr (2010: 31,9 %) seinen Anteil erheblich gesteigert und die Industrie (25,5 %) insgesamt an Bedeutung verloren hat. Im Bereich der Wirtschaft sind insbesondere der Bedeutungsgewinn von Dienstleistungen (15,7 %) und der Rückgang der Schwerindustrie relevant. Private Haushalte kommen heute auf 26,8 %.[18] In diesem Sektor zeigt sich der Trend zur Elektrifizierung des Energiekonsums besonders stark, der seit dem Zweiten Weltkrieg in allen Industriestaaten zu erheblichen Wachstumskurven beim Stromverbrauch führte, wenngleich sich jeweils nationale Konsumstile herausbildeten.[19] Die damit verbundene Alltäglichkeit des Energiekonsums führte zugleich zu einem neuen Bewusstsein der Abhängigkeit.

Stromnetze sind so zu einer tragenden Säule der europäischen Energieinfrastruktur geworden. Unabhängig davon, wie stark die Primärenergieerzeugung weiterhin von Stein- oder Braunkohle abhing, kam die Kohle nun immer häufiger „aus der Steckdose". Dieses Unsichtbarmachen der Energieproduktion beim Konsumenten führte aber gleichzeitig zu einer neuen Sichtbarkeit des Energietransports in Form von fest installierten technischen Infrastrukturen wie Hochspannungsleitungen und Strommasten. Das Zusammenspiel von Ma-

---

[17] Vgl. Ausschuß zur Untersuchung der Erzeugungs- und Absatzbedingungen der Deutschen Wirtschaft (Hrsg.), Die deutsche Kohlenwirtschaft, Berlin 1929, S. 12.

[18] Zahlen nach Eurostat (Hrsg.): Final Energy Consumption, by Sector (2010). Download unter: http://epp.eurostat.ec.europa.eu/statistics_explained/index.php/Consumption_of_energy/de (11.03.2014).

[19] Vgl. David E. Nye, Path Insistence. Comparing European and American Attitudes Toward Energy, in: Journal of International Affairs 53 (1999), S. 129–48. Zum Wandel des Energiekonsums insbesondere auch Christian Pfister (Hrsg.), Das 1950er Syndrom. Der Weg in die Konsumgesellschaft, Bern u. a. 1995.

terialisierung und Immaterialisierung bestimmt dabei nicht nur die moderne Energienutzung, es weist zudem interessante Verschränkungen mit dem Prozess der europäischen Integration auf, da der internationale Austausch einerseits automatisiert und ohne isolierbare Transaktionen über diese Infrastrukturen erfolgte, andererseits die Organisation des Austausches neue europäische Institutionen erforderlich machte.

2 Das Europa der Kohle

Weltweit deckte Kohle, in aller erster Linie Steinkohle, um die Wende zum 20. Jahrhundert etwa 60% des Primärenergiebedarfs, in den Industrieländern war es jedoch wesentlich mehr.[20] Da das Bergbauprodukt Kohle nicht überall gleichermaßen vorhanden war, bedurfte es zur globalen Versorgung bereits frühzeitig großräumiger Handelsverbindungen. Die Kohleförderung konzentrierte sich 1900 zu 60% auf Europa, wobei dieser Anteil schon 1913 auf etwa 50% zurückgegangen war.[21] Hier werden die Anfänge eines langfristigen Prozesses der Ent-Europäisierung des Weltkohlemarktes erkennbar, der vor allem durch den Aufstieg der USA sowie später anderer Kohleexporteure wie Australien oder Südafrika geprägt war.[22] Innerhalb Europas gab es ebenfalls erhebliche Unterschiede in den Versorgungsmöglichkeiten. Größte Kohleproduzenten waren mit Abstand Großbritannien und das Deutsche Reich, die 1913 beispielsweise 292 bzw. 219,1 Mio. t Steinkohleeinheiten (SKE) förderten. Mit deutlichem Abstand folgten Frankreich (40,3 Mio. t), Russland (33,3 Mio. t), Österreich-Ungarn (29,9 Mio. t) und Belgien (22,8 Mio. t), deren Förderung für

---

[20] Unter den fossilen Brennstoffen dominierte die Kohle mit über 90%. Vgl. Wolfgang König, Massenproduktion und Technikkonsum. Entwicklungslinien und Triebkräfte der Technik zwischen 1880 und 1914, in: Ders./Wolfhard Weber (Hrsg.), Netzwerke, Stahl und Strom, 1840 bis 1914 (Propyläen Technikgeschichte 4), Berlin ²1997, S. 265–552, hier S. 275.

[21] Zahlen nach Georg Balzer, Die europäische Kohlenwirtschaft unter besonderer Berücksichtigung des internationalen Arbeitszeitproblemes, Hersfeld 1934, S. 4. Vgl. auch Kurt Wiedenfeld, Die Kohle in der Weltwirtschaft, in: Karl Borchardt (Hrsg.), Handbuch der Kohlenwirtschaft, Berlin 1926, S. 19–26; Ferdinand Friedensburg, Die Bergwirtschaft der Erde. Bodenschätze, Bergbau und Mineralienversorgung der einzelnen Länder, Stuttgart 1938.

[22] Vgl. Fritz Fölsing, Der europäische Kohlenmarkt von 1913–1924, Stadtroda 1927, S. 26 ff.; zur Nachkriegszeit International Energy Agency (IEA) (Hrsg.), International Coal Trade. The Evolution of a Market, Paris 1997.

die Selbstversorgung bereits nicht mehr ausreichend war. Insgesamt vereinigten diese Länder 98,9 % der europäischen Produktion.[23]

Bei der Betrachtung des Kohlenmarktes muss grundsätzlich zwischen dem Handel mit Kesselkohle und jenem mit Kokskohle unterschieden werden, denn neben dem Bedarf von privaten Heiz- und industriellen Dampfkesselanlagen war die Verhüttung in der Eisen- und Stahlindustrie der Hauptverwendungszweck der Kohle.[24] Diese enge Kopplung verstärkte ihre wirtschaftspolitische Schlüsselrolle entscheidend. Auch wenn die Erzeuger beide Märkte bedienten, waren diese auf unterschiedliche Weise lokal gebunden. Die Standortstruktur der Stahlindustrie war eng an die Kohle- und Erzvorkommen bzw. ihre Transportmöglichkeiten geknüpft. Der Hausbrand hingegen fiel individuell in jedem Haus an und auch die übrigen industriellen Sektoren waren weniger stark konzentriert, so dass eine Versorgung in der Fläche gewährleistet werden musste. Unter diesen Voraussetzungen setzte frühzeitig ein umfangreicher innereuropäischer Kohlehandel ein, der 1913 – bei einer Produktion von 644,7 Mio. t – ein Volumen von über 120 Mio. t besaß.[25]

Auch dieser Handel beruhte auf einer materiellen Infrastruktur; denn wenn Energieversorgung vor allem Kohlehandel bedeutete, waren Verkehrsnetze um 1900 zugleich sichtbare Teile der europäischen Energieinfrastruktur. 1900 beförderte die Eisenbahn in Deutschland 117,1 Mio. t Kohle, was 44,3 % des gesamten Güteraufkommens entsprach. In der deutschen Binnenschifffahrt machte Kohle zur selben Zeit über ein Drittel des Gesamttransportvolumens aus.[26] Dennoch waren die im 19. Jahrhundert gebauten Eisenbahnverbindungen und Wasserstraßen kein System zur Energieversorgung, da sie weder exklusiv hierfür

---

[23] Zahlen nach Fölsing, Europäischer Kohlenmarkt, S. 3. Die Braunkohleförderung ist in diese Zahlen einberechnet; sie fällt jedoch lediglich für Deutschland (13,2 %) und Österreich-Ungarn (42,1 %) ins Gewicht. Ähnliche Zahlen bei Armin Hermann Goldreich, Die Kohlenversorgung Europas, Berlin 1918.

[24] Vgl. König, Massenproduktion, S. 275–290; Barbara Freese, Coal. A Human History, Cambridge/MA 2003.

[25] Aufgrund der wirtschaftsgeografischen Gegebenheiten stellte dies im Kern ein europäisches System dar, wenn auch Atlantik und Mittelmeerraum einbezogen wurden. So exportierte Großbritannien größere Mengen nach Übersee (ca. 12 Mio. t im Vergleich zu 230.00 t deutsche Überseeexporte); dem standen amerikanische Lieferungen im Umfang von ca. 0,9 Mio. t. entgegen. Vgl. Fölsing, Der europäische Kohlenmarkt, S. 1 f.; Balzer, Europäische Kohlenwirtschaft, S. 40 ff.

[26] Vgl. Ausschuß (Hrsg.), Deutsche Kohlenwirtschaft, S. 103.

genutzt wurden, noch nach diesem Gesichtspunkt organisiert waren. Die Verkehrsinfrastruktur schuf flexible Kanäle für einen europäischen Güteraustausch; allerdings führte eine Intensivierung des Handels zu einer zunehmenden internationalen Kooperation im Verkehrssektor.[27]

Die drei führenden Industrieländer der Zeit – die USA, Großbritannien und das Deutsche Reich – waren zugleich die größten Kohleproduzenten, die ihre ökonomische Stärke somit auf eigenen Energiereserven aufbauen konnten. Dem entsprechend wird die Kohlewirtschaft häufig als nationalstaatliche Domäne und Machtfaktor wahrgenommen, zumal es hier in allen Ländern starke Konzentrationsbewegungen gab, die sich in Großkonzernen und Kartellen, später auch Nationalisierungsbestrebungen niederschlugen. Die Organisationsstruktur der Kohlewirtschaft war durch vertikale und horizontale Integration geprägt: Kohle und Stahl, Zechenreedereien und Absatzkartelle wie das zunächst horizontal, im Verlauf zunehmend auch vertikal integrierte, 1893 gegründete *Rheinisch-Westfälische Kohlensyndikat* in Deutschland.[28] Gleichzeitig hatte die Kohlewirtschaft jedoch eine starke inter- und transnationale Dimension, denn auf europäischer Ebene brachte umfangreicher Handel wirtschaftliche Abhängigkeiten mit sich. Dies konnte ökonomisch integrierend wirken, aber auch zu machtstrategischen Spannungen führen.

Die Verflechtung des europäischen Kohlenmarktes zeigt sich bereits beim Blick auf die Außenhandelsbilanzen der europäischen Staaten, waren doch fast alle auf Importe angewiesen. Italien musste 1913 fast seinen gesamten Bedarf von 11 Mio. t importieren, in Frankreich machte der Importüberschuss von 22 Mio. t etwa ein Drittel des Verbrauchs aus. Auch die Handelsbilanzen von Russland (-17 %), Belgien (-15 %) oder Österreich-Ungarn (-14 %) wiesen für Kohle ein deutliches Defizit aus.[29] Eine dominierende Rolle als Exporteure hatten Großbritannien und Deutschland inne: Rund 80 % der Kohlenexporte in

---

[27] Hinzu kam die internationale Seeschifffahrt, für die Kohle ebenfalls ein wichtiges Massengut darstellte. Zur europäischen Kooperation im Bereich Eisenbahn und Binnenschifffahrt vgl. Gerold Ambrosius/Christian Henrich-Franke, Integration von Infrastrukturen in Europa im historischen Vergleich, Baden-Baden 2013, S. 52–65.

[28] Vgl. Karen C. Burke, Industrial Organization and the State. The Rhenish-Westphalian Coal Syndicate, 1893–1925, Cambridge/MA 1979; Dieter Wilhelm, Das Rheinisch-Westfälische Kohlensyndikat und die Oberschlesische Kohlenkonvention bis zum Jahre 1933, Erlangen 1966.

[29] Zahlen nach Ferdinand Friedensburg, Kohle und Eisen im Weltkriege und in den Friedensschlüssen, München/Berlin 1934, S. 14.

Europa entfielen auf diese beiden Länder, so dass viele nationale Kohlenmärkte Arenen der deutsch-britischen Konkurrenz darstellten.[30] Gerade der deutsche Kohlenmarkt zeigt aber auch die Grenzen eines nationalen Konkurrenzdenkens, schließlich hatte englische Kohle in Nord- und Mitteldeutschland aufgrund günstiger Transportwege erhebliche Marktanteile. In Berlin konnte britische Steinkohle vor dem Ersten Weltkrieg einen Anteil von über 25 % erreichen, in Hamburg lag er sogar bei über 60 %.[31] Die Struktur des Handels wurde stärker von Preisunterschieden und Transportkosten als von Landesgrenzen bestimmt, zumal Kohle meist gar nicht oder nur mit mäßigen Zollsätzen belastet war.[32] Diese Offenheit zeigt sich gerade auch im Kohlehandel der nordwest- und mitteleuropäischen Länder, die meistens sowohl Exporteure als auch Importeure waren. Deutschland exportierte 1913 etwa 7,2 Mio. t in die Niederlande, 5,7 Mio. t nach Belgien und 3,2 Mio. t. nach Frankreich; erhielt aber auch 0,5 Mio. t aus den Niederlanden und 0,3 Mio. t aus Belgien. Außerdem lieferte Belgien 5,6 Mio. t nach Frankreich und etwa 130.000 t in die Niederlande. Ähnliche Verflechtungen gab es auch zwischen dem Deutschen Reich und Österreich-Ungarn, das etwa 12 Mio. t deutsche Kohle erhielt, aber auch 0,5 Mio. t lieferte.[33]

Angesichts solcher grenzüberschreitenden Stoffströme lässt sich durchaus von einem integrierten Markt mit gut vernetzten Akteuren sprechen, auch wenn es aufgrund der dominierenden Rolle Deutschlands und Großbritanniens deutliche Asymmetrien gab. Die Kohleversorgung wurde spätestens in der Zwischenkriegszeit als europäisches System – und gegebenenfalls auch Problem – wahrgenommen, wenn etwa der Wirtschaftswissenschaftler Fritz Fölsing 1925 von der „Empfindlichkeit des Mechanismus der europäischen Kohlenwirtschaft"[34]

---

[30] Vgl. neben zeitgenössischen Darstellungen Rainer Fremdling, Anglo-German Rivalry in Coal Markets in France, the Netherlands and Germany, 1850–1913, in: The Journal of European Economic History 25 (1997), S. 599–646.

[31] Vgl. die Angaben bei Rainer Fremdling, Britische und deutsche Kohle auf norddeutschen Märkten 1850–1913, in: Jürgen Bergmann u. a. (Hrsg.), Regionen im historischen Vergleich, Opladen 1989, S. 9–54.

[32] Frankreich verlangte vor dem Ersten Weltkrieg einen Einfuhrzoll von 1,20 Francs je Tonne Kohle oder Koks. Vgl. die (oft fehlenden) Hinweise bei Sonndorfer, Internationaler Kohlehandel, S. 86.

[33] Zahlen nach Balzer, Europäische Kohlenwirtschaft, S. 38 f.; Fölsing, Der europäische Kohlenmarkt, S. 4 f.

[34] Ebd. S. 3. Vgl. auch die Titel anderer Arbeiten wie Balzer, Europäische Kohlenwirtschaft; Goldreich, Europäische Kohlenversorgung.

spricht. Über die dahinter stehenden personalen und organisatorischen Netzwerke sind in zeitgenössischen Handbüchern ebenso wie in der Forschungsliteratur jedoch wenige Informationen vorhanden; es gibt kaum Hinweise auf übergreifende internationale Vereinigungen oder kartellähnlichen Verbindungen. Eine Ausnahme in der Forschung stellen hier die Beziehungen zwischen dem *Rheinisch-Westfälischen Kohlensyndikat* und der niederländischen *Steenkolen-Handelsvereeniging* dar.[35] Deutlich ist jedoch, dass der hohe Organisationsgrad der Schwerindustrie spätestens seit dem Beginn des 20. Jahrhunderts auch den Kohlehandel bestimmte, so dass diese Zentralisierungstendenzen auch das Auslandsgeschäft betrafen. Die unabhängigen deutschen Händler schlossen sich 1902 zum *Centralverband des deutschen Kohlehandels* zusammen, dennoch konnte sich der freie Kohlengroßhandel nur noch als „Großhandel zweiter Hand" behaupten: „Je fester die Kartelle des Bergbaues wurden desto abhängiger wurden die Händler."[36] In Form von Syndikatshandelsgesellschaften und Werkshandelsgesellschaften war der Handel mit Kohle als Teil der großen Kohle- und Stahlkonzerne organisiert. Die Kohle war somit auch Gegenstand jener verstärkten transnationalen Kooperation von Unternehmen aus Deutschland, Frankreich, Belgien, Luxemburg und dem Saarland, die ab 1926 unter Führung des Luxemburgers Emil Mayrisch und des Deutschen Fritz Thyssen in der *Internationale Rohstahlgemeinschaft* (auch *Internationales Stahlkartell*) zusammenarbeiteten.[37] Das gemeinsame Festsetzen von Produktionsquoten ist in der Forschung zur Europäischen Integration immer wieder als Vorläufer der 1952

---

[35] Vgl. Eva-Maria Roelevink/Joep Schenk, Challenging Times. The Renewal of Transnational Business Relationship: The Rhenisch Westphalian Coal Syndicate and the Coal Trading Association, 1918 to 1925, in: Zeitschrift für Unternehmensgeschichte 57 (2012), S. 154–180. An der Ruhr-Universität Bochum (Wirtschafts- und Unternehmensgeschichte) läuft darüber hinaus ein DFG-Forschungsprojekt „Absatz und Absatzstrategien des westdeutschen Steinkohlenbergbaus in der ersten Hälfte des 20. Jahrhunderts". Vgl. http://www.ruhr-uni-bochum.de/wug/forschung/aktuell/steinkohlebergbau.html.de (11.03.2014).

[36] Karl Borchardt/Werner Piltz, Der deutsche Kohlenhandel, in: Borchardt (Hrsg.), Handbuch, S. 441–461, hier S. 442. Vgl. auch Hugo Tiegs, Deutschlands Steinkohlenhandel, seine Entwicklung und Organisation, sowie Schilderung der gegenwärtigen Lage mit besonderer Berücksichtigung des Fiskus, der Kohlen-Kartelle und Konsumenten, Berlin 1904; Polster, Zur Geschichte und Entwicklung des Kohlenhandels.

[37] Vgl. Günther Kiersch, Internationale Eisen- und Stahlkartelle, Essen 1954; Holm A. Leonhardt, Kartelltheorie und Internationale Beziehungen. Theoriegeschichtliche Studien, Hildesheim 2013.

gegründeten *Europäischen Gemeinschaft für Kohle und Stahl* (Montanunion, EGKS) herausgestellt worden.[38]

Die Ambivalenz von Kooperation und Konkurrenz in den ersten Jahrzehnten des 20. Jahrhunderts zeigt sich insbesondere in der Beziehung zwischen Deutschland und Frankreich, deren Stahl- und Kohleindustrie eng mit dem Ausland verflochten war: Deutschland bezog vor 1913 nahezu die Hälfte seines Eisenerzbedarfs aus dem Ausland und führte ein Viertel seiner Steinkohlenförderung aus, während Frankreich umgekehrt große Mengen Kohle im Auslande einkaufte, jedoch auch zwei Fünftel der Eisenerzeugung exportierte. Hinzu kam die geographische Verteilung der Ressourcen, denn drei Viertel der Kohle und fast 80 % der Eisenerze wurde in Deutschland innerhalb einer 120 km breiten Zone entlang der Westgrenze gefördert. Für Frankreich betraf dies spiegelbildlich fast drei Viertel der Kohle und über 90 % des Eisenerzes. Oder wie der Wirtschaftswissenschaftler und spätere CDU-Politiker Ferdinand Friedensburg es zugespitzt formulierte:

> Die Grenzlage der Bergbaubezirke im Verein mit der Tatsache, dass jedes der beiden Länder in einem der wirtschaftlich und politisch so überragend wichtigen Rohstoffe vom Auslande, und sogar im gewissen Umfang gerade von dem Nachbarlande abhängig war, musste naturgemäß auch die gegenseitigen politischen Beziehungen beeinflussen.[39]

Die negative Seite dieser wirtschaftspolitischen Verflechtung zeigte sich im Ersten Weltkrieg und im Versailler Vertrag, der den französischen Zugriff auf die deutschen Ressourcen sichern helfen sollte.[40] Der deutsch-französische Ge-

---

[38] Kontinuität meint eher fortgesetzte Koordination und Regulierung, weniger identische Motive und Modalitäten. Vgl. Clemens A. Wurm, Les Cartels internationaux de l'acier de L'entre-deux-guerres. Precurseurs du plan Schuman?, in: Andreas Wilkens (Hrsg.), Le plan Schuman dans l'histoire. Intérêts nationaux et projet européen, Brüssel 2004, S. 71–77; Matthias Kipping, Kontinuität oder Wandel? Der Schuman-Plan und die Ursprünge der wirtschaftlichen Integration in Europa. Deutschland und Frankreich, in: Stephan A. Schuker (Hrsg.), Deutschland und Frankreich. Vom Konflikt zur Aussöhnung. Die Gestaltung der westeuropäischen Sicherheit 1914–1963, München 2000, S. 211–230; John Gillingham, Zur Vorgeschichte der Montan-Union. Westeuropas Kohle und Stahl in Depression und Krieg, in: Vierteljahreshefte für Zeitgeschichte 34 (1986), S. 381–405.
[39] Friedensburg, Kohle und Eisen, S. 24; vgl. zum „Kohlen- und Eisenproblem zwischen Deutschland und Frankreich" ausführlich ebd. S. 24–52.
[40] Vgl. zeitgenössisch ebd., Kap. IV: Kohle und Eisen in den Friedensschlüssen.

gensatz und die Versorgungsengpässe des Krieges und der Nachkriegszeit sorgten für eine weitere Politisierung der Kohle- und Stahlfrage. Dennoch ist festzuhalten, dass der europäische Kohlenmarkt – ergänzt um neue Mitspieler wie Polen und die Tschechoslowakei – in der Zwischenkriegszeit eng verflochten blieb, bis der Zweite Weltkrieg diese Beziehungen erneut in Frage stellte.[41]

Auf der anderen Seite diente die industriestrukturelle Verflechtung zwischen Deutschland und Frankreich zu Beginn der 1950er Jahre als Ausgangspunkt des Aussöhnungsprozesses.[42] Im Juli 1952 trat der Pariser Vertrag, durch den die EGKS gegründet wurde, in Kraft. Die Vereinigung der Kohle- und Stahlproduktion unter Aufsicht einer „Haute Autorité" war ein strategisch, aber auch symbolisch bedeutsamer Pfeiler zur Umsetzung des „Schuman-Plans". Die Mitgliedsländer Belgien, Deutschland, die Niederlande, Luxemburg, Frankreich und Italien bildeten eine Montanunion, in der für den Energieträger Kohle bereits Zollfreiheit herrschte. Politisch war dies der erste Schritt der europäischen Einigung; die EGKS kann – wie gezeigt – wirtschaftlich aber auch als Weiterentwicklung der Marktinstitutionen der Zwischenkriegszeit und somit als Wiederaufnahme von Vorkriegsmustern gesehen werden.

Das Europa der Nachkriegszeit blieb für die Politik ein Europa der Kohle. Diese sollte – so die Vorstellung der Zeitgenossen – zum Impulsgeber der Integrationsdynamik werden, indem sie Wachstum und Wohlstand schuf. „Kohle und Stahl bauen Europa"[43] verheißt ein mit Unterstützung der Hohen Behörde der EGKS veröffentlichter Bildband von 1958, der Hochöfen und Kohlefrachtschiffe als die Zukunft Europas zeigt. Durch den beschleunigten technologischen Wandel in der Energieversorgung und die beginnende Strukturkrise der europäischen Montanindustrie seit Ende der 1950er Jahre deckte sich dieses Bild jedoch schon bald nicht mehr mit der ökonomischen Wirklichkeit.

---

[41] Vgl. Balzer, Europäische Kohlenwirtschaft, insbesondere S. 16–53.

[42] Vgl. hierzu ausführlich Wilfried Loth, Der Weg nach Europa. Geschichte der europäischen Integration 1939–1957, Göttingen ²1991; Matthias Kipping, Zwischen Kartell und Konkurrenz. Der Schuman-Plan und die Ursprünge der europäischen Einigung 1944–1952, Berlin 1996; als neuere Überblicke zur Geschichte der europäischen Integration auch Guido Thiemeyer, Europäische Integration. Motive – Prozesse – Strukturen, Köln 2010; Jürgen Mittag, Kleine Geschichte der Europäischen Union. Von der Europaidee bis zur Gegenwart, Münster 2008; Gabriele Clemens u. a., Geschichte der europäischen Integration. Ein Lehrbuch, Paderborn 2008.

[43] Vgl. Werner Eckhardt (Hrsg.), Kohle und Stahl bauen Europa, Bad Reichenhall/Salzburg 1958.

Der Kohle-Ansatz der neu geschaffenen *Europäischen Wirtschaftsgemeinschaft* (EWG) deckte nicht mehr die Energiewirtschaft in ihrer Gesamtheit ab. Der Energiemarkt wurde zunehmend von Öl, Gas und Atomkraft geprägt, so dass auf europäischer Ebene ein energiepolitisches Vakuum entstand. Die Hoffnungen, mit der durch die Römischen Verträge 1957 geschaffenen *Europäischen Atomgemeinschaft* (EURATOM) eine zweite technologische Integrations-Instanz im Feld der Energiewirtschaft zu etablieren, erfüllten sich nicht. In der von militärstrategischen Interessen beeinflussten Atompolitik war die transnationale Kooperation wesentlich weniger weitreichend und erfolgreich als im Fall der EGKS.[44] Die Versorgung mit Öl und Gas schließlich kam erst nach dem ersten Ölpreisschock von 1973 auf die gemeinsame europäische Agenda, wobei – angesichts der Fokussierung der europäischen Institutionen auf die Kohle – die direkten Krisenreaktionen und neu aufgelegten Energieprogramme nationalstaatlich geprägt waren.[45]

Jenseits der nationalen Industriepolitik, die in vielen Ländern der EG auch in den folgenden Jahrzehnten von Kohle- und Stahlkrise geprägt war, verlor die Kohle als Energieträger und Handelsgut ihre Ausnahmestellung. Der Kohlebeitrag zur Energieversorgung in der EU ist mit heute etwa einem Sechstel zwar nicht unbedeutend geworden, kann aber kaum noch als Motor der wirtschaftlichen Kooperation gesehen werden.[46] Im Jahr 2000 hatte der europäische Kohlenaußenhandel mit 100 Mio. t ein geringeres Volumen als 1913. Zudem stammten nun 54 % der Kohleimporte aus Australien und Nordamerika, so dass sich der innereuropäische Kohlenhandel im Verlauf des 20. Jahrhundert mehr als halbierte und vor allem im Vergleich zu anderen Gütermärkten massiv an Bedeutung verlor.[47]

---

[44] Vgl. Clemens, Geschichte der Europäischen Integration, S. 135 ff.; Peter Weilemann, Die Anfänge der Europäischen Atomgemeinschaft. Zur Gründungsgeschichte von Euratom 1955–1957, Baden-Baden 1983.

[45] Erste Ansätze sind in einem Memorandum von 1968 mit dem Titel „Erste Orientierung für eine gemeinschaftliche Energiepolitik" zu sehen. Vgl. Hans R. Krämer, Die Europäische Gemeinschaft und die Ölkrise, Baden-Baden 1974; Louis Turner, The Politics of the Energy Crisis, in: International Affairs 50 (1974), S. 404–415; zur Energiepolitik auch Johannes Pollak u. a., Die Energiepolitik der EU, Wien 2010.

[46] Auffällig ist die größere Bedeutung der Kohle in den nach 2005 hinzugekommenen Mitgliedsstaaten. Vgl. BpP (Hrsg.), Themengrafik: Energiemix nach Staaten.

[47] Zahlen nach IEA (Hrsg.), Coal Information Statistics, Download unter: http://www.oecd-ilibrary.org/energy/data/iea-coal-information-statistics_coal-data-en (11.03.2014).

3 Das Europa der Elektrizität

Wenn das Europa der Kohle in den 1950er und 60er Jahren das Europa der Politiker und Ökonomen des offiziellen Einigungsprozesses blieb, dann war das Europa der Elektrizität zu diesem Zeitpunkt ein Europa technischer Experten, das sich im Windschatten der Politik entwickelte. Nachdem seit den 1890er Jahren die Fernübertragung elektrischer Energie ohne unwirtschaftlich hohe Einbußen technisch möglich war, lagen die ökonomischen Argumente für den Bau weitreichender Netzverbindungen auf der Hand. Zwar ist Elektrizität (in Form des heute üblichen Wechselstroms) nicht speicherfähig, der vergleichsweise einfache Transport über Hochspannungsnetze schuf jedoch Vorteil bei der Ausnutzung der „Economies of Scale" und der Standortwahl von Kraftwerken. An die Stelle kleiner lokaler Einheiten trat seit der Wende zum 20. Jahrhundert eine weiträumige Vernetzung, die den Siegeszug der Elektrifizierung erst ermöglichte.[48] Geprägt wurde diese Entwicklung zunehmend von Großversorgern wie der *Rheinisch-Westfälische Elektrizitätswerk AG* (RWE), deren so genannte „Nord-Süd-Leitung" 1929 den prägenden Meilenstein der Drehstrom-Hochspannungsübertragung in Deutschland darstellte und das Versorgungsnetz des Ruhrgebiets mit Kraftwerken im Alpenraum verband.[49] Gerade dieses Projekt demonstrierte die Vorteile einer weiträumigen Vernetzung, denn die Verbindung der kohlebasierten Elektrizitätserzeugung des Ruhrgebiets mit der wasserkraftbasierten Elektrizitätserzeugung des Hochgebirges ermöglichte eine Kombination von Grund- und Spitzenkraftanlagen und eine Optimierung der Netzauslastung. Hinzu kam die Möglichkeit, bei kurzfristigen lokalen Engpässen oder bei Instandsetzungsarbeiten die Versorgung sicherzustellen.

Aufgrund der neuen technischen Möglichkeiten war die Zwischenkriegszeit geprägt von Ideen für europäische Vernetzungsprojekte.[50] Zu den bekanntes-

---

[48] Die erste Hochspannungsübertragung fand 1891 anlässlich der internationalen Elektrizitätsausstellung in Frankfurt/Main statt. Vgl. zur Geschichte der Elektrifizierung König, Massenproduktion, S. 314–359; David E. Nye, Electrifying America. Social Meanings of a New Technology, 1880–1940, Cambridge/MA 1990; Wolfgang Zängl, Deutschlands Strom. Die Politik der Elektrifizierung von 1866 bis heute, Frankfurt/New York 1989; Thomas P. Hughes, Networks of Power. Electrification in Western Society, 1880–1930, Baltimore 1983.
[49] Vgl. die geschichtswissenschaftlichen Beiträge in Dieter Schweer (Hrsg.), RWE – Der gläserne Riese. Ein Konzern wird transparent, Wiesbaden 1998.
[50] Vgl. ausführlich Vincent Lagendijk, Electrifying Europe. The Power of Europe in the Construction of Electricity Networks, Amsterdam 2008, S. 69–106.

Energieströme in Europa um 1900 / um 2000

ten Beiträgen gehört der „Atlantropa"-Plan des Münchner Architekten Herman Sörgel, der durch Staudämme das Mittelmeer absenken und zur Wasserkrafterzeugung nutzen wollte. Gleichzeitig plante er durch so genannte „Kraftschienen" ein integriertes Stromnetz zwischen Nordeuropa und Kapstadt.[51] War dieses Großprojekt in seiner Umsetzung von Anfang an utopisch, orientierten sich verschiedene andere Entwürfe stärker an konkreten energiewirtschaftlichen Möglichkeiten.[52] Zudem entstanden erste Internationale Organisationen, die sich mit entsprechenden Fragen auseinandersetzten, insbesondere die 1923 ins Leben gerufene *Weltkraftkonferenz* (*World Power Conference*, WPC) als Plattform internationaler Energieexperten und die 1925 geschaffene *Union Internationale des Productions et Distributeurs d'Énergie Électrique* (UNIPEDE). Hier etablierte sich ein „technokratischer Internationalismus", der auch in der Nachkriegszeit weiterwirken sollte.[53]

In der Praxis blieb die Vernetzung auf europäischer Ebene jedoch Stückwerk. Die Akteure des Netzausbaus, der in Europa vor allem zwischen 1910 und 1970 stattfand, blieben nationalstaatlich organisiert. Grenzübergreifende Langstreckenverbindungen, wie die seit 1921 mögliche Übertragung von Nancy über die Schweiz bis in die Region Mailand, eine rund 700 km lange Strecke, blieben in der Zwischenkriegszeit ökonomisch unbedeutend. Neben dem technischen Aufwand war hier entscheidend, dass die meisten europäischen Staaten den Export von Elektrizität mittels Stromgesetzen unterbanden, um die Ressourcen für die eigene Wirtschaft zu sichern.[54] Entscheidende Impulse für die Entstehung ei-

---

[51] Vgl. Hermann Sörgel, Atlantropa. Wesenszüge eines Projekts, Stuttgart 1948.

[52] Siehe etwa Ernst Schönholzer, Ein elektrowirtschaftliches Programm für Europa, in: Schweizerische Technische Zeitschrift 27 (1930), S. 385–397; Oskar Oliven, Europas Großkraftlinien. Vorschlag eines europäischen Hochspannungsnetzes, in: Zeitschrift des Vereins Deutscher Ingenieure 74 (1930), S. 875–879. Ähnliche Planungen verfolgten auch die Nationalsozialisten im besetzen Europa, vgl. Helmut Maier, Systems Connected. IG Auschwitz, Kaprun, and the Building of European Power Grids, in: Van der Vleuten/Kaijser (Hrsg.), Networking Europe, S. 129–158.

[53] Vgl. Vincent Lagendijk, ‚To Consolidate Peace'? The International Electro-technical Community and the Grid for the United States of Europe, in: Journal of Contemporary History 47 (2012), S. 402–426; Johan Schot, Transnational Infrastructures and the Origins of European Integration, in: Badenoch/Fickers (Hrsg.), Materializing Europe, S. 82–109; UCTE (Hrsg.), UCTE/UCPTE – The 50 Year Success Story. Evolution of a European Interconnected Grid, Brüssel 2009, S. 8. Download unter: https://www.entsoe.eu/news-events/former-associations/ucte/ (11.03.2014).

[54] Um 1930 waren allerdings zumindest Deutschland, Österreich, die Schweiz, Frank-

nes europäischen Verbundnetzes erfolgten erst in den Jahren unmittelbar nach dem Zweiten Weltkrieg. In dieser Phase weit verbreiteter Versorgungsengpässe erschienen positive Netzwerkeffekte besonders reizvoll. Dementsprechend entstanden bei der *Wirtschaftskommission für Europa der Vereinten Nationen* und bei der *Organisation für europäische wirtschaftliche Zusammenarbeit* (OEEC), also im Rahmen des *European Recovery Programms* der USA, frühzeitig spezielle Gremien für die Koordinierung der Elektrizitätswirtschaft.[55] Im Vergleich zur Kohlenversorgung erschienen ihre Aufgaben jedoch weiterhin nachrangig. Im Fokus stand der Aufbau eines funktionierenden Systems von Netzen, weniger politische Strategien.

Von der OEEC ging 1951 die Initiative zur Gründung einer *Union für die Koordinierung der Erzeugung und des Transports von Elektrizität* (UCPTE) aus.[56] Die acht Mitglieder waren Belgien, die Bundesrepublik Deutschland, Frankreich, Italien, Luxemburg und die Niederlande, also alle späteren Gründungsländer der EWG, und zudem Österreich und die Schweiz. Ziel der UCPTE war die optimale Nutzung der Erzeugungskapazitäten, was unter anderem durch Austausch von Erzeugungsüberschüssen erreicht werden sollte. Notwendige Voraussetzung für ein solches transnationales Projekt war die Verbindung der Stromnetze inklusive der Standardisierung und Vereinheitlichung technischer Normen und Betriebsregeln.[57] Nach einer vierjährigen Vorbereitungsphase setzte schließlich 1955 eine technologische Dynamik ein, die sich bis heute fortsetzt: Die systematische und kontinuierliche Ausweitung der synchronen Verknüpfung von Netzen zu einem internationalen Verbund im Parallelbetrieb. Zunächst

---

reich, Luxemburg, die Tschechoslowakei, Polen sowie die skandinavischen Länder am internationalen Stromaustausch beteiligt. Vgl. Vincent Lagendijk, ‚An Experience forgotten today'. Examining two Rounds of European Electricity Liberalization, in: History and Technology 27 (2011), S. 291–310, hier S. 293 ff.

[55] Vgl. Lagendijk, Electrifying Europe. S. 139–146.

[56] Vgl. Ebd. S. 146 ff.; UCTE (Hrsg.), 50 Year Success Story, S. 9 ff.; Theo Horstmann, Das europäische Verbundnetz der Union for the Co-ordination of Transmission of Energy (UCTE). Entstehung – Erfolgsgeschichte – Herausforderungen, in: Horst A. Wessel (Hrsg.), Von der Leitung zum Netz. Zur Entstehung und Zuverlässigkeit von Netzen für Energie und Kommunikation, Berlin 2006, S. 99–109.

[57] Im heutigen Netz der Stromversorgung unterscheidet man vier Spannungsebenen: Das Höchstspannungsnetz (380/220 Kilovolt), das Hochspannungsnetz (110 Kilovolt), das Mittelspannungsnetz (meistens 20 oder 10 Kilovolt) und das Niederspannungsnetz (400/230 Volt). Vgl. zur technischen Entwicklung auch UCTE (Hrsg.), 50 Year Success Story.

Energieströme in Europa um 1900 / um 2000

bildeten Westdeutschland, Österreich, die Niederlande, Luxemburg und Belgien einen Netzverbund. 1958 folgten Frankreich, die Schweiz und Norditalien. Über die Mitgliedsländer der UCTPE hinaus schlossen sich 1962 Spanien, Portugal und Jugoslawien, 1964 Teile Dänemarks, 1976 Griechenland, 1985 Albanien und 1987 auch Großbritannien an das Verbundnetz an.[58]

Die UCPTE war jedoch nicht der einzige Elektrizitätsverbund in Europa. Zwischen 1958 und 1961 entstand ein osteuropäisches Pendant mit der *Central Dispatcher Organisation of the Interconnected Power Systems* (CDO-IPS) in Prag. In Nordeuropa bildete sich 1963 die NORDEL als Zusammenschluss der skandinavischen Übertragungsnetzbetreiber, die später im Energieaustausch mit der UCPTE stand. Dieser erfolgte jedoch nicht durch ein synchronisiertes Netz, sondern in Form von Hochspannungs-Gleichstrom-Übertragung (HGÜ).[59] In Bezug auf die Entwicklung der europäischen Integration sind daneben zwei geographische Aspekte der UCPTE-Entwicklung bemerkenswert. Einerseits war das Gebiet des Verbundnetzes nicht deckungsgleich mit der EWG. An einigen Stellen zeigte sich sogar eine gewisse Durchlässigkeit des „Eisernen Vorhangs" bei Fragen der Energieversorgung.[60] Andererseits lässt sich ein teilweise parallel zur EWG- bzw. EG-Erweiterung verlaufender Ausbau des UCPTE-Netzes ausmachen, wobei die Stromintegration der politischen Integration wie im Fall von Griechenland, Spanien und Portugal (EG-Beitritt 1981 bzw. 1986) meist vorausging. Schließlich wurden diese Länder und auch Jugoslawien 1987 als Vollmitglieder in die UCPTE aufgenommen.[61]

Technisch handelt es sich um ineinandergreifende Netze mit deutlich identifizierbaren Schnittstellen ohne zentrale Steuerungsinstanz: „ein dezentral

---

[58] Vgl. ebd. S 30. Die Integration dieser Länder erfolgte teilweise über überlappende Organisationen wie die 1961/62 gebildete UFIPTE (Frankreich, Spanien, Portugal) und die 1964 geschaffene SUDEL (Italien, Österreich, Jugoslawien).

[59] Solche HGÜ-Verbindungen stellen beispielsweise die „Konti-Skan"- oder die „Cross-Skagerrak"-Leitungen dar. Vgl. UCTE (Hrsg.), 50 Year Success Story, S. 13; Arne Kaijser, Trans-border Integration of Electricity and Gas in the Nordic Countries, 1915–1992, in: Polhem. Tidskrift för teknikhistoria 15 (1997), S. 4–43.

[60] Eine besondere Rolle spielte dabei aufgrund seiner Neutralitätsverpflichtung Österreich. Vgl. Vincent Lagendijk, High Voltages, Lower Tensions. The Interconnections of Eastern and Western European Electricity Networks in the 1970s and 1980s, in: Éric Bussière u. a. (Hrsg.), Milieux économiques et intégration européenne au XXe siècle. La crise des années 1970 de la conférence de La Haye à la veille de la relance des années 1980, Brüssel 2006, S. 135–167.

[61] UCTE (Hrsg.), 50 Year Success Story, S. 30.

angelegter Verbund, der auf der freiwilligen Übernahme von Verpflichtungen und der Einhaltung von Systemspielregeln basiert".[62] Zentralisierung war und ist für den Stromtransfer technisch nicht nötig, war aber auch nicht angestrebt. Seit der Gründung der UCPTE Anfang der 1950er Jahre wurde der unbürokratische, in erster Linie auf Informationsaustausch beruhende Stil des Verbundnetzes betont: „UCPTE found an effective middle way between centralisation, which was necessary for interconnected operation, and decentralisation, which was vital for the efficiency, security and reliability."[63] In den ersten Jahren gab es kein gemeinsames Büro, da die Verwaltungsaufgaben mit dem Vorsitz turnusgemäß alle zwei Jahre wechselten. Technisch wichtiger als die organisatorische Einheit war die spezifische Abstimmung benachbarter Netzbereiche. Auch der Ausbau der Netze wurde nicht europäisch (durch die EWG bzw. später als deren Nachfolgerin die EU) koordiniert, sondern national vorangetrieben bzw. den UCPTE-Mitgliedsunternehmen überlassen. Die technisch bedingte Subsidiarität und flexible Kooperation waren ein Erfolgsgeheimnis der ersten Jahrzehnte europäischer Stromnetzintegration. Sie bedeutete vor allem, dass die nationalen Netzbetreiber keine Entscheidungskompetenzen an übergeordnete Stellen abtreten mussten. Ein weiterer stabilisierender Faktor waren Homogenität und Kontinuität in der Gruppe der Entscheidungsträger, die sich als technische Experten meist bereits aus anderen Zusammenhängen kannten. Dies machte die UCPTE zum „institutional anchor point for a cohort of internationally oriented electrical engineers".[64]

Trotz der nationalen Ausrichtung der Elektrizitätspolitik konnte die UCTPE einige Erfolge auf europäischer Ebene verbuchen. So gelang es beispielsweise innerhalb weniger Jahre, störende Handelsschranken abzubauen, indem der Stromaustausch von der Devisenbewirtschaftung ausgenommen wurde und ab 1959 keinerlei Beschränkungen mehr unterlag.[65] Die verbesserten Rahmenbedingungen führten zu einer stetigen Intensivierung der gemeinsamen

---

[62] Horstmann, Europäisches Verbundnetz, S. 104.
[63] UCTE (Hrsg.), 50 Year Success Story, S. 18. Vgl. zur Arbeitsweise ebd. S. 13, 20–28.
[64] Lagendijk, Experience forgotten, S. 296.
[65] Schon 1953 wurden punktuelle Lieferungen bei Überkapazitäten oder Engpässen vollkommen freigegeben, 1956 wurde dies auf saisonale Lieferungen (bis zu sechs Monate) erweitert, mit dem Ende der Devisenkontrolle 1959 waren Stromlieferungen unbeschränkt möglich, nachdem diese schon seit 1954 für den Strommarkt keine praktische Bedeutung mehr hatte. Vgl. UCTE (Hrsg.), 50 Year Success Story, S. 15; Lagendijk, Experience forgotten, S. 297 f.

Infrastrukturnutzung. 1950 wurden ca. 2 % des Energieverbrauchs der Mitgliedsländer der späteren UCPTE durch internationalen Stromaustausch abgedeckt. Dieser Anteil wuchs bis 1974 auf 5 %, was zu diesem Zeitpunkt rund 40 Terawattstunden (TWh) entsprach. Seit Mitte der 1970er Jahre gewann der internationale Austausch über das UCTPE-Netz dann noch einmal signifikant an Bedeutung; der Stromaustausch stieg bis 2000 um mehr als das Vierfache auf etwa 175 TWh. 2012 betrug er ca. 420 TWh und damit rund 12,5 % des Gesamtelektrizitätsverbrauchs im europäischen Netz (3.335 TWh).[66] Er hat somit längst nicht mehr den Charakter punktueller Transfers, sondern stellt eine komplexe, oft wechselseitige Verflechtung zwischen nationalen Energieversorgungssystemen dar. Um ein Beispiel herauszugreifen: Am 18. Dezember 2013 flossen um 11 Uhr Mitteleuropäischer Zeit 57,6 Gigawatt Strom über europäische Grenzen hinweg. Allein Deutschland exportierte zu diesem Zeitpunkt in die Niederlande, die Schweiz (je 2,9 GW), Österreich (2,2 GW), Polen (1,2 GW), die Tschechische Republik (0,8 GW), Luxemburg (0,6 GW) sowie kleinere Mengen nach Frankreich (74 MW) und Dänemark (14 MW). Man erhielt aber zeitgleich Strom aus Frankreich (1,0 GW), der Tschechischen Republik (0,9 GW), Dänemark (0,7 GW), Schweden (0,6 GW), Österreich (0,4 GW), Luxemburg (0,2 GW) und der Schweiz (46 MW).[67] Die „virtuellen" Interdependenzen durch Geschäfte an den Strombörsen, die keinen physischen Transaktionen entsprechen müssen, oder durch Handel mit Zertifikaten im Rahmen des *Renewable Energy Certificate System* (RECS) verstärkten diese Verflechtung sogar noch.[68]

Der starke Anstieg der transnational bereitgestellten Strommengen seit Ende der 1990er Jahre ist unter anderem auf die Ausweitung des Verbundes nach der politischen Öffnung Osteuropas 1989/90 zurückzuführen. Zunächst gründeten Tschechien, Ungarn, Polen und die Slowakei 1992 einen neuen Verbund namens CENTREL, um die Synchronität zum UCPTE-Netz zu erreichen. 1995

---

[66] Zahlen nach UCTE (Hrsg.), 50 Year Success Story, S. 27; ENTSO-E (Hrsg.), Yearly Statistics & Adequacy Retrospect 2012, Brüssel 2013, S. 19. Download unter: https://www.entsoe.eu/publications/major-publications (11.03.2014).

[67] Der deutsche Verbrauch belief sich zu diesem Zeitpunkt auf etwa 75 GW. Zahlen nach ENTSO-E (Hrsg.), Monthly Statistics: December 2013 (Monthly provisional values as of 25 March 2014), Brüssel 2014, S. 7. Download unter: https://www.entsoe.eu/publications/statistics/monthly-statistics/ (30.03.2014).

[68] Im Rahmen des RECS wird die nachhaltige Erzeugungsart von Strom zertifiziert; diese Zertifikate können unabhängig von der tatsächlichen Bereitstellung des Stroms gehandelt werden. Vgl. die Informationen auf http://www.recs.org (11.03.2014).

erfolgte schließlich probeweise der so genannte Synchronschluss, der auch das deutsche Netz wiedervereinigte. Bis 2004 konnten weitere mittel- und osteuropäische Staaten aufgenommen und die Verknüpfung vollständig realisiert werden.[69] Begünstigt wurde das Wachstum des Stromhandels aber in erster Linie durch die Liberalisierungspolitik der EU, die den internationalen Austausch als elementaren Wettbewerbsfaktor betrachtete. Das Verbundnetz diente nun nicht mehr primär der technischen Absicherung von Versorgungsschwankungen, sondern vor allem dem wettbewerbspolitisch geförderten Handel.[70]

Die gezielte Liberalisierung der Energiemärkte machte die Stromnetze zum Schlüsselbereich der gemeinschaftlichen europäischen Energiepolitik und führte zu Veränderungen in der Organisationsstruktur des Netzes. Im Zuge der so genannten „Unbundling"-Politik der EU, der seit 1998 verfolgten Trennung von Energieerzeugung und Energieinfrastruktur, entwickelte sich die UNCPTE zu einem Zusammenschluss von Energienetzbetreibern. Folgerichtig wurde 1999 der Buchstabe P (für Produktion) aus der Selbstbezeichnung gestrichen.[71] Mit einer neuen EU-Verordnung wurden 2009 schließlich die organisatorischen und administrativen Zuständigkeiten der einzelnen Verbundnetzorganisationen, neben der UCTE und der NORDEL auch die britischen und irischen Verbünde (TSOI, UKTSOA) sowie das baltische Netz (BALTSO), an eine neu geschaffene Vereinigung der europäischen Netzbetreiber, die *European Network of Transmission System Operators for Electricity* (ENTSO-E), übertragen, in der die ehemaligen Verbünde als Unterorganisationen aufgingen.[72]

---

[69] Damit ging die (Wieder-)Vereinigung des gesamten UCPTE-Netzes einher, das durch den Jugoslawien-Krieg in zwei Teilnetze gespalten worden war. Vgl. UCTE (Hrsg.), 50 Year Success Story, S. 32, 34; Horstmann, Europäisches Verbundnetz, S. 105 f.

[70] Vgl. Ulrich von Koppenfels, Mehr Wettbewerb durch wirksame Entflechtung der Strom- und Gasversorgungsnetze. Das dritte Liberalisierungspaket zum Energiebinnenmarkt der Europäischen Union, in: Friederike A. Dratwa, (Hrsg.), Energiewirtschaft in Europa. Im Spannungsfeld zwischen Klimaschutz, Wettbewerb und Versorgungssicherheit, Berlin/Heidelberg 2010, S. 77–89.

[71] Parallel dazu entstand ein gesamteuropäischer Interessenverband der Netzbetreiber (European Transmission System Operators, ETSO). Vgl. UCTE (Hrsg.), 50 Year Success Story, S. 35.

[72] Island, Malta und Zypern betreiben so genannte Inselnetze und sind technisch an kein Verbundsystem angeschlossen. Vgl. Verordnung (EG) Nr. 714/2009 des Europäischen Parlamentes und des Rates vom 13. Juli 2009 über die Netzzugangsbedingungen für den grenzüberschreitenden Stromhandel und zur Aufhebung der Verordnung (EG) Nr. 1228/2003. Download unter: http://eur-lex.europa.eu/LexUriServ/LexUriServ.

Institutionell sind somit seit Beginn des 21. Jahrhunderts umfangreiche Veränderungen umgesetzt worden, deren Ende angesichts der Bedeutung und der anhaltenden Kritik an der Strommarkt(de)regulierung noch nicht abzusehen ist.[73] Der EU ist es dadurch gelungen, einen Bereich der europäischen Infrastruktur-Integration, der sich weitgehend außerhalb von Gemeinschaftsinstitutionen etablierte, wesentlich stärker an sich zu binden und dadurch die eigene Kompetenz im Verflechtungsfeld Energie deutlich zu steigern. Die technischen Grenzen der seit den 1960er Jahren entstandenen regionalen Verbundnetze mit getrennten Netzen für Kontinentaleuropa, Skandinavien, die britischen Inseln und das Baltikum sind von dieser Entwicklung aber nicht beeinflusst. Anders als in der Anfangsphase geht die institutionelle Vernetzung in Europa inzwischen über die infrastrukturelle hinaus. Andererseits setzt sich die räumliche Expansion des Netzverbundes in anderen Regionen fort, so dass technische und politische Integration weiterhin nicht deckungsgleich sind. Die Netze der Türkei, Tunesiens, Algeriens und Marokkos sind inzwischen synchron mit dem kontinentaleuropäischen Verbundnetz gekoppelt; die Anbindung weiterer Staaten wird geprüft.[74]

4 Pfade der Institutionalisierung

Das Verflechtungsfeld Energie zeigt im 20. Jahrhundert sehr unterschiedliche Logiken der Kooperation und Integration. Die Entwicklung der UCPTE als lange Zeit prägende Institution für ein Europas der Elektrizität wurde vorrangig von Bottom-up-Prozessen geprägt, wohingegen die Strukturen der EGKS als Institutionen des Europas der Kohle ihren Ursprung in einem Top-down-Ansatz

---

do?uri=OJ:L:2009:211:0015:0035:DE:PDF (11.03.2014); sowie die Informationen auf den Internetseiten der ENTSO-E unter https://www.entsoe.eu/ (11.03.1914).

[73] Vgl. Europäische Kommission (Hrsg.), Ein funktionierender Energiebinnenmarkt. Mitteilung der Kommission an das Europäische Parlament, den Rat, den Europäischen Wirtschafts- und Sozialausschuss und den Ausschuss der Regionen, Brüssel 15.11.2012. Download unter: http://eur-lex.europa.eu/legal-content/DE/TXT/PDF/?uri=CELEX:52012DC0663&from=EN (11.03.2014); dazu auch Georg Erdmann, War die Strommarkt-Liberalisierung in Deutschland bisher ein Flop?, in: Zeitschrift für Energiewirtschaft 32 (2008), S. 197–202.

[74] Zum Stand der so genannten „Third Party Interconnections" vgl. ENTSO-E (Hrsg.), Annual Report 2010: Meeting Europe's Energy Needs, Brüssel 2011, S. 47; dies., Annual Report 2012: Europe's Low Carbon Challenge and the Electricity Network, Brüssel 2013, S. 45 ff.

fanden. Hier lässt sich kein eindeutiges, kontextunabhängiges Erfolgsmodell ausmachen; allerdings kam es in der zweiten Jahrhunderthälfte zu spürbaren Bedeutungsverschiebungen, die zumindest zeitweise zu einem Auseinanderlaufen des politischen und des technologischen Momentums (im Sinne einer jeweiligen Eigendynamik) in der Europäischen Integration führten.[75]

Während die EGKS Rückgrat und Modell der politischen Integration blieb, ging die ökonomische und technologische Dynamik des Europas der Kohle zurück. Der Energiebereich wurde zeitweise zu einem Randbereich des politischen Integrationspfades, indem der dynamische Bereich der Elektrizitätsvernetzung anderen Akteuren überlassen wurde. Hier dominierten technische Eliten, die eine Europäisierung auf der Basis von Standards und Informationsaustausch vorantrieben. Erst die Liberalisierungspolitik im Zuge der Verwirklichung des europäischen Binnenmarktes rückte das Europa der Elektrizität seit den 1990er Jahren in den Fokus der Politik. Einfache (neo-)funktionalistische Erklärungsmodelle, die von „spill-over-Effekten" und dem Grundprinzip des „form follows function" ausgehen, können diese wechselvolle Entwicklung höchstens in Teilen, nicht aber als Ganzes erklären.[76]

Im Energiesektor fand ein mehrfacher Wechsel der Objekte und Instrumente der Europäischen Integration statt, der auch aufschlussreich für die übergreifende Betrachtungen von Integrationsmechanismen ist. Die Entwicklung unterstreicht erstens die bereits mehrfach gemachte Feststellung, dass es in der Geschichte der Europäischen Integration mehr als einen Entwicklungspfad gab und gibt; „that many different visions and projects on why and how to unify proliferated".[77] Es wurden nicht nur – parallel zueinander – unterschiedliche technische und politische Europas gebaut, dies war und ist auch nicht zwangsläufig mit expliziten Europa-Ideen verbunden. Weder beim Kohlenhandel noch bei der Stromnetzerweiterung war eine Europäisierung im Sinne einer Abschlie-

---

[75] Der Technikhistoriker Thomas P. Hughes führt den Begriff des „technologischen Momentums" ein, um eine Zwischenposition zwischen Technikdeterminismus und Sozialkonstruktivismus zu beschreiben. Vgl. Thomas P. Hughes, Technological Momentum, in: Merritt R. Smith/Leo Marx (Hrsg.), Does Technology Drive History? The Dilemma of Technological Determinism, Cambridge/MA/London 1994, S. 101–113.

[76] Vgl. Dieter Wolf, Neo-Funktionalismus, in: Hans-Jürgen Bieling,/Marika Lerch (Hrsg.), Theorien der europäischen Integration, Wiesbaden 2013, S. 55–76; als theoretischer Überblick zum Infrastrukturbereich Ambrosius/Henrich-Franke, Integration, S. 149–213.

[77] Schot, Transnational Infrastructures, S. 101.

ßung nach außen das primäre Ziel. Die Entwicklungen bei Kohle und Elektrizität zeigen zweitens, wie technologische Entwicklungstrends langfristig auf das Zusammenspiel verschiedener Pfade der Institutionalisierung Europas eingewirkt haben. Das heißt freilich nicht, dass die Technik diese determinierte, sondern nur dass technische Zusammenhänge als Katalysator für Erfolg wirken und neue Handlungsräume schaffen konnten. Dies gilt in unterschiedlichen historischen Konstellationen für die Kohle- genauso wie für die Elektrizitätswirtschaft. Darauf aufbauend zeigt sich in beiden Fällen drittens die enge Verknüpfung mit unterschiedlichen Vorstellungen und Ideen der wirtschaftlichen Dynamik, die nicht in den betrieblichen oder technologischen Grundlagen bedingt war. Das technologische Momentum der Integration ergab sich erst im Zusammenspiel mit sich wandelnden wirtschaftspolitischen Interpretationen und Zielen.

Im Falle der Energiewirtschaft ist hier aus heutiger Perspektive die Montanunion mit dem Ziel der Koordinierung, der Elektrizitätsbinnenmarkt mit der Vorstellung der Liberalisierung verknüpft. Historisch ist die Elektrizitätsversorgung aber ein Beispiel für den Wandel solcher Interpretationsrahmen. Das Verbundnetz der UCPTE schuf in den 1950er Jahren einen der ersten funktionierenden europäischen Warenaustauschmechanismen. Im eigenen Selbstverständnis handelte es sich um den ersten europäischen Binnenmarkt der Nachkriegsintegration, wie es schon 1959 in einer Broschüre heißt:

> In the field of electricity production and distribution, the UCPTE – largely unnoticed and without any supranational institution – has already achieved the ideal of the Common Market and the European Economic Community. The forging of closer links between Western European countries in a move towards economic union will increasingly become a practical reality. When the history of this process comes to be written, the UCPTE will be numbered among those organizations who were the originators of economic union and who have promoted its realisation over a period of years.[78]

Fünfzig Jahre später druckte die UCTE dieses Zitat noch einmal ab, auch wenn zu diesem Zeitpunkt kaum jemand die UCPTE als historischen Grundstein des EU-Binnenmarktes gesehen haben dürfte.[79] Betrachtet man die Struk-

---

[78] UCPTE (Hrsg.), Nature, Functions and Success of the UCPTE (1959), zitiert nach: UCTE (Hrsg.), 50 Year Success Story, S. 16.

[79] Treffend schreibt Horstmann der UC(P)TE „für die europäische Wirtschaft zwar eine sehr bedeutsame, aber unspektakuläre Rolle, die nur selten ins öffentliche Bewusstsein rückt", zu. Horstmann, Europäisches Verbundnetz, S. 104.

turen des Elektrizitätsmarktes, zeigt die UCPTE ein Verständnis von Liberalisierung und Marktpolitik, das kaum der heutigen Begriffsverwendung entspricht und sie zu einem Gegner der EU-Liberalisierungspolitik seit den späten 1980er Jahren machte.[80] Schließlich vertrat die UCPTE wenige Anbieter, in der Regel öffentliche Unternehmen, die regionale Monopole besaßen und entsprechend wenig begeistert waren, diese im Rahmen eines europaweiten Wettbewerbs aufzugeben. Außerdem fand im Rahmen der UCPTE lange Zeit gar kein Handel im eigentlichen Sinne statt. Die Energieversorger organisierten den Austausch auf der Basis von Clearing-Vereinbarungen.

Hier zeigt sich eine grundlegende Veränderung des Wettbewerbsverständnisses. Bei den ersten Verhandlungen über die EWG-Verträge wurden netzgebundene Waren bewusst nicht berücksichtigt. Die Unterhändler verstanden diese der herrschenden Meinung der Wirtschaftswissenschaften entsprechend als Güter natürlicher Monopole, die nicht von den positiven Effekten eines gemeinsamen Marktes profitieren konnten.[81] Der Strommarkt war somit für die Institutionen der europäischen Integration in ihrem ordnungspolitischen Denken nicht greifbar. Auch als die Ölpreiskrise von 1973 das Interesse an einer EG-Strommarktpolitik weckte, weil Elektrizität nun als flexible Alternative zum Öl gesehen wurde, ging die Integration des europäischen Energie- und Elektrizitätsmarktes nur langsam voran. Erst ausgehend von der *Einheitlichen Europäischen Akte* (EEA) 1987 gab es einen Bericht über den Energiebinnenmarkt, der eine Vereinheitlichung des Rechtsrahmens und eine Liberalisierung im Sinne des Zulassens von Wettbewerb anstrebte.[82] Die EEA ist hier nicht nur als Wiederbelebung des europäischen Einigungsprozesses zu sehen, sondern zugleich als Versuch der wirtschaftstheoretischen Neujustierung. Im Sinne der sich auf nationalstaatlicher Ebene seit den späten 1970er Jahren durchsetzenden monetaristischen Wende sah die Politik ihre Aufgabe in der Deregulierung von Märkten und der Fokussierung auf die Geldmengensteuerung.[83]

---

[80] Vgl. zum Folgenden ausführlich Lagendijk, Experience forgotten, S. 300–303.
[81] Vgl. ebd. S. 299.
[82] Vgl. Stephen Padgett, The Single European Energy Market. The Politics of Realization, in: Journal of Common Market Studies 30 (1992), S. 53–75; John A. Hassan,/Alan Duncan, Integrating energy: the problems of developing an energy policy in the European Communities, 1945–1980, in: Journal of European Economic History 22 (1994), S. 159–176.
[83] Vgl. beispielsweise John N. Smithin, Macroeconomics after Thatcher and Reagan. The Conservative Policy Revolution in Retrospect, Aldershot 1990.

Energieströme in Europa um 1900/um 2000

Die konzeptionelle Basis der Reformen bot die „Essential Facility"-Theorie, der zufolge natürliche Monopole nur auf den Teil der Wertschöpfungskette beschränkt sind, für den ein Wettbewerb volkswirtschaftlich nicht sinnvoll ist. Für solche „wesentlichen Einrichtungen" gibt es eine Alleinstellung des Anbieters. Die Verfügungsmacht über diese Einrichtungen zwingt jedoch nicht zu einer marktbeherrschenden Stellung auf den vor- und nachgelagerten Märkten, wenn diese wesentlichen Einrichtungen Dritten gegen eine angemessene Vergütung zur Mitbenutzung überlassen werden.[84] Entsprechend waren der Netzzugang Dritter, die Regulierung der Netznutzungsentgelte sowie -bedingungen und die Entflechtung der Netzbetreiber die drei wesentlichen Schritte zu einem liberalisierten europäischen Energiemarkt.[85] Auch dieser Wandel des Energiemarktverständnisses hatte jedoch eine technologische Komponente. Solche Entflechtungsmaßnahmen wurden nur denk- und umsetzbar, weil neue Datenverarbeitungs- und Informationstechnologien die Steuerung der Netze erleichterte.[86] Die theoretische, in der Technik begründete Sonderstellung des Elektrizitätsmarktes löste sich durch neue technische Lösungen auf, die ein neues Marktverständnis förderten.

Auf der Basis der „Essential Facility"-Theorie wurden die allgemeinen Liberalisierungs-Ziele für den Energiemarkt seit 1996 in mehrere EU-Richtlinien gegossen und 1998 mit dem nivellierten Energiewirtschaftsgesetz auch in Deutschland umgesetzt.[87] Ohne auf die Frage einzugehen, inwiefern die Strommarktliberalisierung tatsächlich im Sinne der Theorie funktioniert hat und ob die wirtschaftspolitischen Ziele erreicht wurden, bleibt festzuhalten, dass die Liberalisierung zu einer neuen Form der Europäisierung technischer Infrastrukturen geführt hat. Sie verknüpft Marktintegration und Infrastrukturintegration

---

[84] Vgl. Karn Gupta/Deepu Krishna, Essentiality of Essential Facilities Doctrine. Essential Facilities Doctrine: Origin, Evolution and Current Status, Saarbrücken 2013; Friedrich Scheuffele, Die Essential-Facilities-Doktrin, Baden-Baden 2003.

[85] Vgl. Nicla Haefliger, Die Liberalisierung der Elektrizitätswirtschaft in der Europäischen Gemeinschaft, Bern 1997; Rainer Eising, Liberalisierung und Europäisierung : die regulative Reform der Elektrizitätsversorgung in Großbritannien, der Europäischen Gemeinschaft und der Bundesrepublik Deutschland, Opladen 2000.

[86] Zu den technischen Grundlagen vgl. Sebastian Lehnhoff, Dezentrales vernetztes Energiemanagement. Ein Ansatz auf Basis eines verteilten adaptiven Realzeit-Multiagentensystems, Wiesbaden 2010, S. 17–36.

[87] Vgl. Gabriele Britz u. a. (Hrsg.), EnWG. Energiewirtschaftsgesetz. Kommentar, München ²2010.

und verbindet dabei historisch gewachsene Integrationspfade von unten und von oben. Die langfristigen ökonomischen und technologischen Verschiebungen im Energiebereich schufen Handlungsspielräume, um neue politische Konzepte wie die Liberalisierung umzusetzen. Neben der Technik als Basis beruhten diese neuen Verknüpfungen aber ebenso sehr auf der jeweiligen institutionellen Ordnung der (Energie-)Wirtschaft, die stark vom jeweiligen historischen Kontext geprägt werden.

Als Kristallisationspunkt von Integrationsbestrebungen ist das Europa der Elektrizität ein Erfolgsfall, auch wenn es in einem wesentlich ausdifferenzierten Energiesektor kein dem Europa der Kohle entsprechendes ökonomisches Übergewicht gewonnen hat. Hier war – historisch betrachtet – gerade die Pluralität und Offenheit der Ansätze und Systeme mit ihren Wechselwirkungen ein dynamisierender Faktor, der die Ausgestaltung des Politikfeldes entscheidend vorantrieb. In ihrer Gesamtheit sind solche Prozesse kaum steuerbar, gerade weil solche Verknüpfungen von externen Faktoren abhängig bleiben. Dennoch kann man für die Geschichte der Europäischen Integration durchaus von einer punktuellen strategischen Nutzung von Technik zur Implementierung politischer Ziele sprechen. In der techikhistorischen Forschung ist hier der Begriff der „Technopolitics" geprägt worden: „Opening the black boxes of culture and technology simultaneously can [...] give us insight into how technologies constitute a terrain for transforming, enacting or protesting power relations within the social fabric."[88] Für die Liberalisierungspolitik der EU hat der europäische Strommarkt diese Funktion als machtpolitische Arena *übernommen*. Es ist vielleicht eine Ironie der Geschichte, dass der Strommarkt entgegen den Vorstellungen der UCPTE-Mitglieder, aber aufgrund der von ihr geschaffenen Infrastrukturvoraussetzungen zum Symbol einer neuen europäischen Wettbewerbspolitik werden konnte.[89]

5 Mehrwert der Energie-Integration

Die Rückschau auf die Entwicklung der Energie-Integration in Europa zwischen 1900 und 2000 zeigt den Mehrwert der grenzüberschreitenden Kooperation in diesem Verflechtungsfeld auf zwei Ebenen. Einerseits gibt es einen Mehrwert

---

[88] Gabrielle Hecht, The Radiance of France. Nuclear Power and National Identity after World War II, Cambridge/MA 1998, S. 9f.
[89] Diese Interpretation folgt der detaillierten Analyse in Lagendijk, Experience forgotten.

Energieströme in Europa um 1900 / um 2000

der über die Staatengrenzen fließenden Ströme an Kohle oder Elektrizität für die Energiewirtschaft. Eine Versorgung der Konsumenten wäre sowohl im Jahr 1900 als auch im Jahr 2000 anders kaum möglich oder zumindest weniger effizient gewesen. Andererseits trug der Energiesektor zur Entwicklung des europäischen Verflechtungsprozesses insgesamt bei. Energie wurde – wie andere Entwicklungen im Bereich Infrastruktur und Technik – zum Testfeld der Kooperation und zum Fundament von integrierten Märkten. Offensichtlich waren wichtige Pilotprojekte der Europäischen Integration seit dem Ende des Zweiten Weltkriegs mit Energiefragen verknüpft. Hier zeigt sich, dass es sich bei der Ko-Evolution von politischer Integration und technischer Infrastruktur um langfristige, sich überlappende Prozesse handelt, die die Gleichzeitigkeit von Institutionen, technologischen Systemen und Ideen aus unterschiedlichen Sphären bedingen. Das macht Technik zu einem „crucial agent of change, without reverting to any simplistic technological determinist account".[90] Durch dieses Zusammenwirken wird eine historische Perspektive für das Verständnis gegenwärtiger Konstellationen nahezu unverzichtbar.

Der Versuch einer übergreifenden, von einzelnen Energieträgern und technischen Systemen abstrahierenden Perspektive hilft dabei vor allem, an den richtigen Stellen nach Wendepunkten und Schlüsselprozessen zu suchen. Dennoch bleibt ein solcher Vergleich stark vereinfachend und bedarf im Fall der Energiewirtschaft an vielen Stellen weiterer Forschung. Grundlegende Probleme zeigen sich schon bei einer quantitativen Gegenüberstellung: Um 1900 wurden etwa 19 % der europäischen Kohleversorgung, heute 12,5 % der Stromversorgung durch grenzübergreifende Transfers hergestellt. Rein rechnerisch war auch das ausgetauschte Energievolumen damals mit ca. 3,5 Mio. Terajoule (TJ) größer als der Elektrizitätsaustausch 2012 (ca. 1,5 Mio. TJ). Hier wird allerdings das Energiepotential der Kohle mit dem tatsächlichen Konsum von Elektrizität in Bezug gesetzt, so dass die je nach Kohlennutzung unterschiedlichen Wirkungsgrade dieses Verhältnis wieder umkehren dürften. Bedenkt man zudem, dass der Strommarkt heute nur etwa ein Viertel des europäischen Endenergieverbrauches abdeckt, während die Kohle um 1900 eine dominierende Rolle innehatte, ist der Integrationsgrad in Zahlen kaum eindeutig zu messen.[91]

---

[90] Thomas J. Misa/Johan Schot, Introduction: Inventing Europe. Technology and the Hidden Integration of Europe, in: History and Technology 21 (2005), S. 1–9, hier S. 7.
[91] Eigene Berechnungen nach EU (Hrsg.), EU Energy in Figures; ENTSO-E (Hrsg.), Yearly Statistics & Adequacy Retrospect 2012; Fösling, Europäischer Kohlenmarkt, S. 1 f.

Der europäische Kohlehandel des frühen 20. Jahrhunderts belegt aber umso eindrücklicher, dass es lange vor dem Stromhandel eine intensive Energie-Vernetzung gegeben hat. Energieversorgung und Energiehandel gehörten bereits um 1900 zu den essentiellen Politikfeldern der europäischen Staatengemeinschaft. Gleichwohl hat sich die Rolle des Energiesektors als Macht- und Wohlstandsfaktor für Politik, Wirtschaftsakteure und Konsumenten seither weiter ausdifferenziert. Die grundlegenden Organisationsprinzipien des Energiemarktes, nämlich die Orientierung an Markt und Wettbewerb, wenn auch bei enger Kooperation zwischen meist großen Unternehmen, sind jedoch zu Beginn und zum Ende des 20. Jahrhunderts erstaunlich ähnlich. Dabei handelt es sich freilich nur um eine scheinbare Kontinuität, denn gerade die zeitweise gewählten Alternativen waren für die Entwicklung von entscheidender Bedeutung.

Ein wesentlicher Unterschied zwischen dem Europa der Kohle und dem Europa der Elektrizität ist dagegen die Infrastrukturbasis. Zu Beginn des Betrachtungszeitraums, um 1900, stand der Kohlenhandel für ein gewissermaßen unsichtbares Handelsnetzwerk, das sich durch die Elektrifizierung des Energiekonsums zum sichtbaren Netzwerkverbund und einer damit verbundenen Energiepolitik entwickelte. Neben dem Aufbau materieller Netzwerke bedeutete dies energietechnisch vor allem den Übergang vom Ressourcen- zum Energiehandel, was durch eine neue Unmittelbarkeit zu stärkeren Bindungen zwischen den Akteuren führte. Technische Entwicklungen – die Immaterialisierung der Energie und die Materialisierung der Transportnetzwerke – haben im Energiebereich somit Kooperationsmöglichkeiten, aber auch Kooperationsnotwendigkeiten geschaffen.

Der liberale Rohstoffmarkt der europäischen Wirtschaft zu Beginn des 20. Jahrhunderts beinhaltete ein deutliches Element der Konkurrenz, das Konfliktpotential freisetzen konnte. Dem gegenüber verlangt ein eng gekoppeltes Energienetz nach ständiger Überwachung und Stabilität. Der Stromaustausch bzw. -handel ergänzt auf diese Weise die ökonomischen Verflechtungen mit materiellen Strukturen, die diese absichert und damit Interdependenzen schafft. Es ist diese Form des europäischen Zusammenwachsens, die sich hinter den zuletzt in der Forschung gebrauchten Formulierungen „Hidden Integration", „Infrastructural Europeanism" oder „Materializing Europe" verbergen.[92] Der

---

[92] Vgl. Misa/Schot, Inventing Europe; Frank Schipper/Johan Schot, Infrastructural Europeanism, or the Project of Building Europe on Infrastructures. An Introduction, in: History and Technology 27 (2011), S. 245–264; Badenoch/Fickers (Hrsg.), Materializing Europe.

Energieströme in Europa um 1900 / um 2000

Energiesektor ist ein Bereich mit früher substantieller Kooperation, der damit eine wichtige Ergänzung zu oftmals normativ-teleologischen Narrativen der europäischen Idee darstellt. Soziotechnische und ökonomische Veränderungen haben oftmals erst Handlungsräume für den Integrations-Diskurs geschaffen. Der Technikhistoriker David Nye bezeichnete Elektrizität in diesem Sinne als „*enabling technology* that is not always noticed".[93]

Dieser Charakter von Infrastrukturen bleibt allerdings zwiespältig. Sie bestimmen alltägliche Abläufe jedes einzelnen ebenso wie das mikro- und makroökonomische Geschehen von Staaten und Regionen. Ihr Aufbau ist meist ein langwieriger und kostspieliger Prozess, der nicht zwangsläufig erfolgreich verläuft. Einmal etabliert, akzeptiert und damit Teil diverser Entwicklungen, können sie aber aufgrund eines gewissen Trägheitsmoments der Technik wesentlich zur Stabilität ökonomischer oder politischer Vernetzung beitragen.[94] Einerseits konnte die Integration der Stromnetze deshalb – parallel zu den Strukturen der EWG oder EG – vergleichsweise effizient vorangebracht werden. Infrastruktur lässt sich aber aus denselben Gründen auch gut im Sinne von „Technopolitics" instrumentalisieren, zumal technischer Wandel im Energiebereich in der Regel mit langfristigen Weichenstellungen verbunden ist. Die europäische Energie-Integration lässt sich in beide Richtungen hin interpretieren. Technische Systeme sind nicht einfach Triebkraft oder Resultat politischer Ideen. Es bleibt im konkreten Einzelfall schwer zu entscheiden, inwiefern das technologische Momentum hier Prozesse eher determiniert hat oder instrumentalisiert wurde. Sicher ist aber, dass Technik und ihre soziale Einbettung für das Verständnis der Veränderungsprozesse über das Interaktionsfeld Energie hinaus ein wichtiger Baustein ist, der in der Forschung entsprechende Beachtung verdient.

Dabei sind die Wirkungsmöglichkeiten der Technik in historischen Prozessen nicht nur vieldimensional, ihre Bedeutung und Interpretation bleibt auch für Gegenwart und Zukunft offen. In Bezug auf den europäischen Stromhandel müsste aus einer technikimmanenten Perspektive beispielsweise auch die Risiken, die durch umfangreiche technische Systeme und ihre größere Anfälligkeit für Steuerungsfehler, entstehen, stärker berücksichtigt werden, als dies in diesem Beitrag möglich war. Erst durch ein gemeinsames Netz kann es schließlich

---

[93] Nye, Electrifying America, S. 26.
[94] Vgl. Dirk von Laak, Garanten der Beständigkeit. Infrastrukturen als Integrationsmedien des Raumes und der Zeit, in: Anselm Doering-Manteuffel, (Hrsg.), Strukturmerkmale der deutschen Geschichte des 20. Jahrhunderts, München 2006, S. 167–180.

zum europaweiten oder zumindest mehrere Länder betreffenden Blackout oder sonstigen Störfällen kommen.[95] Zumindest begibt sich der Energienutzer hier in die Abhängigkeit von technischen Experten einerseits und Großunternehmen andererseits, um sich mit der lebensnotwendigen Energie zu versorgen. Inwiefern widerspricht dies aber gerade aktuellen Debatten um eine dezentrale „Energiewende" auf der Basis erneuerbarer Energien? Vor diesem Hintergrund stellt sich das Europa der Elektrizität nicht nur als Motor der europäischen Integration, sondern für viele möglicherweise gleichzeitig als Sinnbild eines unkontrollierbaren Europas der marktliberalen Technokraten dar.

---

[95] Solche größeren Blackouts, die zumindest teilweise mit Koordinationsschwierigkeiten der Netzbetreiber zusammenhingen, fanden beispielsweise im September 2003 in Italien und im November 2006 in Norddeutschland statt. Vgl. UCTE (Hrsg.), 50 Year Success Story, S. 40, 42 f. Aus dieser Perspektive auch Vincent Lagendijk/Erik van der Vleuten, Inventing Electrical Europe. Interdependencies, Borders, Vulnerabilities, in: Högselius u. a. (Hrsg.), Europe's Critical Infrastructure, S. 62–104; Vincent Lagendijk/Eric van der Vleuten, Interpreting Transnational Infrastructure Vulnerability. European Blackout and the Historical Dynamics of Transnational Electricity Governance, in: Energy Policy 38 (2010), S. 2053–2062.

Kommunikation und Verkehr über die Grenzen europäischer Nationalstaaten hinweg

von Christian Henrich-Franke, Siegen

1 Einleitung

Verkehr und Kommunikation sind aus dem modernen Leben kaum mehr wegzudenken. Sie transzendieren in vielfacher Weise nationalstaatliche Grenzen und ermöglichen es, Menschen, Informationen und Güter quer durch Europa zu schicken. Ohne Verkehrs- und Kommunikationsinfrastrukturen wäre der europäische Binnenmarkt kaum möglich, ebenso wie die vielen Reisen kaum möglich wären, die wir kreuz und quer durch Europa unternehmen; sogar die virtuellen Reisen müssten wir unterlassen. Die niederländischen Technikhistoriker Thomas Misa und Johan Schot sprechen in diesem Kontext von der „hidden integration of Europe"[1], die sich seit dem 19. Jahrhundert durch die immer engere Vernetzung der Nationalstaaten Europas mit Infrastrukturen vollzieht. Freilich wird es mir nicht möglich sein, alle Aspekte dieser grenzüberschreitenden Mobilität in diesem Beitrag zu thematisieren. Der Fokus wird stattdessen auf der Aushandlung der Grundlagen von Mobilität liegen, nämlich der Errichtung entsprechender Infrastrukturen.[2] In einer polit-ökonomischen Perspektive sollen die internationalen Regime um 1900 und um 2000 miteinander verglichen werden, innerhalb derer grenzüberschreitende Netze durch Vereinheitlichungen und Standardisierungen von nationalen Netzen entstanden.

---

[1] Thomas J. Misa/Johan Schot, Inventing Europe: Technology and the Hidden Integration of Europe, in: History and Technology, H. 23 (2005), S. 1–19.

[2] Vgl. Gerold Ambrosius/Christian Henrich-Franke, Integration von Infrastrukturen in Europa im historischen Vergleich: Synopse, Baden-Baden 2013.; Alec Badenoch/Andreas Fickers (Hrsg.), Materializing Europe. Transnational Infrastructures and the Project of Europe, Houndmills 2010; Erik Van der Vleuten/Arne Kaijser (Hrsg.), Networking Europe. Transnational Infrastructures and the Shaping of Europe 1850–2000, Sagamore Beach Ma. 2006; Gerold Ambrosius/Christian Henrich-Franke/Cornelius Neutsch (Hrsg.), Internationale Politik und Integration europäischer Infrastrukturen in Geschichte und Gegenwart, Baden-Baden 2010; Gerold Ambrosius/Christian Henrich-Franke/Cornelius Neutsch (Hrsg.), Standardisierung und Integration europäischer Verkehrsinfrastruktur in historischer Perspektive, Baden-Baden 2009.

Das Ziel dieses Beitrags besteht darin, die internationalen Regime in Europa in den Jahren 1900 und 2000 in ihrer strukturellen, prozessualen und inhaltlichen Dimension miteinander zu vergleichen. Im Vordergrund stehen dabei folgende Fragen: Wie unterschieden sich die institutionellen Strukturen? Welche Aufgabenfelder wurden zu beiden Zeiten jeweils verhandelt? In welchem Verhältnis standen nationale und internationale Regulierungen? Damit wird letztlich auch die Frage aufgeworfen, welche ‚Kultur der internationalen Regulierung' jeweils in den Köpfen der Protagonisten verankert war. Der Beitrag wird in erster Linie eine Momentaufnahme der Situationen im Jahr 1900 und 2000 vornehmen und dabei die vielfältigen Entwicklungen, die sich zwischen den beiden Jahrhundertwenden vollzogen, nicht thematisieren.

Der Vergleich wird hier zwangsläufig auf einer sehr abstrakten Ebene vorgenommen, welche die Spezifika der einzelnen Infrastrukturen nur bedingt berücksichtigen kann. Hier gilt es einleitend darauf hinzuweisen, dass die einzelnen Varianten der Kommunikations- und Verkehrsinfrastruktur wie die Binnenschifffahrt, die Eisenbahn oder der Telegraph eine Reihe von Systemcharakteristika aufweisen, die sie von anderen Infrastrukturen unterscheiden.

In den folgenden Ausführungen werden zunächst die Eigenschaften der Infrastrukturen des Verkehrs und der Telekommunikation sowie deren technischen Entwicklungsstand vorgestellt. Danach werden die Parameter der Vergleichsperspektive skizziert, um dann die jeweiligen internationalen Regimen zu betrachten. Am Ende steht ein Fazit, in dem die Leitfragen beantwortet werden sollen.

2 Infrastrukturen des Verkehrs und der Kommunikation

Bei der Integration von Infrastrukturen der Telekommunikation und des Verkehrs gilt es, den Unterschied zwischen Netzen und Diensten im Hinterkopf zu haben. Im Verkehrswesen lassen sich die Verkehrswege (Schienen, Wasserwege) recht eindeutig den Netzen und der Betrieb der Fahrzeuge (Bahnen, Schiffe) den Infrastrukturdiensten zuordnen. In der Telekommunikation bilden die Leitungen und Verbindungen (Telefonleitungen und Funkfrequenzen) die Netze, der Transport der Informationen (Telefongespräche) die Dienste.

Infrastrukturen besitzen generell die Eigenschaften von Netzwerkgütern, die auch für die Errichtung internationaler Netze nicht unbedeutend sind. Hier sollen aber lediglich einige knappe Stichpunkte genannt werden, um auf die

Kommunikation und Verkehr

teils komplexen Zusammenhänge hinzuweisen.[3] (1) Erstens zeichnen sie sich durch hohe Errichtungskosten und langfristige Amortisierungszeiträume aus. Der Aufbau, der Unterhalt und der Betrieb von Infrastrukturen sind zumeist mit einem hohen Kapitalaufwand und einer besonderen Spezifität der getätigten Investitionen verbunden. Ein einmal errichtetes Infrastrukturnetz, etwa Eisenbahnschienen oder eine Straße, lässt sich nicht flexibel verändern. (2) Zweitens sind Netzwerkeffekte zu nennen. Bei Infrastrukturen steigt einerseits mit jedem neuen Teilnehmer oder neuer Leitung der Nutzen, d. h. es werden positive externe Effekte erzielt. Mit jedem neuen Telefonanschluss (auch im Ausland) steigt eben die Attraktivität des Netzes und damit sein potentieller Nutzen. Andererseits werden durch neue Teilnehmer und Leitungen oft negative externe Effekte wie Umweltverschmutzung, die Zerstörung von Landschaften oder auch Lärm erzeugt. (3) Drittens sind Infrastrukturen auch Standortfaktoren, die unter ordnungs- und strukturpolitischen Aspekten relevant sind. Eisenbahnen oder Straßen sind für die Entwicklung der lokalen, regionalen, nationalen oder auch internationalen Wirtschaft zentrale Wachstumsfaktoren.

Neben den generellen Eigenschaften von Infrastrukturen gilt es natürlich auch den technisch-ökonomischen Entwicklungsstand zu reflektieren. (1) Erstens war der Umfang der Verkehrs- und Telekommunikationsarten ein anderer, d. h. um 1900 bestanden modale Monopole und nur wenig Konkurrenz. Die Eisenbahn war weitgehend ein Monopolist; ebenso die Telegraphenverwaltungen. Weder das Telefon noch der Funk hatten sich um 1900 zu ernsthaften Konkurrenten, v. a. im internationalen Nachrichtenverkehr entwickelt. Um 2000 bestand demgegenüber eine starke intermodale Konkurrenz zwischen den Verkehrsträgern. Im Verkehr konkurrierten der motorisierte Straßenverkehr, die Eisenbahnen, die Binnenschifffahrt oder auch die Luftfahrt um den Transport von Personen und Gütern. Gleichwohl gingen sie eine intensivere Zusammenarbeit ein und wurden in intermodale Transportketten integriert, deren sichtbarster Ausdruck der Container ist.[4] (2) Zweitens unterschied sich das technische Entwicklungsniveau erheblich, insbesondere was Kapazitäten betraf. Quanti-

---

[3] Vgl. Gerold Ambrosius, Standards und Standardisierungen in der Perspektive des Historikers – vornehmlich im Hinblick auf netzgebundene Infrastrukturen, in: Gerold Ambrosius/Christian Henrich-Franke/Cornelius Neutsch (Hrsg.), Standardisierung und Integration, S. 15–36.
[4] Vgl. Arthur Donovan, The Box that changed the World, East Windsor 2006; Marc Levinson: The Box. How Shipping made the World Smaller, Princeton 2006.

tativ wie qualitativ bestanden erhebliche Unterschiede in der Leistungsfähigkeit der Infrastrukturnetze. So wuchs der Verkehrssektor zwischen 1890 und 1990 mit dem Faktor 135-fache (in Tonnenkilometern).[5] (3) Drittens besaß der Staat – als Regulierungsinstanz – um 1900 natürlich eine ganz andere Qualität als im Jahr 2000. So existierten um 1900 gerade einmal rudimentär ausgebaute Verkehrsministerien in den Staaten Europas.[6]

Wenngleich also fundamentale Unterschiede bestanden, gilt für beide Jahrhundertwenden dennoch, dass die Netze der Telekommunikation und des Verkehrs das Rückgrat jeglicher Austauschprozesse innerhalb Europas darstellten. Infrastrukturen üben eben zahlreiche Multiplikatoreffekte auf andere Bereiche der Gesellschaft aus.

3 Vergleichsparameter

Die internationalen Regime sollen in ihrer strukturellen, prozessualen und inhaltlichen Dimension miteinander verglichen werden, wobei hier die inhaltlichen und prozessualen Vergleichsparameter explizit vorgestellt werden sollen.

3.1 Inhalte

Die unterschiedlichen Typen von Standards lassen sich grob in drei Kategorien untergliedern. (1) Erstens können Standards die *Interkonnektivität oder Interoperabilität* von Netzen herstellen.[7] Interkonnektivität bezeichnet die Fähigkeit zur Zusammenarbeit von infrastrukturellen Systemen an Schnittstellen. Technisch durchaus unterschiedliche Netze werden an den nationalen Außengrenzen durch sog. Gateway-Technologien aneinandergekoppelt, d.h. sie können im Inneren sehr unterschiedliche Spezifikationen besitzen. Interoperabilität bezeichnet dagegen die Verschmelzung infrastruktureller Systeme, d.h. Systemkomponenten können zwischen verschiedenen Systemen ausgetauscht werden. (2) Zweitens lassen sich *koordinative und regulative Standards* auseinanderhalten. Regulative Standards verhindern oder mildern negative externe Effekte,

---

[5] Vgl. Christoph Maria Merki, Verkehrsgeschichte und Mobilität, Stuttgart 2008.
[6] Vgl. Hans-Liudger Dienel, Das Bundesverkehrsministerium, in: Oliver Schöller/Weert Canzler/Andreas Knie (Hrsg.), Handbuch Verkehrspolitik, Wiesbaden 2007, S. 200–224.
[7] Vgl. Knut Blind, The Economics of Standards – Theory, Evidence, Policy, London 2004; Walter Mattli, The politics and economics of international institutional standards setting: an introduction, in: Journal of European Policy, H. 8 (2001), S. 328–344.

z. B. Gefahren für die Gesundheit, die Umwelt oder die Sicherheit. Koordinative Standards dienen demgegenüber dazu, positive externe Effekte zu erzeugen, d. h. „Systeme" interkonnektiv oder interoperabel zu machen. (3) Drittens können Standards nach ihrem Regelungsbereich unterschieden werden. So sind zunächst Standardisierungen in den Bereichen *Technik* (Spurweiten, Telefonkabel), *Betrieb* (Zugfrequenzen, Fahrpläne), *Administration* (Datenverarbeitung, Ticketvertrieb), *Tarifen* oder *Recht* (Nutzerrechte, Versicherungswesen) zu nennen. Hinzu kommen die gemeinsame *Netzplanung* (Errichtung transeuropäischer Netze) und die *Infrastrukturpolitik*. Als Infrastrukturpolitik soll hier die ideelle Konzeption (das Gesamtkonzept) von infrastrukturellen Systemen bezeichnet werden. Diese ideelle Konzeption wird dann durch eine entsprechende Ausgestaltung der Standards implementiert.

3.2 Prozesse

Mit Blick auf die Entscheidungsprozesse, die zu europäischen Standards führten, lassen sich unterschiedliche Phasen differenzieren. Hier soll ein sehr einfaches Grundmodell des Policy-Cycles verwendet werden[8], das den politischen Entscheidungsprozess in eine Initiativ-, eine Verhandlungs- und eine Entscheidungsphase unterteilt. Als Initiativphase wird dabei der Zeitraum von der ursprünglichen Idee bis zu jenem Zeitpunkt verstanden, in dem nationale Regierungen bzw. deren bevollmächtigte Vertreter Verhandlungen über konkrete Vorschläge aufnehmen. Die Verhandlungsphase umfasst den Zeitraum von der offiziellen Vorlage bis zu genau jenem Augenblick, in dem ein Vorschlag zur endgültigen Abstimmung gestellt wird. Unterpunkte stellen hier die Konfliktregelung sowie die Konsensbildung dar. Die vergleichsweise kurze Entscheidungsphase deckt den Zeitrahmen zwischen dem Ende der eigentlichen Verhandlungen und der finalen Entscheidung ab.

4 Strukturen

4.1 1900

Die internationalen Strukturen im Bereich der Telekommunikation wurden um 1900 von dem 1865 gegründeten ‚Internationalen Telegraphenverein' (UIT) be-

---

[8] Vgl. Werner Jann/Kai Wegrich, Phasenmodelle und Politikprozesse: Der Policy Cycle, in: Klaus Schubert/Nils C. Bandelow (Hrsg.), Lehrbuch der Politikfeldanalyse, München 2003, S. 71–105.

Christian Henrich-Franke

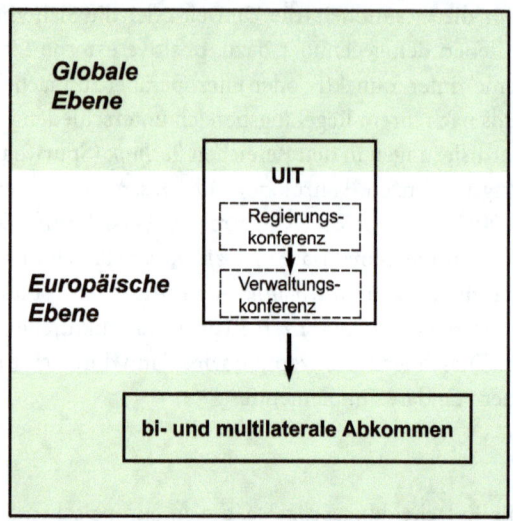

Abb. 1: Strukturen im Bereich der Telekommunikation (1900)

stimmt.⁹ Dieser bildete das Dach eines dreistufigen Standardisierungssystems, innerhalb dessen multi- und bilaterale Elemente ebenso wie intergouvernementale und interadministrative eng miteinander verschränkt waren. (1) An der obersten Spitze stand die Regierungskonferenz des Telegraphenvereins, welche die Grundprinzipien internationaler Telekommunikation und Fragen der Systemstruktur behandelte. (2) Für das operative Geschäft, d. h. die regelmäßig anfallenden Standardisierungen, wurden interadministrative Verwaltungskonferenzen der UIT geschaffen, die Vollzugsordnungen für den praktischen Betrieb vereinbarten. (3) Ergänzt wurden die multilateralen Strukturen durch bilaterale intergouvernementale Abkommen, die sich in die multilateralen Verträge durch

---

⁹ Vgl. George Codding, The International Telecommunication Union. An Experiment in International Cooperation, Leiden 1952; Andreas Tegge, Die Internationale Telekommunikations Union – Organisation und Funktion einer Weltorganisation im Wandel, Baden-Baden 1994; Michael Wobring, Die Integration der europäischen Telegraphie in der zweiten Hälfte des 19. Jahrhunderts, in: Christian Henrich-Franke/Cornelius Neutsch/Guido Thiemeyer (Hrsg.), Internationalismus und Europäische Integration im Vergleich. Fallstudien zu Währungen, Landwirtschaft, Verkehrs- und Nachrichtenwesen, Baden-Baden 2007, S. 83–112.

Kommunikation und Verkehr

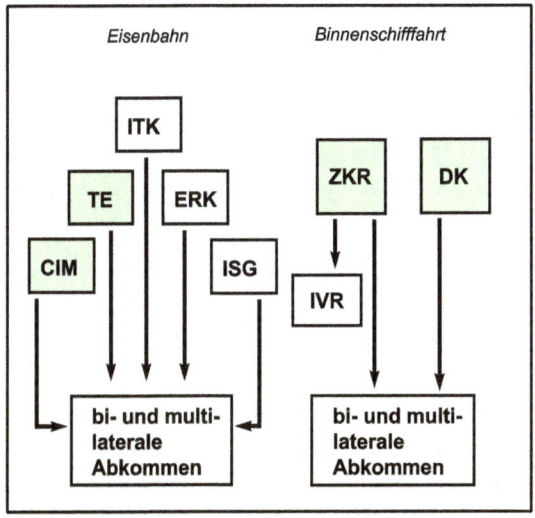

Abb. 2: Strukturen im Bereich des Verkehrs (1900)

interne Vertiefungen – weiterreichende Standardisierungen – und externe Erweiterungen einfügten.

Gegenüber dem homogenen Regime der Telekommunikation präsentierte sich der Verkehr etwas uneinheitlicher. Eine gemeinsame Ordnung für Verkehr existierte nicht. Stattdessen hatten sich zwei getrennte Regime für die Eisenbahnen und die Binnenschifffahrt entwickelt. Bei den Eisenbahnen bestand ein Mix aus gouvernementalen und nicht-gouvernementalen multilateralen Strukturen, die sich inhaltlich zueinander komplementär verhielten, ohne direkt miteinander verzahnt zu sein. Nicht-gouvernementale Zusammenschlüsse der Eisenbahngesellschaften wie die ‚Europäische Reisezugfahrplankonferenz' (ERK) oder die ‚Internationale Schlafwagengesellschaft' (ISG) und intergouvernementale Zusammenschlüsse (in Abb. 2 grün markiert) wie die ‚Technische Einheit' (TE) oder das ‚Abkommen über den Eisenbahnfrachtverkehr' (CIM) bestanden nebeneinander.[10] Allerdings entstanden hier keine festen internationalen Orga-

---

[10] Vgl. Hans-Liudger Dienel, Die Eisenbahnen und der europäische Möglichkeitsraum 1870–1914, in: Ralf Roth/Karl Schlögel (Hrsg.), Neue Wege in ein neues Europa. Geschichte und Verkehr im 20. Jahrhundert, Frankfurt 2009, S. 105–123.

nisationen, sondern Abkommen, die auf mehr oder weniger regelmäßigen Konferenzen jeweils neu verhandelt wurden. Bilaterale Abkommen spielten eine sehr zentrale Rolle. Demgegenüber hatten sich für die Binnenschifffahrt zwei separate Regime für den Rhein und für die Donau entwickelt. Für den Rhein hatte schon der Wiener Kongress von 1815 die intergouvernementale ‚Zentralkommission für die Rheinschifffahrt' (ZKR) geschaffen, die internationale Donaukommission (DK) folgte 1856.[11]

4.2 2000

Bis ins Jahr 2000 hinein hatten sich beide internationalen Systeme deutlich verändert. Auffällig ist, dass sich die Strukturen in beiden Bereichen im Jahr 2000 durch einen hohen Grad an Transmodalität auszeichneten, d.h., es bestanden Entscheidungsstrukturen, innerhalb derer sich mit verschiedenen Telekommunikations- oder Verkehrsarten gleichzeitig auseinandergesetzt wurde, u.a. um auf diese Weise den immer größeren Anforderungen an eine Abstimmung der unterschiedlichen Infrastruktursysteme gerecht zu werden. Dieser transmodale ‚Überbau' mit koordinativer Funktion war primär intergouvernemental bzw. supranational organisiert, er gestaltete sich für Telekommunikation und Verkehr dann aber doch anders. In beiden Ordnungen sind deutliche Mehrebenenstrukturen erkennbar, die quasi den Charakter eines politischen Systems aufweisen. Für beide Bereiche gilt, dass es im Unterschied zu 1900 übernationale Beamte und Gremien gab.

In der Telekommunikation ist im Jahr 2000 ein sehr komplexes Regime der Standardisierung erkennbar, dessen einzelne Elemente in vielfacher Hinsicht miteinander verflochten waren. Interadministrative, privatwirtschaftliche und intergouvernementale Elemente ergänzten sich und sorgten für eine Akkumulation von Expertise und einen beschleunigten transnationalen Wissenstransfer. Dabei waren informelle Elemente in Form geteilter Normen und Werte ein wichtiges Strukturelement, welches selbst formell nicht miteinander verbundene Gremien und Organisationen zueinander in Beziehung setzte. Hierzu zählen auch die vielfältigen interpersonellen Verbindungen, die sich etwa in Form von

---

[11] Vgl. Guido Thiemeyer/Isabel Tölle, Supranationalität im 19. Jahrhundert? Die Beispiele der Zentralkommission für die Rheinschifffahrt und des Octroivertrages 1804–1851, in: Journal of European Integration History, H. 17 (2011), S. 177–196; Otto Scherner, Die Begründung des modernen Rheinschifffahrtsrecht im 19. Jahrhundert, in: Günter Wüst (Hrsg.), Probleme des Binnenschifffahrtsrechts, Heidelberg 1988.

Freundschaften zwischen den individuellen Vertretern in den internationalen Organisationen bildeten.[12]

Kennzeichnend für die Telekommunikation war die besonders enge Verquickung globaler und europäischer Strukturen, wobei die Grundstruktur des Jahres 1900 weiterhin das Gerüst bildete. Einerseits verfügte die Internationale Telekommunikationsunion (nunmehr ITU), die mittlerweile eine globale Ausrichtung besaß, über spezialisierte Standardisierungsgremien, die von einer Reihe gouvernementaler wie nicht-gouvernementaler Standardisierungsorganisationen wie der Internationalen Standardisierungsorganisation (ISO),[13] der Internationalen Elektrotechnischen Kommission (IEC) oder der World Standards Cooperation (WSC) ergänzt wurden. Andererseits bestand die ‚Konferenz der europäischen Post- und Fernmeldeverwaltungen' (CEPT),[14] die sich auf der interadministrativen Ebene als eine Art komplementäre europäische Substruktur der global ausgerichteten ITU-Gremien verstand.[15]

Mit der Europäischen Union ist ein weiterer wichtiger Akteur zu nennen, der neben den anderen Organisationen stand. Dennoch griff die EU nicht direkt in die Arbeit der anderen Standardisierungsforen ein. Die EU kann als ein Strukturelement gesehen werden, dass regulative Standards v. a. für die Infrastrukturdienste setzte, u. a. die Liberalisierung der Anbieter.

Im Bereich des Verkehrs überwölbte im Jahr 2000 die Europäische Union, als ein Mix aus supranationalen (in Abb. 4 gelb markiert) und intergouvernementalen (in Abb. 4 grün markiert) Elementen klar die Strukturen der internationalen Beziehungen, wenngleich mit der Europäischen Konferenz der

---

[12] Vgl. Christian Henrich-Franke, Organisationskultur und Vertrauen in den internationalen Beziehungen: Anknüpfungspunkt für einen interdisziplinären Dialog?, in: Geschichte und Gesellschaft, H. 3 (2006), S. 344–363.

[13] Vgl. Craig Murphy/Joanne Yates, The International Organization for Standardization (ISO): Global Governance through Voluntary Consensus, London 2005.

[14] Vgl. Christian Franke, Das Post- und Fernmeldewesen im europäischen Integrationsprozess der 1950/60er Jahre, in: Journal of European Integration History, H. 2 (2004), S. 95–117.

[15] Vgl. Cornelius Neutsch, Integration in den Bereichen Post und Telekommunikation nach dem Zweiten Weltkrieg bis zur EWG-Erweiterung 1973, in: Christian Henrich-Franke/Cornelius Neutsch/Guido Thiemeyer (Hrsg.), Internationalismus und Europäische Integration im Vergleich, S. 113–132; Léonard Laborie, L'Europe mise en réseaux. La France et la coopération internationale dans les postes et les télécommunications (années 1850–années 1950), Brüssel 2010.

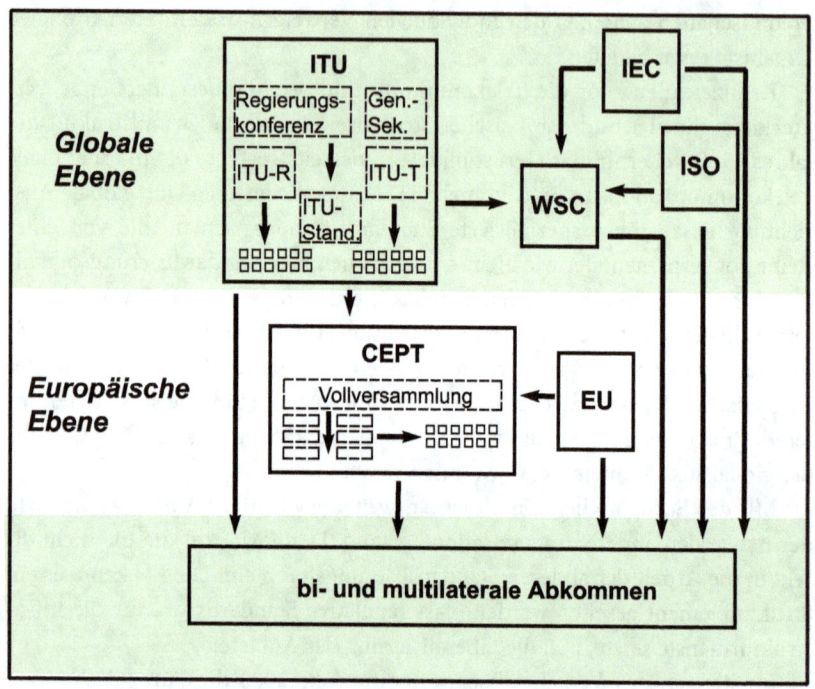

Abb. 3: Strukturen im Bereich der Telekommunikation (2000)

Verkehrsminister (ECMT) und der Verkehrskommission der Wirtschaftskommission für Europa (UN-ECE) weitere transmodale Organisationen bzw. Gremien vorhanden waren. Diese Organisationen standen in einem engen Kontakt mit den Spezialorganisationen der Verkehrsträger, u. a. waren verschiedene Verfahren der Konsultation und Zusammenarbeit vertraglich vorgeschrieben. Die Überwölbung drückt sich deutlich in den Aufgabenbereichen aus, da die EU sich auf übergeordnete Politiken fokussiert und die Detailstandardisierung den Spezialorganisationen überlässt.[16]

Unterhalb des transmodalen Daches, welches klar vom staatlichen Einfluss geprägt war, bestanden im Jahr 2000 deutlich getrennte Regime zur Standardisierung der Verkehrsinfrastrukturen Eisenbahn, Binnenschifffahrt und Straße.

---

[16] Vgl. Handley Stevens, Transport Policy in the European Union, London 2004.

Kommunikation und Verkehr

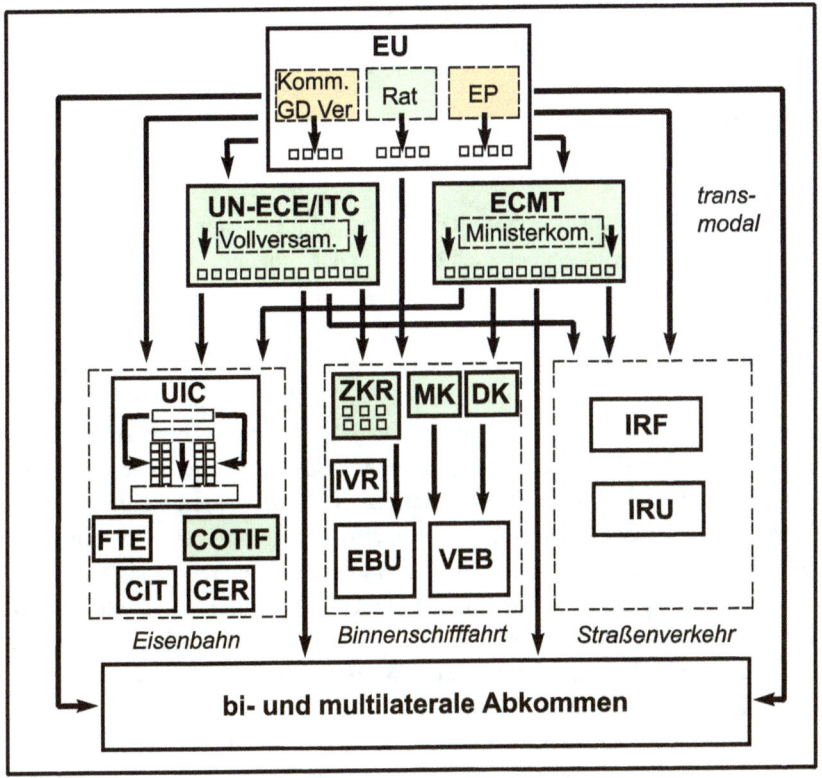

Abb. 4: Strukturen im Bereich des Verkehrs (2000)

Bei diesen fällt auf, dass sie einen starken Mix aus gouvernementalen (in Abb. 4 grün markiert) und nicht-gouvernementalen Organisationen gab, die sehr eng verflochten waren, ebenfalls über Konsultations- und Kooperationsverfahren. Im Bereich der Eisenbahnen stand mit dem Internationalen Eisenbahnverband (UIC) eine sehr starke nicht-gouvernementale Organisation im Mittelpunkt, bei der Binnenschifffahrt die Europäische Binnenschifffahrtsunion (EBU), der Verein für Europäische Binnenschifffahrt (VBW) sowie die Spezialorganisationen der einzelnen Flüsse wie die Zentralkommission für die Rheinschifffahrt (ZKR). Im Bereich des Straßenverkehrs sind die Internationale Straßenunion

(IRU) und der Internationale Straßenverband (IRF) zu nennen.[17] Die einzelnen Organisationen waren hier nicht ausschließlich auf Europa begrenzt.

5 Inhalte

5.1 1900

In inhaltlicher Hinsicht ging es um 1900 in erster Linie darum, Netze und Dienste, soweit wie notwendig, aber auch so wenig wie möglich, zu vereinheitlichen. Hierzu bedurfte es interkonnektiver Technik und einheitlicher Betriebsparameter wie etwa Betriebszeiten von Telegraphenstationen oder Codierungssystemen. Dies ermöglichte den einheitlichen Betrieb sogar bei gleichzeitig abweichenden technischen Spezifikationen, die sich bei der Telekommunikation v. a. in den Unterschieden bei der Endgerätetechnik wie den Telefonen bemerkbar machten. Es etablierte sich so etwas wie eine national fokussierte Interkonnektivitätskultur, die einer produktiven internationalen Zusammenarbeit nicht im Weg stand. Bei den Eisenbahnen spielte Interoperabilität graduell eine etwas größere Rolle. Technisch separate Netze, die nur durch Gateway-Technologien an den Außengrenzen verbunden wurden, waren nicht möglich, da Züge oder zumindest Waggons von einem nationalen Netz ins andere fahren sollten. Aus diesem Grund erfolgte die technische Standardisierung unter einem intergouvernementalen Dach, da so die Regierungen ihre nationale Eisenbahn- und Telekommunikationsindustrie effektiver vor ausländischer Konkurrenz schützen konnten. Technische Standards stellten nicht selten Handelshemmnisse und Barrieren für eine weiterführende Standardisierung dar. Nationale Monopolanbieter von Telekommunikationsdiensten gingen nicht selten kartellartige Verflechtungen mit der nationalen Geräteindustrie ein. Spürbare Unterschiede gab es eigentlich nur bei den Tarifen. Sie waren bei der Eisenbahn kaum vereinheitlicht, bei der Binnenschifffahrt war die Zollfreiheit garantiert und bei der Telekommunikation wurden umfangreiche tarifäre Standardisierungen vorgenommen.

Generell war das Standardisierungsniveau eher niedrig, wobei nationale Standards nicht selten den Rahmen für internationale vorgaben, so dass oft der kleinste gemeinsame Nenner zum internationalen Standard erhoben wurde. Für das Jahr 1900 gilt, dass die Standardisierung, v. a. von Verkehrsinfrastrukturen, wenig langfristig und ohne theoretisch-konzeptionelle Grundüberlegungen er-

---

[17] Vgl. Frank Schipper, Driving Europe. Building Europe on Roads in the 20th century, Eindhoven 2008.

Kommunikation und Verkehr

folgte. Man reagierte zumeist auf praktische Probleme, die sich aus dem grenzüberschreitenden Verkehr oder dem Bedürfnis nach diesem ergaben. Politiken waren allenfalls rudimentär ausgeprägt und dann streng national konzipiert. Generell überwog die koordinative Standardisierung, während regulative Standards zumeist nur dann vereinbart wurden, wenn die technischen Eigenschaften der jeweiligen Infrastruktur es unabdingbar machten. Insbesondere bei der Binnenschifffahrt nahm regulative Standardisierung – hier gab es eben aufgrund der grenzüberschreitenden Eigenschaft von Flüssen wie dem Rhein keine nationalen Monopolanbieter – einen breiteren Raum ein. Bei den Eisenbahnen beschränkte sich demgegenüber die regulative Standardisierung auf das internationale ‚Abkommen über den Eisenbahnfrachtverkehr› (CIM) von 1890, welches nur von einer begrenzten Zahl von Staaten angenommen wurde. Hinsichtlich der Eigentumsverhältnisse und der Regulierungspolitik gab es zwar erhebliche Gemeinsamkeiten zwischen den europäischen Staaten, eine gemeinsame europäische Ordnung existierte aber nicht.

5.2 2000

Im Jahr 2000 präsentiert sich die internationale Standardisierung sowohl quantitativ als auch qualitativ wesentlich erweitert. Generell kann sowohl bei der Telekommunikation als auch beim Verkehr im Jahr 2000 von mehrstufigen internationalen Standardisierungssystemen gesprochen werden. Übergeordnete Rahmenvorgaben wurden in Form der Infrastrukturpolitiken, v. a. seitens der EU, formuliert und dann auf den untergeordneten Ebenen durch regulative und koordinative Standards in konkrete Formen gemünzt. Dadurch wurden weite Bereiche der nationalen regulativen Standardisierung auf die europäische Ebene gehoben, was freilich auch Auswirkungen auf die koordinative Standardisierung hatte, die sich nun an den Rahmenvorgaben der europäischen Infrastrukturpolitik zu orientieren hatten. Neu war die intermodale Standardisierung; ebenso die gemeinsame Infrastrukturplanung in Form der transeuropäischen Netze. Besonders galt dies für den Bereich Verkehr. Hier stellte die intermodale regulative Standardisierung in Form der gemeinsamen europäischen Verkehrspolitik ein ausdifferenziertes infrastrukturpolitisches Dach dar, das von der EU im Jahr 2000 in Angriff genommen wurde. Interkonnektive Standards, die auf den Schutz nationaler Märkte abzielten, hatten im Jahr 2000 signifikant an Bedeutung verloren. Europäische Standards gaben nun tendenziell den Rahmen für nationale vor.

Erkennbar war nun tatsächlich eine europäische Ordnungs- und/oder Regulierungspolitik im Sinne der Schaffung und Steuerung einer einheitlichen gesamteuropäischen Marktordnung für die unterschiedlichen Infrastrukturen der Telekommunikation und des Verkehrs. Bei den Diensten sollte Wettbewerb im offenen Markt herrschen, während bei den Netzen (als natürliche Monopole) Wettbewerb um den Markt stattfinden sollte.

An der koordinativen Standardisierung hatte sich 2000 grundsätzlich nichts verändert, wenngleich sie durch Systementwicklungen und der angestrebten Interoperabilität qualitativ wie quantitativ an Bedeutung zugenommen hatte, um so ein höheres Standardisierungsniveau zu realisieren. Interoperabilität spielte bei der technischen Standardisierung zwangsläufig eine wichtige Rolle, waren national abgeschottete Infrastrukturnetze doch nicht mehr mit der Infrastrukturpolitik vereinbar. Ebenso erfolgte die Standardisierung vor dem Hintergrund immer längerer Planungshorizonte und – was ganz wichtig ist – in allen hier differenzierten Inhalten.

6 Prozesse

6.1 1900

Hier war die Standardisierung um 1900 von konferenzdiplomatischen Entscheidungsprozessen geprägt. Die Initiative ging zumeist von einzelnen Verwaltungen aus, die Verhandlungen und/oder Entscheidungen vollzogen sich dann auf der Konferenz bzw. in deren unmittelbarem Umfeld. Dieses Muster wurde partiell durch informelle Vorbereitungstreffen oder Korrespondenzen ergänzt. Auffällig ist, dass es praktisch keine Konkurrenz zwischen unterschiedlichen Organisationen und nur begrenzte Konkurrenz um die Inhalte der Standards gab, was wohl auch damit zusammenhing, dass in den Köpfen der Akteure die oben beschriebene national fokussierte Interkonnektivitätskultur verankert war. Es war einfach international akzeptiert, dass nationale Märkte geschützt wurden.

6.2 2000

Entsprechend der vielschichtigen Strukturen gestalteten sich dann im Jahr 2000 auch die Willensbildungs- und Entscheidungsprozesse komplex, mitunter langwierig und stark abhängig von den Inhalten. Der konferenzdiplomatische Charakter des 19. Jahrhunderts nahm durch die kontinuierlicheren Formen der Kooperation in den Ausschüssen und Arbeitsgruppen ab. Kennzeichnend war eine breitere Einbindung unterschiedlicher Interessen, so dass einmal ausgehandelte Standards über eine hohe Legitimität verfügten. Die Konkurrenz um die Kompetenz zur Standardisierung bzw. um die Inhalte war recht ausgeprägt. Anders als noch um 1900 verfügten die internationalen Organisationen nun über eine internationale Administration – wie die EU-Kommission oder die Angestellten der ITU – die selber Initiativen starteten oder als Konfliktmanager zwischen divergierenden Interessen vermittelten; dies taten sie auch, weil sie in übernationalen Kategorien dachten. Sogar die nationalen Vertreter dachten im Jahr 2000 nicht ausschließlich national, sondern – je nach Interesse – europäisch, national, regional oder global. Die ‚Interkonnektivitätskultur' des Jahres 1900 hatte an Bedeutung verloren und es hatte sich quasi eine transnationale Interoperabilitätskultur herauskristallisiert.

Auffällig ist die Abhängigkeit der Prozesse von den jeweils zu verhandelnden Inhalten. Während viele technische oder betriebliche Standards ausschließlich in den Spezialorganisationen vereinbart wurden, ohne die übermodalen einzubeziehen, wurden übergeordnete (regulative) Fragen wie die Infrastrukturpolitiken oder die transeuropäischen Netze innerhalb der EU unter Konsultation aller Beteiligten ausgehandelt. Insofern vollzog sich die koordinative Standardisierung wesentlich schneller als die regulative, was sich auch daran ablesen lässt, dass die EU nahezu drei Jahrzehnte benötigte, um überhaupt akzeptierte Infrastrukturpolitiken zu formulieren.[18]

7 Fazit

Ein abschließender Vergleich der internationalen Regime in Europa in den Jahren 1900 und 2000 offenbart Unterschiede und Gemeinsamkeiten zwischen den Bereichen ebenso wie zwischen beiden Zeitpunkten.

Strukturen: Was die Strukturen anbetrifft, so kann festgehalten werden, dass deren Komplexität erheblich zugenommen hat und für das Jahr 2000 von ausgefeilten Mehrebenensystemen gesprochen werden kann. Unterschiedliche Orga-

---

[18] Vgl. Christian Henrich-Franke, Gescheiterte Integration im Vergleich: Der Verkehr – ein Problemsektor gemeinsamer Rechtsetzung im Deutschen Reich (1871–1879) und der Europäischen Wirtschaftsgemeinschaft (1958–1972), Stuttgart 2012; Volker Ebert/ Phillip-Alexander Harter, Europa ohne Fahrplan? Anfänge und Entwicklung der gemeinsamen Verkehrspolitik in der Europäischen Wirtschaftsgemeinschaft (1957–1985), Stuttgart 2010.

nisationen erfüllten unterschiedliche, manchmal aber auch ähnliche Aufgaben und traten deshalb in Konkurrenz zueinander. Europa war dabei v. a. im Bereich der Telekommunikation eingebettet in globale Strukturen und Kooperationszusammenhänge. Auffallend ist, dass es im Jahr 2000 eine Reihe von Akteuren und Gremien der internationalen Organisationen gab, die eine übernationale Verwaltung bildeten. Insgesamt wurde der staatliche Einfluss auf die internationalen Strukturen (und damit auch auf die Standardisierung) dahingehend transformiert, dass der Staat sich einerseits aus den koordinativen Standardisierungsorganisationen partiell zurückgezogen hatte, sich dafür aber andererseits in Dachorganisationen wie der EU neu formiert hatte.

Inhalt: Inhaltlich wurden grenzüberschreitende Verkehrs- und Nachrichtenströme im Jahr 1900 primär durch Interkonnektivitätsstandards in den Bereichen Technik und Betrieb sichergestellt. Demgegenüber fällt die Palette der Inhalte im Jahr 2000 wesentlich breiter aus. Tatsächlich wurden auf europäischer Ebene alle Typen von Standards verhandelt. Insbesondere durch die Infrastrukturpolitiken der EU haben sich mehrere Veränderungen ergeben, die sich in beiden Bereichen erkennen lassen. Im Zentrum stand das Konzept liberaler offener Märkte im europäischen Binnenmarkt, so dass Standardisierung nun deutlich auf Interoperabilität und gemeinsame Netzplanung abzielt. Regulative Standards waren nicht mehr ein technisch bedingtes Muss, sondern Teil einer facettenreichen politischen Gesamtkonzeption. Es ging im Jahr 2000 – insbesondere im Verkehr – nicht mehr, wie noch 1900, primär darum, positive externe Effekte zu realisieren sondern ebenso darum, negative externe Effekte zu minimieren. Anders als noch im Jahr 1900, gaben 2000 tendenziell die europäischen Standards den Rahmen für nationale vor und nicht umgekehrt.

Prozess: Dass mit immer komplexeren Strukturen auch die Entscheidungsprozesse im Jahr 2000 wesentlich komplexer ausfielen als noch 100 Jahre zuvor, überrascht wenig. So gestalteten sich Entscheidungsprozesse v. a. im Verkehrswesen mitunter sehr kompliziert, weil verschiedene Organisationen und Gremien beteiligt werden mussten, die mitunter miteinander in Konkurrenz standen. Dies gilt insbesondere für die gemeinsamen Infrastrukturpolitiken der EU, gaben diese doch die Rahmenbedingungen für die koordinative Standardisierung vor. Der generelle Unterschied zwischen 1900 und 2000 besteht aber zweifelsohne in der Permanenz der Entscheidungsprozesse. Wiesen diese im Jahr 1900 noch in allen Bereichen einen stark konferenzdiplomatischen Charakter auf, so wurde im Jahr 2000 wesentlich regelmäßiger (auch zwischen Konferenzen und

Kommunikation und Verkehr

Gremientagungen) verhandelt. Dies hatte zur Folge, dass im Jahr 2000 viele Initiativen von den internationalen Organisationen gestartet wurden bzw. diese als Kompromissinstanz und Konfliktmanager zwischen nationalen Interessen vermittelten.

Welche Erklärungsansätze lassen sich abschließend für diese Veränderungen anführen? Sicherlich lassen sich wesentliche Wandlungen über den Prozess der Europäischen Integration und den damit verbundenen Willen zur Zusammenarbeit in den Bereichen des Verkehrs und der Telekommunikation erklären. Den Verkehr in den EWG-Vertrag aufzunehmen und die letztendliche Durchsetzung der EU-Infrastrukturpolitiken, waren politische Entscheidungen. Gleichwohl erklären sich die Veränderungen aber auch über die Wirkungsmechanismen der funktionalistischen Erklärung von Integration: über Spill-over-Effekte und über technokratische Automatismen. Immer mehr Arten von Standards wurden kooperativ ausgehandelt, während gleichzeitig die institutionelle Struktur der Regime immer ausdifferenzierter wurde. Zunehmende materielle Interdependenzen und die funktionalistische Logik der Integration bewirkten eine Reihe institutioneller Modifikationen, die sich allmählich dem funktionalistischen Idealbild der ‚Administration der Dinge' annäherte, gleichzeitig aber auch zu einer Politisierung der Regime führte. Es erscheint so, als würden in vielen Bereichen technisch-ökonomische Entwicklungen den Menschen und die institutionellen Strukturen vor sich hertreiben. Materielle Interdependenzen und die Größenvorteile von Netzwerkgütern haben dazu beigetragen, dass die verantwortlichen Akteure ihre national fokussierte Interkonnektivitätskultur aufgeben und in eine transnationale Interoperabilitätskultur transformierten.

Währungspolitik mit europäischen Nachbarstaaten. Das 19. und 20. Jahrhundert im Vergleich

von Guido Thiemeyer, Düsseldorf

Die europäische Währungsintegration ist nicht erst seit der Finanzmarkt- und Staatsverschuldungskrise zwischen 2008 und 2012 umstritten. Schon in den 1960er Jahren wurden öffentliche Diskussionen geführt, die sich in der Mitte der 1990er Jahre, nach dem Inkrafttreten des Vertrages von Maastricht, noch einmal intensivierten. Auch in der Krise der vergangenen Jahre ist die 1999 realisierte Währungsunion vielfach kritisiert worden. Es wurde auf „Konstruktionsfehler" der Währungsunion hingewiesen sowie darauf, dass die Währungsunion ein Europa voraussetze, „das es nicht gibt".[1] In diesem Kontext lag es auch nah, nach historischen Erfahrungen mit Währungsunionen zu fragen. Seit Beginn der 1990er Jahre wurden daher einige Untersuchungen publiziert, um nachzuweisen, dass die mit dem Vertrag von Maastricht begründete Währungsunion funktionstüchtig sein würde – oder eben nicht. Skeptische Betrachtungen überwogen. Dabei waren die Referenzpunkte sehr verschieden. Ein wichtiges und zweifellos überzeugendes Vorbild konnte die währungspolitische Integration der USA sein.[2] Hier dauerte es über hundert Jahre bis der US-Dollar auf ein funktionsfähiges und vertrauenswürdiges Institutionengefüge, dem Federal Reserve System, gestützt werden konnte. Die Währungsfrage war eines der wichtigsten innenpolitischen Themen der USA im 19. und frühen 20. Jahrhundert. Ein anderes Beispiel war die deutsche Währungsunion der Jahre 1871–1875.[3] Der umfangreichste Versuch, aus historischen Währungsunionen Lehren für die Gegenwart zu ziehen, stammt von der Münsteraner Ökonomin Theresia Theurl, die sechs nationale und internationale Währungsunionen aus dem 19. Jahrhun-

---

[1] Dominik Geppert, Ein Europa, das es nicht gibt. Die fatale Sprengkraft des Euro, Berlin 2013.
[2] Vgl. Harold James, Lessons for the Euro from History, in: http://www.princeton.edu/jrc/events_archive/repository/inaugural-conference/Harold_James.pdf (11.01.2014).
[3] Vgl. Carl Ludwig Holtfrerich, The Monetary Unification Process in nineteenth-century Germany. Relevance and Lessons for Europe Today, in: Marcello De Cecco, A. Giovannini (Hrsg.), A European Central Bank, Cambridge 1989, S. 216–241.

dert untersuchte.⁴ Sie zog daraus „12 Lehren aus der Geschichte" für die Gegenwart. Zum einen stellte sie fest, dass „Visionen" notwendig seien für den Erfolg einer Währungsunion. Die Motive für die Gründung von Währungsunionen seien immer sehr heterogen und müssten daher von einem übergeordneten gemeinsamen Ziel der Beteiligten zusammengehalten werden. Zweitens argumentierte sie, dass „Monetäre Unionen", die nicht durch eine politische Union ergänzt würden, „temporäre monetäre Arrangements" geblieben wären.⁵ Hinzu kam, dass Geld niemals unpolitisch war, was bedeutete, dass „Regeln und Automatismen" gebrochen wurden. Hieraus wurde geschlossen, dass auch die im Vertrag von Maastricht kodifizierten Regeln der europäischen Währungsunion gebrochen werden würden. Ein anderer wichtiger Grund für das Scheitern von Währungsunion im 19. Jahrhundert war nach dieser Lesart das Fehlen von zentralen Institutionen. Die Europäische Zentralbank, so eine weitere These, trage daher zur Stabilisierung bei, weil sie das gemeinsame Interesse an der Währungsunion repräsentiere und durchsetze. Sie könne auch die europäische Geldpolitik gegen nationalstaatliche Interessen verteidigen und fördere tendenziell auch die Harmonisierung der allgemeinen Wirtschaftspolitik in Europa. Auch wenn die Ergebnisse der Autorin auf den ersten Blick überzeugen mögen, war die Arbeit aus geschichtswissenschaftlicher Sicht methodisch problematisch. Es stellte sich die Frage, ob man durch einen Vergleich von Währungsunionen in der Geschichte so weit reichende Thesen aufstellen kann. So wird – um nur zwei Aspekte herauszugreifen – kein Unterschied zwischen nationalen und internationalen Währungsunionen gemacht, es wird nicht einbezogen, dass Geld- und Währungspolitik unter den Bedingungen des Metallstandards im 19. Jahrhundert etwas ganz anderes war als in den modernen Währungssystemen des 20. Jahrhunderts.

Im folgenden Beitrag sollen keine „Lehren aus der Geschichte" gezogen werden, weil dies methodische Probleme aufwirft, die in der Publikation von Theresia Theurl nicht thematisiert werden. Es soll in methodischer Hinsicht vielmehr ein Schritt zurück gegangen und ein historischer Vergleich angestellt werden zwischen der wichtigsten internationalen Währungsunion des 19. Jahrhunderts, der Lateinischen Münzunion, und der internationalen europäischen Währungsintegration nach 1945. Verglichen werden sollen die Strukturen, das

---

⁴ Vgl. Theresia Theurl, Eine gemeinsame Währung für Europa. 12 Lehren aus der Geschichte, Innsbruck 1992.
⁵ Ebd. S. 296.

heißt die Akteure und ihre Motive sowie die Institutionen der Währungsunion, ebenso wie die Prozesse der Währungsintegration. Ein Vergleich arbeitet Gemeinsamkeiten und Unterschiede der europäischen Währungsintegration im 19. und 20. Jahrhundert heraus und kann so dazu beitragen, den Blick auf die Vergangenheit aber ebenso auf die Gegenwart zu schärfen.

Der Beitrag gliedert sich in zwei Abschnitte. In einem ersten sollen die Strukturen und Prozesse der Währungsintegration in beiden Zeiträumen dargestellt werden. Schließlich werden Strukturen und Prozesse währungspolitischer Integration miteinander verglichen.

1 Strukturen der Währungsunionen

1.1 Lateinische Münzunion

Welche Strukturen prägten die Entstehung der Lateinischen Münzunion?[6] Hier muss zwischen zwei Phasen unterschieden werden. In der ersten Phase der

---

[6] Der Goldstandard wird bis heute mythisch verklärt und gilt Monetaristen immer noch als das ideale internationale Währungssystem. Vgl. zum Beispiel: Ottmar Issing, Währungspolitik, internationale, in: Handbuch der Wirtschaftswissenschaften. Grundlegend zum Goldstandard aus wirtschaftsgeschichtlicher Perspektive: Michael Bordo, Anna Schwartz (Hrsg.), A Retrospective on the Classical Gold Standard 1821–1931, Chicago/London 1984. Kritisch hierzu: Marcello de Cecco, Money and Empire. The international Gold Standard, 1890–1914, Oxford 1974. Vgl. auch den neo-marxistischen Ansatz bei: Jeffry Frieden, The Dynamics of international monetary systems. International and domestic factors in the Rise, Reign, and Demise of the Classical Gold Standard, in: Robert Jervis, Jack Snyder (Hrsg.), Coping with complexity in the international System, Boulder 1993, S. 137–162. Zur Debatte um die Entstehung des internationalen Goldstandards: Guido Thiemeyer, „Une Révolution Monétaire Générale en Europe". Die deutschen Nationalliberalen und die Entscheidung für den Goldstandard im Deutschen Reich 1871/73, in: Eckart Conze et al. (Hrsg.), Erneuerung und Erweiterung. Themen und Perspektiven einer Geschichte der internationalen Beziehungen, Köln u.a. 2004, S. 139–168. Die sogenannte „Lateinische Münzunion" hat im Zusammenhang mit der Debatte um die europäische Währungsunion nach 1992 wieder einige Aufmerksamkeit bekommen: Vertragstext in: Das System der Vereinten Nationen und seine Vorläufer. Bd. II: Vorläufer der Vereinten Nationen. 19. Jahrhundert und Völkerbundzeit, hg. von Franz Knipping, Bern/München 1996, Dok. Nr. 15, S. 291–301; Theresia Theurl, Eine gemeinsame Währung für Europa, S. 175–213; als Plagiat entlarvt wurde: Silvana Koch-Mehrin, Historische Währungsunion zwischen Wirtschaft und Politik. Die Lateinische Münzunion 1865–1927, Baden Baden 2001. Wertvoll immer noch: Henry P. Willis, History of the Latin Monetary Union, Chicago 1901. Lucca Einaudi, Money and Politics, European Monetary Unification and the International Gold Standard, 1865–1873, Oxford 2001.

Währungsunion, die von 1831 bis 1865 reicht, wurde der Integrationsprozess von privaten Handelsinteressen dominiert, die sich in regionalen Handelskammern organisierten. Nach der Gründung des belgischen Nationalstaates 1832 entstand eine Diskussion in Belgien, welche Währung eingeführt werden sollte. Schließlich setzte sich die von südbelgischen Handelskammern favorisierte Anbindung an den französischen Franc durch. Zwei Gründe spielten hierbei eine wichtige Rolle: Zum einen war Nordfrankreich für die junge belgische Industrie ein wichtiger Handelspartner, eine gemeinsame Währung würde den Austausch erleichtern. Zweitens war die französische Währung zu dieser Zeit wegen des der Stückelung der Münzen zu Grunde liegenden Dezimalsystems eine moderne und praktische Währung. Ähnlich war die Situation in der Schweiz 1848. Auch hier gab es eine Debatte um die nationale Währung, nachdem die währungspolitische Souveränität mit der Bundesverfassung vom 12. September 1848 von den Kantonen auf den Bund übergegangen war. Mit dem Währungsgesetz vom 7. Mai 1850 wurde in der Schweiz, so wie in Belgien zuvor, eine Kopie des französischen Franc als nationale Währung unter dem Namen Franc Suisse eingeführt. In Italien war die Situation komplizierter, aber weil der Kernstaat des neuen Italien, Sardinien-Piemont, enge wirtschaftliche Beziehungen zu Frankreich hatte, setzte sich auch dort das französische Währungssystem durch. Der einzige Unterschied war, dass man hier an der Bezeichnung „Lira" festhielt, während Belgien und die Schweiz auch nominell den „Franc" als Währung eingeführt hatten.

Warum war die Währungsunion entstanden? Es wurde von ökonomischer Seite bereits darauf hingewiesen, dass die vier Länder keineswegs einheitliche ökonomische Entwicklungsniveaus hatten.[7] Dennoch haben – vereinfacht gesagt – drei für die europäische Wirtschaftsgeschichte charakteristische Strukturen des 19. Jahrhunderts die Entstehung der Währungsunion begünstigt. Zum einen war Frankreich, insbesondere die Hauptstadt Paris, in der ersten Hälfte des 19. Jahrhunderts zum wichtigsten Finanzzentrum im kontinentalen Westeuropa geworden. Pariser Bankhäuser fragten kurzfristiges Kapital nach und verliehen es langfristig. Das hing auch damit zusammen, dass der französische Wirtschaftsraum absolut gesehen der größte im westlichen Kontinentaleuropa war. Zudem war die französische Währung stabil und praktisch im täglichen

---

[7] Vgl. Theresia Theurl, Erfolgs- und Misserfolgsfaktoren von Währungsunionen: Historische Erfahrungen, in: Zeitschrift für bayrische Sparkassengeschichte, Bd. 13 (1999), S. 129–156; Theresia Theurl, Eine Währung für Europa, S. 175f.

Währungspolitik mit europäischen Nachbarstaaten

Gebrauch. Damit erfüllte der Franc eben jene Kriterien, die die Währungstheorie des 20. Jahrhunderts als relevant für die Entstehung internationaler Leitwährungen erkennen würde.[8]

Zweitens führte die Intensivierung des Handels im Rahmen der industriellen und infrastrukturellen Revolution in der Mitte des 19. Jahrhunderts zur Bildung von größeren Währungsräumen. Insgesamt lassen sich zwischen 1860 und 1914 drei Währungsräume in Europa unterscheiden. Während in Westeuropa ein bimetallistischer Währungsraum unter französischer Führung entstand, basierte das britische Weltreich auf dem internationalen Goldstandard. In Zentraleuropa, in den meisten deutschen Staaten und in Österreich hingegen zahlte man mit Silbermünzen. Die Integration der Währung war eine Folge des sich intensivierenden Handels, die Wirtschaftssubjekte strebten danach, die Transaktionskosten zu senken.[9]

Drittens schließlich war auch Geld und Währungsmetall eine Ware, die zunehmend gehandelt wurde. Die zentralen Währungs- und Kapitalmärkte befanden sich in Paris und London. Vor allem der Eisenbahnbau wurde seit der Mitte des 19. Jahrhunderts durch internationales Kapital finanziert, das zudem keinen Handelsbeschränkungen unterlag. Insgesamt lässt sich daher feststellen, dass die Internationalisierung vor allem der Märkte für Güter und Kapital in der ersten Hälfte des 19. Jahrhunderts die Entstehung der Währungsunion vorangetrieben hat.

Mit der Krise der Währungsunion zu Beginn der 1960er Jahre änderte sich allerdings die Akteursstruktur. Als Reaktion auf die Zerstörung der Währungsunion durch einen externen Schock (Goldfunde in Kalifornien und Australien veränderten den Wert des Goldes gegenüber dem Silber auf den Märkten) rief der französische Finanzminister Achille Fould eine Konferenz nach Paris ein, auf der über die Rettung der Währungsunion gesprochen werden sollte. Sehr schnell einigte man sich auf die Wiederherstellung der Währungsunion. Von nun an spielten neben den internationalen Märken auch die Regierungen der

---

[8] Vgl. Rainer Klump, Entstehung und Verwendung von internationalen Schlüsselwährungen. Theoretische Erklärungen, historische Erfahrungen, wirtschaftspolitische Schlussfolgerungen, Hamburg 1986, S. 419–428; Alain Plessis, La Banque de France et les relations monétaires internationales jusqu'en 1914, in: Relations Internationales, No. 29 (1882), S. 3–23.

[9] Vgl. Marc Flandreau, L'or du monde. La France et la stabilité du système monétaire international, 1848–1873, Paris 1995, S. 13–21.

beteiligten Staaten eine wichtige Rolle. Ohne dass dies vertraglich fixiert worden wäre, trafen sich Regierungsvertreter der Mitgliedstaaten in unregelmäßigen Abständen zu Konferenzen, auf denen die anliegenden Probleme der Währungsunion diskutiert und gelöst werden sollten. Diese Währungskonferenzen der Lateinischen Münzunion wurden nun zu einem wichtigen politischen Steuerungsinstrument, das die aus Sicht der Regierungen unerwünschten Folgen der Entwicklungen auf den Märkten für die Währungsunion regulieren sollte. Die Währungskonferenzen waren daher von nun an das politische Gegengewicht zu den Währungsmärkten.

Die Währungskonferenzen standen von Beginn an unter eindeutiger französischer Führung. Sie fanden immer in Paris statt, die Vertreter des französischen Finanzministeriums führten immer den Vorsitz. Selbst wenn eine Währungskonferenz auf Initiative einer anderen Regierung einberufen wurde, war es immer das französische Außenministerium, das die formale Einladung versandte. Die französische Regierung verfolgte bis 1870 mit der Währungsunion auch ein politisches Programm: Der französische Franc und das französische Währungssystem sollten zum Referenzsystem für ganz Kontinentaleuropa werden. Der Währungsvertrag vom 23. Dezember 1865 wurde auf französischen Wunsch ein Artikel 12 beigefügt, in dem allen Staaten, die bereit waren, die Prinzipien der Währungsunion zu übernehmen, der Beitritt eröffnet wurde.[10] Unmittelbar nach Vertragsabschluss forderte das französische Außenministerium die diplomatischen Vertreter Frankreichs in den kontinentaleuropäischen Staaten auf, die jeweiligen Regierungen auf diese Möglichkeit hinzuweisen. In der Tat wurde mit den skandinavischen Ländern und Österreich verhandelt, die Beratungen führten allerdings nicht zum Beitritt dieser Länder. In anderen europäischen Regierungen, so auch in Preußen, wurde über einen Beitritt zur Lateinischen Münzunion regierungsintern und öffentlich diskutiert.[11] „Le Franc peut donc avoir de grande chance", schrieb einer der intellektuellen Architekten der Währungsunion, Félix de Parieu, in der „Revue Contemporaine", „d'être un jour tout au moins une des syllabes fondamentales dans une langue universelle

---

[10] Vgl. Vertragstext der Lateinischen Münzunion in: Das System der Vereinten Nationen und seine Vorläufer. Bd. II: Vorläufer der Vereinten Nationen. 19. Jahrhundert und Völkerbundzeit, hg. von Franz Knipping, Bern, München 1996, Dok. Nr. 15, S. 291–301.
[11] Vgl. Guido Thiemeyer, Napoleon III., Otto von Bismarck und die Lateinische Münzunion, in: Bankhistorisches Archiv Bd. 28 (2002), S. 1–20.

des valeurs".[12] Währungspolitik diente in diesem Fall als Instrument zur Außenpolitik, die unter Napoleon III. darauf abzielte, eine politische und wirtschaftliche Hegemonie Frankreichs in Kontinentaleuropa zu errichten. Auch wenn sich dieses Ziel nach 1871 nicht mehr realisieren ließ, betrachtete die Pariser Regierung die Währungsunion weiterhin als außenpolitisches Instrument.

Neben diesen von der französischen Regierung einberufenen und dominierten ad-hoc-Konferenzen und den Märkten gab es noch eine dritte Institution, die die Geschichte der Währungsunion prägte, das waren die Debatten der Währungsexperten. Schon im 19. Jahrhundert war Währungspolitik ein hochkomplexes Problem, das die Kenntnisse der meisten Diplomaten und Regierungen deutlich überstieg. Daher waren diese auf die Expertise von Ökonomen angewiesen, deren politischer Einfluss nicht unterschätzt werden darf. Vor allem die Debatte um die Systeme des Monometallismus und des Bimetallismus prägten die Geschichte der Lateinischen Münzunion. Zwischen 1860 und 1900 fand eine Vielzahl von internationalen Währungskonferenzen statt, auf denen Wirtschaftsgelehrte über die Vereinheitlichung der internationalen Währungssysteme debattierten, im 19. Jahrhundert als „Weltmünze" bezeichnet. Die Debatte wurde aber auch in der wissenschaftlichen Literatur, in Zeitschriften und Zeitungen sowie im Rahmen eines vor allem auf schriftlichem Austausch beruhenden transnationalen kommunikativen Netzwerkes ausgetragen. Auch dieses bislang wenig erforschte Netzwerk der Experten gehört zu den Strukturen der internationalen Währungspolitik des 19. Jahrhunderts und der Lateinischen Münzunion.

1.2 Europäische Währungsunion

So, wie die Lateinische Münzunion wurde auch die Struktur der europäischen Währungsintegration nach 1945 in starkem Maße von Märkten geprägt. Bereits in den 1950er Jahren wurden die unmittelbar nach 1945 noch weitgehend von einander abgeschotteten nationalen Märkte in Europa schrittweise wieder geöffnet. Vor allem die Liberalisierung der Gütermärkte führte im Rahmen der 1958 gegründeten Europäischen Wirtschaftsgemeinschaft zu einer wachsenden wirtschaftlichen Verflechtung. Zwischen 1960 und 2000 wuchs der Handel zwischen den EWG-Staaten um jährlich sieben % und lag damit weit über den welt-

---

[12] Félix de Parieu, L'Union monétaire de la France, de l'Italie, de la Belgique et de la Suisse, le Münzverein latin, in: Revue Contemporaine, Vol. 15 (1866), S. 636.

weiten Wachstumsraten.[13] Insbesondere der Güteraustausch förderte auch die währungspolitische Integration. Hinzu kam, dass mit der 1970 vollendeten gemeinsamen europäischen Agrarpolitik auch ein – politisch induziertes – System von Transferzahlungen errichtet wurde, das ebenfalls eine währungspolitische Integration erforderte und nach sich zog. Die in der Gemeinsamen Europäischen Akte vom 17. Februar 1987 vereinbare Verwirklichung des europäischen Binnenmarktes bis zum 1. Januar 1993 und die damit vollzogene Liberalisierung der Märkte für Kapital, Personen und Dienstleistungen verstärkte diese Strukturen noch einmal.

Die Liberalisierung verstärkte nicht nur im Rahmen der EWG auch die Tendenz zur währungspolitischen Integration. Seit der Mitte der 1960er Jahre übernahm die Deutsche Mark zunehmend die Funktion einer Leitwährung für Westeuropa. Dies war vor allem auf drei Faktoren zurückzuführen: Erstens war die D-Mark eine stabile Währung, die Deutsche Bundesbank (ab 1957) und zuvor die Bank Deutscher Länder hatten eine sehr hohe wirtschafts- und währungspolitische Reputation nicht nur im Inland, sondern auch im Ausland. Zweitens entwickelte sich die Bundesrepublik Deutschland seit Mitte der 1960er Jahre zum wirtschaftlichen Kernland Westeuropas. Die deutsche Industrie befand sich in einem langfristigen Aufschwung, auch der Dienstleistungssektor entwickelte sich zunehmend. Eine besondere Bedeutung kam hier traditionell dem Export zu. Auch dies führte dazu, dass die D-Mark international an Bedeutung gewann. Aus handelspolitischen Interessen orientierten sich die Zentralbanken der meisten Nachbarstaaten an der Geldpolitik der Bundesbank, die damit zum Kern des so genannten D-Mark Blocks wurde. Drittens profitierte die D-Mark von der Krise des US-Dollars in den 1960er Jahren, an deren Ende der Zusammenbruch des Währungssystems von Bretton Woods im Jahr 1973 stand. Diese Wirtschaftsstrukturen führten dazu, dass es bereits seit Mitte der 1960er Jahre zu währungspolitischen Integrationsprozessen kam, in deren Zentrum die Deutsche Mark stand. Der Werner-Plan für eine europäische Währungsunion vom 8. Oktober 1970, die Währungsschlange vom 24. April 1972 und das Europäische Währungssystem ab März 1979 waren Reaktionen auf diese Entwicklung. Sie zielten unter anderem darauf ab, eine geldpolitische Hegemonie der Deutschen Bundesbank in Westeuropa zu verhindern und den deutschen Einfluss auf die europäische Währungspolitik zu relativieren. Diese

---

[13] Vgl. Willem Molle, The Economics of European Integration. Theory, Practice, Policy, Aldershot 2006, S. 74; Kenneth H. F. Dyson, Kevin Featherstone, The Road to Maastricht: Negotiating Economic and Monetary Union, Oxford 1999.

Währungspolitik mit europäischen Nachbarstaaten

Überlegung spielte auch für die mit dem Vertrag von Maastricht vereinbarte europäische Währungsunion eine wichtige Rolle. Insgesamt kann daher festgehalten werden, dass die Liberalisierung der europäischen Märkte für Güter (ab 1967) und Kapital (ab 1993) sowie die Vollendung der Gemeinsamen Europäischen Agrarpolitik (1970) erheblich zur währungspolitischen Integration Europas beigetragen haben.[14]

Es wurde bereits angedeutet, dass die europäische Währungsintegration in starkem Maße von den währungspolitischen Problemen im transatlantischen Kontext beeinflusst wurde. Das internationale Währungssystem von Bretton Woods war 1944 gegründet worden. In diesem Kontext war ein System fixer, aber anpassungsfähiger Wechselkurse im nordatlantischen Raum mit dem US-Dollar als Leitwährung entstanden. Als die USA wegen des Vietnam-Kriegs in der Mitte der 1960er Jahre in wirtschaftliche Schwierigkeiten gerieten und der Dollar an Wert verlor, wurde die Inflation durch die Interventionsmechanismen des Bretton-Woods Systems nach Westeuropa übertragen. Hier war man jedoch nicht bereit, den Preis für die amerikanischen Außen- und Wirtschaftspolitik zu bezahlen und deswegen förderte der Niedergang des Bretton-Woods Systems die europäische Währungsintegration. Eine gemeinsame europäische Währung sollte aus dieser Perspektive die Abhängigkeit der europäischen Regierungen von den wirtschafts- und währungspolitischen Entscheidungen in den USA verringern und europäischen Interessen auf globaler Ebene Gehör verschaffen.

Eine wichtige Rolle unter den Strukturen der europäischen Währungsintegration nach 1945 spielten zudem politische Institutionen, zumal jene der EWG. Vor allem die Europäische Kommission drängte seit den frühen 1960er Jahren auf die währungspolitische Vertiefung der EWG, auch wenn diese nicht ausdrücklich im EWG-Vertrag vorgesehen war. Die Währungsunion, so argumentierte die Kommission, sei aber die notwendige Ergänzung des Gemeinsamen Marktes.[15] Die Europäische Kommission, vor allem unter dem Einfluss von Prä-

---

[14] Vgl. Carsten Hefeker, Die Europäische Währungsintegration nach dem Zweiten Weltkrieg: Politik, Ideologie oder Interessen?, in: Christian Henrich-Franke et al. (Hrsg.), Internationalismus und Europäische Integration im Vergleich. Fallstudien zu Währungen, Landwirtschaft, Verkehrs- und Nachrichtenwesen, Baden-Baden 2007, S. 57–81.

[15] Vgl. Europäische Wirtschaftsgemeinschaft, Kommission (COM 64 400) vom 30.9.1964, in: Europa-Archiv, Folge 22 (1964), D572–D580. Für den Gesamtkontext: Guido Thiemeyer, Europeanization in the Monetary Sector, 1968–1992, in: Martin Conway/Kiran Klaus Patel (Hrsg.), Europeanization in the Twentieth Century. Historical Approaches, New York 2010, S. 172–185.

sident Walter Hallstein, sah sich als Motor der Integration mit dem Ziel eines europäischen Bundesstaates. Geldpolitik, so die Forderung, müsse eine exklusive Kompetenz der europäischen Bundesebene werden. Aber auch nachdem Hallstein 1967 aus seinem Amt geschieden war, spielte die währungspolitische Integration für die Europäische Kommission eine wichtige Rolle. Der so genannte Barre-Plan, den die Europäische Kommission dem Rat am 12. Februar 1969 vorgelegte, wies ebenfalls in die Richtung einer europäischen Währungsunion, nun allerdings nicht mehr unter einem politisch-föderalistischen Dach. In der Entstehungsphase des Europäischen Währungssystems (EWS), das am 13. März 1979 in Kraft trat, engagierte sich Kommissionspräsident Roy Jenkins für eine europäische Währungsunion.[16] In den 1980er Jahren wurde die Europäische Währungsunion ein wichtiges Ziel von Kommissionspräsident Jacques Delors, der das Problem immer wieder auf die Agenda der Europäischen Gemeinschaft setzte und zum Teil sehr konkrete Vorschläge für die politische Umsetzung machte.

Auch wenn die Europäische Kommission wiederholt in unterschiedlichen Kontexten Initiativen entwickelte, konnte sie nicht ohne den Rat handeln. Hier wurde das Problem der europäischen Währungsunion erst später aufgegriffen. Entscheidend war in diesem Kontext der Haager Gipfel im Dezember 1969, auf dem die Staats- und Regierungschefs der Gemeinschaft eine europäische Währungsunion als Ziel der Gemeinschaft bis 1979 proklamierten. Nachdem dieses Ziel schon zu Beginn der 1970er Jahre wegen der weltweiten Währungs- und Energiepreiskrise aufgegeben worden war, spielte der Europäische Rat seit 1977 im Kontext der Gründung des EWS eine zentrale Rolle.[17] Er war der unverzichtbare Rahmen für die deutsch-französische Initiative zur engeren währungspolitischen Kooperation in Europa. Die Bedeutung des Europäischen Rates nahm in den 1980er Jahren nicht nur in Bezug auf die währungspolitische Integration weiter zu. Im Kontext der Entstehung des Vertrags von Maastricht nahm er erneut eine Schlüsselrolle ein.[18]

Eine in der Öffentlichkeit wenig bekannte Schlüsselrolle für die Währungsunion in Europa spielte auch das Komitee der Zentralbankpräsidenten. Seit den

---

[16] Vgl. Roy Jenkins, Europas Herausforderung und Chance, Jean Monnet Lecture, Florenz 1977.

[17] Vgl. Emmanuel Mourlon-Druol, A Europe Made of Money. The Emergence of the European Monetary System, Ithaca/London 2012.

[18] Vgl. Wilfried Loth, Negotiating the Maastricht Treaty, in: Journal of European Integration History, Vol. 19 (2013), S. 67–84.

Währungspolitik mit europäischen Nachbarstaaten

frühen 1960er Jahren intensivierten sich die transnationalen Kontakte unter den europäischen Zentralbanken.[19] Im inoffiziellen Komitee der Zentralbankpräsidenten trafen sich Währungsexperten, die weniger politische Ziele verfolgten, aber dennoch die Überlegungen in der Europäischen Kommission oder dem Rat, bzw. dem Europäischen Rat prägten. Den Währungspolitikern ging es vor allem darum, in technischer Hinsicht die wirtschaftliche und politische Entwicklung Europas zu begleiten. Es entstand eine epistemische Gemeinschaft von Währungstechnikern, die sich selbst meist als unpolitisch auffassten und die währungspolitische Expertise lieferten, ohne die die politischen Akteure zumal in einem so hochkomplexen Thema wie der Währungspolitik, nicht auskommen konnten. Nach dem Vertrag von Maastricht wurde 1994 das Europäische Währungsinstitut gegründet, das der Vorläufer der Europäischen Zentralbank (EZB) wurde. Die EZB leitet seit dem 1. Januar 1999 die europäische Geldpolitik und wurde damit ein zentraler Akteur in der währungspolitischen Integration Europas. Ihre Rolle wurde durch die Banken- und Staatsverschuldungskrise seit 2008 noch einmal verstärkt. Die Bedeutung des Europäischen Währungsinstituts und der EZB wurde auch durch die im Vertrag von Maastricht fixierte, sehr weitreichende politische Unabhängigkeit der Zentralbank ermöglicht.

Von der Öffentlichkeit kaum wahrgenommen wurde auch die Rolle des von Jean Monnet initiierten „Comité d'Action pour les Etats Unis d'Europe".[20] Hier trafen sich seit 1956 führende Partei- und Gewerkschaftsmitglieder aus den sechs EWG-Staaten mit dem Ziel, in informeller Runde über europäische Fragen zu diskutieren. Das „Monnet-Komitee", wie es bald genannt wurde, entwickelte sich zu einem wichtigen Netzwerk von Europa-Politikern, die über die Parteigrenzen hinweg für die europäische Einigung eintraten. Schon unmittelbar nach Inkrafttreten des EWG-Vertrags wurde in diesem Rahmen über eine währungspolitische Integration in Europa diskutiert. Die informellen Diskussionen beeinflussten die Entscheidungen in den nationalen Regierungen. So trafen sich beispielsweise Valéry Giscard d'Estaing und Helmut Schmidt erstmals im so genannten „Monnet-Komitee" bevor sie Finanzminister bzw. Staatspräsident und Bundeskanzler wurden und eine zentrale Rolle in der Entstehung des Europäischen Währungssystems spielten.

---

[19] Vgl. Harold James, Making the European Monetary Union, Cambridge/London 2012.
[20] Fondation Jean Monnet pour l'Europe (Hrsg.), Une Dynamique Européenne. Le Comité d'Action pour les Etats-Unis d'Europe, Paris 2011; Gérard Bossuat/Andreas Wilkens (Hrsg.), Jean Monnet, l'Europe et les Chemins de la Paix, Paris 1999.

Guido Thiemeyer

2 Prozesse der Währungsintegration im 19. und 20. Jahrhundert

2.1 Lateinische Münzunion

Die Lateinische Münzunion entstand dadurch, dass Belgien, die Schweiz und Italien beschlossen, sich dem französischen Währungssystem anzuschließen. Diesen Beschlüssen gingen keine internationalen Verhandlungen voraus, es wurden ausschließlich innenpolitische Debatten darüber geführt, welchem Währungsraum sich die neu gegründeten Nationalstaaten anschließen sollten. Die Lateinische Münzunion war bis 1865 Bestandteil der währungspolitischen Integrationsprozesse in Europa, die sich bis zu diesem Zeitpunkt ausschließlich über Märkte vollzog. In der Mitte des 19. Jahrhunderts hatten sich drei große Währungsräume in Europa über Marktprozesses gebildet: Das englische System basierte auf dem Goldstandard, der wegen der weltweiten Bedeutung des Empires auch eine über Europa hinausgehende Bedeutung hatte. Die globale Bedeutung des Goldstandards nahm zu, als das neu gegründete Deutsche Reich 1871 den Goldstandard als Währungssystem übernahm und sich damit de facto dem britischen System anschloss. Gleichzeitig entstand in Mitteleuropa ein auf dem Silber basierender Währungsraum, dessen Kern bis 1871 die deutschen Staaten waren. Es handelte sich wie beim Goldstandard nicht um eine Währungsunion, weil die Währungen zwar auf dem gleichen Edelmetall (Silber) basierten, aber in Stückelung und Münzfuß nicht identisch waren.

Die Goldfunde in Kalifornien und Australien zu Beginn der 1860er Jahre blieben für die Länder mit Gold- oder Silberwährung ohne Konsequenzen. Die Länder der von Frankreich geführten bimetallistischen Währungsunion hingegen gerieten in Schwierigkeiten, weil nun das gesetzlich fixierte Wertverhältnis zwischen Gold und Silber von 1:15,5 verändert wurde. Der Wert des Silbers stieg im Verhältnis zu Gold, so dass die Relation zwischen den beiden Edelmetallen nun bei 1:15 lag. Mit der Währungskonferenz vom Dezember 1865 wurden politische Maßnahmen ergriffen, um die Währungsunion dennoch zu erhalten. Erst als die Integration über die Märkte ab 1865 also nicht mehr gewährleistet war, griffen die Regierungen ein und stellten die Währungsunion mit diplomatischen Mitteln (einem völkerrechtlichen Vertrag) wieder her. Mit dem Vertrag von 1865 wandelte die Währungsunion ihren Charakter. Sie diente nun nicht mehr alleine wirtschaftlichen Zielen, sondern wurde ein Instrument französischer Außenpolitik. Gleichzeitig stiegen die Konflikte in der Währungsunion. Unmit-

Währungspolitik mit europäischen Nachbarstaaten

telbar nach der Gründung verhängte die italienische Regierung den so genannten Zwangskurs, das heißt, die Geldscheine der italienischen Lira waren nicht mehr gegen Edelmetall eintauschbar. Das bedeutete eine Ausweitung der Geldmenge und war aus italienischer Sicht notwendig, um den Krieg gegen Österreich von 1866 zu finanzieren. Ähnlich verfuhr die französische Regierung 1870 angesichts des Kriegs gegen die deutschen Staaten. Die Regierungen der Schweiz und Belgiens protestierten gegen diese Maßnahmen, von denen sie direkt betroffen waren, auf die sie aber keinen politischen Einfluss hatten. Damit wurde deutlich, dass die Währungsunion zwar große wirtschaftliche Vorteile bot, andererseits aber mit deutlichen Einschränkungen der nationalen Souveränität der Mitgliedstaaten einherging und zwar in doppelter Hinsicht: Erstens waren alle Mitglieder betroffen, wenn eine Regierung den Zwangskurs verhängte, obwohl sie auf diesen Beschluss keinen Einfluss hatten. Andererseits musste die italienische Regierung zwar den Zwangskurs auf Druck Belgiens, Frankreichs und der Schweiz ab 1878 wieder zurücknehmen, die Währungsunion hatte also disziplinierende Wirkung. Die Mitgliedstaaten der Lateinischen Münzunion konnten – Einigkeit unter den anderen Mitgliedern vorausgesetzt – währungspolitische Entscheidungen in einem einzelnen Staat beeinflussen. Mehr noch, als Belgien 1885 seinen Austritt aus der Währungsunion verkündete, wurde dies von den übrigen Mitgliedstaaten nicht akzeptiert. Nach harten Auseinandersetzungen zog die belgische Regierung den Antrag am 23. November 1885 zurück und verblieb in der Währungsunion. Diese Beispiele zeigen, was der französische Generalkonsul in Leipzig in einer Analyse der internationalen Währungspolitik vom 30. November 1880 schrieb: „Ces examples prouvent qu'une convention monétaire internationale implique ou suppose une foule d'homogénéités et de solidarités *impossibles* entre les parties contractantes. Toute pacte de cette nature, en effet, ne forme qu'un chaînon de la grande chaîne qui unit les contractants, et la moindre secousse qui vient ébranler la situation de l'un d'entre eux, sera immédiatement et par ricochet ressentie, par tout les autres. Survienne dans l'un des pays alliés une guerre ou une mauvaise récolte, les intérêts de l'Etat directement atteint seront affectés les premiers, mais l'impression électrique de la catastrophe se communiquera nécessairement aux autres".[21] Diese Analyse der Währungsunion ist in doppelter Hinsicht interessant: Die Währungsunion er-

---

[21] Archives Diplomatiques du Ministère des Affaires Etrangères (MAE), Direction Commerciale. Questions monétaires et financières. Conférence de 1881, Vol. 612, Consulat Général de Leipzig à MAE, 30.11.1880. (Hervorhebung im Original).

fordere eine Solidarität unter den Mitgliedstaaten, die – nach Meinung des Diplomaten – zwischen den Vertragspartnern unmöglich war. Der Nationalstaat war also trotz der raschen wirtschaftlichen und gesellschaftlichen Internationalisierung der Referenzpunkt für wirtschaftliches und politisches Handeln. Zweitens verglich er die wirtschaftliche Verflechtung zwischen den Staaten mit einer Kette, über die ein elektrischer Impuls übertragen wird. Kein Glied der Kette kann sich diesem Einfluss entziehen, die Mitgliedstaaten waren also wirtschaftlichen Ereignissen in anderen Staaten unmittelbar ausgesetzt. Schon die Zeitgenossen sahen also jene Spannungen zwischen wirtschaftlichen Strukturen und den politischen Zielen der Währungsunion und den daraus resultierenden Konflikt zwischen nationaler Souveränität und internationaler wirtschaftlicher Verflechtung. Trotz dieser Spannungen und trotz regelmäßiger Konflikte zwischen den Vertragspartnern bestand die Lateinische Münzunion de facto bis zum August 1914, als wegen des Kriegsbeginns das gesamte internationale Währungssystem zusammenbrach. Formal wurde die Währungsunion allerdings erst zum 1. Januar 1927 aufgelöst, als die Schweiz als letztes Land den Währungen der anderen Mitgliedstaaten die Funktion des gesetzlichen Zahlungsmittels nahm.

2.2 Währungsintegration nach 1945

Die europäische Währungsintegration nach 1945 ist eng verknüpft mit der Geschichte des internationalen Währungssystems von Bretton Woods, in das alle westeuropäischen Staaten integriert wurden. Zunächst jedoch waren die europäischen Währungen nach 1945 nicht konvertibel und es dauerte bis 1957, dass die freie Austauschbarkeit der westeuropäischen Währungen wieder hergestellt wurde. Am 1. Juli 1950 war die Europäische Zahlungsunion gegründet worden, die mit Hilfe eines multilateralen Clearing den Handel zwischen den westeuropäischen Staaten trotz der währungspolitischen Schwierigkeiten vereinfachte.[22] Erst in den 1960er Jahren begannen auf politischer Ebene Überlegungen für eine europäische Währungsunion, die im Kern auf zwei Motiven beruhten: Zum einen wurde argumentiert, dass der 1958 beschlossene und nun schrittweise realisierte gemeinsame Markt durch eine gemeinsame Währung ergänzt

---

[22] Eine Untersuchung der genauen Funktionsweise der Europäischen Zahlungsunion ist ein Forschungsdesiderat. Vgl. Alan Milward, The European Monetary Agreement, in: Gilbert Trausch (Hrsg.), Die europäische Integration vom Schuman-Plan bis zu den Verträgen von Rom, Baden-Baden u. a. 1993, S. 115–128. Ders., The Reconstruction of Western Europe 1945–1951, Los Angeles S. 320–334.

Währungspolitik mit europäischen Nachbarstaaten

werden müsse. Zweitens führte der Niedergang des US-Dollars und mit ihm des Währungssystems von Bretton Woods dazu, dass die Regierungen der westeuropäischen Staaten immer intensiver darüber nachdachten, wie sie die Stabilität der internationalen Währungsbeziehungen anders organisieren könnten. In der zweiten Hälfte der 1960er Jahre entstanden so die ersten konkreten Pläne für eine europäische Währungsunion. Entscheidend in politischer Hinsicht war die Konferenz der Staats- und Regierungschefs der sechs EG-Staaten in Den Haag am 1. und 2. Dezember 1969. Hier wurde erstmals auf höchster Ebene beschlossen, eine Währungsunion im Rahmen der EG innerhalb von zehn Jahren zu schaffen. Auch wenn das Projekt bereits zu Beginn der 1970er Jahre scheiterte, blieb es auf der politischen Agenda. Seit 1974 dominierten zwei Motive die Bemühungen um die währungspolitische Integration in Westeuropa. Zum einen die Unfähigkeit und der Unwillen der US-Regierung, nach dem Zusammenbruch des Bretton-Woods Systems erneut die währungspolitische Führung der westlichen Welt zu übernehmen. Vor allem der deutsche Bundeskanzler Helmut Schmidt warf der US-Regierung mehrfach vor, ihrer (währungs-)politischen Verantwortung als Führungsmacht der westlichen Welt nicht gerecht zu werden. Bis 1977 wartete die Bonner Regierung vergeblich darauf, dass die USA eine Initiative für die währungspolitische Neuordnung der westlichen Welt ergriffen.[23] Der Ärger über die Führungslosigkeit der USA und die Angst vor der währungspolitischen Anarchie wurden wichtige Motive für die europäische Währungsintegration im Rahmen des Europäischen Währungssystems. Hinzu gekommen aber war noch ein zweites wichtiges Motiv, das seither zu den Haupttriebkräften der europäischen Währungsintegration zählt: Die Angst vor der deutschen währungspolitischen Hegemonie in Europa. Seit Ende der 1960er Jahre war die D-Mark zu europäischen Leitwährung geworden, europäische Geldpolitik wurde zu einem wesentlichen Teil von der Deutschen Bundesbank bestimmt. Vor allem, aber nicht nur aus französischer Sicht erhob sich die Frage, wie mit dieser wirtschaftsstrukturellen Entwicklung reagiert werden sollte. Die französischen Regierungen der 1970er und 1980er Jahre setzten mit jeweils

---

[23] Vgl. Matthias Waechter, Helmut Schmidt und Valéry Giscard d'Estaing. Auf der Suche nach Stabilität in der Krise der 1970er Jahre, Bremen 2011, S. 107–123; Guido Thiemeyer, Helmut Schmidt und die Gründung des Europäischen Währungssystems 1973–1979, in: Franz Knipping/Matthias Schönwald (Hrsg.), Aufbruch zum Europa der zweiten Generation. Die europäische Einigung 1969–1984, Trier 2004, S. 245–268.

wechselnder Priorität auf drei Kernkonzepte:[24] Das erste Konzept strebte eine enge Einbindung der wirtschaftlich und politisch aufstrebenden Bundesrepublik Deutschland in die supranationale Europäische Gemeinschaft an. Das zweite Konzept setzte auf eine enge bilaterale deutsch-französische Kooperation, die die Bundesrepublik eng an die französische Führungsmacht anbinden sollte. Schließlich spielte seit den späten 1960er Jahren die Idee einer wirtschaftlichen Anpassung Frankreichs an Deutschland eine Rolle, mit der das wirtschaftliche Übergewicht der Bundesrepublik ausgeglichen werden sollte. In allen drei Konzeptionen spielten währungspolitische Überlegungen eine Schlüsselrolle und so war es kein Zufall, dass insbesondere die französische Regierung in den 1970er und 1980er Jahren immer wieder auf das Konzept für eine europäische Währungsunion zurückkam.

Mit dem Vertrag von Maastricht vom 7. Februar 1992 wurde das Ziel der europäischen Währungsunion erstmals in einen europäischen Vertrag aufgenommen und ein konkreter Stufenplan zur Realisierung bis 1999 erstellt. Entscheidende Bedeutung kam in diesem Kontext dem Ende des Ost-West-Konfliktes und der Vereinigung der beiden deutschen Staaten am 3. Oktober 1990 zu. Ohne die deutsche Vereinigung wäre die Währungsunion nicht zu diesem Zeitpunkt vereinbart worden. Gleichwohl war der Vertrag von Maastricht Bestandteil einer längeren Debatte, in der es neben der Währungsunion auch um die Frage einer politischen Union ging. Seit 1984 hatte der französische Präsident François Mitterrand auf eine Währungsunion gedrängt, die allerdings auf deutscher Seite auf Zurückhaltung stieß. Wie für seine Vorgänger seit 1969 spielte auch für Mitterrand die Deutsche Frage, d. h. die währungspolitische Hegemonie der Bundesrepublik, eine wichtige Rolle. Hinzu kam aber auch der Wunsch nach einem Gegengewicht zum US-Dollar auf den globalen Finanzmärkten. Zuletzt hat Wilfried Loth noch einmal auf ein Argument aufmerksam gemacht, das lange Zeit übersehen worden war: Durch die zunehmenden vorbeugenden intramarginalen Interventionen der europäischen Zentralbanken trugen diese viel mehr zur Erhaltung des Systems bei als die Deutsche Bundesbank, die das

---

[24] Vgl. Guido Thiemeyer, France and the German Question 1969–1979, in: Frédéric Bozo (Hrsg.), France and the German Question 1944–1990. (Im Druck). Zum gleichen Thema: Georges-Henri Soutou, L'anneau et les deux triangles: Les rapports franco-allemands dans la politique européenne et mondiale de 1974–1881, in: Serge Berstein/Jean-François Sirinelli (Hrsg.), Les années Giscard. Valéry Giscard d'Estaing et l'Europe, Paris 2006, S. 45–80.

System gleichwohl politisch dominierte.[25] Schließlich betrachtete Mitterrand die Währungsunion als eine wichtige Voraussetzung, um das Wirtschaftswachstum in der EG langfristig zu sichern. Die deutsche Zurückhaltung gegenüber diesen französischen Motiven bezog sich auf die Angst vor einer „Inflations-Gemeinschaft", die insbesondere vom Bundeswirtschaftsministerium und der Bundesbank ausging.[26] Unter dem Eindruck der weltpolitischen Ereignisse der Jahre 1989/90 setzte sich Helmut Kohl über diese Einwände hinweg, um die Währungsintegration weniger aus wirtschaftlichen als vielmehr aus politischen Gründen voranzutreiben. Im Gespräch mit dem damaligen US-Präsidenten George Bush (sen.) erklärte er am 3. Dezember 1989: „Jetzt gebe es 62 Millionen Deutsche in der Europäischen Gemeinschaft, was schon wirtschaftlich schwer für die anderen zu ertragen sei. Weitere 17 Millionen dazu sei zu viel. Das sei das Hauptproblem. Er wolle nochmals darauf hinweisen, dass unsere Position im Bündnis und in der Europäischen Gemeinschaft fest sei."[27] Hier wird deutlich, dass Helmut Kohl die europäische Integration der Bundesrepublik Deutschland und die Währungsunion insbesondere nutzte, um Europa und den USA die Angst vor deutschen Hegemonialansprüchen zu nehmen, indem er selbst die Integration Deutschlands in die NATO und die EG vorantrieb. Die außenpolitische Tradition seiner Vorgänger seit Konrad Adenauer fortsetzend, hatte auch Kohl festgestellt, dass der außenpolitische Handlungsspielraum der Bundesrepublik Deutschland immer dann stieg, wenn sich der westdeutsche Staat zur Selbsteinbindung in den Westen bereit zeigte. Die währungspolitische Integration der Bundesrepublik, so das Kalkül, erweiterte den außenpolitischen Handlungsspielraum in der entscheidenden Phase der Jahre 1989/90.

Das Motiv der deutschen (Selbst-)Einbindung blieb auch in den 1990er Jahren beherrschend für die europäische Währungsunion. Innenpolitische Widerstände in der Bundesrepublik Deutschland und Frankreich, die sich aus unterschiedlichen Motiven speisten, führten zu intensiven Diskussionen in beiden Ländern. In der institutionellen Ausgestaltung der Währungsunion (vor allem

---

[25] Vgl. Wilfried Loth, Helmut Kohl und die Währungsunion, in: VfZG (2013), S. 455–480.

[26] Vgl. Wilfried Loth, Negotiating the Maastricht Treaty, in: JEIH, Vol. 19 (2013), S. 67–84.

[27] Gespräch des Bundeskanzlers Kohl mit Präsident Bush, Laeken bei Brüssel, 3. Dezember 1989, in: Deutsche Einheit. Sonderedition aus den Akten des Bundeskanzleramtes 1989/90. Dokumente zur Deutschlandpolitik, München 1998, S. 603.

hinsichtlich der Unabhängigkeit der Zentralbank und den Konvergenzkriterien für den Eintritt in die Währungsunion) kamen die europäischen Staaten den deutschen Wünschen weit entgegen. So konnte die europäische Währungsunion planmäßig am 1. Januar 1999 in Kraft treten, seit dem 1. Januar 2002 gibt es das Euro-Bargeld in den elf Gründungsstaaten (mit dem zum 1. Januar 2001 beigetretenen Griechenland: zwölf)[28]. Formal sind alle EU-Staaten verpflichtet, in die Währungsunion einzutreten, sobald sie die Konvergenzkriterien erfüllen. Einige Staaten der EU jedoch haben so genannte opt-out Klauseln ausgehandelt, die es in ihr Ermessen stellt, ob sie dieser formalen Verpflichtung nachkommen oder nicht. Beigetreten sind seither noch Slowenien, Malta, Zypern, die Slowakei, Estland, Lettland und Litauen[29].

So wie die Lateinische Münzunion war auch die europäische Währungsintegration von Krisen begleitet. Zu Beginn der 1970er Jahre waren es vor allem der Niedergang des US-Dollars, die Ölpreis-Krise und die ständige Aufwertung der D-Mark gegenüber den anderen europäischen Währungen, die für Krisen in den internationalen Währungsbeziehungen sorgten. Im August 1993 führten spekulative Angriffe auf das britische Pfund Sterling und den französischen Franc dazu, dass die Bandbreite der Währungsschwankungen von 5 % auf 30 % erhöht und damit de facto abgeschafft wurden. Ab 2008 geriet die europäische Währungsunion in eine Krise, als fast alle ihrer Mitgliedstaaten gezwungen waren, die durch die globale Finanzkrise in existenzielle Not geratenen Bankensysteme zu retten. Dies bedrohte vor allem Staaten, die schon vor der Krise eine hohe Staatsverschuldung hatten. Um die Zahlungsfähigkeit dieser Staaten und damit die Existenz der Währungsunion zu sichern, wurden im Kern drei Maßnahmen ergriffen: Zum einen wurde von den Mitgliedstaaten am 7. Juni 2010 die Europäische Finanzstabilisierungsfazilität (EFSF, Europäische Finanzierungsfazilität) für zunächst drei Jahre gegründet mit dem Ziel, den in Not geratenen Regierungen günstige Kredite zur Refinanzierung bereitzustellen. Sie wurde zum 1. Januar 2013 als „Europäischer Stabilitätsmechanismus" verstetigt. Zweitens trat ebenfalls zum 1. Januar 2013 der „Europäische Fiskalpakt" in Kraft, in dem die Mitglieder der Währungsunion unter Androhung von Geldbußen dazu verpflichtet werden, die Konvergenzkriterien der Währungsunion un-

---

[28] Näheres dazu auf der Homepage der Europäischen Zentralbank unter: www.ecb.europa.eu/euro/changeover/2002/html/index.de.html (Stand: 18.04.2015).
[29] Vgl. die Angaben unter: de.wikipedia.org/wiki/Eurozone#Mitglieder (Stand: 18.04.2015).

bedingt einzuhalten. Schließlich kündigte EZB-Präsident Mario Draghi in einer Rede in London am 26. Juli 2012 an, dass die EZB im Rahmen ihres Mandates alles tun werde, um die Euro-Währungsunion zu retten. Dies wurde so interpretiert, dass die EZB trotz rechtlicher und ökonomischer Bedenken, im Notfall Staatsanleihen in unbegrenzter Höhe aufkaufen werde. Seither haben sich die durch die Staatsverschuldungskrise in Turbulenzen geratenen internationalen Finanzmärkte deutlich beruhigt.

3 Vergleich der Währungsunionen

3.1 Strukturen

Vergleicht man die Strukturen der Lateinischen Münzunion mit denen der Europäischen Währungsunion so kommt man zu folgenden Ergebnissen:

Märkte und ihre Verflechtung über politische Grenzen hinweg spielten in beiden Fällen eine große Rolle. Die Lateinische Münzunion wurde bis 1865 ausschließlich durch Märkte errichtet und erhalten, es gab keine politischen Institutionen. Erst mit der Währungskonferenz der Regierungen der Mitgliedstaaten im Dezember 1865 traten politische Akteure entscheidend in die Währungsunion ein und gestalteten sie. Die in unregelmäßigen Abständen tagende Konferenz der Mitgliedstaaten wurde unter französischer Führung das entscheidende Gremium, das die Existenz der Währungsunion politisch sicherte. Ohne die politische Gestaltung der Währungsunion hätte sie sich im Herbst 1865 aufgelöst.

Die europäische Währungsunion nach 1945 hatte eine wesentlich komplexere institutionelle Struktur als die Lateinische Münzunion. Wie im 19. Jahrhundert spielten Märkte auch nach 1945 erneut eine wichtige Rolle für die wirtschaftliche Integration, vor allem die Liberalisierung der Märkte für Güter und Kapital trieb die Währungsintegration voran. Im Gegensatz zur Lateinischen Münzunion waren aber auch politische Institutionen von Beginn an von hoher Bedeutung. Dies gilt vor allem für die Institutionen der Europäischen Gemeinschaft/Europäischen Union. Die europäische Kommission plädierte seit den frühen 1960er Jahren vor allem aus politischen Gründen für eine Währungsunion. Konkrete Vorschläge kamen auch vom Europäischen Parlament. Ab Dezember 1969 wurde die Währungsunion auch unter den nationalen Regierungen diskutiert, der entstehende Europäische Rat der Staats- und Regierungschefs übernahm ab diesem Zeitpunkt die wohl zentrale Rolle als Initiator der Währungsunion, wobei der deutsch-französischen Achse die zentrale Rolle zufiel. Nach der Realisierung der Währungsunion 1999 rückte die Europäische Zentralbank in eine Schlüsselfunktion. Dank der vertraglich fixierten Unabhängigkeit wurde die EZB zum wichtigsten Motor europäischer Währungsintegration, ohne den die Währungsunion in der Krise zwischen 2008 und 2012 möglicherweise zusammengebrochen wäre.

Wichtige Strukturen für die Währungsintegration entstanden aber auch außerhalb des EG/EU-Institutionengefüges. Hier war das Comité d'Action pour les Etats-Unis d'Europe von Jean Monnet zweifellos von großer Bedeutung als Ideen-Generator, vor allem aber als Netzwerk. In diesen Kontext gehört auch der Ausschuss der europäischen Zentralbank-Gouverneure, die regelmäßig die technischen Fragen der Währungsintegration diskutierten.

Insgesamt wird daher deutlich, dass die Akteursstruktur der europäischen Währungsintegration nach 1945 sehr viel komplexer und vielschichtiger war als in der zweiten Hälfte des 19. Jahrhunderts. Der wichtigste Unterschied allerdings war, dass die Währungsintegration nach 1945 immer eng mit der politischen Integration verknüpft war. Einige wichtige Akteure, wie die Europäische Kommission und das europäische Parlament, sahen die Währungsintegration als Zwischenschritt auf dem Weg zur (föderalen) politischen Integration. Hiervon konnte in der Lateinischen Münzunion keine Rede sein. Es gab keinen Akteur, der eine politische Integration der Nationalstaaten anstrebte. Vor allem aber gab es in der Lateinischen Münzunion keine gemeinsame Zentralbank. Das hängt vor allem mit der völlig anderen Vorstellung von Geld im 19. Jahrhundert zusammen. Beide Währungsunionen sind daher hinsichtlich ihrer Akteursstrukturen sehr unterschiedlich. Grundverschieden waren auch die den Prozessen zu Grunde liegenden Motivstrukturen der beiden Währungsunionen. In der ersten Phase dominierte in der Lateinischen Münzunion der Wunsch der kleineren Staaten, einen direkten währungspolitischen Anschluss an die Führungsmacht Frankreich zu haben. In der zweiten Phase ab 1865 war es vor allem die französische Regierung die zusätzlich die Währungsunion nutzen wollte, um die politischen Führungsansprüche in Europa geltend zu machen.

In der europäischen Währungsintegration nach 1945 dominierten vier Motive: Zum einen das der Handelserleichterung. Die Liberalisierung der Märkte für Kapital und Güter zog die Tendenz zur Währungsintegration nach sich. Zweitens spielten die politischen Motive für die europäische Integration, wie sie vom Europäischen Parlament, der Europäischen Kommission und dem Monnet-Komitee artikuliert wurden, eine Rolle. Drittens gab es seit Mitte der 1960er Jahre

Währungspolitik mit europäischen Nachbarstaaten

eine starke Tendenz vor allem in Frankreich, ein europäisches Gegengewicht zum weltweit dominierenden US-Dollar zu errichten. Schließlich war noch die „Deutsche Frage" von hoher Bedeutung, die darauf abzielte, dass eine deutsche währungspolitische Hegemonie in Europa durch eine gemeinsame Währung verhindert werden sollte. Hinsichtlich der Motivstruktur gibt es also eine Gemeinsamkeit zwischen beiden Währungsunionen in Bezug auf die wirtschaftliche Integration, die politischen Motive hingegen sind sehr unterschiedlich.

3.2 Prozesse

Nimmt man die Prozesse der beiden Währungsunionen in den Blick, ergeben sich Gemeinsamkeiten ebenso wie Unterschiede. Gemeinsam war beiden Währungsunionen, dass die Integration über Märkte begann und erst später politisch gesteuert wurde. Das war insbesondere bei der Lateinischen Münzunion stark ausgeprägt. In der Entstehungsphase der Union zwischen 1832 und 1865 gab es keine internationale politische Kooperation zwischen den Mitgliedern der Währungsunion. Dagegen spielten politische Akteure im Rahmen der Währungsunion nach 1945 von Beginn an eine Rolle. Politische Integrationsprozesse und jene über die Märkte liefen vielmehr parallel. Gemeinsam war beiden Währungsunionen, dass der währungspolitischen Integration eine allgemeine Liberalisierung der Märkte für Kapital und Güter voranging. In der Phase der Integration über Märkte entstanden zudem in beiden Währungsunionen Leitwährungen, die für die anderen Währungsräume als Referenzpunkte dienten: Das war in der Lateinischen Münzunion der auf dem Prinzip des Bimetallismus beruhende „Franc Germinal", im Falle der europäischen Währungsintegration nach 1945 die Deutsche Mark.

Gemeinsam war auch die hohe Bedeutung von externen Schocks als Auslöser für die Wendepunkte der Währungsunionen. Dies betraf bei der Lateinischen Münzunion die Goldfunde in Kalifornien und Australien, die zur politischen Intervention auf der Konferenz vom Dezember 1865 führten. Auch das Ende der Lateinischen Münzunion wurde durch einen externen Schock eingeleitet: Den Beginn des Kriegs 1914. Die europäische Währungsintegration nach 1945 wurde durch den Zusammenbruch des Bretton-Woods Systems, die Ölpreiskrisen 1973 und 1979 sowie die Subprime-Krise des Jahres 2008 beeinflusst. Ohne politische Intervention wäre die Europäische Währungsunion wohl an den Konsequenzen der Staatsverschuldungskrise zerbrochen.

Insgesamt überwiegen also, auch wenn es bei den Prozessen der Währungsintegration Ähnlichkeiten gab, die Unterschiede der beiden Währungsunionen, vor allem in Bezug auf die ihnen zu Grunde liegenden Strukturen. Insofern ist es höchst problematisch „Lehren aus der Geschichte" zu ziehen, auch wenn diese auf den ersten Blick eine gewisse Plausibilität zu haben scheinen.

Europa um 1900 / um 2000: Vom Völkerrecht des „englischen Zeitalters" zum supranationalen Recht der Europäischen Union

von Alexander Proelß, Trier

1 Einführung

Widmet sich der mit dem geltenden internationalen und europäischen Recht befasste Jurist einem rechtsgeschichtlichen Thema, kann es nicht, jedenfalls nicht primär, um die Darstellung und Einordnung des relevanten historischen Geschehens aus seinerzeitiger, d. h. geschichtlicher, Perspektive gehen. Im Vordergrund steht vielmehr die Frage, welche Anstöße die einschlägige Rechtsordnung infolge jenes Geschehens mit Blick auf ihren heutigen Stand erfahren hat, und welche Schlussfolgerungen daraus für ihr Verständnis und die „richtige" Auslegung bzw. Anwendung der sie heute konstituierenden Rechtsnormen gezogen werden können. Dies gilt zumal dann, wenn das historische Geschehen von vornherein in den Bezug zur heutigen Lage gesetzt wird, wie dies im Rahmen der Konferenz „Europa 1900/2000"[1] geschehen ist, die aus Anlass des Endes dienstlicher Tätigkeit von *Hein Hoebink* in Düsseldorf veranstaltet wurde. Vor diesem Hintergrund wird im Folgenden zunächst ein Überblick über den Stand des europäischen Völkerrechts im 19. Jahrhundert gegeben, bevor die Entwicklung des Rechts der heutigen Europäischen Union (EU), einer vom klassischen intergouvernementalen Völkerrecht zu unterscheidenden und insofern „autonomen" Rechtsordnung, geschildert wird. Dabei geht es nicht um eine auch nur ansatzweise erschöpfende Darstellung des Entstehungsprozesses der heutigen EU, sondern vor allem um die rechtsgeschichtlich veranlasste Darstellung der Autonomie- bzw. Supranationalitätskonzeption. Es wird also am konkreten Beispiel Europas gefragt, inwieweit sich die Grundlagen, Strukturen und Ausprägungen zwischenstaatlicher Integrationsprozesse seit der Zeit des Wiener Kongresses verändert haben.

---

[1] Das war der am 20./21.6.2013 benutzte Arbeitstitel.

2 Das „englische Zeitalter" (1815–1914)

In der völkerrechtsgeschichtlichen Wissenschaft wird die Zeit zwischen dem Wiener Kongress bis zum Beginn des Ersten Weltkriegs zumeist als „englisches Zeitalter" bezeichnet.[2] Damit soll die Dominanz des Vereinten Königreichs hinsichtlich der Weiterentwicklung des Völkerrechts in der betreffenden Epoche gekennzeichnet werden. Gewiss haftet der Einteilung geschichtlicher Geschehnisse in Epochen, Zeitalter usw. ein Element des Willkürlichen an. Zu Recht hat *Martti Koskeniemmi* in seiner völkerrechtsgeschichtlichen Studie „The Gentle Civilizer of Nations" ausgeführt, dergleichen Ansätze beruhten auf „philosophical, methodological, and political assumptions that seemed hard to sustain."[3] Bereits die Identifizierung der relevanten Epoche – von dem Umstand, dass derartige Einteilungen komplexe Geschehensabläufe künstlich in vermeintlich eindeutige historische Abschnitte aufspalteten, ganz abgesehen – „seemed burdened with contestable assumptions about what was central and what peripheral, what valuable and what harmful in the past, failed to address the question of narrative perspective."[4] Vorliegende Skizze will freilich, wie einleitend hervorgehoben, keine ausdifferenzierte rechtshistorische Analyse liefern; vielmehr steht die rechtliche Ausgestaltung grenzüberschreitender, d.h. zwischenstaatlicher Integrationsprozesse zu verschiedenen Zeitpunkten im Mittelpunkt des Interesses. Die Bezugnahme auf historische Epochen dient insofern lediglich der ungefähren geschichtlichen Verortung und erscheint für vorliegende Zwecke damit als zumindest rechtfertigbar.

Hintergrund der seinerzeitigen englischen Vormachtstellung war der Umstand, dass sich die Aktivitäten der europäischen Kontinentalmächte bis 1870 größtenteils auf den eigenen Kontinent konzentrierten. Daher konnte sich England nahezu ungehindert im überseeisch-kolonialen Raum ausbreiten. Es lag im wohlverstandenen Eigeninteresse des Vereinten Königreichs, als politisch-geistige Führungsmacht für die Universalität des internationalen Rechts einzutreten. Wirksamkeit und Kraft der indirekten Herrschaft Englands („indirect rule") traten an allen Wendepunkten der europäischen Geschichte im 19. Jahrhundert in Erscheinung. So erhielt das Vereinte Königreich auf dem Wiener Kongress das internationale Mandat, die Piraterie zu bekämpfen; auch setzte es 1815 die

---

[2] Vgl. nur Karl-Heinz Ziegler, Völkerrechtsgeschichte, München 1994, S. 210 ff.
[3] Martti Koskenniemi, The Gentle Civilizer of Nations, Oxford 2002, S. 6.
[4] Ebd S. 6 f.

Europa um 1900 / um 2000

Deklaration zur Abschaffung des Handels mit Negersklaven, der Wiener Kongressakte als Anhang beigefügt, durch.[5]
Das 19. Jahrhundert war ferner geprägt vom Vordringen der Idee des Nationalstaats. Die Ordnungsfunktion des Völkerrechts lag seit dem Wiener Kongress, veranlasst vor allem von den Zerrüttungen und Territorialverschiebungen der napoleonischen Kriege, im Wesentlichen in der Sicherung einer friedlichen Koexistenz der Staaten im Rahmen des „europäischen Gleichgewichts", an dessen Stelle in den letzten Jahrzehnten des 19. Jahrhunderts mehr und mehr die Bildung bündnisverbundener Staatengruppen trat.[6] Zur Lösung von Konflikten beriefen die führenden europäischen Mächte Kongresse und Konferenzen ein, so insbesondere den Wiener Kongress von 1815, den Pariser Kongress von 1856 sowie die Haager Friedenskonferenzen von 1890 und 1899 (sog. Kongress- und Konferenzdiplomatie).[7] Auf dem Wiener Kongress wurden etwa die Grenzen zwischen den europäischen Staaten durch Kollektivvertrag festgelegt;[8] die bilaterale Vereinbarung von Grenzverschiebungen stand damit unter dem Vorbehalt der Zustimmung aller Signatare der Wiener Schlussakte.[9] Weitere Völkerrechtsentwicklungen der Epoche betrafen die Bereiche des Gesandtschaftswesens, der schiedsgerichtlichen Beilegung von Rechtsstreitigkeiten sowie des Kriegsvölkerrechts. Für den letztgenannten Bereich sind die auf den Haager Friedenskonferenzen von 1899 und 1907 angenommenen Konventionen von zentraler Bedeutung. Unter ihnen befindet sich mit dem IV. Haager Abkommen, betreffend die Gesetze und Gebräuche des Landkriegs, vom 18. Oktober 1907,[10] dessen Anlage die sog. Haager Landkriegsordnung bildet, eine bis heute in Kraft befindliche wesentliche kriegsvölkerrechtliche Kodifikation.[11] Dieses sog. Haa-

---

[5] Vgl. Wilhelm Grewe (Hrsg.), Fontes Historiae Iuris Gentium, Bd. 3/1, Berlin u.a. 1992, S. 376 ff.
[6] Siehe Wilhelm Wengler, Völkerrecht, Bd. 1, Berlin u.a. 1964, S. 127.
[7] Näher dazu António Truyol y Serra, Histoire du droit international public, Paris 1995, S. 99 ff.
[8] Text der Schlussakte des Wiener Kongresses abrufbar unter: http://www.staatsvertraege. de/Frieden1814-15/wka1815-i.htm (23.01.2014); vgl. auch das Vertragsregister bei Hans Ulrich Scupin, History of International Law: 1815 to World War I, in: Rüdiger Wolfrum (Hrsg.), Max Planck Encyclopedia of Public International Law, Bd. 4, Oxford 2012, S. 843 ff.
[9] Vgl. Wengler, Völkerrecht, S. 127.
[10] RGBl. 1910 S. 107.
[11] Das heutige Neutralitätsrecht beruht ebenfalls überwiegend auf dem Haager Recht; vgl. V. Haager Abkommen betreffend die Rechte und Pflichten der neutralen Mächte

ger Recht wurde flankiert von Instrumenten, die der Begrenzung der zulässigen Mittel der Schädigung des Gegners dienten.[12] Dem Schutz von Konfliktopfern war schließlich die erste Genfer Konvention von 1864 gewidmet.[13] Keines dieser Übereinkommen vermochte freilich der im Laufe des Ersten Weltkriegs zutage tretenden Entmenschlichung der Kriegführung wirksam Einhalt zu gebieten.

Insgesamt zeichnete sich das englische Zeitalter durch einen geradezu dramatischen Zuwachs des geschriebenen Rechts in den internationalen Beziehungen aus. Neben den bereits dargestellten Faktoren beruhte dies vor allem auf den technisch-wirtschaftlichen Entwicklungen, die aus der industriellen Revolution resultierten und neuartige, notwendigerweise funktionelle Regulierungsgegenstände und -ansätze hervorbrachten.[14] Für unser Thema ist die insofern einsetzende *funktionelle Ausrichtung* des Völkerrechts, die eine Abkehr vom traditionellen, jedenfalls im 19. Jahrhundert zumeist noch zweckfreien[15] Staatenbund

und Personen im Falle eines Landkriegs (RGBl. 1910 S. 151); XIII. Haager Abkommen betreffend die Rechte und Pflichten der Neutralen im Falle eines Seekrieges (RGBl. 1910 S. 343).

[12] Vgl. St. Petersburger Erklärung über das Verbot bestimmter Geschosse von 1868 (abgedruckt in: Dietrich Schindler/Jiři Toman (Hrsg.), The Laws of Armed Conflicts, 4. Aufl., Alphen aan den Rijn 2004, S. 91 f.); Brüsseler Erklärung von 1874 über die Gesetze und Gebräuche des Krieges (abgedruckt in: Schindler/Toman, Armed Conflicts, S. 21).

[13] Vgl. die Konvention betreffend die Linderung des Loses der im Felddienst verwundeten Militärpersonen vom 22. August 1964 (abgedruckt in: Schindler/Toman, Armed Conflicts, S. 365 ff.; Neufassung von 1906: ebd. S. 383 ff.).

[14] Vgl. Ziegler, Völkerrechtsgeschichte, S. 224. – Entstehungsgeschichtlich steht das Konzept der Regulierung in einem untrennbaren Zusammenhang mit Entwicklungen auf dem Gebiet der Informations- und Kommunikationstechniken; vgl. etwa Andreas Voßkuhle, Der Wandel von Verwaltungsrecht und Verwaltungsprozessrecht in der Informationsgesellschaft, in: Wolfgang Hoffmann-Riem/Eberhard Schmidt-Aßmann (Hrsg.), Verwaltungsrecht in der Informationsgesellschaft, Baden-Baden 2000, S. 349 (351 ff.).

[15] Vgl. nur die Präambel des Allianzvertrags zwischen dem Kaiser von Russland Alexander I., dem Kaiser von Österreich Franz II. und dem König von Preußen Friedrich Wilhelm III. („Heilige Allianz") vom 26. September 1815 (Fontes III/1, 107 f.): „[…] Sie erklären daher feierlich, dass die gegenwärtige Vereinbarung lediglich den Zweck hat, vor aller Welt ihren unerschütterlichen Entschluss zu bekunden, als die Richtschnur ihres Verhaltens in der inneren Verwaltung ihrer Staaten sowohl als durch in den politischen Beziehungen zu jeder anderen Regierung alleine die Gebote der Gerechtigkeit, der Liebe und des Friedens, die, weit entfernt, nur auf das Privatleben anwendbar zu sein, erst recht die Entschließung der Fürsten direkt beeinflussen und alle ihre Schritte lenken sollen, damit sie so den menschlichen Einrichtungen Dauer verleihen und ihren Unvollkommenheiten abhelfen."

bedeutete, von großer Relevanz, war doch der Prozess der europäischen Integration bis zum Abschluss des Vertrags von Maastricht im Februar 1992 in seiner primären Orientierung auf die Absicherung der Zollunion (nach außen) und die Vertiefung des Binnenmarktes (nach innen) vor allem funktionell geprägt. Die zwecks Erleichterung der grenzüberschreitenden Zusammenarbeit hinsichtlich einer spezifischen Aufgabe gegründeten Verwaltungsunionen (Weltpostverein [1878]; Internationale Telegraphen-Union [1865]) und Schifffahrtskommissionen (für Rhein [1815] und Donau [1856]) können damit als Vorläufer moderner internationaler Organisationen gelten.

3 Die Schifffahrtskommissionen des 19. Jahrhunderts: Vorläufer oder Anwendungsfälle supranationaler Integration?

Der im 19. Jahrhundert erheblich zunehmende zwischenstaatliche Handel, gepaart mit der steigenden Bedeutung der Dampfschifffahrt als Verkehrsträger, ließ das Interesse nach freien Durchfahrtsregime für die großen europäischen Grenzflüsse steigen. Dabei ging es nicht etwa um eine „Entterritorialisierung" der grenzüberschreitenden Ströme, d.h. ihre gebietsrechtliche Internationalisierung; Rhein, Donau, Schelde etc. waren und sind Bestandteil der Staatsgebiete, die sie durchfließen. Bilden sie die Grenze zwischen zwei oder mehreren Staaten, gilt noch heute – vorbehaltlich spezialvertraglicher Abreden – die Regel, dass sie zwischen den durch sie getrennten Uferstaaten mittels der geographischen Mittellinie des Wasserlaufs geteilt werden; sind sie schiffbar, erfolgt die Teilung grundsätzlich durch die Hauptfahrrinne (sog. Thalweg).[16] Im Vordergrund stand vielmehr die Erkenntnis, dass der grenzüberschreitende Handel auf eine nutzungsrechtliche und also funktionelle Internationalisierung durch Bildung einer *internationalen Verkehrsgemeinschaft* angewiesen sei.[17]

Eine solche Gemeinschaft wurde zunächst für den Rhein vereinbart. Bereits die Schlussakte des Wiener Kongresses enthielt in den Art. 108 bis 117 Regelungen hinsichtlich der Schifffahrt auf Strömen, die durch mehrere Staaten fließen. Sie verpflichtete die Vertragsparteien dazu, „alles, was auf die Schiff-

---

[16] Vgl. Alexander Proelß, Raum und Umwelt im Völkerrecht, in: Wolfgang Graf Vitzthum/Alexander Proelß (Hrsg.), Völkerrecht, 6. Aufl., Berlin u.a. 2013, 5. Abschnitt Rn. 19.
[17] Siehe Georg Dahm, Völkerrecht, Bd. 1, Stuttgart 1958, S. 625.

fahrt dieses Flusses Bezug hat, gemeinschaftlich zu reguliren" (Art. 108), und kodifizierte den Grundsatz der freien Schifffahrt auf den betreffenden Flüssen (vgl. Art. 109). Hinsichtlich der Einzelheiten in Bezug auf die Schifffahrt des Rheins, Neckars, Mains, der Mosel, Maas und Schelde verwies Art. 117 auf die der Schlussakte angehängten „besondern Reglemens", die an der rechtsverbindlichen Kraft der Schlussakte teilhaben sollten. Mit Blick auf den Rhein erfolgte die Konkretisierung durch das nach intensiven Verhandlungen verabschiedete Rheinschifffahrts-Oktroi vom 24. März 1815,[18] das eine bereits 1804 zwischen Frankreich und dem Heiligen Römischen Reich Deutscher Nationen geschlossene Konvention ersetzte.[19] Dieses Regelwerk wurde 1831 seinerseits von der Mainzer Rheinschifffahrtsakte[20] ersetzt, die wiederum mit der 1868 vereinbarten Mannheimer revidierten Schifffahrtsakte[21] außer Kraft trat. Bereits mit der ursprünglichen Oktroi-Konvention von 1804 war eine hinsichtlich von Verstößen gegen die darin enthaltenen Regelungen zuständige zwischenstaatliche Straf- und Fiskalgerichtsbarkeit geschaffen worden, die in zweiter und dritter Instanz mit Stimmenmehrheit entschied, und deren Urteile für die betroffenen Individuen unmittelbar verbindlich waren (vgl. Art. 122 ff. der Oktroi-Konvention).[22] Dieses System wurde mit der Wiener Kongressakte dahingehend fortentwickelt, dass gemäß Art. 8 des Rheinschifffahrts-Oktrois von 1815 Streitigkeiten über die Anwendung und Auslegung der Konvention in erster Instanz nationalen Gerichten unterworfen waren, und Rechtsmittel gegen die ergangene Entscheidungen entweder an die Obergerichte der Vertragsparteien oder an die mit der Konvention gegründete Zentralkommission gerichtet werden mussten (vgl. Art. 9). Dem lässt sich entnehmen, dass die Zentralkommission, deren Zuständigkeit sich auf sämtliche vom Vertrag erfassten Gesichtspunkte erstreckte, im Rahmen ihrer Befugnisse als Streitbeilegungsorgan – ebenso wie die erstinstanzlich zuständigen nationalen Gerichte – für die Schifffahrtstreibenden auf

---

[18] Vgl. Johann Ludwig Klüber (Hrsg.), Acten des Wiener Kongresses in den Jahren 1814 und 1815, 9. Heft, 2. Aufl., Erlangen 1821, S. 257 ff.
[19] Text des ursprünglichen Rheinschifffahrts-Oktroi v. 15. August 1804: ebd. S. 280 ff.
[20] Vgl. die Zentral-Kommission für die Rheinschifffahrt (Hrsg.), Rheinurkunden, Bd. 1, Berlin 1918, S. 212 ff.
[21] Vgl. PrGS 1869, S. 798; Fassung v. 11. März 1969: BGBl. 1969 II S. 596; zuletzt geändert durch Zusatzprotokoll Nr. 7 v. 27. November 2002 (BGBl. 2003 II S. 1912).
[22] Dazu auch Dieter Kischel, Die Geschichte der Rheinschifffahrtsgerichtsbarkeit von 1804 bis in die Gegenwart, Bergisch-Gladbach u. a. 1990, S. 7.

dem Rhein unmittelbar verbindliche Entscheidungen treffen konnte.[23] Gegenüber den Vertragsparteien galt dies freilich nicht: Zwar konnte die Kommission mit Stimmenmehrheit auch an die Vertragsparteien gerichtete Maßnahmen beschließen; ihre Mitglieder waren aber „des agents des états riverains chargés de se concerter sur leurs intérêts communs", weshalb „ses décisions ne seront obligatoires pour les états riverains [...]" (Art. 17). Daran hielt die Mainzer Akte von 1831 fest: Nach Art. 94 waren (Mehrheits-) Beschlüsse der Zentralkommission nur für die Mitgliedstaaten verbindlich, die sie genehmigt hatten.

Ungeachtet des Umstands, dass die Zentralkommission für die Rheinschifffahrt insofern nicht über legislative Befugnisse verfügte, ist in jüngerer Zeit die These vertreten worden, dass es sich bei ihr – ebenso wie bei der mit dem Friedensvertrag von 1865[24] gegründeten Europäischen Donaukommission[25] – um eine Organisation mit supranationalen Kompetenzen gehandelt habe, dass also das Phänomen der Supranationalität bei genauerer Betrachtung kein Produkt des 20. Jahrhunderts sei, sondern vielmehr – wenn auch in einem sehr umgrenzten Bereich – auf Kooperationsmechanismen des 19. Jahrhunderts gründe.[26] Andere halten demgegenüber daran fest, dass „[s]upranational law is [...] an evolutionary achievement of the European integration space".[27]

Die Antwort auf die damit aufgeworfene Frage nach den rechtshistorischen Ursprüngen des Supranationalitätskonzepts hängt vor allem davon ab, anhand welcher Kriterien Supranationalität definiert wird. In der Tat fehlt es in den gesellschaftswissenschaftlichen Disziplinen an einem einheitlichen Begriffsverständnis. Während „supranational" im Bereich der Politikwissenschaft mitunter als Synonym für „international" oder „prozesshafte Integration" verwendet

---

[23] So auch Guido Thiemeyer/Isabel Tölle, Supranationalität im 19. Jahrhundert? Die Beispiele der Zentralkommission für die Rheinschifffahrt und des Octroivertrages 1804–1851, Zeitschrift für Geschichte der europäischen Integration 17 (2011), S. 177 (185).

[24] Vgl. Fontes III/1, 19 ff.

[25] Streitigkeiten über die Reichweite des Mandats der Donaukommission gipfelten 1927 in einem (völkerrechtsgeschichtlich im Hinblick auf die Konsequenzen einer Verletzung des Grundsatzes *pacta tertiis nec nocent nec prosunt* bedeutsamen) Gutachten des Ständigen Internationalen Gerichtshofs; vgl. Jurisdiction of the European Commission of the Danube Between Galatz and Braila, Advisory Opinion of 8 December 1927, PCIJ, Series B, No. 14.

[26] Vgl. Thiemeyer/Tölle, Supranationalität, S. 177 ff.; für die Donaukommission Anton Florian Zeilinger, Danube River, in: Wolfrum (Hrsg.), MPEPIL, Bd. II, S. 1012 (1013 f.), der ausdrücklich den Vergleich mit der Europäischen (Wirtschafts-)Gemeinschaft zieht.

[27] Achilles Skordas, Supranational Law, in: Wolfrum (Hrsg.), MPEPIL, Bd. IX, S. 693.

wird,[28] geht der Ansatz der Völker- und Europarechtswissenschaft, in deren Rahmen supranationale Organisationen von internationalen Organisationen unterschieden werden, über ein solchermaßen deskriptives Verständnis hinaus. Darauf ist sogleich zurückzukommen. Jenseits aller Kontroversen ist freilich auch unter Juristen unbestritten, dass die im 19. Jahrhundert entstandenen, auf völkervertraglicher Grundlage beruhenden Schifffahrtskommissionen, denen mittels des Gründungsstatuts einzelne Rechte und Pflichten zugewiesen worden waren, als erste Beispiele *internationaler* Organisationen zu qualifizieren sind.[29]

Werden die spezifischen Besonderheiten supranationaler Zusammenarbeit in der Kompetenz, rechtsverbindliche Mehrheitsbeschlüsse fassen zu können, in der unmittelbaren Wirkung dieser Beschlüsse in den Mitgliedstaaten und in der Übernahme bestimmter staatlicher Aufgaben wie Rechtsetzung, Verwaltung und Rechtsprechung gesehen,[30] ergibt sich mit Blick auf die Rheinschifffahrtskommission ein differenziertes Bild. Denn über unmittelbare Wirkung verfügten lediglich diejenigen Entscheidungen, welche die Zentralkommission in ihrer Rolle als Straf- und Fiskalgericht getroffen hatte; demgegenüber existierte diese Wirkung im Verhältnis zu den Mitgliedstaaten gerade nicht, da die Verbindlichkeit der getroffenen Beschlüsse unter dem Vorbehalt der mitgliedsstaatlichen Zustimmung bzw. Genehmigung stand.[31] Ein solcher Vorbehalt geht über das hinsichtlich von Maßnahmen traditioneller internationaler Organisationen zum Tragen kommende Umsetzungserfordernis noch hinaus, da die Beschlüsse der Zentralkommission selbst im Außenverhältnis ohne mitgliedstaatliche Zustimmung keine Verbindlichkeit entfalteten.

---

[28] Vgl. etwa Thiemeyer/Tölle, Supranationalität, S. 178; Andreas Haratsch et al., Europarecht, 8. Aufl., Tübingen 2012, Rn. 57; zum Ganzen auch Hans Peter Ipsen, Über Supranationalität, in: Horst Ehmke et al. (Hrsg.), Festschrift für Ulrich Scheuner zum 70. Geburtstag, Berlin 1973, S. 211 ff.

[29] Vgl. nur Eckart Klein/Stefanie Schmahl, Die Internationalen und die Supranationalen Organisationen, in: Graf Vitzthum/Proelß (Hrsg.), Völkerrecht, 4. Abschnitt, Rn. 4. – Zur Definition des Begriffs der internationalen Organisation vgl. ebd. Rn. 12: „ein auf völkerrechtlichem Vertrag beruhender mitgliedstaatlich strukturierter Zusammenschluss von zwei oder mehreren Völkerrechtssubjekten (meist Staaten), der mit eigenen Organen Angelegenheiten von gemeinsamem Interesse besorgt" (Fußnote weggelassen).

[30] So die Kriterien von Thiemeyer/Tölle, Supranationalität, S. 179.

[31] Im Ergebnis daher – aus rechtswissenschaftlicher Perspektive – zu undifferenziert: Thiemeyer/Tölle, Supranationalität, S. 193 f., die an anderer Stelle mit Blick auf die Mainzer Schifffahrtsakte treffender von „eingeschränkter Supranationalität der Rechtsprechung" sprechen (ebd. S. 185).

Europa um 1900 / um 2000

Da nach alledem unterschiedlich weite Verständnisse des Konzepts der Supranationalität denkbar sind, bietet es sich an, am konkreten Beispiel der EU die Besonderheiten der Supranationalität im Europa des 20. und 21. Jahrhunderts in Erinnerung zu rufen, um eine abschließende Würdigung der in Frage stehenden Rolle der Schifffahrtskommissionen als historisches Vorbild für die supranationale Union zu ermöglichen.

4 Die EU als supranationaler Staatenverbund

4.1 *Entwicklung und Kennzeichen des Supranationalitätskonzepts im Unionsrecht*

Für die rechtliche Beurteilung ist von Bedeutung, dass der Begriff „supranational" in einem der Gründungsverträge der heutigen EU, namentlich im 2002 ausgelaufenen Vertrag über die Gründung der Europäischen Gemeinschaft für Kohle und Stahl vom 18. April 1951 (EGKSV),[32] ausdrücklich enthalten war – wenn auch nur im authentischen französischen Wortlaut, demgegenüber die deutschsprachige Version von „überstaatlich" sprach. In diesem Sinne war in Art. 9 Abs. 5 und 6 EGKSV, den Funktionen der Hohen Behörde der Montanunion gewidmet, die Rede davon, dass die Mitglieder der Hohen Behörde „jede Handlung zu unterlassen [haben], die mit dem überstaatlichen Charakter ihrer Tätigkeit unvereinbar ist", und dass sich „[j]eder Mitgliedstaat verpflichtet […], diesen überstaatlichen Charakter zu achten und nicht zu versuchen, die Mitglieder der Hohen Behörde bei der Erfüllung ihrer Aufgaben zu beeinflussen." Ungeachtet des Fehlens einer Definition des Terminus „überstaatlich" bzw. „supranational" zeigt der Umstand, dass die einschlägigen Passagen mit Abschluss des Fusionsvertrags vom 8. April 1965,[33] mit dem die Hohe Behörde in der Kommission der drei Europäischen Gemeinschaften aufging, ersatzlos gestrichen wurden, um dem Eindruck entgegenzutreten, dass die Gemeinschaften die Souveränität der Mitgliedstaaten bedrohten,[34] dass die Vertragsparteien dem Konzept der Überstaatlichkeit von vornherein besondere Wirkung beimaßen.

Dies bestätigten Art. 13 und Art. 14 EGKSV, wonach die von der Hohen Behörde mit Stimmenmehrheit beschlossenen Entscheidungen „in allen ihren

---

[32] BGBl. 1952 II S. 445, 978.
[33] BGBl. 1965 II S. 1454.
[34] Siehe Ipsen, Über Supranationalität, S. 211, mit Bezugnahme auf Hallstein.

Teilen verbindlich" waren. Anders als Art. 288 des Vertrags über die Arbeitsweise der Europäischen Union (AEUV),[35] dort bezogen auf die Handlungsform der Verordnung, sprach Art. 14 EGKSV der Entscheidung zwar noch nicht ausdrücklich unmittelbare Geltung in den Mitgliedstaaten zu. Zu berücksichtigen ist jedoch, dass die ebenfalls von Art. 14 EGKSV konkretisierte Wirkung der Handlungsform einer Empfehlung („Die Empfehlungen sind hinsichtlich der von ihnen bestimmten Ziele verbindlich, lassen jedoch denen, an die sie gerichtet sind, die Wahl der für die Erreichung dieser Ziele geeigneten Mittel.") der heutigen Beschreibung der Handlungsform der Richtlinie entsprach. Dies legt den – von der späteren Praxis der Behörde bestätigten – Schluss nahe, dass auch „Entscheidungen" der Hohen Behörde bereits unmittelbare Geltung in den Mitgliedstaaten entfalteten und insofern keiner Genehmigung bzw. Umsetzung bedurften. Die Montanunion unterschied sich hinsichtlich der Wirkungen der von der Hohen Behörde beschlossenen Maßnahmen damit substantiell von herkömmlichen internationalen Organisationen.[36] Denn Letztere zeichnen sich durch ihren im völkerrechtlichen Grundsatz der Gleichheit der Staaten (vgl. Art. 2 Nr. 1 der Charta der Vereinten Nationen vom 26. Juni 1946)[37] wurzelnden zwischenstaatlichen bzw. intergouvernementalen Charakter aus, wonach jeder Mitgliedstaat an gemeinsamen Entscheidungen mitwirken bzw. ihr Zustandekommen durch sein Veto verhindern kann. Selbst wenn das Gründungsstatut der betreffenden Organisation die Möglichkeit von Mehrheitsbeschlüssen vorsieht (was keineswegs ausgeschlossen ist), müssen die getroffenen Beschlüsse anschließend von den gemäß nationalem Verfassungsrecht zuständigen Stellen in nationales Recht umgesetzt (transformiert oder in Vollzug gesetzt) werden.[38] Eben dies galt für den Fall der Hohen Behörde nicht mehr.

Es ist diese besondere Wirkung der von einer Organisation erlassenen Maßnahmen, der Umstand also, dass diese nicht nur zwischen den Mitgliedstaaten – d. h. im Außenverhältnis – gelten, sondern automatisch innerhalb der mitgliedstaatlichen Rechtsordnungen verbindliche Wirkungen entfalten und ggf. sogar

---

[35] Konsolidierte Fassung: ABl. EU 2012, Nr. C 326/47.
[36] Vgl. nur Frank Schorkopf, Der Europäische Weg, Tübingen 2010, S. 42.
[37] BGBl. 1973 II S. 431.
[38] In Deutschland kommt insofern Art. 59 Abs. 2 GG zentrale Bedeutung zu. Zu den dogmatischen und theoretischen Hintergründen etwa Rudolf Geiger, Grundgesetz und Völkerrecht, 5. Aufl., München 2010, S. 154 ff.

unmittelbar wirksam sein können,[39] die den Kern des Supranationalitätskonzepts bildet.[40] Dies setzt nach deutschem Rechtsverständnis eine spezifische verfassungsrechtliche Ermächtigung voraus, die in der von Art. 23 Abs. 1 Satz 2 und Art. 24 GG in Bezug genommenen „Übertragung von Hoheitsrechten" zu erblicken ist. Zugleich ergibt sich aus Vorstehendem, dass supranationale Integration keineswegs zwingend auf die EU oder andere regionale Strukturen begrenzt sein muss (auch wenn die historischen Ursachen des europäischen Integrationsprozesses unzweifelhaft eine Rolle bei der Ausgestaltung der konkret europäischen supranationalen Ordnung gespielt haben, ja Ursachen und Ausgestaltung kaum voneinander getrennt werden können);[41] primär entscheidend für die Qualifikation als internationale und supranationale Organisation sind vielmehr die *Wirkungen* der überstaatlichen Rechtsordnung. Dies kann sogar dazu führen, dass die Kategorien der supranationalen und intergouvernementalen Zusammenarbeit unter dem Dach einer einheitlichen Organisation nebeneinanderstehen. In diesem Sinne wurde die Gemeinsame Außen- und Sicherheitspolitik (GASP) der EU bislang nicht supranationalisiert. Gemäß Art. 24 Abs. 1 UAbs. 2 Satz 2 des Vertrags über die Europäische Union (EUV)[42] wird die GASP vielmehr „vom Europäischen Rat und vom Rat einstimmig festgelegt und durchgeführt [...]", und nach Satz 3 der Norm ist der Erlass von Gesetzgebungsakten, die theoretisch über unmittelbare Geltung verfügen könnten, ausgeschlossen.

Die besonderen Wirkungen des supranationalen Unionsrechts wurden in der Rechtsprechung des Europäischen Gerichtshofs (EuGH) frühzeitig weiter konturiert. Bereits 1963 stellte der Gerichtshof im Rahmen eines Vorabentscheidungsverfahrens (heute Art. 267 AEUV) fest, dass

> die Gemeinschaft eine neue Rechtsordnung des Völkerrechts darstellt, zu deren Gunsten die Staaten, wenn auch in begrenztem Rahmen, ihre Souveränitätsrech-

---

[39] Im Unterschied zur unmittelbaren Geltung betrifft die unmittelbare Wirkung die Frage, ob sich Einzelne unmittelbar auf das automatisch in der nationalen Rechtsordnung geltende supranationale Recht berufen können. Dies setzt nach der Rechtsprechung des EuGH voraus, dass die relevanten Normen „rechtlich perfekt" sind; vgl. EuGH, Rs. 26/62, van Gend en Loos, Slg. 1963, S. 3 (25 ff.).

[40] So auch Klein/Schmahl, Internationale und Supranationale Organisationen, Rn. 14; Schorkopf, Europäischer Weg, S. 40 ff.

[41] Zu den historischen Ursachen eingehend Guido Thiemeyer, Supranationalität als Novum in der Geschichte der internationalen Politik der fünfziger Jahre, Zeitschrift für Geschichte der europäischen Integration 17 (2011), S. 5 ff.

[42] Konsolidierte Fassung: ABl. EU 2010, Nr. C 83/13.

te eingeschränkt haben, eine Rechtsordnung, deren Rechtssubjekte nicht nur die Mitgliedstaaten, sondern auch die Einzelnen sind. Das von der Gesetzgebung der Mitgliedstaaten unabhängige Gemeinschaftsrecht soll daher den Einzelnen, ebenso wie es ihnen Pflichten auferlegt, auch Rechte verleihen. Solche Rechte entstehen nicht nur, wenn der Vertrag dies ausdrücklich bestimmt, sondern auch auf Grund von eindeutigen Verpflichtungen, die der Vertrag den Einzelnen wie auch den Mitgliedstaaten und den Organen der Gemeinschaft auferlegt.[43]

Ein Jahr später konstatierte er:

> Zum Unterschied von gewöhnlichen internationalen Verträgen hat der EWG-Vertrag eine eigene Rechtsordnung geschaffen, die bei seinem Inkrafttreten in die Rechtsordnungen der Mitgliedstaaten aufgenommen worden und von ihren Gerichten anzuwenden ist. Denn durch die Gründung einer Gemeinschaft für unbegrenzte Zeit, die mit eigenen Organen, mit der Rechts- und Geschäftsfähigkeit, mit internationaler Handlungsfähigkeit und insbesondere mit echten, aus der Beschränkung der Zuständigkeit der Mitgliedstaaten oder der Übertragung von Hoheitsrechten der Mitgliedstaaten auf die Gemeinschaft herrührenden Hoheitsrechten ausgestattet ist, haben die Mitgliedstaaten, wenn auch auf einem begrenzten Gebiet, ihre Souveränitätsrechte beschränkt und so einen Rechtskörper geschaffen, der für ihre Angehörigen und sie selbst verbindlich ist.[44]

In seinem Gutachten zum EWR-Vertrag fasste der EuGH die zentralen Kennzeichen der supranationalen Unionsrechtsordnung wie folgt zusammen:

> Dagegen stellt der EWG-Vertrag, obwohl er in der Form einer völkerrechtlichen Übereinkunft geschlossen wurde, nichtsdestoweniger die Verfassungsurkunde einer Rechtsgemeinschaft dar. Nach ständiger Rechtsprechung des Gerichtshofes haben die Gemeinschaftsverträge eine neue Rechtsordnung geschaffen, zu deren Gunsten die Staaten in immer weiteren Bereichen ihre Souveränitätsrechte eingeschränkt haben und deren Rechtssubjekte nicht nur die Mitgliedstaaten, sondern auch deren Bürger sind [...]. Die wesentlichen Merkmale der so verfassten Rechtsordnung der Gemeinschaft sind ihr Vorrang vor dem Recht der Mitgliedstaaten und die unmittelbare Wirkung zahlreicher für ihre Staatsangehörigen und für sie selbst geltender Bestimmungen.[45]

Neben die unmittelbare Geltung und Wirkung des Unionsrechts tritt damit sein Anwendungsvorrang vor dem nationalen Recht der Mitgliedstaaten als

---
[43] EuGH, Rs. 26/62, van Gend en Loos, Slg. 1963, S. 3 (25).
[44] EuGH, Rs. 6/64, Costa/ENEL, Slg. 1964, 1254 (1269).
[45] EuGH, Gutachten 1/91, Slg. 1991, I-6079 Rn. 21.

spezifische Ausprägung von Supranationalität. In der so konkretisierten besonderen *Qualität* des Unionsrechts spiegelt sich – in Verbindung mit (1) der Verpflichtung auf spezifische, zwischenzeitlich breit angelegte Gemeinschaftsinteressen und -ziele, denen neben den gegenüber den Mitgliedstaaten statusmäßig unabhängigen Unionsorganen (Kommission, Parlament, EuGH) auch die im Rat versammelten Vertreter der Mitgliedstaaten (vgl. Art. 16 Abs. 2 EUV) bei der Wahrnehmung der ihnen gemäß EUV und AEUV übertragenen Aufgaben und Befugnisse gerecht werden müssen, (2) den vor allem im Rahmen des Gesetzgebungsverfahrens ganz überwiegend vorgesehenen Mehrheitsbeschlüssen, (3) der schieren Kompetenzfülle der Unionsorgane, die, zumal im Lichte der stets am *effet utile* orientierten Auslegung und Anwendung der Unionszuständigkeiten durch die Unionsorgane, das juristische Festhalten am Fehlen einer „Kompetenz-Kompetenz" der EU (vgl. Art. 5 EUV) faktisch zunehmend in Frage stellt, (4) der Haushaltsautonomie sowie (5) der Existenz einer obligatorischen und permanenten Gerichtsbarkeit – sein Charakter als eigenständige, vom intergouvernementalen Völkerrecht wie vom nationalen Recht zu unterscheidende und insofern „autonome" Rechtsordnung.[46] Hinsichtlich der erreichten Integrationstiefe und der zahlreichen Facetten, mittels derer sich die EU institutionell und materiell-rechtlich von traditionellen internationalen Organisationen unterscheidet, ist das Unionsrecht ohne historisches Vorbild.

4.2 *Supranationalität und mitgliedsstaatliche Rechtsordnung*

4.2.1 *Verfassungsrechtliche Grundlagen*

Die Besonderheiten supranationaler Integration gegenüber intergouvernementaler Kooperation finden in der nationalen Rechtsordnung ihr Echo.[47] Es wurde bereits darauf hingewiesen, dass Durchgriffswirkung und Anwendungsvorrang verfassungsrechtlich ein besonderes Legitimationsbedürfnis hervorrufen. Denn wenn die Unionsorgane Hoheitsgewalt in Deutschland ausüben,[48] sich die europäische Gewalt mithin aus Sicht der Grundrechtsberechtigten nicht von deutscher hoheitlicher Gewalt unterscheidet, berührt sie zentrale Gewährleistungen des Grundgesetzes – sowohl mit Blick auf den Grundrechtsschutz als

---

[46] Vgl. auch Ipsen, Über Supranationalität, S. 217 ff.
[47] Zum Folgenden bereits Alexander Proelß, Bundesverfassungsgericht und überstaatliche Gerichtsbarkeit, Tübingen 2014.
[48] Zu dieser Wendung BVerfGE 89, 155 (175).

auch bezüglich des demokratischen Prinzips. Deshalb reicht eine Umsetzung des in EUV und AEUV kodifizierten europäischen Primärrechts im Wege des Art. 59 Abs. 2[49] GG nicht aus. Zwar handelt es sich bei den Gründungsverträgen unzweifelhaft um Verträge, „welche die politischen Beziehungen des Bundes regeln" (Art. 59 Abs. 2 Satz 1 1. Alt. GG).[50] In seinen Wirkungen geht das Unionsrecht aber, wie gezeigt, insofern über das klassische Völkervertragsrecht hinaus, als die Mitgliedstaaten der EU Hoheitsrechte übertragen haben. Diesbezüglich verlangen Art. 23 Abs. 1 Satz 2 (für die EU) und Art. 24 Abs. 1 GG[51] (für andere – insbesondere künftige – „zwischenstaatliche", d. h. supranationale Organisationen) den Beschluss eines eigenen Gesetzes. Art. 59 Abs. 2 Satz 1 GG ist somit nicht dazu bestimmt, einer supranationalen Organisation die Ausübung von Hoheitsbefugnissen im deutschen Rechtsraum zu ermöglichen, während Art. 23 Abs. 1 Satz 2 und Art. 24 Abs. 1 GG nicht den Beitritt der Bundesrepublik zum Gründungsvertrag einer zwischenstaatlichen Einrichtung oder die Änderung desselben erfasst. In der Staatspraxis wird freilich stets nur ein einziges Zustimmungsgesetz erlassen. Ihm ist daher eine Doppelfunktion dahingehend beizumessen, dass es – von der demokratischen Legitimation abgesehen – sowohl die

---

[49] Angesichts seiner im Textzusammenhang apostrophierten Bedeutung sei Art. 59 Abs. 2 GG hier zitiert: „Verträge, welche die politischen Beziehungen des Bundes regeln oder sich auf Gegenstände der Bundesgesetzgebung beziehen, bedürfen der Zustimmung oder der Mitwirkung der jeweils für die Bundesgesetzgebung zuständigen Körperschaften in der Form eines Bundesgesetzes. Für Verwaltungsabkommen gelten die Vorschriften über die Bundesverwaltung entsprechend".

[50] Doris König, Die Übertragung von Hoheitsrechten im Rahmen des europäischen Integrationsprozesses – Anwendungsbereich und Schranken des Art. 23 des Grundgesetzes, Berlin 2000, S. 74.

[51] Wegen der sich aus dem Textzusammenhang ergebenden Bedeutung von Art. 23 Abs. 1 und Artikel 24 Abs. 1 des Grundgesetzes seien auch diese Artikel angeführt: „Artikel 23: (1) Zur Verwirklichung eines vereinten Europas wirkt die Bundesrepublik Deutschland bei der Entwicklung der Europäischen Union mit, die demokratischen, rechtsstaatlichen, sozialen und föderativen Grundsätzen und dem Grundsatz der Subsidiarität verpflichtet ist und einen diesem Grundgesetz im wesentlichen vergleichbaren Grundrechtsschutz gewährleistet. Der Bund kann hierzu durch Gesetz mit Zustimmung des Bundesrates Hoheitsrechte übertragen. Für die Begründung der Europäischen Union sowie für Änderungen ihrer vertraglichen Grundlagen und vergleichbare Regelungen, durch die dieses Grundgesetz seinem Inhalt nach geändert oder ergänzt wird oder solche Änderungen oder Ergänzungen ermöglicht werden, gilt Artikel 79 Abs. 2 und 3". „Artikel 24: (1) Der Bund kann durch Gesetz Hoheitsrechte auf zwischenstaatliche Einrichtungen übertragen".

Grundlage für die innerstaatliche Geltung der betreffenden völkerrechtlichen Normen (Art. 59 Abs. 2 GG) als auch für die Übertragung von Hoheitsrechten auf die supranationale Organisation (Art. 23 und Art. 24 GG) bildet.[52]

4.2.2 Autonomie der Unionsrechtsordnung

Soweit der EuGH in ständiger Rechtsprechung von der Autonomie bzw. Eigenständigkeit der Unionsrechtsordnung ausgeht, verdient dies insoweit Zustimmung, als sich heute nicht mehr bezweifeln lässt, dass die von den Unionsorganen erlassenen Rechtsakte ihren Geltungsgrund unmittelbar in der Unionsgewalt finden. Aus verfassungsrechtlicher Perspektive kann sich diese Autonomie aber nur auf die *Ausübung* der der EU anvertrauten Hoheitsbefugnisse beziehen. Die Feststellung, dass das europäische Sekundärrecht im Hinblick auf seine Herkunft unmittelbar nicht auf dem Willen der Mitgliedstaaten, sondern auf einem davon zu unterscheidenden autonomen Unionswillen gründet, ändert nichts daran, dass die Rechtsmacht der EU durch völkerrechtliche Verträge – namentlich durch EUV und AEUV – etabliert worden und damit von der Rechtsmacht der Mitgliedstaaten *abgeleitet* ist.[53] Autonomie der Unionsrechtsordnung ist damit nicht gleichbedeutend mit ihrer Originarität. Das Bundesverfassungsgericht (BVerfG) hat in seiner Entscheidung zum Vertrag von Lissabon überzeugend festgestellt:

> Die ‚Verfassung Europas', das Völkervertrags- oder Primärrecht, bleibt eine abgeleitete Grundordnung. Sie begründet eine im politischen Alltag durchaus weitreichende, aber immer sachlich begrenzte überstaatliche Autonomie. Autonomie kann hier nur – wie im Recht der Selbstverwaltung gebräuchlich – als eine zwar selbständige, aber abgeleitete, das heißt von anderen Rechtssubjekten eingeräumte Herrschaftsgewalt verstanden werden.[54]

Begrifflich wie konzeptionell ist insofern zwischen der Ausübung *eigener* Rechte durch die supranationale Union („Autonomie") und dem Fehlen *originä-*

---

[52] So insbesondere Kirsten Schmalenbach, Der neue Europaartikel 23 des Grundgesetzes im Lichte der Arbeit der Gemeinsamen Verfassungskommission, 1996, S. 79 f.
[53] Sehr deutlich Christian Tomuschat, in: Rudolf Dolzer u. a. (Hrsg.), Bonner Kommentar zum Grundgesetz, Bd. 6, Art. 24 (Zweitbearbeitung) Rn. 17; vgl. auch BVerfGE 89, 155 (190).
[54] BVerfGE 123, 267 (349).

rer, d.h. unabgeleiteter Hoheitsmacht zu unterscheiden.⁵⁵ Mit Blick auf letztere Kategorie unterscheidet sich die EU somit nicht von traditionellen internationalen Organisationen, denen – wie etwa den Vereinten Nationen – die Befugnis übertragen wurde, (im Außenverhältnis) verbindliche Resolutionen, Maßnahmen usw. zu beschließen. Im Rechtssinne ist die EU kein Staat; sie steht soz. „zwischen" ihm und der internationalen Organisation.

4.2.3 Grundlage und Grenzen des Anwendungsvorrangs des Unionsrechts

Der Anwendungsvorrang des Unionsrechts auch gegenüber dem nationalen Verfassungsrecht⁵⁶ wird vom EuGH seit jeher im Unionsrecht selbst, namentlich im Prinzip der Sicherung der Funktionsfähigkeit der EU, verortet.⁵⁷ Demgegenüber hat das BVerfG den Anwendungsvorrang des früheren Gemeinschafts- und heutigen Unionsrechts zwar prinzipiell anerkannt⁵⁸, seine Grundlage jedoch nicht allein im Unionsrecht erblickt, sondern aus einer Zusammenschau seiner unionsrechtlichen Herkunft einerseits und dem innerstaatlichen, auf der Grundlage der verfassungsrechtlichen Vorgaben ergangenen Rechtsanwendungsbefehl andererseits abgeleitet.⁵⁹ Von diesem verfassungsrechtlichen Standpunkt aus ergibt sich die Existenz rechtlicher Grenzen der europäischen Integration von selbst: Der Anwendungsvorrang des Unionsrechts kann nur in den Grenzen der verfassungsrechtlichen Ermächtigung gelten.⁶⁰ Die Pflicht zur Beachtung der Schranken des Art. 79 Abs. 3 GG (sog. Ewigkeitsgarantie), wo-

---

⁵⁵ Treffend Christian Seiler, Der souveräne Verfassungsstaat zwischen demokratischer Rückbindung und überstaatlicher Einbindung, Tübingen 2005, S. 71 ff., 253; anders etwa Thomas Giegerich, Europäische Verfassung und deutsche Verfassung im transnationalen Konstitutionalisierungsprozess: Wechselseitige Rezeption, konstitutionelle Evolution und föderale Verflechtung, Berlin u.a. 2003, S. 646 f., 667 ff., 671 ff.
⁵⁶ Grundlegend EuGH, Rs. 11/70, Internationale Handelsgesellschaft mbH/Einfuhr- und Vorratsstelle für Getreide und Futtermittel, Slg. 1970, 1125 Rn. 3.
⁵⁷ Vgl. nur EuGH, Rs. 6/64, Costa/E.N.E.L., Slg. 1964, 1253, 1269.
⁵⁸ Grundlegend BVerfGE 31, 145 (174). Siehe nunmehr auch Erklärung Nr. 17 („Erklärung zum Vorrang") zur Schlussakte der Regierungskonferenz, die den am 13. Dezember 2007 unterzeichneten Vertrag von Lissabon angenommen hat (ABl. EU 2008, Nr. C 115/344).
⁵⁹ BVerfGE 73, 339 (375); 75, 223 (244); 85, 191 (204). Aus der Literatur vgl.: Rudolf Streinz, Bundesverfassungsgerichtlicher Rechtsschutz und Europäisches Gemeinschaftsrecht, Baden-Baden 1989, S. 125 ff.; König, Übertragung, S. 86 f.
⁶⁰ Vgl. BVerfGE 37, 271 (279 f.).

nach die Gliederung des Bundes in Länder, die grundsätzliche Mitwirkung der Länder bei der Gesetzgebung oder die in den Artikeln 1 und 20 niedergelegten Grundsätze (Menschenwürde, Rechtsstaatlichkeit, Demokratie, Bundesstaatlichkeit, Sozialstaatlichkeit) infolge der Übertragung von Hoheitsrechten nicht berührt werden dürfen, ergibt sich seit 1992 ausdrücklich aus der Bestandssicherungsklausel des Art. 23 Abs. 1 Satz 3 GG. Dabei ist letztlich unstreitig, dass die Wahrung dieser Integrationsgrenzen durch den Übertragungsgesetzgeber verfassungsgerichtlich überprüft werden kann. Prüfungsgegenstand ist in dergleichen Situationen das deutsche Zustimmungsgesetz in seiner Ausprägung als Gesetz im Sinne von Art. 23 Abs. 1 Satz 2 GG.[61] Insbesondere vor dem Hintergrund der für die Auslegung des primären und sekundären Unionsrechts bestehenden Zuständigkeit des EuGH, die ebenso wie dessen Verwerfungsmonopol hinsichtlich der Gültigkeit sekundärer Unionsrechtsakte zu den auf die supranationale EU übertragenen Hoheitsrechten zählt, sind die genauen Voraussetzungen (wer? wann? in welchen Situationen?), unter denen verfassungsgerichtlicher Rechtsschutz gewährt werden darf bzw. gewährt werden muss, bis heute freilich in höchstem Maße umstritten.[62] Verfassungsrechtlich werfen die Wirkungen der Supranationalität demnach besondere, angesichts der Mehr-Ebenen-Struktur des Integrationsverbunds i.d.R. höchst komplexe Fragen auf.

5 Schluss

Vorliegende Skizze hat bestätigt, dass es sich bei der Unionsrechtsordnung angesichts ihrer Wirkungen und institutionellen Ausgestaltung bislang um einen historischen Einzelfall handelt, dem auch das nationale Verfassungsrecht in besonderer Weise Rechnung trägt. Ein *unmittelbarer* Ableitungszusammenhang zu den im 19. Jahrhundert geschaffenen Schifffahrtskommissionen lässt sich in völkerrechtlicher Hinsicht nicht konstruieren. Weder sind die historischen Ursachen des europäischen Integrationsprozesses – sieht man von dem keineswegs auf supranationale Organisationen beschränkten, durch technisch-wirtschaftlichen Fortschritt begründeten Bedürfnis nach funktional-gemeinschaftlicher Zusammenarbeit ab – mit den Entstehungsgründen der Schifffahrtskommis-

---

[61] Vgl. nur BVerfGE 73, 339 (372).
[62] Diese Diskussion kann hier nicht nachgezeichnet werden. Zu den verschiedenen Kontrollbefugnissen des BVerfG etwa Proelß, Bundesverfassungsgericht und überstaatliche Gerichtsbarkeit.

sionen vergleichbar, noch entsprach die grenzüberschreitende Kooperation innerhalb dieser Kommissionen, gemessen am Maßstab dessen, was heute am Maßstab der EU unter Supranationalität verstanden wird, hinsichtlich ihrer Rechtswirkungen den Anforderungen der Überstaatlichkeit im engeren Sinne. Damit wird die große Bedeutung der Schifffahrtskommissionen für die Entwicklung des Rechts der internationalen Organisationen nicht geleugnet. Der Umstand, dass in ihrem Rahmen Beschlüsse per Mehrheitsentscheid zustande kamen, dass die Kommissionen im Rahmen ihrer quasi-gerichtlichen Zuständigkeiten ferner Entscheidungen mit unmittelbarer Wirkung für Einzelne treffen konnten, hebt sie im Vergleich mit später gegründeten internationalen Organisationen hervor. Angesichts dieser Besonderheiten ist es auch von juristischer Warte aus gerechtfertigt, sie hinsichtlich der vorbezeichneten Elemente (aber eben auch nur insoweit) als Vorläufer supranationaler Verbünde zu qualifizieren. Anders herum ist keineswegs ausgeschlossen, dass die EU dereinst ihrerseits als Modell für vertiefte Integrationsprozesse in anderen Teilen der Erde oder gar auf globaler Ebene fungieren könnte. Hierzu ist es bislang nicht gekommen; dies wirft die Frage auf, ob supranationale Integration bestimmte historische Lagen bedingt. So oder so bieten die aus den Wirkungen der Unionsrechtsordnung resultierenden juristischen Herausforderungen bezüglich der Funktionsfähigkeit, Effektivität und Legitimität der Ausübung von Hoheitsgewalt in einem Mehr-Ebenen-Modell reiches Anschauungs- und Orientierungsmaterial für künftige Prozesse der Vergemeinschaftung staatlicher Aufgaben.

Formen und Möglichkeiten grenzüberschreitender Verbrechensbekämpfung – unter besonderer Berücksichtigung der deutsch-niederländischen Grenze[1]

von Hein Hoebink, Düsseldorf

Inwieweit erreichen die grenzüberschreitenden Kooperationen, die im Zuge der Industrialisierung und Technisierung schon im späten 19. und dann im beginnenden 20. Jahrhundert von vielfältigen Formen wirtschaftlicher, finanzieller, personeller, technischer, kultureller und politischer Verflechtung begleitet wurden, so lautet die diesem Beitrag zugrundeliegende Fragestellung, mit dem in der Zeit nach dem Zweiten Weltkrieg einsetzenden Prozess der europäischen Integration eine qualitativ neue Dimension, die es auch als solche zu beschreiben, zu analysieren und herauszustellen gilt?

Mit den folgenden Darlegungen soll eine Antwort aus dem Blickwinkel der Polizei gegeben werden, die dafür Sorge tragen musste und muss, dass die verschiedenen Absichten grenzüberschreitender Interaktion nach geltenden Regeln verliefen und verlaufen und dass ein Übertreten dieser Regeln auch mit einer vollstreckbaren Ahndung grenzüberschreitend verbunden sein könnte.

Zeitlich liegt der Fokus der nachstehenden Ausführungen zunächst auf dem späten 19. und beginnenden 20. Jahrhundert. Daran anschließend gilt die Aufmerksamkeit den polizeilichen Entwicklungen nach dem Zweiten Weltkrieg mit besonderem Blick auf die Gegebenheiten um die Wende vom 20. zum 21. Jahrhundert.

Mit den Vereinbarungen des Schengener Abkommens von 1985 (Schengen I), den Regelungen des Schengener Durchführungsübereinkommens von

---

[1] Für diesen Beitrag wird in seinem ersten Teil auf Ausführungen zurückgegriffen, die Teil eines Vortrages waren, den der Autor am 5.12.2012 auf Einladung des Düsseldorfer Geschichtsvereins im Heinrich-Heine-Institut gehalten hat und der im Düsseldorfer Jahrbuch, 84, 2014, S. 181–199, veröffentlicht wurde. Teile des zweiten Teils wurden für einen Aufsatz verwandt, der unter dem Titel „Polizeiliche und justizielle Zusammenarbeit von NRW, Belgien und den Niederlanden" in der Zeitschrift „Geschichte im Westen" demnächst (2015) erscheinen wird.

1990 (Schengen II) und den ergänzenden Absprachen, die im Prümer Vertrag vom 27. Mai 2005 (Schengen III) ihren Niederschlag gefunden haben, gewannen viele Europäer, nicht zuletzt auch Deutsche und Niederländer, eine Freiheit zurück, die für Preußen und Niederländer bis in die Mitte des Ersten Weltkrieges hinein ganz selbstverständlich war. Zwar hatten sie die auf dem Meistbegünstigungsprinzip aufbauenden, den Handel erleichternden Zollbestimmungen zu beachten, die der deutsch-niederländische Handels- und Schifffahrtsvertrag vom 31. Dezember 1851 vorgab,[2] aber sie konnten die Grenze ins Ausland frei passieren. Pässe gab es nicht.

> § 1 des Gesetzes über das Paßwesen vom 12. Oktober 1867 bestimmte: „Bundesangehörige bedürfen zum Ausgang aus dem Bundesgebiete, zur Rückkehr in dasselbe, sowie zum Aufenthalte und zu Reisen innerhalb desselben keines Reisepaßes. [...]
>
> § 2 Auch von Ausländern soll weder beim Eintritt, noch beim Austritt über die Grenze des Bundesgebietes, noch während ihres Aufenthaltes oder ihrer Reisen innerhalb desselben ein Reisepapier gefordert werden.
>
> § 3 Bundesangehörige wie Ausländer bleiben jedoch verpflichtet, sich auf amtliches Erfordernis über Ihre Person genügend auszuweisen.[3]

Erst in der Zeit des drohenden und später dann tobenden Ersten Weltkriegs verordnete Wilhelm II. eine „anderweite Regelung der Paßpflicht" und schrieb, kurz gesagt, zunächst vorübergehend,[4] nachfolgend auf Dauer angelegt, vor, dass Inländer bei der Ausreise und Ausländer bei der Einreise in das Deutsche Reich und damit auch nach Preußen einen Pass und bei „jedesmaligem Grenzübertritte" auch ein Visum – den „Sichtvermerk der zuständigen Behörde"[5] – zu unterbreiten hätten. Ausnahmen von dieser Regelung waren nur möglich, wenn das Militär sie gestattete – im Benehmen mit den zuständigen Landesbehörden. Profitieren sollten die Grenzbezirke und „gewisse Arten von Personen", vor allem, wenn es um die Praxis des „kleinen Grenzverkehrs" ging, in dem auch „andere Ausweise als Päße" genügen mochten.

---

[2]   In: Gesetzsammlung für die Königlichen Preußischen Staaten, 1851, S. 145–172.
[3]   Bundes-Gesetzblatt des Norddeutschen Bundes, 1867, S. 33–35, online unter: www.documentarchiv.de/nzjh/ndbd/pass_ges.html (27.5.2013).
[4]   Vgl. die kaiserliche Verfügung vom 31.07.1914, in: Reichs-Gesetzblatt, 1914, S. 264.
[5]   § 1 der Verordnung, betreffend anderweite Regelung der Paßpflicht. Vom 21. Juni 1916, in: Reichs-Gesetzblatt, 1916, S. 599–601 (599).

Formen und Möglichkeiten grenzüberschreitender Verbrechensbekämpfung

Auch wenn nach dem Ersten Weltkrieg die Mitwirkung des Militärs an der Ausstellung von Passersatzdokumenten für die Grenzbezirke und insbesondere den kleinen Grenzverkehr entfiel,[6] hielt das Reich an den restringierenden Bestimmungen über Grenzübertritte fest. Es verschärfte sogar seine Sanktionen im Fall der Zuwiderhandlung. Die harte Gangart, für Inländer verbunden mit einer Androhung von Geldstrafe in Höhe von 10.000 bis 2.000.000 Mark oder auch einer Haftstrafe von bis zu einem Jahr,[7] für Ausländer verbunden mit der möglichen Ausweisung durch den preußischen Innenminister, die durch die preußische Polizei exekutiert wurde, stand in engem zeitlichen Zusammenhang mit der wenige Wochen zuvor erfolgten Besetzung des Ruhrgebietes, und sie muss daher als eine gezielte politische Maßnahme gesehen werden, mit dem das Reich sich und seine Länder zu schützen trachtete. Darauf schien das Reich besonderen Wert zu legen, weil auf der anderen Seite Artikel 53 des Versailler Vertrages[8] die Auflage zu machen schien, jeden Deutschen, auch ohne Ausweis, wieder in das Reich aufzunehmen und die Interalliierte Rheinland Kommission für das von alliierten Truppen besetzte Gebiet besondere Personalausweise vorsah, die unter festgelegten Kautelen an die in den besetzten Gebieten ständig wohnenden Personen über 16 Jahre auszugeben waren – übrigens das erste Mal,

---

[6] Vgl. die Verordnung über die Abänderung der Verordnung vom 21. Juni 1916, betreffend anderweite Regelung der Paßpflicht (Reichs-Gesetzblatt I, S. 599). Vom 10. Juni 1919, in: Reichs-Gesetzblatt I 1919, S. 516f.

[7] Vgl. die Verordnung über die Bestrafung von Zuwiderhandlungen gegen die Paßvorschriften. Vom 06.04.1923, in: Reichs-Gesetzblatt, I, 1923, S. 249.

[8] Text in: www.documentarchiv.de/wr/vv03.html (28.05.2013). Artikel 53 lautet wie folgt: Die Regelung der Interessen der Einwohner der im Artikel 51 bezeichneten Gebiete, besonders hinsichtlich ihrer bürgerlichen Rechte, ihres Handels und der Ausübung ihres Berufes erfolgt durch Sonderverträge zwischen Frankreich und Deutschland. Jedoch verpflichtet sich Deutschland schon jetzt, die in der beigefügten Anlage niedergelegten Vorschriften über die Staatsangehörigkeit der Einwohner der genannten Gebiete und der aus ihnen stammenden Personen anzuerkennen und anzunehmen, niemals und nirgends für die aus irgendeinem Grunde für Franzosen Erklärten die deutsche Reichsangehörigkeit zu beanspruchen, die anderen in seinem Gebiet aufzunehmen und bezüglich des Gutes der deutschen Reichsangehörigen in den im Artikel 51 bezeichneten Gebiete sich nach den Bestimmungen des Artikel 297 und der Anlage zu Abschnitt IV, Teil X (Wirtschaftliche Bestimmungen) des gegenwärtigen Vertrags zu richten. Die deutschen Reichsangehörigen, die, ohne die französische Staatsangehörigkeit zu erwerben, von der französischen Regierung die Genehmigung erhalten, in den genannten Gebieten zu wohnen, sind nicht den Bestimmungen des angeführten Artikels nicht unterworfen.

dass in Deutschland „Personalausweise" ausgegeben wurden.[9] Ihrer Einführung von Personalausweisen[10] fügten die Besatzer für Reisende noch die Einführung von „Geleitscheinen"[11] hinzu, so dass an der preußisch-niederländischen Grenze in den beginnenden zwanziger Jahren ein Durcheinander der Zuständigkeiten und Kontrollmöglichkeiten entstand, das klärungsbedürftig war.

Den Anlass zu einer „Besprechung über die Paßnachschau im Westen", zu der der preußische Oberpräsident in Koblenz für den 12. Juni 1925[12] einlud, boten die Fragen der Einrichtung eines kleinen Grenzverkehrs an der deutsch-preußisch-niederländischen Grenze. Diese Fragen eines kleinen Grenzverkehrs verwoben sich mit denen einer wirksamen Kontrolle der preußisch-deutschen Außengrenze zu den Niederlanden, weil man sich im Rahmen eines kleinen Grenzverkehr praxis- und bürgernah jene Erleichterungen erhoffte, die eine strenge oder strengere Handhabe von Pass- und Ausweisvorschriften unterband.

Nach der „Wiederherstellung der deutschen Verwaltungshoheit im besetzten Gebiet" dürfe nun des Weiteren „grundsätzlich kein den deutschen Behörden zustehendes Recht unausgeübt bleiben", hieß es im Besprechungsprotokoll. Es sei notwendig, „das Ansehen und die Autorität des Reiches und Preußens [...] auch gegenüber Ausländern" zu wahren, „die vom Westen her in das besetzte Gebiet oder über dieses Gebiet in das Reich einreisen, ohne Rücksicht auf ihre Nationalität".[13] Um die innere Sicherheit des Reiches und Preußens durch unkontrollierte Grenzübertritte nicht weiter zu gefährden, müsse auf deutscher Seite eingeschritten werden[14], auch wenn sich die „Niederländer daran gewöhnt hätten"[15], ohne Kontrolle seitens der deutschen Behörden die Grenzen zu passieren und die Besatzer „im allgemeinen an der Nachschau der Päße und Sicht-

---

[9] Vgl. § 1 der Verordnung 256 vom 10.04.1924, in: Reichsministerium für die besetzten Gebiete (Hrsg.), Die politischen Ordonnanzen der Interalliierten Rheinlandkommission und ihrer Anwendung 1920–1924. Eine Sammlung von Belegstücken, Berlin 1925, S. 44–50 (44), (Dokumente zur Besetzung des Rheinlandes, Heft 1).

[10] Mit der „Bekanntmachung zur Ausführung der Paßverordnung. Vom 4. Juni 1924 (in: Reichs-Gesetzblatt, I, 1924, S. 613–627) wurde die Einführung von „Personalausweisen" in deutsches Recht übernommen (§ 29, S. 616).

[11] Vgl. § 3 der Verordnung 256.

[12] Vgl. die nicht paginierten Unterlagen in: Landesarchiv NRW – Abteilung Rheinland (LAV NRW R) BR 5 22891, vor allem das Ergebnisprotokoll.

[13] Ergebnisprotokoll der Besprechung vom 12. Juni 1925.

[14] Vgl. Ergebnisprotokoll.

[15] Ergebnisprotokoll.

Formen und Möglichkeiten grenzüberschreitender Verbrechensbekämpfung

vermerke kein Interesse"[16] gezeigt hätten, um im eigenen Interesse „nach ganz anderen Gesichtspunkten zu kontrollieren"[17].

Um die illegalen Zustände an der preußisch-niederländischen Grenze zu beseitigen, könne mit Rücksicht auf die Bevölkerung im Grenzgebiet die vertragliche Regelung eines kleinen Grenzverkehrs mit den Niederlanden nützlich sein, wie sie bereits für den Grenzverkehr mit Frankreich, Belgien und Luxemburg geplant sei.[18] Darüber hinaus seien „allgemeine Erleichterungen des Reiseverkehrs"[19] hilfreich.

Die Überlegungen zur Organisation eines kleinen Grenzverkehrs nach Maßgabe des preußischen Innenministeriums konnten zurückgreifen auf Vorschläge für „Richtlinien für den Erlass von Bestimmungen für den kleinen Grenzverkehr mit den Niederlanden", die bereits 1922 entwickelt worden waren[20] und in aktualisierter Fassung als „Landespolizeiliche Anordnung betreffend den deutsch-niederländischen Grenzverkehr"[21] der „Hohen interalliierten Rheinlandkommission" zur Genehmigung vorgelegt wurde. Diese jedoch verwarf das Ansinnen aus preußischer Feder und machte gegenüber dem Oberpräsidenten in Koblenz deutlich, dass es ihrer Auffassung nach gegen die eigene Ordonnanz (Verordnung) 256 verstoße.[22]

In der Folge machte der Regierungspräsident von Aachen gleichwohl auf eine Rückkehr zu den Verhältnissen vor dem Ersten Weltkrieg[23] und auf das Erfordernis einer „Wiederzulassung des kleinen Grenzverkehrs, insbesondere an der deutsch-niederländischen Grenze" mit Blick auf die vom 10.–26. Juli 1925 durchgeführte Aachener Heiligtumsfahrt aufmerksam, zu der 75.000 holländische Pilger erwartet wurden. „Der Besuch aus Holland würde […] zweifellos auf ein Mindestmaß herabsinken, wenn die Paßbestimmungen, wie sie augenblick-

---

[16] Ergebnisprotokoll.
[17] Ergebnisprotokoll.
[18] Vgl. Ergebnisprotokoll.
[19] Ergebnisprotokoll.
[20] Text in: LAV NRW R BR 5 22878.
[21] Nachweis im Amtsblatt für den Regierungsbezirk Düsseldorf vom 19.01.1924, S. 15–18; s. auch LAV NRW R BR 5 22878.
[22] S. LAV NRW R BR 5 22878.
[23] Vgl. dazu auch die Verhandlungen der niederländischen Regierung mit der Deutschen Reichsregierung über Fragen eine Erleichterung des Verkehrs vom 9.–14.07.1930 in Den Haag, Protokollabschrift des Preußischen Innenministers in: LAV NRW R BR 5 22878.

lich gelten, aufrecht erhalten blieben",[24] schrieb er dem Innenminister. „Die jetzt für den Übertritt über die Grenze für holländische Staatsangehörige vorgesehenen Päße kosten 12 Gulden, während die Gebühr für den Grenzverkehrvermerk etwa 1 Gulden kosten würde".[25]

Trotz seines Votums für eine Regelung des kleinen Grenzverkehrs mit den Niederlanden im Hinblick auf die Aachener Heiligtumsfahrt hielt der Aachener Regierungspräsident auch nach dem Ereignis an seiner „dringlichen" Forderung fest. Im Oktober 1925 erkundigte er sich dementsprechend beim Innenminister nach dem Stand der Verhandlungen.[26]

Diese sollten auf der bilateralen Ebene einen raschen Abschluss finden. Bereits am 23. Januar 1926 konnte der Innenminister seinen Runderlass zur „Aufhebung des Sichtvermerkzwanges und Erleichterungen im kleinen Grenzverkehr zwischen Deutschland und den Niederlanden"[27] versenden. Deutsche im Zollgrenzbezirk konnten zum schnellen Grenzübertritt nunmehr einen „Heimatpass"[28] ohne Sichtvermerk erhalten, Niederländer, die in dem an Deutschland und Preußen angrenzenden Gebiet zuhause waren, erhielten auf Antrag ihre „Bewijzen van Nederlanderschap"[29]. Mit diesen Ausweisen war ein Grenzübertritt „an den amtlich zugelassenen Grenzübergangsstellen innerhalb der amtlich festgesetzten Verkehrsstunden"[30] erlaubt, zu denen anfänglich nur die Deutschen auch die Nachtstunden rechnen wollten.[31] Darüber hinaus gestattete die Regelung vom 23. Januar 1926 ausdrücklich auch eine „Hilfeleistung bei Bränden und anderen Unglücksfällen in den Grenzbezirken"[32], also eine Unterstützung, wie sie gegenwärtig an der nordrhein-westfälisch-niederländischen Grenze für die grenzüberschreitenden Euregios vereinbart ist.[33]

---

[24] Bericht des Regierungspräsidenten in Aachen vom 28. März 1925 an den Preußischen Minister des Inneren, in: LAV NRW R BR 5 22891.
[25] Bericht des Regierungspräsidenten in Aachen vom 28. März 1925.
[26] Vgl. das Schreiben vom 16.10.1925, in: LAV NRW R BR 5 22891.
[27] In: Ministerial-Blatt für die Preußische innere Verwaltung, 87, 1926, Spalte 75–78.
[28] Ministerial-Blatt für die Preußische innere Verwaltung, Sp. 75.
[29] Ministerial-Blatt für die Preußische innere Verwaltung, Sp. 76.
[30] Ministerial-Blatt für die Preußische innere Verwaltung, Sp. 76.
[31] S. die Zeitungsmeldung „Französische Schwierigkeiten im kleinen Grenzverkehr", die bei der „Regierung Aachen am 06.05.1924 registriert wurde, in: LAV NRW R BR 5 22878.
[32] Ministerial-Blatt für die Preußische innere Verwaltung, Sp. 77.
[33] Vgl. den Bericht der Landesregierung Nordrhein-Westfalen an den Landtag zur grenzüberschreitenden Zusammenarbeit von Dezember 2007, S. 62–64, als Vorlage 14/1547 im Internet greifbar unter www.landtag.nrw.de/portal/WWW/dokumentenarchiv/

Formen und Möglichkeiten grenzüberschreitender Verbrechensbekämpfung

Es ist gewiss erstaunlich, dass der Preußische Innenminister am 14. Mai 1926 mitteilen konnte, die Internationale Rheinland Kommission habe nun keinen Einspruch mehr erhoben, so dass der in Preußen vereinbarte kleinen Grenzverkehr praktisch werden könne. Aber deshalb waren noch nicht alle Querelen um die kleinen Linderungen des Alltags an der Grenze im besetzten Teil des Deutschen Reichs und Preußens vom Tisch. Niederländer erhoben geschäftstüchtig von ihren deutschen Besuchern eine Fahrradsteuer von 2,5 Gulden und der römisch-katholische Arbeiterbund in Limburg sowie die Industrie- und Handelskammer Nord Limburg in Venlo forderten von der niederländischen Regierung Maßnahmen gegen eine Überflutung des niederländischen Arbeitsmarktes durch preußische Arbeiterinnen und Arbeiter ein.[34] Umgekehrt erfolgte der offizielle Einbezug der Stadt Aachen in die Regelungen des kleinen Grenzverkehrs erst zum 1. September 1926, als man offenbar glaubte sicherstellen zu können, dass Aachen durch eine Überschwemmung mit niederländischen Schmuggelwaren keine unvertretbaren wirtschaftlichen Nachteile werde in Kauf nehmen müssen.[35]

Wie sehr die Fragen einer wirtschaftlichen Belebung des niederländisch-preußischen Grenzbezirks mit der Organisation eines erleichterten Grenzübertritts verbunden waren, erhellt auch daraus, dass zwischen 1927 und 1931 auch das Reichsfinanzministerium in direkter Verhandlungen über Grenzregularien eintrat, in Gespräche, die es expressis verbis selbst einem „kleinen Grenzverkehr"[36] zuwies, für den eine 1926 geschaffene belgisch-luxemburgische Wirtschaftsunion (Union Economique Belgo-Luxembourgeoise) das Muster abgab, auf das sich Luxemburg nach dem Ende des Deutschen Zollvereins am 25. Juli 1921 einlassen musste.[37]

Dokument/MMV14-1547.pdf (17.06.2013).

[34] Vgl. den Artikel „holländische Quertreibereien gegen Erleichterungen im kleinen Grenzverkehr", der in der Zeitung „Der Volksfreund" am 16.02.1926 erschien, in: LAV NRW R BR 5 22878.

[35] Vgl. den Erlass des Preußischen Innenministers an den Regierungspräsidenten in Aachen vom 02.09.1926 in: LAV NRW R BR 5 22878.

[36] So übersandte das Reichsfinanzministerium am 25.10.1927 den Entwurf für ein deutsch-niederländisches Abkommen über einen kleinen Grenzverkehr, der zurückgriff auf den deutsch-niederländischen Grenzvertrag aus dem Jahre 1816. Vgl. LVA NRW R BR 5 22878. Der Grenzvertrag des Jahres 1816 ist zu finden im Geheimen Staatsarchiv Preußischer Kulturbesitz, Aktensignatur III.HA MdA, III Nr. 16458 und III.HA MdA, III Nr. 16459.

[37] S. die Mitteilung des Reichsfinanzministeriums vom 25.10.1927 und wikipedia, Geschichte Luxemburgs (de.wikipedia.org/wiki/Luxemburg#Geschichte [29. 05.2013]).

Im Hintergrund dieser Verhandlungen stand offensichtlich nicht zuletzt die Zunahme des Schmuggels unter den für eine ausreichende Zollkontrolle schwierigen personellen Verhältnissen der Besatzungszeit. Dieser Schmuggel führte im Jahr 1928 gar zu einer kleinen Anfrage im Preußischen Landtag, über die die Eschweiler Zeitung am 10. November 1928 berichtete.[38] Auf der anderen Seite beantwortete das Reichsfinanzministerium den augenscheinlich gravierenden Schmuggel in der Grenzregion mit einer vom Kölner Landesfinanzpräsidenten am 4. Mai 1929 ausgestellten Erlaubnis, vom 1. Mai 1929 an „einzelne Stücke von frischem oder einfach zubereitetem Fleisch oder von Schweinespeck[39] in Mengen von nicht mehr als 2 kg"[40] zollfrei einzuführen. Wenig später allerdings ging dem Reichsfinanzministerium dieser Schritt schon wieder zu weit, wie die Zeitung „Der Volksfreund" am 27. Mai 1930 veröffentlichte. Die wirtschaftliche Krise dieser Jahre warf ihre Schatten. Sie verhinderte im Übrigen auch, dass eine vom Preußischen Innenminister in den Jahren 1930 und 1931 angestrebte Vereinbarung zur Förderung des Ausflugsverkehrs – verbunden mit der Einführung von Sammellisten als Passersatz – die gewünschte niederländische Akzeptanz fand.[41]

Die Bemühungen, sich mit kleinen Schritten im grenznahen Gebiet Preußens wieder den „grenzüberspringenden" Freiheiten der Zeit vor dem Ersten Weltkrieg zu nähern, bestimmte die tägliche Arbeit der Polizei, die nach der einschlägigen Vorgabe des Allgemeinen Preußischen Landrechts vom 5. Februar 1794 Vorkehrungen zu treffen hatte, das Verhalten der Staatsbürger innerhalb der geltenden Rechtsnormen zu halten. „Die nöthigen Anstalten", so bestimmte § 10 des II. Teils, „zur Erhaltung der öffentlichen Ruhe, Sicherheit und Ordnung,

---

[38] Vgl. den Ausschnitt in: LAV NRW R BR 5 22878.

[39] Die Niederlande waren für Preußen der größte Lieferant von frischem Fleisch und Schweineschinken, vgl. das Statistische Jahrbuch für den Preußischen Staat, 11, 1914, S. 140; s. auch die ergänzenden Angaben bei Ernst Hickmann, Karlheinrich Rieker, Statistisches Handbuch des deutschen und internationalen Einzelhandels 1936, Berlin 1936, S. 52f.

[40] LAV NRW R BR 5 22878 mit Verweis auf das Amtsblatt der Regierung Aachen vom 18.05.1929.

[41] Vgl. dazu nicht zuletzt das Protokoll über die Besprechungen zwischen deutschen und niederländischen Instanzen, die vom 09.–14.07.1930 in Den Haag stattfanden, Nachweis in: LAV NRW R BR 5 22878. Siehe auch den Erlass des Preußischen Innenministers vom 24.09.1930 sowie in den Erlass aus gleicher Feder vom 31.04.1931, jeweils in: LAV NRW R BR 5 22878.

Formen und Möglichkeiten grenzüberschreitender Verbrechensbekämpfung

und zur Abwendung der dem Publiko oder einzelnen Mitgliedern derselben bevorstehenden Gefahren zu treffen, ist das Amt der Polizei".[42]

Um den Aufgaben der Polizei zu genügen, gliederte der Preußische Staat mit seinem Gesetz über die Polizeiverwaltung vom 11. März 1850, das bis in das Jahr 1931 hinein in Kraft bleiben sollte,[43] die Polizei in einen kommunalen und einen staatlichen Sektor, der seine besondere, den jeweiligen Sicherheitsanforderungen genügende Verantwortung gerade auch dort wahrnehmen sollte, wo es dem Staat wichtig war: in größeren Städten, am Sitz einer Bezirksregierung oder desgleichen am Sitz eines Gerichts.[44] Praktisch bedeutete dies, dass es in größeren Städten wie zum Beispiel Düsseldorf oder Aachen, jeweils ausgestattet mit einer Bezirksregierung, eine kommunale und eine staatliche Polizeibehörde gab, die unter der Aufsicht des zuständigen Regierungspräsidenten arbeitete, der wiederum dem Preußischen Innenminister berichtete und umgekehrt von diesem Weisung erhielt.[45]

In den kleineren Städten arbeitete unter der Aufsicht des für staatliche Aufgaben auch polizeilich zuständigen Regierungspräsidenten nur eine kommunale Polizeiverwaltung. Auf dem Land, in den Landkreisen, war eine staatliche Gendarmerie mit vorgeblich strammen militärischen Manieren tätig. Sie unterstand der staatlichen Leitung eines Landrats und firmierte ab 1920 unter der Bezeichnung „Landjägerei".

Zu den Aufgaben der örtlichen Polizei gehörte es, Personen und Eigentum zu schützen, die Ordnung, Sicherheit und „Leichtigkeit des Verkehrs" auf öffentlichen Straßen und Plätzen zu gewährleisten, ein „öffentliches Feilhalten von Nahrungsmitteln" ordnungsrechtlich zu begleiten, den ordnungsgemäßen Ablauf des „öffentlichen Zusammenseins einer größeren Anzahl von Personen" zu

---

[42] Zitiert nach Stephan Genzmer, Die Polizei: Polizeiverwaltung, Strafpolizei, Sicherheitspolizei, Ordnungspolizei, Berlin 1905, S. 3.

[43] Vgl. Stefan Naas, Die Entstehung des preußischen Polizeiverwaltungsgesetzes von 1931: ein Beitrag zur Geschichte des Polizeirechts in der Weimarer Republik, Tübingen 2003, S. 355–357.

[44] Vgl. § 2 des Gesetzes über die Polizeiverwaltung, vom 11.3.1850, abgedruckt in: Georg August Grotefend, Die Gesetze und Verordnungen nebst den sonstigen Erlassen für den Preußischen Staat und das Deutsche Reich, Düsseldorf 1806 ff. (1850), S. 54–56 (54).

[45] Zu den Einzelheiten vgl. das Gesetz über die allgemeine Landesverwaltung, vom 30.7.1883, in: Grotefend, 1883, S. 823–839. Das Preußische Innenministerium operierte wiederum selbst gemäß Art. 15 der Weimarer Reichsverfassung unter der Aufsicht des Reiches, seitdem es diese Verfassung gab.

garantieren, „im öffentlichen Interesse" für eine „Aufnahme und Beherbergung von Fremden" zu sorgen und sich letztendlich um alles zu kümmern, was „im besonderen Interesse der Gemeinden und ihrer Angehörigen polizeilich geordnet werden muß".[46]

Gefragt also war die *Polizeiverwaltung*, die blau uniformierte *Schutzpolizei* und die nicht uniformierte *Kriminalpolizei* vor Ort[47] auf dem breiten Feld, das das tägliche Leben vorhielt.

Die Dynamik der Wechselfälle des täglichen Lebens und des damit verbundenen, gesetzlich wie beschrieben abgesteckten polizeilichen Terrains ergab sich aus der Rührigkeit einer im Regierungsbezirk Aachen (und anderenorts) wachsenden Zahl von Menschen. Nach Auskunft der Statistischen Jahrbücher für den Preußischen Staat bzw. des Freistaates Preußen umfasste der hier nur beispielhaft besonders in den Blick genommene Regierungsbezirk Aachen um die Jahrhundertwende (1900) rund 615.000 Personen, im Jahr 1910 annähernd 631.000 und im Jahr 1925 ca. 689.000. Zum Vergleich: der ebenfalls an die niederländische Grenze stoßende Regierungsbezirk Düsseldorf hatte 1900 rund 2,6 Mio., 1910 ca. 3,4 Mio. und 1925 etwa 3,9 Mio. Bewohner.[48] Wie viele dieser Menschen jeweils „Reichsausländer" resp. Niederländer waren, verraten die Statistiken leider nur selten. Immerhin wird für das Jahr 1910 angegeben, dass 1910 im Regierungsbezirk Aachen gerade einmal ca. 20.000 Ausländer gemeldet waren, beinahe 12.000 davon als Niederländer. (Im Regierungsbezirk Düsseldorf lebten zum gleichen Zeitpunkt 152.000 Ausländer und die Hälfte davon, 76.475, stammte aus den Niederlanden.).[49]

Nach den im niederländischen „Bevolkingsatlas van Nederland" zu findenden statistischen Auskünften lebten in den Stichjahren 1900, 1910 und 1921 32.000 bzw. 38.000 bzw. 56.000 Deutsche in der auf niederländischer Seite an den Regierungsbezirk Aachen angrenzenden Provinz Limburg.[50] Zusammen

---

[46] § 6 des Gesetzes über die Polizeiverwaltung, vom 11.3.1850, S. 54f.
[47] So auch die offizielle Gliederung seit 1920, vgl. Helmuth Oehler, Wilhelm Albrecht, Preußisches allgemeines Polizeirecht, Leipzig u. a. 1930, S. 137; siehe zudem das Gliederungsschema im Anhang des Buches.
[48] Vgl. dazu die Preußen betreffenden Statistischen Jahrbücher 1, 1904, S. 18; 9, 1912; S. 10; 13, 1916, S. 7; 28, 1932; S. 8. Die mit Stichtag 01.12.1910 erhobenen Bevölkerungsangaben für den Regierungsbezirk Aachen wurden im Statistischen Jahrbuch für den Freistaat Preußen, 19, 1923, S. 12, nach unten auf exakt 630.832 Personen korrigiert.
[49] Vgl. das Statistische Jahrbuch für den Preußischen Staat, 12, 1915, S. 10f.
[50] Vgl. Nederlands Interdisciplinair Demografisch Instituut (samenstelling), Bevolkings-

Formen und Möglichkeiten grenzüberschreitender Verbrechensbekämpfung

mit der angegebenen deutschen Vergleichszahl illustriert diese Ziffer immerhin, dass es über einen zu unterstellenden grenzüberschreitenden Pendlerverkehr hinaus über eine bestehende nationale Staatsgrenze hinweg auch einen demografischen Austausch gab, der freilich durch das Ausmaß wirtschaftlicher Verflechtungen in den Schatten gestellt wurde, auf die – in größerem Zusammenhang – Sidney Pollard mit seinem Bändchen über „The Integration of the European Economy since 1815"[51] schon vor mehr als 30 Jahren wissenschaftlich aufmerksam gemacht hat. Im Einzelnen sind diese wirtschaftlichen Verflechtungen nicht so gut und umfänglich dokumentiert, wie es sich ein Wissenschaftler wünscht, aber es darf doch festgehalten werden, dass die Statistik des Deutschen Reiches mit ihrer Neuen Folge sowie Ernst Hickmann und Karlheinz Rieker mit ihrem Statistischen Handbuch des deutschen und internationalen Außenhandels[52] ein eindrucksvolles Bild zu indizieren vermögen. Die Daten zeigen, dass die Niederlande um die Jahrhundertwende und in den zwanziger Jahren vor allem Kohle und Fertigwaren aus Deutschland bezogen, während sie Lebensmittel und Getränke lieferten. Dabei überstieg die nach ihrer Wertstellung wachsende Einfuhr aus Deutschland in der Regel die tendenziell steigende Ausfuhr.[53]

Der wachsende wirtschaftliche Austausch über nationalstaatliche Grenzen hinweg ebnete den Weg zu einem Niederlassungsvertrag zwischen dem Deutschen Reich und den Niederlanden. Ihn hat Wilhelm II. am 17. Dezember 1904 mit der Königin der Niederlande „von dem Wunsche beseelt" abgeschlossenen, „die zwischen dem Deutschen Reiche und den Niederlanden bestehenden freundschaftlichen Beziehungen zu erhalten und zu befestigen".[54] Mit diesem Vertrag wurde den „Angehörigen jedes vertragschließenden Teiles" die Berechtigung zugesprochen, „sich in dem Gebiete des anderen Teiles ständig niederzulassen oder zeitweilig aufzuhalten, wenn und solange sie die dortigen Gesetze und Polizeiverordnungen befolgen."[55] Die grenzüberschreitende Kooperation,

---

atlas van Nederland. Demografische ontwikkelingen van 1850 tot heden, Den Haag 2003, S. 149.

[51] London 1981.
[52] Berlin 1936.
[53] Einen guten, einführenden Überblick liefert die Statistik des Deutschen Reichs, Bd. 165,2: Auswärtiger Handel des deutschen Zollgebiets im Jahr 1904, 1. Theil: Der Verkehr mit den einzelnen Ländern im Jahr 1904 unter Vergleichung mit den Zahlen der Jahre 1900 bis 1903, Berlin 1905, Heft XII, S. 1–60; Hickmann, Rieker, S. 52 f., 84 f.
[54] Vertrag in: Reichs-Gesetzblatt, 1904, S. 879–887 (879).
[55] Ebenda § 1, S. 880.

das liberale Miteinander in Europa war damit – wenigstens auf begrenztem Raum – grundgelegt, aber das Zusammenwirken war an Bedingungen gebunden. So konnte der Aufenthalt eines Niederländers im Deutschen Reich – Preußen eingeschlossen – untersagt werden, wenn ein Gericht das zur Auflage machte, wenn „die Sicherheit des Staates" oder „die Interessen der öffentlichen Gesundheit oder Sittlichkeit"[56] es erforderten oder wenn der eigene Lebensunterhalt in Frage stand.[57] Und ein weiterer Grund zur Versagung des Aufenthaltes im Land des anderen Vertragspartners war den Parteien wichtig: wer in seinem Heimatland seine militärischen Pflichten verletzt hatte, konnte des Landes verwiesen werden, sofern er sich nicht mit dem Argument gutgläubigen Irrtums rechtfertigen konnte.[58]

Das Deutsche Reich und damit auch Preußen gaben sich also offiziell seit 1904 – über den Einschnitt des Ersten Weltkrieges hinweg – als gastfreie, offene, interaktive, ausdrücklich für den Umgang mit Ausländern „größte Höflichkeit"[59] anmahnende Organisationen, um in Zeiten beachtlicher Kapitaltransfers, anschwellender Verkehrs- und Kommunikationsströme und einer größer werdenden Zahl von arbeits- und gewinnsuchenden Grenzpendlern oder Auswanderern[60] wechselseitig voneinander Nutzen zu ziehen.

Vor diesem Hintergrund kümmerte sich die Polizei um alle denkbaren Illegalitäten, die es selbstverständlich auch gab – nach der Aktenlage nicht in einem auffällig großen Umfang, aber doch nennenswert:

In den herangezogenen Dokumenten aus dem Landesarchiv Rheinland und dem Geheimen Staatsarchiv preußischer Kulturbesitz, die den Zeitraum vom Ende des 19. Jahrhunderts bis zum Beginn der dreißiger Jahre des 20. Jahrhunderts abdecken, ist von der Arrestierung von Delinquenten[61] ebenso die Rede wie von der Freilassung eines Niederländers nach gesandtschaftlicher Interven-

---

[56] Ebenda § 2, S. 881.
[57] Vgl. ebenda § 2, S. 881.
[58] Vgl. ebenda § 3 Abs. 2 und 1, S. 881.
[59] Vgl. den Entwurf einer Dienstanweisung in LAV NRW R BR 5 22891, der Bezug nimmt auf einen Erlass des Preußischen Innenministers vom 26. Juni 1923, aus dem zitiert wird.
[60] Vgl. Matthias Schulz, Das 19. Jahrhundert (1789–1914), Stuttgart 2011, S. 193–198.
[61] Vgl. die Eingabe „Wat een Nederlandsch onderdaan op de Duitsche grenzen overkomen is", in: LAV NRW R BR 5 12735.

tion,[62] von Fahndungen und der Abschiebung „lästig gefallener Ausländer"[63], von zwischen Brüssel-Aachen-Köln und Berlin pendelnden Taschendieben[64], von einer „zumeist großen Zahl von gewerbsmäßigen Schmugglern"[65] und der „Tötung eines Mannes durch einen holländischen Soldaten", der mit 3 Pfund Schweinefleisch „von Holland über die preußische Grenze entfliehen wollte."[66] Am 19. Oktober 1916 konnte der Landrat des Kreises Heinsberg dem Regierungspräsidenten in Aachen mitteilen, dass „das Treiben, welches täglich, und namentlich zur Nachtzeit, in mehreren an der holländischen Grenze belegenen Gemeinden behufs Ergreifung von aus dem Auslande eingeführter Lebensmittel herrscht", „ganz besondere Maßnahmen"[67] erfordere. In einem aus dem Jahr 1923 stammenden Entwurf einer „Dienstanweisung für die Kriminal- und Grenzdienststellen und diejenigen Zollämter, welche mit den grenzpolizeilichen Aufgaben betraut sind," wurde auf einen Erlass des Preußischen Innenministers vom 26. Juni 1923 Bezug genommen, in dem auch die notwendige „Beobachtung verdächtiger Durchreisender" angesprochen wurde sowie die „Sammlung politischer bedeutsamer Nachrichten im Grenzverkehr".[68] Schließlich ging es auch um den polizeilichen Auftrag, nach Möglichkeit „unerwünschte Elemente, z. B. bolschewistische Agitatoren oder Personen, die eventuell der öffentlichen Fürsorge zur Last fallen würden, auch vagabundierende Zigeuner […] nach Möglichkeit am Grenzübertritt zu hindern".[69]

Die Maßnahmen der Polizei gehörten in Preußen wie in den benachbarten Niederlanden zum Alltag, aber sie waren augenscheinlich nicht so herausragend, dass sie einen Stempel hätten aufdrücken können. Das Besondere dieser

---

[62] Vgl. das Schreiben des Königlichen Ministeriums der auswärtigen Angelegenheiten vom 05.08.1915 und den Bericht des Königlichen Polizeipräsidenten in Aachen vom 15.08.1915, in: LAV NRW R BR 5 12735.
[63] Zitat aus dem Entwurf einer Dienstanweisung vom 26. Juni 1923, in: LAV NRW R BR 5 22891; s. auch das Schreiben des Landrates in Zeitz vom 21.01.1924, in: LAV NRW R BR 5 12828.
[64] S. den Bericht der Polizeiverwaltung Aachen vom 21.02.1927, in: LAV NRW R BR 5 22891.
[65] Ebenda.
[66] Bericht des Bürgermeisters von Richterich an den Landrat des Kreises Aachen vom 13.12.1916, in: LAV NRW R BR 5 23051.
[67] Brief in: LAV NRW R BR 5 23051.
[68] Text in: LAV NRW R BR 5 22891.
[69] Ebenda.

Maßnahmen konnte am ehesten sein, dass sie mit der Auslieferung eines Inhaftierten in das Nachbarland verbunden wurden, wenn die Zuständigkeit strafrechtlicher Verfolgung dort gegeben war.

Grundlage einer solchen Auslieferung war der Auslieferungsvertrag, den das Deutsche Reich und die Niederlande bereits am 31. Dezember 1896 miteinander abschlossen.[70] Er enthielt eine Liste von 27 Straftaten, zu denen der Mord ebenso zählte wie beispielsweise die Abtreibung, Unzucht, Kuppelei, Entführung, Falschmünzerei, Fälschung, Gewalttätigkeit oder auch der Diebstahl.[71] Diese Liste erlaubte es, einen Täter oder Helfer unter Ausübung preußischer Polizeigewalt ins Deutsche Reich und nach Preußen zu überführen, sofern die jeweiligen Verbrechen nicht politisch motiviert waren. Eine Überführung in umgekehrter Richtung war selbstverständlich auch möglich.[72]

Jede Auslieferung erforderte eine wohlbedachte, mehr oder weniger umfängliche Kooperation niederländischer und deutscher, gegebenenfalls auch preußischer Instanzen, und sei es auch nur, um einen definitiven Übergabeort, einen unzweideutigen Übergabezeitpunkt und einen im jeweiligen Ausland sicher verfügbaren Haftbefehl zu arrangieren. Trotzdem funktionierten die Auslieferungen offenbar in allen Jahren, auch in der Zeit des Ersten Weltkrieges und in der Zeit der belgischen Besatzung, grundsätzlich reibungslos.

Um eine grenzüberschreitende Zusammenarbeit der preußischen und niederländischen Polizeien ging es nicht nur in Auslieferungsangelegenheiten. Um eine formelle wie informelle Kooperation ging es in allen oftmals weit auseinanderliegenden Fällen lokaler oder reichspezifischer Provenienz: so wurde Ende November 1923 etwa ein Auslieferungsantrag dadurch veranlasst, dass der Chef der „holländischen" Kriminalabteilung von Kerkrade kurzerhand mit drei Kriminalbeamten auf der Polizeiwache von Würselen erschien, um einen des Totschlags verdächtigen Niederländer mit deutscher Hilfe dingfest zu machen.[73] Und so wurde im Verlauf einer Besprechung der „Centralen Staatspolizei" mit den „polizeilichen Abwehrstellen des Westens in Aachen"[74] und in einer

---

[70] Vgl. den Vertrag im Reichs-Gesetzblatt, 1896, S. 731–753.
[71] Vgl. § 1 des Auslieferungsvertrages, S. 732–736.
[72] Vgl. § 6, S. 738.
[73] Vgl. den Bericht der Polizeiverwaltung Würselen vom 29.11.1923 an den Preußischen Innenminister in Berlin sowie darüber hinaus die anhängende Abschrift aus den Akten der Staatsanwaltschaft Aachen vom 22.11.1923, in: LAV NRW R BR 5 12828.
[74] Vgl. das Protokoll vom 28.02.1930 in: Geheimes Staatsarchiv Preußischer Kulturbesitz (GhStA) Rep. 77 I. HA Tit. 4060 Nr. 682.

Formen und Möglichkeiten grenzüberschreitender Verbrechensbekämpfung

nachfolgenden Erörterung „der Spionageabwehr an der holländischen Grenze in Bochum"[75] vom 21. Juni 1930 der Nutzen hervorgehoben, der sich aus der Kooperation mit den Niederländern selbst auf dem Feld der Spionage ergeben könne – ein Gedanke, der trotz internen Widerspruchs[76] noch im Juli des gleichen Jahres zur Entsendung zweier Beamter in die Niederlande führte (für 8–10 Tage!), um „der von Holland aus gegen Deutschland arbeitenden französischen Spionage"[77] wirkungsvoll zu begegnen.

Der Nukleus zuwachsender polizeilicher Zusammenarbeit an der preußisch/ deutsch-niederländischen Grenze ergab sich jedoch aus der berufsmäßigen Erkenntnis, dass in einer Zeit intensiverer internationaler Verflechtungen, beginnend etwa in den beiden letzten Jahrzehnten des 19. Jahrhunderts, ein internationales Verbrechertum, dessen Palette nicht zuletzt vom Taschendiebstahl über den Mädchenhandel[78], dem illegalen, steuerhinterziehenden Schnapsexport und der Verbreitung unzüchtiger Publikationen[79] bis zum verbotenen Opiumdeal[80] reichte, auch eine international aufgestellte, informell eng vernetzte Polizei gehörte. Jens Jäger hat in seiner 2006 erschienenen Kölner Habilitationsschrift zum Thema „Verfolgung durch Verwaltung. Internationale Verbrechen und Internationale Polizeikooperation 1880–1933"[81] Näheres darüber geschrieben. Mit direkten Kontakten, informellen Besprechungen, gemeinsamen Analysen, fallweisem Datenaustausch, Tagungen, Kongressen und Ausstellungen versuchte sich die Polizei den neuen Herausforderungen zu stellen, unterbrochen allerdings in den Jahren des Ersten Weltkrieges.[82] Zudem kam dank der Bestrebungen des zur „Koninklijke Marechaussee" gehörenden Hauptmanns Marius

---

[75] Protokoll vom 21. Juni 1930 in: GhStA Rep. 77 I. HA Tit. 4060 Nr. 682.
[76] Vgl. das Bochumer Protokoll vom 21. Juni 1930.
[77] Bericht des – federführenden – Berliner Polizeipräsidiums vom 05.07.1930; s. dort auch den später zugefügten Randvermerk, in: GhStA Rep. 77 I. HA Tit. 4060 Nr. 682.
[78] Vgl. das Abkommen zwischen dem Deutschen Reiche und anderen Staaten über Verwaltungsmaßregeln zur Gewährung wirksamen Schutzes gegen den Mädchenhandel. Vom 18.05.1904, in: Reichs-Gesetzblatt, 1904, S. 695–705.
[79] Vgl. das Abkommen zur Bekämpfung der Verbreitung unzüchtiger Veröffentlichungen. Vom 04.05.1910, in: Reichs-Gesetzblatt, 1911, S. 209–215.
[80] Vgl. dazu speziell die Ausführungsbestimmungen zu dem in das Jahr 1912 zurückreichenden Opiumgesetz. Ausführungsbestimmungen vom 05.06.1924, in: Reichs-Gesetzblatt, I, 1924, S. 638–640.
[81] Konstanz 2006.
[82] Vgl. dazu Jäger, S. 16.

Cornelius van Houten[83] und vor allem dank der alerten Initiativen des Wiener Polizeipräsidenten Johann Schober, der es in Österreich mehrfach zum Bundeskanzler und zum Vizekanzler brachte, im Jahr 1923 eine „Internationale kriminalpolizeiliche Kommission"[84] zustande, die als eine „geradezu allwissende Zentralstelle"[85] den polizeilichen Kampf gegen ein internationales Verbrechertum durch verstärkte Datensammlung und Datendistribution, eine vereinfachte Kontaktaufnahme zwischen Polizeibehörden und Justizstellen sowie einen Austausch von Experten und die Entwicklung von Formularmustern für „Evidenzen", das heißt für die Ausschreibung von Fahndungen effektuieren sollte.[86] Damit wurde die „Internationale kriminalpolizeiliche Kommission" (IKPK) zur Vorläuferin von Interpol, der „Internationalen kriminalpolizeilichen Organisation", die vom 1. Juli 1999 an als „International Criminal Police Organization" auftreten sollte. Die IKPK wurde aber auch zur Vorläuferin von Europol, dem Europäischen Polizeiamt, das 1995 eine erste rechtliche Basis erhielt[87] und inzwischen zu einer durch den Lissabonner Vertrag der Europäischen Union abgesicherten[88], die Gemeinschaft der Europäischen Union repräsentierenden „Agentur der Europäischen Union" weiterentwickelt wurde.

Mit „Europol" ist eine Einrichtung benannt, die im Verlauf der weiteren Beschäftigung mit Formen und Möglichkeiten grenzüberschreitender Verbrechensbekämpfung noch einmal begegnen wird.

Als nach dem Ende des Zweiten Weltkrieges auf dem im Zeichen eines schnell ausgebrochenen Kalten Krieges politisch in zwei Blöcke geteilten europäischen Kontinent die Signale auf einen wirtschaftlichen Wiederaufbau umgestellt worden waren und es zudem sichergestellt war, dass sich in Deutschland zumindest Westdeutschland mit seinem Wirtschaftspotenzial, entgegen den zunächst ver-

---

[83] Vgl. Jäger, S. 253.
[84] Vgl. Jäger, S. 289–370.
[85] Jäger, S. 377.
[86] Vgl. Jäger, S. 385.
[87] Vgl. das Übereinkommen aufgrund von Artikel K.3 des Vertrags über die Europäische Union über die Errichtung eines Europäischen Polizeiamts (Europol-Übereinkommen) vom 26.07.1995, in: Amtsblatt der Europäischen Gemeinschaften/C 316/27.11.1995, S. 2–32.
[88] Vgl. Artikel 88 des Vertrags über die Arbeitsweise der Europäischen Union, in: Amtsblatt der Europäischen Union/C83/30.03.2010, S. 47–174 (73 f.). Zitiert wird die konsolidierte Fassung.

Formen und Möglichkeiten grenzüberschreitender Verbrechensbekämpfung

lautbarten alliierten Plänen einer Demontage von Industriebetrieben[89], in den Neuaufbau der europäischen Wirtschaft würde einbringen können, lag der Grad der wirtschaftlichen Verflechtung europäischer Staaten „praktisch"[90], wie zu lesen ist, unter dem der Zeit vor 1914.

Diese Konstellation sollte sich in den folgenden Jahrzehnten rasch wandeln. Der Anteil der Intra-Exporte an den gesamten Exporten Westeuropas nahm bezeichnenderweise zwischen 1950 und 1990 um fast 20 % zu.[91] Dabei erhöhte sich dieser Anteil zwischen den zwölf EG-Staaten Belgien, Niederlande, Luxemburg, Frankreich, Italien, Deutschland, Großbritannien, Irland, Dänemark, Spanien, Portugal und Griechenland nach der Gründung der Europäischen Wirtschaftsgemeinschaft im Jahr 1957 im ersten darauf folgenden Jahrzehnt besonders heftig und kletterte von 40,8 auf 53,4 %.

Nicht nur der zunehmende Warenaustausch indizierte eine wachsende wirtschaftliche Verflechtung in Westeuropa, sondern auch die Migrationsrate. Hier lag der Anteil von Arbeitskräften, die von einem in ein anderes Mitgliedsland der Europäischen Gemeinschaft wechselten, zwischen 1 und 1,6 % und damit niedriger als der Anteil ausländischer Arbeitskräfte an der Gesamtbeschäftigung, der zwischen 2,0 und 6,4 % schwankte.[92] Insgesamt ist festzuhalten, dass die Entwicklung der europäischen Integration vor allem im Bereich des Warenaustausches und der Dienstleistungen sowie der Investitionen ihren verbindenden Niederschlag fand.[93] Zu diesem Wachstum europäischer Wirtschaftsverflechtungen leistete sowohl das wirtschaftsstarke Land Nordrhein-Westfalen als ein auf ehemals preußischem Territorium gegründeter westdeutscher Staat einen Beitrag als auch der niederländische Nachbar, der sein politisches, wirtschaftliches und kulturelles Gewicht demonstrierte und mit seiner Hinwendung zu den nahegelegenen Staaten des europäischen Kontinents zu einem Träger der europäischen Vereinigung wurde, der es rechtfertigt, den Niederlanden und

---

[89] Vgl. Hein Hoebink, Demontage in Nordrhein-Westfalen 1947–1950, in: Westfälische Forschungen, 30, 1980, S. 47–50; Hein Hoebink, Europa wuchs an Rhein und Ruhr – Von den Demontagen zur Europäischen Gemeinschaft für Kohle und Stahl, Die Präsidentin des Landtags Nordrhein-Westfalen (Hrsg.), Kumpel und Kohle. Der Landtag NRW und die Ruhrkohle 1946 bis 2008, Düsseldorf 2009, S. 15–48.
[90] Gerold Ambrosius Wirtschaftsraum Europa. Vom Ende der Nationalökonomien, Frankfurt am Main, S. 32.
[91] Vgl. Ambrosius, S. 35.
[92] Vgl. Ambrosius, S. 49.
[93] Vgl. Ambrosius, S. 62.

den nordrhein-westfälisch-niederländischen Beziehungen im Kontext unserer Fragestellung eine besondere, paradigmatische Aufmerksamkeit zu widmen.

Aus den statistischen Angaben des Landesbetriebs Information und Technik Nordrhein-Westfalen ergibt sich, dass Nordrhein-Westfalen im Jahr 1980 Waren im Wert von rund 34 Mrd. Euro in die späteren EU-Länder versandte, das waren zwei Drittel des nordrhein-westfälischen Gesamtexports. Von diesen Exporten in die EU-Staaten gingen ca. 18 % in die Niederlande, so viel wie in kein anderes Land.

Zwanzig Jahre später sahen die vergleichbaren Zahlen wie folgt aus. Der Umfang des Gesamtexportes belief sich auf rund 112 Mrd. Euro, davon 77 Mrd. Euro oder 69 % in die EU-Länder. Etwas mehr als 14,2 % dieses Außenhandels betraf die Niederlande und 14,8 % Frankreich.

Der nordrhein-westfälische Import aus den angeführten Referenzräumen lag jeweils etwas höher als die Ausfuhr in diese Räume: einem Import aus allen Staaten der Welt im Wert von abgerundet 53 Mrd. Euro im Jahr 1980 stand im Jahr 2000 ein Import von 124 Mrd. Euro gegenüber. Zwei Drittel davon bzw. rund 63 % der Waren kamen aus den EU-Ländern. Von diesen Gütern lieferten die Niederlande im Jahr 1980 fast 30 %, im Jahr 2000 rund 23 % – so viel wie kein anderer Einzelstaat.

Die wirtschaftlichen Verflechtungen hatten ihre eigene Dynamik. Wer wollte in der Nachkriegszeit nicht an der Beseitigung der vom Krieg hinterlassen Trümmer teilnehmen, den Neuaufbau nach eigenen Interessen mitgestalten, sich von den Fertigkeiten und Produktionen fremder Länder beeindrucken lassen oder auch nur Vertrautes günstiger beziehen als es der heimische Markt hergab? Aber diese Dynamik stieß auch an die Grenzen, die nationalstaatliche Obliegenheiten zogen. So war mit der wachsenden wirtschaftlichen Verflechtung, die an Traditionen aus dem späten 19. und beginnenden 20. Jahrhunderts wieder anknüpfen konnte, vor dem Hintergrund zweier nationalstaatlich geprägter europäischer Bürgerkriege der Versuch verbunden, bestehende nationalstaatliche Grenzen zu überwinden. Es ging nicht darum, diese Grenzen aufzuheben und den Schutz eigenständiger nationaler Kultur zu mindern, an dem gerade denen so viel lag, die in der Zeit des Zweiten Weltkrieges zu Opfern geworden waren. Es ging darum, die Grenzen durchlässiger zu machen, um sich wechselseitig von Fall zu Fall, konkreten Vereinbarungen entsprechend, stützen zu können und um zugleich durch wechselseitige Kontrolle neue Formen europäischer Sicherheit zu praktizieren, die zu den Voraussetzungen in Freiheit gestalteter wirtschaftlicher Verflechtung gehören sollten.

Die Vertreter von sechs europäischen Nachbarstaaten unterzeichneten am 18. April 1951 den Vertrag zur Gründung der Europäischen Gemeinschaft für Kohle und Stahl. Sie taten dies in dem erklärten Bewusstsein, „dass Europa nur durch konkrete Leistungen, die zunächst eine tatsächliche Verbundenheit schaffen, und durch die Errichtung gemeinsamer Grundlagen für die wirtschaftliche Entwicklung aufgebaut werden kann".[94] Dem ersten Vertrag, der weit ausgreifend vorgab, mit juristischer Technik obrigkeitlich eine Gemeinschaft errichten zu können, die, wenn sie als solche Bestand haben sollte, von den Bürgerinnen und Bürgern als Ausdruck eigener politischer Erwägungen anerkannt und in der beruflichen wie privaten Welt gelebt werden musste, folgte sechs Jahre später ein neuer programmatischer Vertrag. Die in Rom abgeschlossene Vereinbarung zur Gründung der Europäischen Wirtschaftsgemeinschaft (EWG) wurde ausdrücklich in der Absicht signiert, „die Grundlagen für einen immer engeren Zusammenschluss der europäischen Völker zu schaffen"[95] und europäischen Raum für einen „Gemeinsamen Markt" zu öffnen, in dem Zölle weitgehend abgeschafft und „Hindernisse für den freien Personen-, Dienstleistungs- und Kapitalverkehr zwischen den Mitgliedstaaten"[96] der EWG beseitigt seien. Das waren große Worte, wie sie für die offizielle Europapolitik typisch werden sollten, die freilich mit den Realitäten nicht immer konform gingen. Und so bedurfte es beispielsweise eines Urteils des Europäischen Gerichtshofs, um der Rewe in Köln den Import und dann anschließend den Verkauf eines französischen Johannisbeer-Likörs zu gestatten, von dem die westdeutsche Bundesmonopolverwaltung für Branntwein meinte, dass der Likör nach deutschem Recht zu *wenig* Alkohol enthielt.[97]

Das europapolitische Konzept, in Übereinstimmung mit Usancen französischer Rechtsauslegung gegebene Verhältnisse durch programmatische Zielsetzungen auf Linie bringen zu wollen, sollte auch das politische Schicksal des

---

[94] Vertrag über die Gründung der Europäischen Gemeinschaft für Kohle und Stahl vom 18.04.1951 (EGKS Vertrag), Erwägungsgrund 3 der Präambel, online unter: www.politische-union.de/egksv/index.htm (30.08.2013).

[95] Vertrag zur Gründung der Europäischen Wirtschaftsgemeinschaft vom 25.03.1957 (EWG Vertrag), Präambel, 1. Erwägungsgrund, im Internet unter: eur-lex.europa.eu/de/treaties/dat/11957E/tif/11957E.html (30.08.2013).

[96] Art. 3 des EWG Vertrages.

[97] Vgl. Wikipedia, „Cassis-de-Dijon-Entscheidung", online unter: de.wikipedia.org/wiki/Cassis-de-Dijon-Entscheidung (30.08.2013).

„gemeinsamen Marktes"[98] bestimmen. Und so bedurfte es wiederholter Anläufe, um diesem Markt letztendlich auch jene praktische Bedeutung zu verleihen, die z. B. der an die juristische Geltung von Buchstaben gewohnte deutsche Leser des EWG-Vertrages geneigt war, schon dem Text des EWG-Vertrages von 1957 „buchstäblich" beizumessen. In der Einheitlichen Europäischen Akte vom 17./28. Februar 1986, die den EWG-Vertrag ändern sollte, heißt es euphemistisch wie folgt:

> Die Gemeinschaft trifft die erforderlichen Maßnahmen, um bis zum 31. Dezember 1992 [...] den Binnenmarkt schrittweise zu verwirklichen.
>
> Der Binnenmarkt umfasst einen Raum ohne Binnengrenzen, in dem der freie Verkehr von Waren, Personen, Dienstleistungen und Kapital [...] gewährleistet ist.[99]

Der am 7. Februar 1992 in Maastricht abgeschlossene Vertrag über die Europäische Union hat aus dem vermeintlichen „Raum ohne Binnengrenzen" den Raum der „Europäischen Union" gemacht. Dieser sollte durch drei Säulen (eigentlich: eine Säule des europäischen Gemeinschaftsrechts und zwei ergänzende, intergouvernemental für den weiteren Ausbau angelegte Pflöcke) getragen werden: die erste Säule wurde durch das bis dato verabschiedete europäische Gemeinschaftsrecht gebildet, die zweite durch das neu formulierte Recht intergouvernementaler Verabredungen zu einer Gemeinsamen Außen- und Sicherheitspolitik auf nationalstaatlicher Grundlage, aber mit europäischer Perspektive; die dritte Säule wurde gebildet durch rechtliche Verfügungen der EU-Mitgliedstaaten über „die Entwicklung einer engen Zusammenarbeit in den Bereichen Justiz und Inneres"[100]. Damit machte der Maastrichter Vertrag deutlich: ohne Regeln für eine im Binnenmarkt der „Union der Völker Europas"[101] neu zugewonnene Freiheit und Freizügigkeit würde die persönliche Sicherheit und Unversehrtheit der EU-Bürgerinnen und Bürger nicht zu gewährleisten sein. Offene Grenzen, grenzenlose Kriminalität und lähmende Verunsicherung mussten einander aus-

---

[98] In der wiedergegebenen Schreibweise in Art. 2 des EWG Vertrages.
[99] Artikel 13 der Einheitlichen Europäischen Akte (EEA) vom 17./28.02.1986, im Internet unter: www.politische-union.de/eea.htm (30.08.2013).
[100] Art. B des Maastrichter Vertrages über die Europäische Union vom 07.02.1992 (EUV 1992), in; Amtsblatt der Europäischen Union, C 191, vom 29.07.1992, S. 1–112 (4), im Internet unter: europe.eu.int/eur-lex/lex/de/treaties/dat/11992M/htm/11992M.html (30.08.2013).
[101] Art. A EUV 1992, Amtsblatt der Europäischen Union, C 191, S. 4.

schließen. Das erforderte an vorderster Stelle Maßnahmen zur Möglichkeit oder Unterlassung von Grenzkontrollen, zu einer gemeinsamen Asylpolitik, zu einer Verständigung über die Möglichkeit einer Einwanderung aus Drittstaaten, zur Bekämpfung des Drogenhandels und des Drogenkonsums, zur Verfolgung und Ahndung internationaler Kriminalität, zur Optimierung gemeinsamer Terrorismusbekämpfung sowie zur Festlegung von Möglichkeiten polizeilicher und justizieller Zusammenarbeit in Zivil- und Strafsachen sowie im Zollwesen.[102]

Der somit anstehende detaillierte und detaillierende Bauplan für ein Europa mit durchlässigen Binnen- und hochgezogenen Außengrenzen wurde erst im Jahre 1997, fünf Jahre nach Verabschiedung des Maastrichter Vertrages also, unterzeichnet. Er war Teil des Amsterdamer Vertrages vom 10. November 1997, der allerdings erst zum 1. Mai 1999 in Kraft trat.[103]

Ein solcher Bauplan brauchte nicht nur visionäre Architekten, die ihn entwarfen, sondern auch solide Handwerker, die ihn umsetzten und anwandten. Die dazu bereitstehenden gemeinsamen Regeln aber erforderten zur Mehrheitsbildung ein hohes Quorum, wenn nicht gar Einstimmigkeit, so dass der Umgang mit dem europäischen Bauplan mühselig blieb. Erst der Lissabonner Vertrag vom 13. Dezember 2007, der zum 1. Dezember 2009 in Kraft trat, sollte in diesem Punkt Abhilfe schaffen.[104]

Die Ausweisung eines „Raumes der Freiheit, der Sicherheit und des Rechts"[105] im Amsterdamer Vertrag verband supranationale Hoffnungen, wie sie entsprechend der „Methode Jean Monnet"[106] seit den 50er Jahren des 20. Jahrhunderts

---

[102] Vgl. das Europa Lexikon der Bundesregierung, Stichwort: „Vertrag über die Europäische Union (Maastricht Vertrag)", Abschnitt: „Dritte Säule: Innen- und Justizpolitik", online unter: www.bundesregierung.de/Webs/Breg/DE/Themen/Europa/EuropaLexikon/_function/glossar_catalog.html?lv2=435840&lv3=21530#GlossarEntry21530 (30.08.2013).

[103] Vgl. die Ausführungen zum Stichwort „Vertrag von Amsterdam" im Europa Lexikon der Bundesregierung, im Internet unter: www.bundesregierung.de/Webs/Breg/DE/Themen/Europa/EuropaLexikon/_function/glossar_catalog.html?lv2=435840&lv3=21496#GlossarEntry21496 (30.08.2013).

[104] Konsolidierte Fassung in: Amtsblatt der Europäischen Union, C 83, vom 30.03.2010, S. 1–388, online unter: eur-lex.europa.eu/Notice.do?val=511119:cs&lang=de&list=511119:cs,&pos=1&page=1&nbl=1&pgs=10&hwords=&checktexte=checkbox&visu=#texte (30.08.2013).

[105] Art. 29 des Vertrages über die EU, konsolidierte Fassung.

[106] Dazu etwa Ulrich Pfister, Georg Fertig, Jean Monnet, in: www.uni-muenster.de/Geschichte/SWG-Online/eur_integration/glossar_monnet.htm (Stand: 18.06.2013); Bundespräsident Joachim Gauck, Europa: Vertrauen erneuern – Verbindlichkeit

zum Requisit europäischer Vergemeinschaftung gehörten, mit den vielfältigen Erfahrungen, die in der grenzüberschreitenden Kooperation unterschiedlicher nationaler, in der Bundesrepublik föderal organisierter Polizeien gewonnen wurden.

Eine Pionierrolle spielten in diesem Zusammenhang die im Grenzgebiet eingesetzten Polizeien, weil das Grenzgebiet – und hier vor allem auch das nordrhein-westfälisch-niederländische Grenzgebiet – im Prozess der europäischen Integration als eine Art Labor integrativer Fazilitäten fungierte. Und so konnten auf einem Seminar zur „Internationalen Zusammenarbeit in der Kriminalitätskontrolle", das am 5. Juni 1996 in Münster-Hiltrup durchgeführt wurde, der niederländische Chef der Regiopolizei Nord und Ost Gelderland, Ton Rutting, und der Leiter des Führungs- und Lagedienstes der Kreispolizeibehörde Kleve, Bruno Derksen, mitteilen, eine grenzüberschreitende polizeiliche Zusammenarbeit sei nach Kriegsende stetig besser geworden und von Erfolg bestimmt gewesen.[107] Sie vollzog sich auf der Grundlage der vielfältigen Vereinbarungen, die bereits vor dem Zweiten Weltkrieg zwischen dem Deutschen Reich und Preußen auf der einen und den Niederlanden auf der anderen Seite geschlossen worden waren und konnte davon profitieren, dass die Grundstrukturen polizeilicher Arbeit, wie sie schon in preußischer Zeit eingerichtet worden waren, im Wesentlichen erhalten blieben und dass, zumindest bis zur ersten Einführung eines Polizeigesetzes in Nordrhein-Westfalen im Jahr 1969, auch das Preußische Polizeiverwaltungsgesetz aus dem Jahr 1931, unabhängig von den gesetzlich vorgenommenen Änderungen am Aufbau der Polizei aus dem Jahr 1949[108] und

---

stärken. Rede zu Perspektiven der europäischen Idee vom 22. Februar 2013, im Internet unter: www.bundespraesident.de/SharedDocs/Reden/DE/Joachim-Gauck/Reden/2013/02/130222-Europa.html (Stand: 18.06.2013).

[107] Vgl. Ton Rutting, Erfahrungen bei der grenzüberschreitenden Zusammenarbeit der Polizei an der deutsch-niederländischen Grenze im Rahmen des Schengener Abkommens, in: Polizei-Führungsakademie (Hrsg.), Internationale Zusammenarbeit in der Kriminalitätskontrolle. Neue Entwicklungen in der europäischen Union. Stand und Handlungsbedarf Osteuropa. Schlußbericht über das Seminar, 03.–05.06.1996. Leitung: Hans-Martin Zimmermann, Bernd Fuchs, Münster 1996, S. 129–146 (130); Bruno Derksen, Regionale Zusammenarbeit am Beispiel des Deutsch-Niederländischen Grenzgebietes, ebenda, S. 151–164 (155).

[108] Vgl. das Gesetz über den vorläufigen Aufbau der Polizei im Lande Nordrhein-Westfalen vom 09.05.1949, in: Gesetz- und Verordnungsblatt für das Land Nordrhein-Westfalen (GV. NRW), 1949, S. 143–146.

Formen und Möglichkeiten grenzüberschreitender Verbrechensbekämpfung

aus dem Jahr 1953[109], weiterhin galt. Verlagert wurden die meisten Aufgaben einer Verwaltungspolizei; abgeschafft wurde z. B. die in preußischer Zeit noch tätige Fremden- und Ausländerpolizei;[110] abgeschafft wurden zudem durch den „Polizeibrief" der Alliierten vom 14. April 1949 die nachrichtendienstlichen Aufgaben der Polizei sowie die eines Verfassungsschutzes.[111]

Als nützlich erwiesen sich für die polizeiliche Zusammenarbeit insbesondere die persönlichen Kontakte und der informelle Informationstransfer auf kurzem Weg. Darüber hinausgreifende verbindliche, grenzüberschreitende, europäische Regelungen bedurften der Initiative des als eine Art demokratisches Fegefeuer europäischer Politikgestaltung[112] agierenden, bereits im Jahr 1949 installierten Europarates in Straßburg oder aber der Anstöße europäisch engagierter Politiker aus besonderem Anlass. So taucht beispielsweise in der langen, aktuell 215 Titel umfassenden Liste vom Europarat verabschiedeter Konventionen, also völkerrechtlicher Verträge, die zu ihrer Rechtskraft jeweils einer nationalen Umsetzung bedurften und bedürfen, fünf Mal das Treffwort „Auslieferung", drei Mal das Treffwort „Rechtshilfe" und ebenfalls drei Mal das Treffwort „Flüchtlinge" auf, beginnend jeweils in den späten fünfziger Jahren.[113] Alle diese Konventionen des Europarates beeinflussten und beeinflussen die Polizeiarbeit vor Ort, aber sie ließen den Umfang ihrer Geltung und die Möglichkeiten ihrer konkreten Anwendung häufig offen, so dass zusätzlicher Druck entstand, die Sicherung von Freiheit und Recht für die Praxis noch verbindlicher, klarer und detaillierter festzulegen als geschehen. Ein solcher Handlungsdruck vergrößerte sich vor allem noch im Zusammenhang einer die Öffentlichkeit bewegenden außergewöhnlichen Gefahrenlage. Als etwa zu Anfang der siebziger Jahre eine Welle des Terrorismus Europa durchlief, wollten einige der EG-Mitgliedstaaten eine polizeiliche Zusammenarbeit gezielt forcieren, und so beschlossen am

---

[109] Vgl. das Gesetz über Zuständigkeit und Organisation der Polizei vom 11.08.1953, in: GV. NRW, 1953, S. 330–333.

[110] Persönliche Mitteilung des zuletzt beim Landeskriminalamt Nordrhein-Westfalen tätigen Leitenden Kriminaldirektors a. D. Karl Josef Alfter an den Verfasser vom 16.06.2013.

[111] Der „Polizeibrief" ist im Internet zu finden unter: www.verfassungen.de/de/de49/grundgesetz-schreiben49-3.htm (18.06.2013).

[112] Marie-Thérèse Bitsch spricht vom „Council of Europe" als einer „school of democracy" (Marie-Thérèse Bitsch, Foreword, in: Birte Wassenberg, History of the Council of Europe, Strasbourg 2013, S. 9–12 (10).

[113] Vgl. im Internet unter: conventions.coe.int/Treaty/Commun/ListeTraites.asp?CM=8&CL=GER (11.06.2013).

26. Juni 1976[114] die versammelten EG-Innenminister aus Belgien, Luxemburg und den Niederlanden sowie aus Italien, Frankreich und der Bundesrepublik Deutschland, den Kampf gegen den Terrorismus durch einen Austausch von Informationen über Terrorakte, durch den Austausch von Daten, durch die Übermittlung technischer Erfahrungen, durch die grenzüberschreitende Kontaktierung von Polizeibeamten, durch eine Verbesserung der Polizeiausbildung, durch gemeinsamen Schutz des zivilen Luftverkehrs und durch den Schutz von Atomkraftwerken zu verstärken.[115] Bei all diesen wohlformulierten Schritten jedoch handelte es sich um Maßnahmen, die von der situativen Zuverlässigkeit ihrer Betreiber, im rechtlichen Sinne von der politisch wohlwollenden Beachtung und Ausführung völkerrechtlicher Verträge abhingen, aber einer durchgreifenden, einklagbaren Verbindlichkeit entbehrten, wie sie die Organe der Europäischen Gemeinschaft für sich in Anspruch nehmen konnten und können. So führte auch die „TREVI"-Gruppe europäischer Innenminister gemeinsam nur einen beachtenswerten, aber letztlich doch unverbindlichen Kampf gegen Terrorismus, Radikalismus, Extremismus und internationale Gewalt (violence).

Es lag in der Zeit wachsender grenzüberschreitender Verflechtungen und einer damit verbundenen zunehmenden Zahl von Grenzübertritten auf der Hand, über die erreichte Stufe internationaler Verbrechensbekämpfung mit einem neuen Schritt polizeilicher und justizieller Interaktion hinauszugehen. Der Europäische Rat der Regierungschefs setzte sich bei seiner Zusammenkunft in Fontainebleau am 25. und 26. Juni 1984 für eine „Trivialisierung der Grenzübergänge"[116] ein. Wenige Wochen später (13. Juli 1984) unterzeichneten deutsche und französische Regierungsvertreter an der Grenzübergangsstelle „Goldene Bremm" in Saarbrücken-Forbach ein Abkommen, in dem die Abschaffung von Personenkontrollen an der deutsch-französischen Grenze in Aussicht genommen wurde. Freilich erzwangen sie damit, auch neue Formen der grenzüberschreitenden polizeilichen und justiziellen Zusammenarbeit zu suchen und sicherzustellen,

---

[114] Vgl. Robert Fischer, Europäisierung von Migration und Sicherheit. Die Schengen Aquis im Spannungsfeld von Rechtsangleichung und Fragmentierung, in: Martin H. W. Möllers, Robert Chr. Van Ooyen (Hrsg.), Jahrbuch öffentliche Sicherheit 2012/13, Frankfurt am Main 2012, S. 439–447 (440).
[115] Vgl. Wilhelm Knelangen, Das Politikfeld innere Sicherheit im Integrationsprozess: die Entstehung einer europäischen Politik der inneren Sicherheit, Opladen 2001, S. 90 f.
[116] Schlussfolgerungen der Präsidentschaft unter: www.cvce.eu/content/publication/2001/10/19/ba12c4fa-48d1-4e00-96cc-a19e4fa5c704/publishable_de.pdf (05.11.2013).

dass offene Grenzen durch eine Erlaubnis zum bedarfsgerechten Zugriff auf die Kenntnisse und Leistungen von Polizei, Justizbehörden und Zoll verbündeter Staaten zu kompensieren seien. Warnend titelte der Spiegel am 30. Juli 1984: „Offene Grenzen. Freie Fahrt für Kriminelle"[117]?

Schon ein Jahr später, im Jahr 1985, entschlossen sich die Bundesrepublik, Frankreich und die Beneluxstaaten zu reagieren. Diese Staaten legten fest, dass ihre Grenz-, Visa- und Asylpolitik, ihre polizeiliche und justizielle Zusammenarbeit sowie Maßnahmen des Zolls aufeinander abzustimmen seien,[118] geleitet „von dem Willen, an den gemeinsamen Grenzen die Abschaffung der Kontrollen für den Verkehr der Angehörigen der Mitgliedstaaten zu erreichen und den Waren- und Dienstleistungsverkehr zu erleichtern".[119] Dieses Schengener Vorhaben sollte unter den Bürgerinnen und Bürgern europäische Stimmung verbreiten, bedurfte aber zunächst harter, sachkundiger Arbeit, um es in den Signatarstaaten in die Praxis übernehmen zu können. Diese Arbeit wurde in einem umfänglichen Durchführungsübereinkommen dokumentiert, das am 19. Juni 1990 unterzeichnet wurde, am 1. September 1993 in Kraft trat und zum 26. März 1995 in Kraft gesetzt wurde. An diesem 26. März 1995 konnten Schlagbäume abmontiert werden, die den Zugang zum europäischen Nachbarsparstaat bisher versperrt hatten.

Das Schengener Durchführungsübereinkommen (SDÜ) wurde für den Kreis der Schengen-Staaten – das waren bekanntlich anfänglich fünf Staaten; inzwischen ist ihre Zahl auf 22 EU-Staaten und vier Nicht-EU Mitglieder (Norwegen, Island, Liechtenstein und die Schweiz) gestiegen – zur zentralen Plattform grenzüberschreitender Zusammenarbeit in Europa. Ihr Ziel war nicht nur die Beseitigung von Personenkontrollen, sofern es nicht gerade darum ging, z. B. im Zusammenhang sportlicher Großereignisse an der Grenze eine Kont-

---

[117] So die auf dem Titelblatt zu lesende Frage des Spiegels vom 30.07.1984. S. in der gleichen Nr. 31/1984, S. 24–31, auch den Artikel: Offene Grenzen. „Wir können nur milde lächeln".

[118] Vgl. Fischer, S. 440, vgl. auch die Ausführungen über das „Schengener Abkommen" in wikipedia, online unter: de.wikipedia.org/wiki/Schengener_Abkommen (28.08.2013). Das auch als „Schengener Übereinkommen" bezeichnete „Schengener Abkommen" vom 14.06.1985 ist abgedruckt in: Bundesministerium des Innern (Hrsg.), Schengener Zusammenarbeit. Textsammlung o. O., o. J., S. 3–7 (laut den Angaben unter: http://tinyurl.com/kdgomgl, erschienen am 29.11.2004; im Internet ist die Textsammlung verfügbar unter: http://tinyurl.com/kbelvpa [05.11.2013]).

[119] Schengener Übereinkommen vom 14.06.1985, in: Schengener Zusammenarbeit, Präambel, 4. Erwägungsgrund, S. 3.

rolle von Hooligans vorzunehmen. Ihr Ziel war auch nicht nur die Förderung des freien Warenaustausches, soweit sie in Einklang mit fortgeltenden Zollbeschränkungen standen, die Privatpersonen nach wie vor etwa die Einfuhr von Feuerwerkskörpern, jugendgefährdenden oder verfassungswidrigen Schriften, Kulturgütern, Waffen und Munition oder große Mengen von Zigaretten, Alkohol und selbstverständlich auch anderen Drogen verboten und verbieten.[120] Ihr Ziel war auch nicht nur zu regeln, wie Verstöße gegen Einreisebestimmungen, das Asylrecht oder das Aufenthaltsgesetz auch abseits der nationalstaatlichen Grenze durch die zuständigen Behörden und Vollzugsorgane, also ggfs. durch Richter, Staatsanwälte und Ausländerbehörden unter vollziehender Hilfe der Polizeien verschiedener Nationalstaaten und ggfs. auch Bundesländer, verfolgt und geahndet werden können. Ihr Ziel war es nicht zuletzt, der internationalen Rechtshilfe in Zivilsachen, also in den Fällen, in denen es um Zustellungen, Vollstreckungen, Beweise oder Rechtsauskünfte aus privatem oder geschäftlichen Grund ging und geht, eine neue, über die seit 1954 getroffenen vielfältigen internationalen Abkommen hinausgehende, harmonisierte Basis zu schaffen. Das gleiche galt für die internationale Rechtshilfe in Strafsachen, für die der Europarat bereits im Jahr 1959 eine Konvention verabschiedet und die Vertragsparteien verpflichtet hatte, gemäß der getroffenen Vereinbarung „einander soweit wie möglich Rechtshilfe zu leisten in allen Verfahren hinsichtlich strafbarer Handlungen, zu deren Verfolgung in dem Zeitpunkt, in dem um Rechtshilfe ersucht wird, die Justizbehörden des ersuchenden Staates zuständig sind".[121] Schengen II lieferte darüber hinaus neue, die Praxis erleichternde Bestimmungen über die Auslieferung von Straftätern, die keine politische oder militärische Straftat begangen hatten.

Großes praktisches Gewicht fiel der im Schengener Durchführungsübereinkommen verankerten Absicht zu, die polizeiliche Zusammenarbeit über nationalstaatliche Grenzen hinweg zu verbessern und unter Berücksichtigung geltender Regional- und Nationalgesetze grenzüberschreitend an der vorbeugenden Verbrechensbekämpfung ebenso mitzuwirken wie an einer Aufklärung begangener Straftaten. Den Polizeien wurde die Möglichkeit eingeräumt, im

---

[120] Vgl. die Angaben unter www.zoll.de/DE/Privatpersonen/Reisen/Reisen-innerhalb-der-EU/Einschraenkungen/einschraenkungen_node.html; www.zoll.de/DE/Privatpersonen/Reisen/Reisen-innerhalb-der-EU/Steuern/steuern_node.html (17.06.2013).
[121] Europäisches Übereinkommen über die Rechtshilfe in Strafsachen vom 20.04.1959, online unter: conventions.coe.int/treaty/ger/Treaties/Html/030.htm (09.06.2013).

Formen und Möglichkeiten grenzüberschreitender Verbrechensbekämpfung

europäischen Ausland zu observieren, wenn es um Mord, Totschlag, Vergewaltigung, vorsätzliche Brandstiftung, Geldfälschung und Geldwäsche, schweren Diebstahl, Erpressung, Geiselnahme, Menschenhandel, Drogen- und Waffenhandel, Umweltdelikte, Beteiligung an einer kriminellen Vereinigung oder um Terrorismus ging.[122] Sie erhielten, wie die Zöllner, das Recht der Nacheile, also das Recht, einen auf frischer Tat ertappten Delinquenten in Uniform und mit Blaulicht, durchaus für den Notfall auch mit einer Waffe ausgerüstet[123] über die Grenze hinaus zu verfolgen[124] und, wenn es gelang, auch festzuhalten, aber nicht festzunehmen.[125] Das oblag der herbeizurufenden örtlichen Polizei, um die Souveränitätsrechte und die daraus abzuleitende, auch prestigeträchtige Handhabung hoheitlicher Gewalt nicht zu gefährden. Das Recht der Nacheile im Fall einer schweren Straftat[126] galt für die niederländische Polizei auf deutschem öffentlichen Boden unbegrenzt.[127] Somit hätte ein niederländischer Polizist, der in

---

[122] Vgl. Artikel 40 Abs. 7 des Übereinkommens zur Durchführung des Übereinkommens von Schengen vom 14.06.1985 zwischen den Regierungen der Staaten der BENELUX-Wirtschaftsunion, der Bundesrepublik Deutschland und der Französischen Republik betreffend den schrittweisen Abbau der Kontrollen an den gemeinsamen Grenzen vom 19.06.1990 einschließlich der Erklärungen zur Nacheile gem. Art. 41 Abs. 9 des Übereinkommens (SDÜ), in: Schengener Zusammenarbeit, S. 8–55 (20 f.).

[123] Artikel 41 Abs. 5 Nr. e) SDÜ (Schengener Zusammenarbeit, S. 21 f.) legte fest: „Die nacheilenden Beamten dürfen ihre Dienstwaffe mit sich führen; der Gebrauch ist mit Ausnahme des Falles der Notwehr nicht zugelassen". Anfänglich interpretierte die niederländische Polizei diese Bestimmung so, dass die deutschen Polizisten nur solche Waffen mit sich führen durften, die auch auf niederländischer Seite zugelassen waren. Folglich war z. B. ein Mitführen von Maschinenpistolen ausgeschlossen. Damit war die deutsche Polizei aber ausgerüstet, so dass deutsche Polizisten bei ihrem Grenzübertritt in die Niederlande aus Gründen der Nacheile vereinbarungsgemäß ihre Maschinenpistolen nur verpackt im Kofferraum eines Dienstfahrzeuges mitführen durften. Diese Regelung wurde freilich bald wieder aufgegeben. Das schloss weitere Auseinandersetzungen um das Mitführen von Waffen nicht aus. Immerhin waren auf Seiten der Niederländer Erinnerungen an die deutsche Besatzungszeit nicht einfach weggespült worden. Bei geplanten Fahrten von deutschen Personenschützern hochrangiger Politiker traten beispielsweise immer wieder Schwierigkeiten auf, weil die Niederlande für vorgeblich „planbare" Fälle die Erlaubnis zur Mitnahme von Waffen verweigerten. Vgl. Die entsprechende Mitteilung von Karl Josef Alfter an den Verfasser vom 16.06.2013 und vom 29.09.2013.

[124] Vgl. Artikel 41 Abs. 5 und 7 SDÜ, in: . Schengener Zusammenarbeit, S. 21 f.

[125] Vgl. Artikel 41 Abs. 2 SDÜ, in: Schengener Zusammenarbeit, S. 21.

[126] Vgl. Artikel 41 Abs. 4 SDÜ, in: Schengener Zusammenarbeit, S. 21.

[127] Vgl. die Erklärung der Regierung der Bundesrepublik Deutschland, in: Schengener Zusammenarbeit, S. 50.

Venlo einen schweren Diebstahl in flagranti beobachten konnte, den Täter auch bis Görlitz verfolgen können. Solch weite Ausflüge konnte sich umgekehrt der deutsche Polizist in den Niederlanden nicht erlauben. Seine Fahrt musste bereits nach 10 km enden, weil die Niederlande dies lange Zeit für sich so festlegten.[128] Gleichwohl mag sie in der Praxis, wie man hört, gelegentlich länger ausgefallen sein, ohne dass dies zu diplomatischen Verwicklungen geführt hätte. Erst im Jahr 2005 ist die Begrenzung der Nacheile auf 10 km für die Niederlande aufgehoben worden.[129]

Zur Verbesserung der polizeilichen Zusammenarbeit sollte schließlich eine Verkürzung der – formellen – Informationswege beitragen. So stellte das SDÜ nicht mehr auf den komplizierten und langwierigen diplomatischen Kanal ab[130], sondern präferierte die direkten Verbindungen zwischen den nationalen Kontaktstellen. Das ist in der Bundesrepublik, trotz des bestehenden Föderalismus im Polizeibereich, das Bundeskriminalamt in Wiesbaden[131] und auf der niederländischen Seite der „Centrale Recherche Informatiedienst" in Den Haag.[132] Allerdings können bei einer „Gefährdung durch Zeitverzug [...] ausnahmsweise auch örtliche Polizeibehörden unmittelbar miteinander in Verbindung treten".[133] Zur näheren Erläuterung vergleiche das nachstehende Übersichtsschema[134]

---

[128] Vgl. Erklärung der Regierung des Königreichs der Niederlande, in: Schengener Zusammenarbeit, S. 52.

[129] Vgl. Artikel 27 des Vertrages zwischen dem Königreich Belgien, der Bundesrepublik Deutschland, dem Königreich Spanien, der Französischen Republik, dem Großherzogtum Luxemburg, dem Königreich der Niederlande und der Republik Österreich über die Vertiefung der grenzüberschreitenden Zusammenarbeit, insbesondere zur Bekämpfung des Terrorismus, der grenzüberschreitenden Kriminalität und der illegalen Migration vom 27.05.2005, Text des sogenannten „Prümer Vertrages", der auch als „Schengen III" bezeichnet wird, unter: www.bmi.bund.de/SharedDocs/Downloads/DE/Themen/Sicherheit/Polizei/Pruemer_Vertrag.pdf;jsessionid=8289370A5D11A06752DF69FCEAD79891.2_cid373?__blob=publicationFile (02.09.2013).

[130] Vgl. Lambert Josef Tetsch, Marcello Baldarelli, Polizeigesetz des Landes Nordrhein-Westfalen, Hilden 2011, S. 575.

[131] Vgl. Tetsch, Baldarelli, S. 575.

[132] Vgl. Tetsch, Baldarelli, S. 578.

[133] Tetsch, Baldarelli, S. 575.

[134] Zu den im Überblicksschema verwandten Abkürzungen: DÜ = Datenübermittlung; KPB = Kreispolizeibehörde; PolDÜV NRW = Verordnung über die Zulassung der Datenübermittlung von der Polizei an ausländische Polizeibehörden vom 22.10.1994, zuletzt geändert am 10.12.2008; VSt NL = Verbindungsstelle Niederlande; IRG = Gesetz über die internationale Rechtshilfe in Strafsachen, ausgefertigt am 23.12.1982, neugefasst

Formen und Möglichkeiten grenzüberschreitender Verbrechensbekämpfung

Zweck der DÜ	Strafverfolgung		Gefahrenabwehr	
Gegenstand der DÜ	Strafrechtliche Angelegenheiten		Gefahrenabwehraufgaben	
Bezeichnung	Große Rechtshilfe	Kleine Rechtshilfe („Polizeiliche Rechtshilfe")	internationale Zusammenarbeit	Zusammenarbeit im Grenzgebiet
Übermittlungsbehörde	Justiz	Polizei	jede KPB	Übermittl.-Behörde nach PolDÜV NRW
Empfänger	nicht-deutsche Stellen, einschl. über und zwischenstaatl. Stellen	Schengen-Staaten	nicht-deutsche Stellen, einschl. über- und zwischenstaatl. Stellen	§ 1 Abs. 2 PolDÜV: VSt. NL § 2 PolDÜV: Gendarmerie Eupen
anzuwendendes Recht	IRG RiVASt	§ 39 SDÜ Nr. 122 ff. RiVASt	Polizeigesetz	Polizeigesetz i. V. m. PolDÜV
Befugnisnormen			§§ 28, 30	§ 27 Abs. 1
Dienst-/Geschäftsweg	§ 10 BKAG, Nr. 6 RiVASt	a) § 10 BKAG, Nr. 123 RiVASt b) unmittelbarer Geschäftsweg		gem. PolDÜV NRW

Tab. 1: Überblick: DÜ ins Ausland – Zuständigkeiten – Wege (aus: Lambert Josef Tetsch, Marcello Baldarelli, Polizeigesetz des Landes Nordrhein-Westfalen. Kommentar, Hilden 2011, S. 576)

Eine Berechtigung zur Datenübermittlung ins Ausland ergab sich auf nordrhein-westfälischer Seite von Beginn der neunziger Jahre an aus dem jeweils geltenden nordrhein-westfälischen Polizeigesetz.[135] Darüber hinaus erließ das

---

zum 27.06.1994, zuletzt geändert am 21.07.2012; RiVASt = Richtlinien für den Verkehr mit dem Ausland in strafrechtlichen Angelegenheiten vom 08.12.2008; SDÜ = Schengener Durchführungsübereinkommen vom 19.06.1990 in der Fassung vom 31.03.2006; BKAG = Gesetz über das Bundeskriminalamt und die Zusammenarbeit des Bundes und der Länder in kriminalpolizeilichen Angelegenheiten (Bundeskriminalamtgesetz) vom 07.07.1997, zuletzt geändert am 06.06.2013.

[135] Vgl. §§ 27 und 28 des Polizeigesetzes Nordrhein-Westfalen vom 01.06.2013 sowie die zugehörigen Kommentare älterer Versionen von: Reinhold Riegel, Polizeigesetz Nordrhein-Westfalen mit Polizeiorganisationsgesetz und Erläuterungen, Köln, Berlin, Bonn, München 1980; Wolfgang Kay, Reinhold Böcking, Polizeirecht Nordrhein-Westfalen, München 1992, S. 126–132, 284 f.; für die niederländische Seite sei auf den 2012 heraus-

Land Nordrhein-Westfalen unmittelbar nach dem Inkrafttreten des Schengener Durchführungsübereinkommens am 1. September 1993 eine besondere Regelung für die Datenübermittlung an niederländische Polizeibehörden.[136] Diese Regelung sah vor, dass die Kreispolizeibehörden in Borken, Steinfurt, Kleve, Wesel, Viersen, Düren, Heinsberg und Euskirchen sowie die Polizeipräsidien in Münster, Krefeld, Mönchengladbach und Aachen unmittelbar über die genannten Polizeipräsidien mit den regionalen niederländischen Polizeibehörden in Twente, Ost-, Mittel- und Nord-Gelderland sowie Limburg-Nord und Limburg-Süd würden in Kontakt treten können (und umgekehrt) und dass das Landeskriminalamt in Düsseldorf als zentrale Verbindungsstelle aller nordrhein-westfälischen Polizeibehörden gegenüber dem „Centrale Recherche Informatiedienst" würde auftreten[137] können.

Diese Vereinbarung ist jedoch seit Jahren schon wieder überholt durch die „Verordnung über die Zulassung der Datenübermittlung von der Polizei an ausländische Polizeibehörden (Polizeidatenübermittlungsverordnung – PolDÜV)"[138] vom 10. Dezember 2008, weil die Bundesrepublik Deutschland und die Niederlande in einem bilateralen Vertrag ihre Bereitschaft zur noch intensiveren polizeilichen Zusammenarbeit „auf den Feldern der Abwehr von Gefahren für die Sicherheit oder Ordnung, bei der Verhinderung und Verfolgung von Straftaten einschließlich der Strafvollstreckung"[139] erklärt haben und

---

gekommenen Band von P. J. D. J. Muljen: Politie, informatie en Privacy: de Wet politiegegevens toegelicht, Zutphen 2012, verwiesen. Für einschlägige Hinweise auf das nach 1945 geltende niederländische Polizeirecht, insbesondere auch auf den Politiebesluit van 1945 und das Politiewet von 1957, von 1993 und von 2012 sowie auf die „Europese Overeenkomst over rechtshulp in strafzaken" vom 20.04.1959 oder auch die „Duits-Nederlandse overeenkomst inzake het zogeheten kleine grensverkeer" vom 03.06.1960 danke ich dem ausgewiesenen Kollegen Prof. Dr. A. J. J. (Guus) Meershoek von der Universiteit Twente in Enschede.

[136] Verordnung über die Zulassung der Datenübermittlung von der Polizei an ausländische Polizeibehörden vom 22.10. 1994, in: GV.NRW, 1994, S. 958, zuletzt geändert durch Gesetz vom 05.04.2005, in: GV. NRW, 2005, S. 306.

[137] Vgl. Tetsch, Baldarelli, S. 577 f.

[138] Im Internet unter: recht.nrw.de/lmi/owa/br_bes_text?anw_nr=2&gld_nr=2&ugl_nr=205&bes_id=12369&aufgehoben=N&menu=1&sg=0 (Stand: 07.10.2014).

[139] Artikel 2 des Vertrages zwischen der Bundesrepublik Deutschland und dem Königreich der Niederlande über die grenzüberschreitende polizeiliche Zusammenarbeit und die Zusammenarbeit in strafrechtlichen Angelegenheiten vom 02.03.2005 (Enscheder Vertrag), in: Bundesgesetzblatt II 2006, S. 196–223 (197).

Formen und Möglichkeiten grenzüberschreitender Verbrechensbekämpfung

in diesem Zusammenhang eine „Intensivierung des Informationsaustausches und der Kommunikationsstrukturen"[140] ausdrücklich anführten, allerdings Zurückhaltung bei einem Austausch personenbezogener Daten geboten. Auch diese Einschränkung hat inzwischen schon wieder ihre Berechtigung verloren, denn auf eine Initiative der schwedischen Regierung aus dem Jahre 2005 hin hat der sogenannte Stockholmer Aktionsplan aus dem Jahr 2010[141] ein neues, umfassendes europäisches polizeiliches Informationsmanagement avisiert, das die Eerste Kamer – in der Abfolge des niederländischen Gesetzgebungsverfahrens als parlamentarisches Gremium an letzter Stelle stehend – schon am 3. und 4. Juni 2010 angenommen hat[142] und das die Bundesrepublik Deutschland mit ihrem „Gesetz über die Vereinfachung des Austauschs von Informationen und Erkenntnissen zwischen den Strafverfolgungsbehörden der Mitgliedstaaten der Europäischen Union (EUStrfVerfG)" vom 21. Juli 2012[143] umgesetzt hat.[144] Wenn das nach Einschätzung der EU-Kommission bereits im Jahr 2012 gut funktionierende[145] „europäische Informationsmanagement" in Zukunft wie vorgesehen[146] in allen EU-Staaten weiter ausgebaut wird[147], wird eine „Europäische

---

[140] Artikel 4 des Enscheder Vertrages, S. 198.

[141] Vgl. den Plan unter: http://tinyurl.com/l28ph9z (16.06.2013).

[142] Vgl. www.statewatch.org/news/2010/jun/eu-jha-council-jun-10-stockholm-programme-action-plan-conclusions.pdf (Stand: 08.10.2014) sowie die mail der Eerste Kamer an den Verfasser vom 8.10.2014.

[143] In: Bundesgesetzblatt I 2012, S. 1566–1576.

[144] Die Artikel 39 und 46 SDÜ wurden dementsprechend bereits durch Artikel 12 des „Rahmenbeschlusses 2006/960/Ji des Rates vom 18.12.2006 über die Vereinfachung des Austauschs von Informationen und Erkenntnissen zwischen den Strafverfolgungsbehörden der Mitgliedstaaten der Europäischen Union", in: Amtsblatt der EU L 386/89 vom 29.12.2006, S. 89–100, geändert.

[145] Vgl. die Mitteilung der Kommission an das Europäische Parlament und den Rat vom 7.12.2012 [COM (2012) 735 final]zur „Stärkung der Zusammenarbeit der Strafverfolgungsbehörden in der EU: Das Europäische Modell für den Informationsaustausch", Einleitung, im Internet unter: db.eurocrim.org/db/de/doc/1848.pdf (Stand: 8.10.2014).

[146] Vgl. dazu erneut die Mitteilung der Kommission an das Europäische Parlament und den Rat vom 7.12.2012 [COM (2012) 735 final].

[147] Diese Absicht wird in der „Mitteilung der Kommission an das Europäische Parlament, den Rat, den Europäischen Wirtschafts- und Sozialausschuss und den Ausschuss der Regionen. Die EU-Justizagenda für 2020 – Stärkung von Vertrauen, Mobilität und Wachstum in der Union" [COM(2014) 144 final] vom 11.3.2014, S. 8f. noch einmal ausdrücklich festgehalten. S. im Internet unter: eur-lex.europa.eu/LexUriServ/LexUriServ.do?uri=COM:2014:0144:FIN:EN:PDF (Stand: 8.10.2014).

Polizei-Fahndungsunion"[148] eingerichtet sein, die es, hoffentlich unter Beachtung des Datenschutzes, möglich macht, dass „jeder Polizeibeamte [...] zu jeder Zeit an jedem Ort seines Staates Zugriff auf die gesamte Fahndung eines jeden der angeschlossenen Staates"[149] hat, die über das Schengener Informationssystem (SIS) mit Hauptsitz in Straßburg im gesamten Raum der Schengen-Staaten verbreitet wird. „Jede SIS-relevante Fahndung", so die berechtigte Schlussfolgerung, „wird damit zur internationalen Fahndung"[150] in einem Gebiet, das von der Spitze Norwegens bis zur portugiesischen Algarve und von Lublin bis nach Brügge reicht.

Das Schengener Informationssystem, das nach langen technischen Anläufen seit dem 9. April 2013 in seiner II. Version in Dienst steht, geht ebenfalls auf das mehrfach erwähnte Schengener Durchführungsübereinkommen zurück. „Durch das Schengener Informationssystem werden Ausschreibungen, die der Suche nach Personen und Sachen dienen, [...] zum Abruf im automatisierten Verfahren bereitgehalten".[151] Der deutsche oder niederländische Polizist z. B. kann also in eine in seiner Landessprache abgefassten Matrix eine Reihe von Personen- und Sachdaten eingeben[152], die dann nur wenige Augenblicke später in allen Schengen-Staaten von Polizei- oder auch Zollbeamten vor Ort[153] in der jeweiligen Muttersprache zur Verbrechensbekämpfung oder auch nur zur Suche nach vermissten Personen und Sachen abgerufen werden können[154]. Im Juni 2005, kurz nach der Eröffnung der neuen Einrichtung, waren 2,9 Mio. Datensätze im SIS-System gespeichert; am 1. Januar 2013 waren es 46,5 Mio.

Das Schengener Informationssystem ist erst im Jahr 1997, mit dem Amsterdamer Vertrag, zu einem der Gemeinschaft, nicht nur der intergouvernementalen Zusammenarbeit zuzurechnenden Teil der Europäischen Union geworden,

---

[148] Martin Tuffner, Auf dem Weg zur Europäischen Fahndungsunion, in: Polizei heute, 36, 2007, S. 114–118 (118).
[149] Tuffner, S. 115.
[150] Tuffner, S. 115.
[151] Artikel 92 SDÜ.
[152] Vgl. Artikel 94 SDÜ.
[153] Zugriff auf die Daten des Schengener Informationssystems haben die Sicherheitsbehörden der Schengen-Staaten und des Weiteren Europol, Eurojust und der Zoll, vgl. wikipedia „Schengener Informationssystem", im Internet unter: de.wikipedia.org/wiki/Schengener_Informationssystem (17.06.2013).
[154] Vgl. Tuffner, S. 116.

ebenso wie die Asyl- und Flüchtlingspolitik, über die aber noch einige Jahre lang nur einstimmig entschieden werden konnte.[155]

Auf dem Schengen-Aquis der Europäischen Union baut seit den 90er Jahren des vergangenen Jahrhunderts die Prävention und Bekämpfung von Kriminalität sowie die Vollstreckung von Urteilen auf. Dabei werden seit Ende der neunziger Jahre die Polizeien von Europol, dem Europäischen Polizeiamt, unterstützt, das bekanntlich nationalstaatliche Polizeiarbeiten ermittlungstechnisch koordiniert.[156] Ergänzende Unterstützung bietet das College européen de police, die Europäische Polizeiakademie im englischen Bramshill, die im Jahr 2005 ins Leben gerufen wurde[157], oder auch Eurojust, die 2002 aufgebaute europäische Justizbehörde, der die Aufgabe erteilt wurde, die Koordinierung und die Zusammenarbeit „zwischen den nationalen Justizbehörden bei der Verfolgung schwerer grenzüberschreitender Kriminalität in der Europäischen Union"[158] zu fördern und zu verbessern.

Am Ende des 20. und zu Beginn des neuen 21. Jahrhunderts folgt „Europa", folgt die Europäische Union, auch nach dem Inkrafttreten des einen neuen europäischen Schub widerspiegelnden Lissabonner Vertrages in der europäischen Verbrechensbekämpfung keinem großen Wurf der Harmonisierung und Vereinheitlichung unterschiedlicher nationaler Polizeiarbeit, sondern eher dem Ziel einer situativ wachsenden, interkulturell mehr oder weniger kompetenten Öffnung füreinander unter Bewahrung der jeweiligen Eigenständigkeit. Mit diesem Ziel folgt Europa den Realitäten der Lebens- und Arbeitspraxis, weniger den Idealismen der Gründungsväter eines Vereinten Europas in der frühen Nachkriegszeit. Nüchtern beschreibt Robert Fischer die Situation im Jahrbuch Öffentliche Sicherheit 2012/13: „Die zunehmende deliktsübergreifende Vernetzung organi-

---

[155] Vgl. Dieter Kugelmann, § 41 Einwanderungs- und Asylrecht, in: Reiner Schulze, Manfred Zuleeg, Stefan Kadelbach (Hrsg.), Europarecht. Handbuch für die deutsche Rechtspraxis, Baden. Baden ²2010, S. 2215–2293 (Randnotiz 14, S. 2224f.).

[156] Im Primärrecht der Europäischen Union (EU) ist Europol allerdings erst seit dem Lissabonner Vertrag verankert, vgl. besonders Artikel 88 des Lissabonner Vertrages, Vertrag über die Europäische Union, konsolidierte Fassung (online unter: eur-lex.europa.eu/LexUriServ/LexUriServ.do?uri=OJ:C:2010:083:0013:0046:DE:PDF [16.06.2013]) sowie Dieter Kugelmann, Polizei- und Ordnungsrecht, Berlin, Heidelberg ²2012, S. 340.

[157] Vgl. dazu Kugelmann, S. 348f.

[158] Vgl. die Angaben von Eurojust unter: eurojust.europa.eu/Pages/languages/de.aspx (16.06.2013) sowie auch Artikel 85 des Lissabonner Vertrages. Vertrag über die Europäische Union, konsolidierte Fassung.

sierter international agierender Täter, insbesondere in den Deliktsfeldern unerlaubte Migration, Schleusung, Menschen-, Waffen- und Drogenhandel, Dokumenten- und Computerkriminalität sowie Terrorismus stellt die europäischen Sicherheitsbehörden vor ein sich stetig veränderndes Aufgabenfeld".[159] Europa ist kein fertiges Haus, sondern eine Aufgabe, in der nationalstaatliche sowie gemeinschaftliche Interessen oder Prädispositionen zusammenfließen[160] und die im Prozess der täglichen Auseinandersetzung Beharrlichkeit in der interkulturellen Kompromissfindung erfordert. Um diese Aufgabe zu bewältigen, gilt es nicht zuletzt, die Erfahrungen zu nutzen, die die Menschen an der nun durchlässig gewordenen Grenze im Umgang miteinander gemacht haben und die die Landesregierung von Nordrhein-Westfalen in ihrem Bericht an den Landtag zur grenzüberschreitenden Zusammenarbeit von Dezember 2007 als ausgesprochen „vorbildhaft und besonders weit entwickelt"[161] herausgestellt hat. Auf der Linie dieser nicht immer streitfreien, aber letztlich doch konstruktiven Erfahrungen liegt die Einrichtung einer grenzüberschreitenden polizeilichen Anlaufstelle in Herzogenrath und Kerkrade, in Dinxperlo und Suderwich sowie die Eröffnung eines (zunächst mit zwanzig Polizisten und Juristen besetzten) nordrhein-westfälisch-niederländisch-belgischen Polizeizentrums (EPICC[162]) in Heerlen zum

---

[159] Robert Fischer, Europäisierung von Migration und Sicherheit. Die Schengen Aquis im Spannungsfeld von Rechtsangleichung und Fragmentierung, in: Martin H. W. Möllers, Robert Chr. van Ooyen (Hrsg.), Jahrbuch Öffentliche Sicherheit 2012/13, Frankfurt am Main 2012, S. 439–447 (439).

[160] Vgl. mit Bezug auf die europäischen Migrations- und Integrationsprozesse um 2000 den erkenntnisreichen Sammelband von Uwe Hunger, Can M. Aybek, Andreas Ette und Ines Michalski über „Migrations- und Integrationsprozesse in Europa. Vergemeinschaftung oder nationalstaatliche Lösungswege?", der auf eine Tagung zurückgeht, die im März 2007 im Münsteraner Franz Hitze Haus stattfand.

[161] Vorlage 14/1547, S. 6 unter www.landtag.nrw.de/portal/WWW/dokumentenarchiv/Dokument/MMV14-1547.pdf (17.06.2013).

[162] Euregionaal Politie Informatie en Coördinatie Centrum, s. auch die Meldung in der digitalen Zeitung „Gazet van Antwerpen" vom 07.11.2005 unter www.gva.be/archief/guid/informatiecentrum-voor-politie-in-euregio-in-heerlen-geopend.aspx?artikel=9bc8bb95-6fcd-4b71-afbc-eceac8612a5d (26.10.2013). In einem Beitrag für die Sendung WESTPOL, die der Westdeutsche Rundfunk in seinem dritten Fernsehprogramm am 20.10.2013 unter dem Titel „Grenzen für Justitia" ausstrahlte, wurde hervorgehoben, dass das EICC den bemerkenswerten Versuch darstellte und darstellt, nicht zuletzt den fortbestehenden Schwierigkeiten in der polizeilichen und justiziellen Zusammenarbeit zwischen Nordrhein-Westfalen und den Niederlanden und den Problemen einer weiterhin vom „goodwill" abhängigen gemeinsamen Ermittlung („offene, Grenze, aber kein offenes

Formen und Möglichkeiten grenzüberschreitender Verbrechensbekämpfung

7. November 2005[163], aber auch die neuerliche formelle Installierung einer Gemeinsamen Ermittlungsstelle im Raum Aachen/Maastricht[164] sowie die informelle Gründung einer Arbeitsgemeinschaft von Polizeibehördenleitern im Bereich der Euregio Maas Rhein. Diese NEBEDEAG wurde schon 1969 eingerichtet.[165] Im nördlichen Teil Nordrhein-Westfalens, im Raum Borken, entschloss man sich neuerdings, die grenzübergreifende Verbrechensbekämpfung mit einer neuen Formation voranzubringen:[166] man organisierte ein Grenzüberschreitendes Polizeiteam (GPT), das als ein „neuartiges Instrumentarium" bei wechselnder hoheitlicher Verantwortlichkeit die bisher jeweils „temporäre" internationale Zusammenarbeit ablöste und den Weg zu einer „Optimierung der operativ-taktischen Gemeinschaftsarbeit, (zu einer) [...] Weiterentwicklung der sprachlichen und kulturellen Kompetenz sowie (zur) [...] Verbesserung des Austausches, der Auswertung und der Analyse von Informationen" ebnete und damit „ein Netzwerk ′Grenzüberschreitende Kriminalitätsverhütung und -verfolgung′" flocht.[167] Ein solches Team könnte als Muster europäischer Interaktion zukunftsweisend sein für viele andere Regionen und Staaten sowie auch für viele andere Bereiche, Schulen und Hochschulen ausdrücklich eingeschlossen.

Die Gründung einer bi-nationalen Schule, Hochschule oder Fakultät zum Beispiel wäre gewiss eine große Herausforderung, aber deshalb nicht weniger zu begrüßen, wenn an dieser Einrichtung deutsche und ausländische Lehrer oder Hochschullehrer ohne eine Aufgabe ihrer jeweiligen nationalen Dienststellung und deshalb auch fortgeltend nach ihrem jeweiligen nationalen oder regionalen Lehrplan oder ihrer jeweiligen hochschulspezifischen Studienordnung tätig würden, aber gleichwohl einem gemeinsamen Ziel folgten.

Ohr für den Nachbarn") wirkungsvoll zu begegnen.

[163] Vgl. Vorlage 14/1547, S. 61.

[164] Persönliche Mitteilung von Herrn Leitendem Kriminaldirektor Bernd Christ, Ministerium für Inneres und Kommunales des Landes Nordrhein-Westfalen, vom 14.06.2013 an den Verfasser. Rechtsgrundlage: § 61b des Gesetzes über die internationale Rechtshilfe in Strafsachen in der Fassung der Bekanntmachung vom 27.06.1994, in: Bundesgesetzblatt I 1994, S. 1537–1553, geändert durch Artikel 1 des Gesetzes vom 02.10.2009, in: Bundesgesetzblatt I 2009, S. 3214–3219 (3214, 3216).

[165] Vgl. dazu im Internet „Euregionale Zusammenarbeit" unter: www.polizei-nrw.de/artikel__75.html (17.06.2013).

[166] Grundlage war § 19 des Enscheder Vertrages vom 02.03.2005, S. 210.

[167] Alle Zitate zum GPT sind als „Informationen zum Grenzüberschreitenden Polizeiteam – GPT" zu finden unter: de.g-p-t.eu/informationen/informationen-zum-grenzüberschreitenden-polizeiteam-gpt.html (17.06.2013).

Die Europäisierung der Lebenswelten und die Entnationalisierung der deutschen Geschichtsschreibung. Durchbrochener nationaler Blick 1900, ausdifferenzierte europäisierte Historiographie heute

von Armin Heinen, Aachen

1 Fragestellung: Wie national war die Geschichtswissenschaft 1900 und wie europäisiert ist sie heute?

Fragen wir nach dem Verhältnis von „Europa" und deutscher Geschichtswissenschaft, so scheint die Themenstellung auf den ersten Blick höchst überflüssig. Denn, dass Europa heute ein wichtiger Gegenstand der deutschen Geschichtsschreibung ist, lässt sich kaum bestreiten. Und dass Europa um 1900 eher selten thematisiert wurde, scheint ebenso offensichtlich. Ganz so einfach ist die Sachlage freilich nicht, wie wir noch sehen werden. Doch wofür stand „Europa" in der deutschen Geschichtswissenschaft 1900, und welchen Stellenwert hat dieses „Europa" für die Geschichtsschreibung heute? Warum ist „Europa" zu einem doch zentralen Gegenstand der deutschen Geschichtsschreibung geworden? Weshalb hat die nationalstaatliche Perspektive in den letzten Jahren so stark an Bedeutung verloren? Schließlich, warum steht die Globalgeschichtsschreibung im Vergleich zur europäischen Perspektive im deutschen Raum eher zurück? Das sind einige Fragen, die ich beantworten möchte.

Gewiss, der Widerspruch zwischen meinem national verengten Blick allein auf die deutsche Geschichtsschreibung und dem Postulat ihrer Europäisierung ist offensichtlich. Aber für eine erste Selbstaufklärung mag die vorgeschlagene explorative Erkundung der deutschen Geschichtswissenschaft und ihrer Strukturen 1900 und 2000 genügen. Mehr als die Erprobung eines Ideenhorizonts, der Skizze eines möglichen Forschungsansatzes auf zugegebenermaßen dünner Quellenbasis soll gar nicht angestrebt werden. Dazu wäre nämlich ein eigenes Forschungsprojekt erforderlich.

Vielleicht hilft es zunächst einmal, und so werde ich tatsächlich vorgehen, zwischen Befund und Erklärungsversuch zu unterscheiden. Im ersten Teil also frage ich, wie stark national geprägt, wie internationalisiert, wie europäisch ausgerichtet, die deutsche Geschichtswissenschaft um 1900 war, und was sie heute auszeichnet.

Im zweiten Teil versuche ich herauszufinden, was die Gründe für die unterschiedlichen räumlichen Schwerpunktsetzungen in der Geschichtswissenschaft waren und sind. Hierbei bietet sich an, solche Deutungsansätze zu erproben, die zum einen die gesamtgesellschaftliche Entwicklung thematisieren, zum anderen die Logiken geschichtswissenschaftlichen Arbeitens berücksichtigen. Am Ende meiner Überlegungen frage ich, ob nicht die Akteur-Netzwerk-Theorie als Grundlage für eine erweiterte Historiographiegeschichte die Chance böte, die unterschiedlichen Erklärungsansätze zur Geschichte der Geschichtsschreibung (Makroperspektive, Paradigmenwandel, soziales Feld, Erinnerungsgemeinschaften) zu integrieren.

Inhaltlich unterliegen meinem Vortrag folgende Hypothesen: Um 1900 war die deutsche Geschichtswissenschaft tatsächlich noch stark national geprägt. Ihr Fokus lag auf der Frage nach der Herausbildung nationaler Identität und nationaler Selbstbehauptung. Freilich finden wir bereits Ansätze, die darauf abzielen, die Verschiedenheit der Welt in den Blick zu nehmen und transnationale Interaktionen zu erklären. Doch sind diese Deutungsansätze noch stark intellektuell begründet, von individuellen Biographien geprägt, beruhen noch kaum auf bewussten lebensweltlichen Erfahrungen der vielen. Europa spielte um 1900 nur eine geringe Rolle.

Heute sieht dies ganz anders aus. Die Geschichtswissenschaft hat sich stark ausdifferenziert.[1] Geschichtswissenschaft thematisiert Vergangenes aus verschiedenen Sichtweisen, aus globaler Perspektive, in europäischer Leseweise, aus einem nationalen Fokus heraus, mit regionalen, lokalen transnationalen, transregionalen Bezügen. Mit anderen Worten, die Fixierung auf den Nationalstaat ist aufgelöst. Und überraschenderweise bildet „Europa" eine der zentralen neuen Deutungsachsen, ist scheinbar Kern des Selbstverständnisses vieler Historiker, deutlich ausgeprägter als etwa die Gegenfigur der „Geschichte des Westens" oder der „globalen Vernetzung". Fragt man nach den Gründen, so scheint mir ausschlaggebend die umfassende Europäisierung aller Lebenswelten, der Aufbau von Netzwerken „europäisierter Wirklichkeiten" von Menschen, Institutionen und Dingen, die Dominanz eines europäisierten Kommunikations- und Orientierungsraumes, der den Historikern seine Strukturen aufprägt.

---

[1] Vgl. Lutz Raphael, Geschichtswissenschaft im Zeitalter der Extreme Theorien, Methoden, Tendenzen von 1900 bis zur Gegenwart, München 2003.

2 Befund: Aufgebrochene nationale Perspektive 1900 – Entnationalisierter, europäisierter Fokus 2000

Doch wie steht es nun wirklich um die Geschichtswissenschaft? Ist das Bild richtig, dass das Zeitalter der Extreme auch das Zeitalter einer stark am Nationalstaat ausgerichteten Geschichtswissenschaft ist? Demnach dominierte bis 1989 der nationale Fokus, und selbst heute, bei aller Ausdifferenzierung und Öffnung, bliebe der Nationalstaat zentraler Bezugsraum für die Geschichtswahrnehmung und historische Forschung. Das jedenfalls ist die These, die Lutz Raphael in seinem umfassenden Essay zur „Geschichtswissenschaft im Zeitalter der Extreme" überzeugend dargelegt hat.[2] Mit Matthias Middell lassen sich für die nationale Selbstbezogenheit der Geschichtswissenschaft denn auch viele Gründe anführen: die Legitimationsfunktion der Geschichtswissenschaft, die Orientierungsfunktion, die Ausrichtung auf die Lehrerausbildung für die nationalen Schulsysteme, die traditionelle räumliche Trennung der Lehrstühle für Geschichte[3], so dass die asiatische Geschichte, die afrikanische Geschichte, ja, teilweise sogar die britische oder französische Geschichte eher den „sprach- und landeskundlichen" Universitätsinstituten zugeordnet ist als der „Geschichtswissenschaft". Und der Eindruck des Verharrens im Alten wird verfestigt, wenn man sieht, wie viele Kolleginnen und Kollegen die Enge der Geschichtswissenschaft beklagen, für eine stärkere europäische Öffnung plädieren und die Chancen einer solchermaßen europäisierten Geschichtswissenschaft ausloten. Nur einige Namen von Autoren, die sich in dieser Weise geäußert haben, seien genannt: Ulrike von Hirschhausen, Kiran Klaus Patel[4], Ute Frevert[5], Michael Gehler.[6]

Lutz Raphael hat in seinem langen Essay die Internationalisierung der Geschichtswissenschaft als Folge von Professionalisierung, des Zurückdrängens

---

[2] Vgl. Lutz Raphael, Geschichtswissenschaft im Zeitalter der Extreme.

[3] Vgl. Matthias Middell, Das Verhältnis von nationaler, transnationaler und europäischer Geschichtsschreibung, http://www.ieg-mainz.de/vieg-online-beihefte/02-2007.htm (14.4.2013).

[4] Ulrike von Hirschhausen/Kiran Klaus Patel, Europäisierung, http://docupedia.de/zg/Europ%C3%A4isierung (11.03.2013).

[5] Ute Frevert, Europeanizing German History, in: Bulletin of the German Historical Institute, Washington, 2005, 9–24.

[6] Michael Gehler, Zeitgeschichte zwischen Europäisierung und Globalisierung, in: APZG, 2002. http://www.bpb.de/apuz/26553/zeitgeschichte-zwischen-europaeisierung-und-globalisierung? (11.03.2013).

der Diktaturen, der Verbreitung des Englischen als gemeinsamer Fachsprache sowie der weltweiten Kommunikation beschrieben. Aber natürlich, Internationalisierung meint nicht Europäisierung.[7]

Doch auch solche Stimmen gibt es, die eine explizite Europäisierung der deutschen Geschichtswissenschaft beobachten. Martin Sabrow[8] etwa wäre hier zu nennen oder Susan Rößner[9] oder Matthias Middell.[10] Welche Indikatoren gibt es, die die These einer Europäisierung der deutschen Geschichtswissenschaft unterstützen?

Zunächst: Um 1900 ist Europa kein großes Thema der Geschichtswissenschaft. Eine kleine Abfrage unter dem Stichwort „geschichte*" bei der Bayerischen Staatsbibliothek für das Jahr 1910[11] ergab für die ersten 100 Titel 49, die offensichtlich ein Thema zum deutschen Kulturraum (Deutschland[12], Schweiz, Österreich, Luxemburg[13]) behandelten, drei, die ein europäisches Thema angingen[14], zwei, welche einen internationalen Aspekt ansprachen[15], und zwölf, die allgemeingeschichtlich ausgerichtet waren.[16] Diese kleine Auswertung entspricht dem Ergebnis, das Lutz Raphael für die Historische Zeitschrift anführt: 77 % der Beiträge im Zeitraum 1889–1893 behandelten die deutsche Geschich-

---

[7] Vgl. Lutz Raphael, Geschichtswissenschaft im Zeitalter der Extreme.
[8] Martin Sabrow, Nationalgeschichte und historische Europäisierung. Bemerkungen zum Gegenwartswandel der Geschichtsschreibung, in: Gian Enrico Ruscoini,/Hans Woller (Hrsg.), Parallele Geschichte? Italien und Deutschland, 1945–2000, Berlin 2006, S. 479–503.
[9] Susan Rößner, Die Geschichte Europas schreiben. Europäische Historiker und ihr Europabild im 20. Jahrhundert, Frankfurt am Main 2009.
[10] Matthias Middell, Das Verhältnis von nationaler, transnationaler und europäischer Geschichtsschreibung.
[11] 1.7.2013, Titelstichwort „geschichte*", Erscheinungsjahr 1910, OPACplus, Katalog der Bayerischen Staatsbibliothek.
[12] 34 Titel.
[13] 31 Titel, die sich mit der schweizerischen, österreichischen, böhmischen oder luxemburgischen Geschichte beschäftigen.
[14] Englische Literaturgeschichte; Geschichte, Kunst und Kultur Siziliens; Geschichte Bolognas.
[15] Geschichte und Kultur des islamischen Orients; Geschichte des Osmanischen Reiches.
[16] Putzgers Historischer Schulatlas, Geschichte des jüdischen Volkes, Geschichte des Krieges, Geschichte der Körperstrafe usw. Dazu kommen 33 „sonstige" Werke: Literaturgeschichten, Musikgeschichte, Geschichte des Kunstgewerbes, Philosophiegeschichte.

Europäisierung und Entnationalisierung

te.[17] In diesem Sinne könnte auch das Vorwort von Adolf Bärs[18] Methodischem Handbuch der deutschen Geschichte zitiert werden: „Die künftigen Lehrer und Erzieher sollen das Vaterland, seine Ordnungen und Einrichtungen, verstehen und lieben, um befähigt zu werden, auch in ihren Schülern die Liebe zum Vaterlande und zum Herrscherhause zu wecken und zu pflegen."[19]

Vermutlich ist es kein Zufall, dass die Bayerische Staatsbibliothek, an der Grenze gelegen und im katholischen München beheimatet, eine eher breitere Perspektive widerspiegelt, als sie die HZ reflektiert. Doch auch ein Blick auf einige der Vorlesungsverzeichnisse um 1900 modifiziert den Eindruck einer ausschließlich nationalgeschichtlich geprägten Geschichtswissenschaft. In Freiburg finden wir neben der alten Geschichte und der Konzentration auf der deutschen National- und Landesgeschichte mehrere Veranstaltungen zur Allgemeinen Geschichte.[20] In Heidelberg ist im Wintersemester 1889/1900 explizit von Geschichte Europas von der Reformation bis zum Westfälischen Frieden die Rede.[21] Und natürlich gab es nicht nur jene Historiker, die tatsächlich vorrangig Nationalgeschichte erforschten, sondern auch einige andere, die, wie Otto Hoetzsch, z. B. osteuropäische Geschichte thematisieren. Darauf wird zurückzukommen sein. Und doch ist der Kontrast zur Gegenwart offensichtlich.

Eine Auswertung der deutschen Nationalbibliographie zeigt, wie das Thema „europäische Geschichte" in den letzten Jahren immer wichtiger geworden ist.[22] Namhafte Verlage eifern danach, eine „eigene europäische Geschichte" herauszubringen. Schaut man, welche Aufsätze, welche Rezensionen heute die HZ veröffentlicht, dann wird deutlich, wie viel weniger im Vergleich zu 1900 das Nationale noch zählt. Internationale Themen haben wichtige Bedeutung gewonnen, und „Europa" ist in der Tat eine zentrale Kategorie der Perspektivierung geworden. Im Band 1 der HZ, Nummer 186 von 2008, finden wir für die Frühe Neuzeit sechs Rezensionen zu nationalen Themen, zehn zu europäischen Fragen und eine Rezension zu einem nichteuropäischen Problem. Die Neuzeit im engeren

---

[17] Vgl. Lutz Raphael, Geschichtswissenschaft im Zeitalter der Extreme, S. 69.
[18] Seminarleiter in Weimar.
[19] http://tinyurl.com/mpcam5g (3.7.2013).
[20] Albert-Ludwigs-Universität Freiburg, Ankündigung der Vorlesungen, welche im Winter-Halbjahre 1900–1901 gehalten werden, 1900, http://tinyurl.com/kcjscky (23.5.2013).
[21] Anzeige der Vorlesungen, welche im Winter-Halbjahr 1899–1900 auf der Ruprecht-Karls-Universität in Heidelberg gehalten werden sollen, Heidelberg 1899, http://tinyurl.com/kxmrmj2 (29.3.2013).
[22] http://tinyurl.com/k3au3ht (29.3.2013).

Sinne ist stärker national geprägt: 26 Rezensionen zu nationalen Themenfeldern, sechs zu europäischen, zwei zu nichteuropäischen Themen.[23] Wie 1900 entsteht der Eindruck, dass der Universitätsunterricht am stärksten nationsübergreifend ausgerichtet ist: Die Ludwig-Maximilians-Universität (LMU) München bietet im Sommersemester zwei Vorlesungen zur deutschen Geschichte an (eine darunter zur deutsch-jüdischen Geschichte), drei zur bayerischen Geschichte, aber sieben zur Europäischen Geschichte.[24] An der Humboldt-Universität in Berlin sieht es nicht anders aus: drei Vorlesungen zur „transnationalen deutschen Geschichte", aber vier Vorlesungen mit einem europäischen und drei mit einem internationalen/globalen Fokus.[25]

Halten wir fest: Die These einer vorwiegend national geprägten Geschichtswissenschaft charakterisiert für 1900 das geschichtswissenschaftliche Arbeiten recht gut. Gleichwohl vereinfacht die Aussage den Sachverhalt sehr, denn es gab um 1900 auch weitergehende, über das Nationale hinausreichende Ansätze, komparatistische Herangehensweisen und Verflechtungsgeschichten. Die Option für die eine wie die andere Perspektive gilt es zu erklären.

Um 2000 dagegen ist die Nation als zentraler Bezugspunkt der Geschichtswissenschaft in den Hintergrund gerückt. Wenn es einen dominanten Fokus gibt, dann ist er „Europa". Die Vermutung einer umfassenden „Europäisierung" der deutschen Geschichtswissenschaft scheint also nicht unbegründet. So bleibt die Frage, welche Ursachen sich für die „Europäisierung" der deutschen Geschichtswissenschaft anführen lassen.

3 Deutungsansätze und deren Erprobung: Makrogeschichte und drei Leitperspektiven auf die Geschichte der Geschichtswissenschaft

Für unseren Zweck lohnt eingangs, zwischen zwei generell differierenden Erklärungsansätzen zu unterscheiden. Einerseits lässt sich auf die gesamtgesellschaftliche Entwicklung verweisen, also auf die Makrostrukturen, auf die allgemeinen politischen, kulturellen und sozialen Veränderungen, die geschichtswissenschaftliches Denken und Arbeiten beeinflussten. Andererseits müssen die inhärenten Dynamiken der Geschichtswissenschaft selbst berücksichtigt werden,

---

[23] Vgl. HZ 186 (2008).
[24] https://lsf.verwaltung.uni-muenchen.de (25.02.2013).
[25] http://www.hu-berlin.de/studium/beratung/vorlverz.html (23.5.2013).

Europäisierung und Entnationalisierung

ist Geschichtswissenschaft als eigenständiges gesellschaftliches Subsystem zu analysieren.

(1) Betrachten wir zunächst die gesamtgesellschaftliche Entwicklung, so könnten wir mit Guido Thiemeyer und vielen anderen auf die inhärente Vernetzungslogiken moderner Gesellschaften verweisen, die bereits um 1900 die Nationalstaaten maßgeblich aufgeweicht und perforiert haben und somit auch in der Geschichtswissenschaft hätten thematisiert werden müssen.[26]

Hartmut Kaelble hat demgegenüber die aus der Moderne resultierenden Ungleichzeitigkeiten und Differenzen zwischen den europäischen Gesellschaften und Staaten herausgehoben, was sich durchaus auch in der Perzeption niederschlug.[27] Als „Verunsicherung" und „Krise" des europäischen Selbstverständnisses hat er den Sachverhalt für den Zeitraum 1890–1965 gekennzeichnet. Erst mit dem großen Boom der 1950er und 1960er Jahre sei es zu einer Angleichung und Europäisierung der Lebenswelten gekommen. Das habe sich dann allerdings auch in der Wahrnehmung von Europa niedergeschlagen. Europäisches Selbstbewusstsein beobachtet er daher seit den 1960er/1970er Jahren.[28]

Ein Schüler Hartmut Kaelbles, Alexander Schmidt-Gernig, hat dessen Überlegungen weiterentwickelt, denn zusätzlich zur Europäisierung der alltäglichen Horizonte seien mit den europäischen Institutionen und engen Abstimmungen zwischen Regierungen, Behörden und Organisationen neue Öffentlichkeitsstrukturen und neue Krisenbewältigungsmechanismen entstanden, die trotz aller Hindernisse den nationalen Raum überschritten hätten, sei es permanent, sei es situativ. Die Herausbildung europäischer Identität verortet er dementsprechend auf die Zeit seit Ende 1980er Jahre.[29]

---

[26] Vgl. Guido Thiemeyer, Europäische Integration. Motive – Prozesse – Strukturen, Köln 2009; Dirk van Laak, Pionier des Politischen? Infrastruktur als europäisches Integrationsmedium, in: Christoph Neubert (Hrsg.), Verkehrsgeschichte und Kulturwissenschaft. Analysen an der Schnittstelle von Technik, Kultur und Medien, Bielefeld 2009, S. 165–188.

[27] Vgl. Hartmut Kaelble, Auf dem Weg zu einer europäischen Gesellschaft. Eine Sozialgeschichte Westeuropas, 1880–1980. München 1987; Hartmut Kaelble, Nachbarn am Rhein. Entfremdung und Annäherung der französischen und deutschen Gesellschaft seit 1880, München 1991; Hartmut Kaelble, Sozialgeschichte Europas. 1945 bis zur Gegenwart, München 2007.

[28] Vgl. Hartmut Kaelble, Europäer über Europa, Frankfurt 2001.

[29] Vgl. Alexander Schmidt-Gernig, Gibt es eine „europäische Identität"? Konzeptionelle Überlegungen zum Zusammenhang transnationaler Erfahrungsräume, kollektiver Iden-

Schließlich lohnt ein Blick auf die Überlegungen von Matthias Middell. Er sieht die gesamte neuere Geschichte wie Thiemeyer als von einer umfassenden Internationalisierung geprägt. Allerdings erfolge die politische Bearbeitung der Auswirkung von „Globalisierungsprozessen" zunächst im Modus des „Nationalstaates", um später immer weiteren und differenzierteren Raumstrukturen Platz zu machen.[30]

(2) Richten wir den Blick auf die Geschichtswissenschaft selbst und deren Geschichte, so lassen sich paradigmatisch drei wichtige Deutungsansätze unterscheiden: der Paradigmenansatz, der Feldansatz sowie die Rückbindung der Geschichtsschreibung an unterschiedliche Erinnerungsgemeinschaften.

Für den „Paradigmenansatz", der auf Thomas Kuhns Analyse wissenschaftlicher Revolutionen zurückgreift, stehen etwa Jörn Rüsen[31], Friedrich Jäger[32] oder Georg Iggers.[33] Aufgabe von Geschichtswissenschaft ist demnach lebensweltliche Orientierungsleistung, die Herstellung von Wahrnehmungs- und Verhaltenssicherheit im zeitlichen Wandel. Doch Geschichtswissenschaft folgt nicht dem Rhythmus der Geschichte selbst, sondern bedient sich erprobter Methoden und Deutungsansätze. Erst eine unüberbrückbare Diskrepanz zwischen Erwartungen und Orientierungsfähigkeit gebe neuen Erklärungsansätzen die Chance, ihre Leistungsfähigkeit zu erweisen. Die neuartigen Paradigmen schlössen die alten „Fakten" ein, wiesen aber in ihren Deutungen darüber hinaus, indem sie erstens die veränderten lebensweltlichen Erfahrungen reflektierten und zweitens die Vergangenheit mit einer größeren Objektivität erklärten (Begründungsobjektivität, Konsensobjektivität, Konstruktionsobjektivität).[34]

Wolfgang Weber, Lutz Raphael und andere haben den Ansatz von Rüsen als allzu idealistisch zurückgewiesen und hervorgehoben, dass die Geschichtswis-

---

titäten und öffentlicher Diskurse in Westeuropa seit dem Zweiten Weltkrieg, in: Hartmut Kaelble/Jürgen Schriewer (Hrsg.), Diskurse und Entwicklungspfade. Der Gesellschaftsvergleich in den Geschichts- und Sozialwissenschaften, Frankfurt 1998, S. 163–216.

[30] Vgl. Matthias Middell, Das Verhältnis von nationaler, transnationaler und europäischer Geschichtsschreibung, http://tinyurl.com/l4uasxj (12.03.2013).

[31] Jörn Rüsen, Grundzüge einer Historik, 3 Bde., Göttingen 1983–1989.

[32] Friedrich Jäger/Jörn Rüsen, Geschichte des Historismus. Eine Einführung, München 1992.

[33] Georg G. Iggers, Deutsche Geschichtswissenschaft, Wien 1997; Georg G. Iggers, Geschichtswissenschaft im 20. Jahrhundert. Ein kritischer Überblick im internationalen Zusammenhang, Göttingen 2007.

[34] Vgl. Jörn Rüsen, Historik, Bd. 1, S. 125–140.

Europäisierung und Entnationalisierung

senschaft selbst als ein soziales System zu verstehen sei, das seiner eigenen Logik folge, zugleich aber in vielfältiger Weise mit der Umwelt verflochten sei. Während Wolfgang Weber an Thomas Kuhns Überlegungen zur sozialen Konstituierung von wissenschaftlichen Schulbildungen festhält, Rekrutierungskriterien, tertiäre Sozialisation und Abwehrmechanismen gegenüber Außenseitern beschrieben hat, hat Lutz Raphael die Geschichtswissenschaft im Sinne Bourdieus als soziales Feld charakterisiert, das vielfältigen Einflüssen unterliege und gerade deshalb nicht vermittels geschlossener Theorien, sondern nur historisch-kontingent beschrieben werden kann.

Wiederum einen anderen Ansatz verfolgt Franziska Metzger, wobei sie Lutz Raphaels Plädoyer aufgreift, das Neben- und Miteinander unterschiedlicher historiographischer Schulen zu berücksichtigen. Alles andere glätte in unzulässiger Weise das geschichtswissenschaftliche Streiten, weil Geschichtswissenschaft als „Konstruktion vergangener Wirklichkeiten" eingebunden sei in unterschiedliche Kommunikations- und Erinnerungsgemeinschaften. Für das 19. Jahrhundert sei deshalb neben nationalliberaler und nationalkonservativer Geschichtsschreibung auch die inhärent transnationale katholische und sozialistische Geschichtsschreibung zu berücksichtigen, während heute der Diskurs in Reaktion auf sich zunehmend ausdifferenzierende Lebensstilmilieus und Wissenschaftslandschaften höchst fluide sei: transdisziplinär und transnational, pluralisiert.

Während die genannten Deutungsansätze kein Problem haben, die zunehmende Distanz der Geschichtswissenschaft gegenüber einem rein nationalen Fokus zu erklären – Folge der Globalisierung der Lebenswelten, von Professionalisierungsprozessen, Resultat der Erfahrung von Lebensstilmilieus und der sich daraus ergebenden unterschiedlichen Erzählungen von der Moderne als vergangener Geschichte – bleibt doch die Frage offen, wie die Europäisierung der deutschen Geschichtswissenschaft in die verschiedenen Deutungsraster eingebunden werden kann.

Im Folgenden werde ich zunächst die gesellschaftlichen Veränderungen um 1900 skizzieren, dann die Geschichtswissenschaft der Zeit näher in Augenschein nehmen, um schließlich nach den Gründen für das Fehlen einer europäischen Perspektive in der Zeit vor dem Ersten Weltkrieg zu suchen.

4   1900: Nationale Tradition und begrenzter Aufbruch

Die Jahrhundertwende 1900 hat in der modernen Geschichtsschreibung unterschiedliche Erzählungen veranlasst:

1. In der einen Variante, dafür stehen z. B. Reinhard Wendt[35] oder Guido Thiemeyer[36], ist von engen transnationalen gesellschaftlichen Verflechtungen die Rede, von internationalem Handel, von weltweit agierenden Unternehmen, vom Gold als dem gemeinsam Währungsstandard, von gegenseitiger Abstimmung in wichtigen technischen Fragen (Post, Eisenbahn, Autorenrechte), von europäisch oder weltweit vernetzten Eliten. Namhafte deutsche Universitäten zogen schon damals zahlreiche ausländische Studierende und Doktoranden an.
2. Die andere Erzählung, hier denke ich z. B. an Wolfgang Mommsen[37], verweist auf die Auswirkungen des Protektionismus, die Herausbildung nationaler Verbände und Interessenvereinigungen, schildert die Jahre um 1900 als eine Hochphase des Nationalismus, befördert von der Massenpresse und neuartigen Agitationsverbänden. Thema der Selbstreflexion war die Welt, wie sie zwischen den (europäischen) Mächten aufgeteilt war. Auffallend ist die nach Alterskohorte zunehmend national-imperialistische Weltsicht der deutschen Diplomaten.[38] Da verengte gerade die Sicht auf das Globale den Fokus auf die Interessen der eigenen Nation. In liberaler Perspektive ging es darum, den Nationalstaat zu demokratisieren, da nur so die Teilhabe am imperialen Wettstreit erfolgreich gemeistert werden könne.[39]

Tatsächlich lassen sich beide Argumentationsfiguren zusammenfügen, wenn wir mit Matthias Middell[40] davon ausgehen, dass gerade die zunehmende Ver-

---

[35] Reinhard Wendt, Vom Kolonialismus zur Globalisierung. Europa und die Welt seit 1500, Paderborn 2007.
[36] Guido Thiemeyer, Europäische Integration; Guido Thiemeyer, Internationalismus und Diplomatie. Währungspolitische Kooperation im europäischen Staatensystem, 1865–1900, München 2008.
[37] Wolfgang J. Mommsen, Das Zeitalter des Imperialismus, Frankfurt am Main 1969.
[38] Vgl. Sönke Neitzel, Diplomatie der Generationen? Kollektivbiographische Perspektiven auf die internationalen Beziehungen, 1871–1914, in: HZ 296 (2013), S. 84–113.
[39] Vgl. Dieter Langewiesche, Das Jahrhundert Europas. Eine Annäherung in globalhistorischer Perspektive, in: HZ 296 (2013), S. 29–48, hier S. 47–48.
[40] Vgl. Matthias Middell, Der spatial turn und das Interesse an Globalisierung in der Geschichtswissenschaft, in: Jörg Döring (Hrsg.), Spatial Turn. Das Raumparadigma in

Europäisierung und Entnationalisierung

flechtung und das Ausgreifen aus dem nationalen Horizont um 1900 zu Krisen und Verwerfungen führten, die für einen Gutteil der sozialen Eliten in Deutschland nur durch einen national-konservativen oder national-liberalen „Großraumstaat" zu bewältigen waren.[41]

Neu waren die Verflechtung von Wirtschaft und Politik, die sozialen Herausforderungen, die mentalen Brüche, welche anzeigten, dass die Welt komplexer, mit den traditionellen Kategorien gerade nicht mehr zu erfassen war. Die zunehmende gesellschaftliche Differenzierung veranlasste die Herausbildung neuer Wissenschaftszweige (Soziologie, Psychologie, Wirtschaftswissenschaften), denen gegenüber ein größerer Teil der deutschen Historiker mit dem Beharren auf Autonomie, dem Fokus auf der Macht und der Behauptung einer alles überragenden Prägekraft des Vergangenen begegnete. So mochten die Umstände zwar neue Perspektiven veranlassen, aber doch bei jenen, die als Historiker Einfluss und eine Position im Beamtenapparat hatten, fast immer aus einem dezidiert nationalen Fokus heraus. Die Welt war ein Thema, die Nation überragte alles, war zentraler Bezugspunkt. Europa spielte für die Selbstzuschreibung dagegen kaum eine Rolle.

Richten wir den Blick ein wenig genauer auf die deutsche Geschichtswissenschaft um 1900. Dazu habe ich Wolfgang Webers „Biographisches Lexikon deutscher Geschichtswissenschaft" bis zum Buchstaben K nach Neuzeithistorikern für die Zeit um 1900 durchsucht.[42] Ganz allgemein fällt zunächst die Dominanz der Alten Geschichte und der Mittleren Geschichte auf. Geschichtswissenschaft diente noch, gerade in Deutschland mit seinen bundesstaatlichen Traditionen und der Vielfalt der Regionen, der inneren Nationsbildung, der Vergewisserung der eigenen Herkunft, weniger der Orientierung in einer zunehmend komplexeren, miteinander agierenden Welt. Wir können zwischen auf das Nationale oder Landesgeschichtliche fixierten Historikern und solchen unterscheiden, die sich dem Fremden zuwandten. Zu den ersten zählen z. B. Fritz Curschmann, Richard Fester, Johannes Haller, der zwar vor allem als Mediävist bekannt ist, aber auch zur neueren Geschichte publizierte, Reinhold Koser, Otto Krauske, Georg Küntzel, Bruno Kruske. Richard Fester etwa studierte in München, Ber-

---

den Kultur- und Sozialwissenschaften, Bielefeld 2007, S. 103–124.
[41] Dirk van Laak, Pionier des Politischen.
[42] Vgl. Wolfgang Weber, Biographisches Lexikon zur Geschichtswissenschaft in Deutschland, Österreich und der Schweiz. Die Lehrstuhlinhaber für Geschichte von den Anfängen des Faches bis 1970, Frankfurt am Main 1984.

lin und Straßburg, habilitierte sich mit einer Studie über die „Die armierten Stände und die Reichskriegsverfassung, 1681–1697", schloss sich während des Ersten Weltkrieges der nationalistischen Deutschen Vaterlandspartei an und publizierte im Dritten Reich zur „Judenfrage". Fritz Cruschmann, einer der Begründer der Historischen Geographie, untersuchte aus völkisch-nationaler Haltung Volks- und Kulturboden, sah sich dann aber wegen der jüdischen Herkunft seiner Großmutter durch die Nationalsozialisten 1936 ausgegrenzt. Natürlich beobachten wir nicht nur solch hoch-nationalistisch aufgeladene Karrieren. Andere wie Reinhold Koser, Otto Krauske fragten nach regionalen oder landesgeschichtlichen Traditionen. Davon abzugrenzen sind Historiker mit einem Interesse an dem Nebeneinander von Kulturen und der Vernetzung der Welt. Genannt seien: Ernst Robert Daenell, Otto Hintze, Otto Hoetzsch. Die Gründe für ihre „Weltoffenheit" sind nicht leicht zu benennen. Hier und dort kann man persönliche Ursachen vermuten, die Erfahrung des Vaters als Kaufmann in einer Seestadt (Stettin) bei Daenell, die Dissertation über die Hanse und daraus erwachend das Interesse an der Amerika- und Überseegeschichte. Aber Otto Hintze war doch ganz eingebunden in die Tradition preußischer Geschichtsschreibung und emanzipierte sich gleichwohl von ihr, sicherlich auch aufgrund persönlicher Kontakte. Und doch zeigt der Fall Otto Hoetzschs, wie soziales Umfeld und Forschungstätigkeit auseinandertreten konnten. Hoetzsch nämlich legte 1905 das Dolmetscherexamen für Polnisch und Russisch ab, beherrschte außerdem Ukrainisch, Französisch, Englisch, Italienisch und Niederländisch. Er promovierte bei Lamprecht, habilitierte sich bei Otto Hintze, verschrieb sich der osteuropäischen Geschichte, gehörte aber auch dem Alldeutschen Verband an, dem Bund der Landwirte, dem Deutschen Ostmarkenverein, dem Deutschen Flottenverein, war Mitglied der Deutschkonservativen Partei, schließlich der DNVP. Doch unterstützte er den Dawes-Plan und übte scharfe Kritik an Alfred Hugenberg und dessen Annäherung an die NSDAP. Seine Publikationen galten den USA, Polen, der deutschen Außenpolitik, Südosteuropa, Osteuropa, Russland und Asien.

Halten wir fest, dass Zufälle und die drängenden Fragen der Zeit die Forschungen mancher Historiker bestimmten, auch wenn das konkrete soziale Umfeld eher in eine andere Richtung wies. Denn tatsächlich, das soziale Feld, in dem die deutschen Historiker um 1900 agierten, erschwerte die Integration neuer Fragestellungen, neuer Methoden, die über den engeren nationalen Kontext hinausführten. Wolfgang Weber hat eindrucksvoll dargelegt, wie aufgrund

Europäisierung und Entnationalisierung

uneindeutiger Standards der Geschichte als Wissenschaft die Rekrutierung von Historikern in engen Milieu- und Schulgrenzen erfolgte.[43] Außenseiter, innovative Forscher, die nicht dem „richtigen" geschichtswissenschaftlichen Umfeld entstammten, die keine angemessene tertiäre Sozialisation erfahren hatten, die sich nicht aus dem protestantisch-liberalen oder protestantisch-konservativen Milieu rekrutierten, hatten es schwer, eine Anstellung zu finden, weil neben dem handwerklichen Können die richtige Gesinnung, das „richtige Gefühl" für die Geschichte gefordert war. Angesichts wachsender Studierendenzahlen, der Zulassung von Frauen zum Studium, schlechter werdenden Stellenaussichten und der Konkurrenz durch die Individual- und Sozialwissenschaften betonten die arrivierten Historiker die soziale Distanz, hielten die traditionellen Ideale von Bildung und Wissenschaft besonders hoch. Wenn nun die Lehrbücher von Ernst Bernheim[44] sowie Charles-Victor Langlois und Charles Seignobos[45] Standards geschichtswissenschaftlichen Arbeitens und Forschens darlegten, dann mochten die Werke mit dem Ziel geschrieben worden sein, den neuen Studierendengruppen einen Einstieg in das Fach Geschichte zu erleichtern. Doch der Verweis auf solche Standards geschichtswissenschaftlichen Arbeitens konnte auch dazu dienen, Außenseiter hinauszudrängen.

Alles in allem bot das soziale Umfeld der deutschen Geschichtswissenschaft um 1900 wenig Anreize, aus den einmal beschrittenen Bahnen herauszutreten, den Fokus abzuwenden von der Nationsbildung. Mit Helmuth Plessner könnte man argumentieren, dass die deutsche Nation zu spät Staat wurde, um an die Ideen der Aufklärung anzuknüpfen[46], daher die nationale Einheit in ihrer regionalen Vielfalt im Mittelpunkt geschichtswissenschaftlichen Forschens stand, kaum indes die Welt mit ihrer zunehmenden Verflechtung. Freiräume gab es gewiss, Freiräume für jene Forscher, die den Ausleseparcours erfolgreich durch-

---

[43] Vgl. Wolfgang Weber, Die deutschen Ordinarien für Geschichte und ihre Wissenschaft. Ein historisch-wissenschaftssoziologischer Beitrag zur Erforschung des Historismus, in: Wilhelm Heinz Schröder (Hrsg.), Lebenslauf und Gesellschaft. Zum Einsatz von kollektiven Biographien in der historischen Sozialforschung, Stuttgart 1985, S. 114–146.

[44] Ernst Bernheim, Lehrbuch der Historischen Methode und der Geschichtsphilosophie. Mit Nachweis der wichtigsten Quellen und Hilfsmittel zum Studium der Geschichte, 4. Aufl., Leipzig 1903.

[45] Charles Victor Langlois/Charles Seignobos, Introduction aux études historiques, Paris 1898.

[46] Vgl. Helmuth Plessner, Die verspätete Nation. Über die politische Verführbarkeit bürgerlichen Geistes, Stuttgart 1959.

laufen hatten, die Anerkennung gewonnen und den Fragen der Gegenwart mit neuen Methoden, mit neuen Fragestellungen begegnen wollten. Allzu weit durften sie sich nicht vorwagen. Das bewies der Lamprecht-Streit. Europa spielte in den Diskursen der Historiker um 1900 nur eine untergeordnete Rolle. Dennoch war von Europa die Rede, sei als Handlungsfeld der Frühen Neuzeit, sei als Realität schwieriger Nachbarschaft. „In der Beschreibung Europas […] spielte die Idee einer völkerübergreifenden Einheit dagegen nahezu keine Rolle".[47]

Zusammenfassend: Charakterisiert habe ich die Zeit um 1900 als partielle Internationalisierung. Wenn es für die Historiographie tatsächlich ausschließlich um lebensweltliche Orientierungsleistung ginge, wie es der Paradigmenansatz postuliert, dann wäre für die Geschichtswissenschaft mehr Offenheit zu erwarten gewesen, mehr intellektuelle Neugier. Sicherlich, das soziale Feld der Geschichte in Deutschland erschwerte Innovationen, doch schloss es sie nicht vollkommen aus. Anderes kam hinzu, ein geistesgeschichtlicher „Sonderweg": Anders als in Frankreich, als in den USA, bewirkte die Krise des Historismus nicht dessen Überwindung, sondern führte zur unversöhnlichen Trennung von Geistes-, Sozial- und Naturwissenschaften. Die deutsche Geschichtswissenschaft weigerte sich mehrheitlich, die veränderte Welt in ihre Deutungsmuster aufzunehmen, stattdessen kritisierte sie die Welt, in der Erwartung, sie sich ihren Vorstellungen anpassen zu können.[48] Weiterhin: Was immer es an Aufbrüchen nach 1918 gab, die Paneuropabewegung, das „Deutsch-Französische Studienkomitee", die Zweite Internationale, sie skizzierten Zukunftsentwürfe. Die Erfahrungswelten blieben national besetzt, die Erinnerungsgemeinschaften auf das Nationale bezogen, um so mehr, da jetzt die deutschen Wissenschaftler aus den internationalen Verbänden ausgegrenzt wurden. Insofern verringerte der Erste Weltkrieg, was es an Aufbruch vor 1914 gegeben hatte.[49]

---

[47] Susan Rößner, Geschichte Europas schreiben, S. 58.
[48] Vgl. Susan Rößner, Europa marginal. Die historistische Geschichtsauffassung und die deutsche Europa- und Weltgeschichtsschreibung der 1920er Jahre, in: Hartmut Kaelble/ Martin Kirsch (Hrsg.), Selbstverständnis und Gesellschaft der Europäer. Aspekte der sozialen und kulturellen Europäisierung im späten 19. und 20. Jahrhundert, Frankfurt am Main 2008, S. 127–150, hier: S. 131–132.
[49] Vgl. Susan Rößner, Geschichte Europas schreiben, S. 56–59.

5 2000: Von der Westintegration zur Europäisierung der deutschen Geschichtswissenschaft

Nicht die Jahre 1989/2000 gelten als die Sattelzeit zur Postmoderne, sondern die Jahre um 1966–1979. Das hat viele Gründe: das Ende der absoluten amerikanischen Dominanz, sichtbar in Vietnam- und Dollarkrise, die Zerschlagung der Kolonialreiche und die Herausbildung der „Dritten Welt". Ölpreisexplosion und beginnende Deindustrialisierung, die Auflösung der sozialen Milieus, die Kritik des Fortschrittsglaubens, die Bildungsexplosion. Der Toyotismus löste den Fordismus ab. Neuartige Konsum- und Lebensstilmilieus entstanden, die nationale Grenzen transzendierten. Der Nationalstaat, der um 1965 seinen Höhepunkt erreicht hatte, konnte erkennbar immer weniger das Versprechen auf gerechte Teilhabe am Wohlstand und der erfolgreichen Abschottung gegenüber globalen Krisen sicherstellen. In diesen Jahren des Aufbruchs und der beginnenden Strukturkrise galt es, die Bildungskatastrophe zu überwinden (so das Schlagwort von Georg Picht aus dem Jahre 1964). Neue Universitäten wurden gegründet, und dadurch gab es neue Stellen für Historiker, gerade auch für die damaligen Außenseiter. Sie thematisierten allerdings nicht die Gemeinsamkeiten Europas oder dessen konfliktbelastete Verflechtung, sondern den deutschen Sonderweg, fragten nach den Grundlagen der Einbindung Deutschlands in den Westen. Die Modernisierungstheorie diente als Leitfaden für eine sich den Sozialwissenschaften öffnende Geschichtswissenschaft.

Mit dieser Perspektive setzte die deutsche Geschichtswissenschaft zunächst einmal den deutschen Sonderweg fort. Denn auf internationalem Maßstab beobachten wir bereits Mitte der 1970er Jahre die Hinwendung zu den Kulturwissenschaften, zur Anthropologie, zur Ethnologie, zur Neuen Institutionellen Ökonomie und damit das Wiederaufleben einer eigenständigen Wirtschaftsgeschichte jenseits der Quantifizierung. Die Postmoderne, so könnte man die These zusammenfassen, zwang der Geschichtswissenschaft in England, den USA, Frankreich die von ihr ausgehenden Problemlagen und Fragestellungen bereits früh auf, nicht indes in Deutschland.

Umstritten ist, ob 1989/90 ein vergleichbarer Bruch zu beobachten ist, ob 15 oder 20 Jahre nach dem gesellschaftlichen Aufbruch zur Postmoderne eine neuerliche Zäsur erfolgte mit gravierenden Auswirkungen, jetzt auch für die deutsche Geschichtswissenschaft?[50]

---

[50] Vgl. Stefan Jordan, Theorien und Methoden der Geschichtswissenschaft, Paderborn 2009, S. 148–152.

Tatsächlich gibt es gute Gründe, die Jahre um 1990 als für unseren Kontext wichtige Scharnierjahre zu kennzeichnen, ursächlich für die ausgeprägte Europäisierung der deutschen Geschichtswissenschaft.[51] Denn jetzt wurde die Globalisierung wirklich zu einem zentralen Leitbegriff, ausgelöst durch technische Fortschritte in den Kommunikationstechniken, durch neue Verkehrsmittel (Flugreisen wurden geradezu selbstverständlich), durch die Deregulierung der Güter- und Faktormärkte, welche die Konkurrenz fördern und neue Wachstumsimpulse setzen sollten. Das Schlagwort von der Multi-Kulti-Gesellschaft machte Karriere. Der Zusammenbruch des Ostblocks beendete den Kalten Krieg, aber führte keinesfalls in eine friedlich geeinte Welt, sondern provozierte die Wahrnehmung neuer Imperien und eines „Clash of Civilizations". Vielerorts entstanden neuartige Staatsgebilde mit allen Problemen der Transformation und unabgeschlossener Staatlichkeit. In dieser Situation versprach „Europa", genauer die Europäische Union, eine Antwort auf Chaos und Unübersichtlichkeit, wirtschaftlich, sozial, politisch. Und tatsächlich prägte Europa die Lebenserfahrung vieler junger Menschen nun stärker als zuvor. 2007 erlernten 60 % der Schüler der Sekundarstufe II in der Europäischen Union mindestens zwei Fremdsprachen, zumeist europäische Fremdsprachen, nur ganz selten Chinesisch, Türkisch oder Japanisch.[52] Englisch beherrschen beinahe alle jungen Menschen, und auch wenn das Englische als globale Verkehrssprache dient, unterstützt es die Kommunikation in Europa. Immer mehr Menschen kennen das (europäische) Ausland durch Migration, Berufsaufenthalte, Reisen. Sicherlich, noch bestimmt der Nationalstaat weite Teile des Lebens, der Sozialordnung, der Bildung, des Mediensystems, und doch ist 40 % der Gesetzgebung, so eine neuere Untersuchung, bereits europäisiert.[53] Osterweiterung, Eurokrise, Demokratie in Ungarn, die Staatsstruktur Griechenlands und die politische Verfassung in Rumänien sind plötzlich Themen von Belang, auch für die deutsche Öffent-

---

[51] In gewisser Weise schließe ich mich damit den Überlegungen von Anselm Doering-Manteuffel und Lutz Raphael an, bestimme aber den Abschluss der Übergangsphase nach 19070/75 etwas früher auf Ende der 1980er, Anfang der 1990er Jahre. Anselm Doering-Manfteuffel/Lutz Raphael, Nach dem Boom. Perspektiven auf die Zeitgeschichte seit 1970, Göttingen 2008.

[52] Eurostat, Pressemitteilung, 24.9.2009, http://epp.eurostat.ec.europa.eu/cache/ITY_PUBLIC/3-24092009-AP/DE/3-24092009-AP-DE.PDF (26.5.2013).

[53] Vgl. Annette Elisabeth Töller, Mythen und Methoden. Zur Messung der Europäisierung der Gesetzgebung des Deutschen Bundestages jenseits des 80-Prozent-Mythos, in: Zeitschrift für Parlamentsfragen, H. 39 (2008), S. 3–17 (26.05.2013).

Europäisierung und Entnationalisierung

lichkeit. Dabei hat sich der Fokus des Interesses verschoben, von der Frage des gemeinsamen kulturellen Erbes in Europa um 2000 zur Frage kultureller Differenz und der Möglichkeit der Gewinnung gegenseitigen Vertrauens, Resultat der Eurokrise und auffälliger Demokratiedefizite in einigen südosteuropäischen Staaten. Nicht mehr die negative Meistererzählung vom deutschen Sonderweg interessiert, wie in den 1970er und 1980er Jahren, nicht einmal mehr die Erzählung vom Erbe eines gemeinsamen Hauses Europa wie in den 1990er Jahren, sondern die vielfältigen Erzählungen von Alterität, funktionalen Äquivalenzen, des Auslotens von Verständigungsmöglichkeiten, von Kulturtransfer und grenzüberschreitender Verflechtung. Es bedarf offensichtlich tatsächlich einer Erzählung, die nicht nach Identität als schicksalhaftem Resultat von Überliefertem fragt, sondern von der Vielfalt in der Einheit berichtet, von sich ändernden Mentalitäten und Einstellungen, um den gewandelten Lebensverhältnissen gerecht zu werden. Und die deutsche Geschichtswissenschaft ist für diese Aufgabe nicht einmal schlecht gerüstet.

Schauen wir uns einige der Berufungen an der LMU in München und der Humboldt-Universität in Berlin an, so finden wir dort Historikerinnen und Historiker, die weit mehr als nur den deutschsprachigen Kontext kennen, Erfahrungen einbringen von Aufenthalten und intensiven wissenschaftlichen Kontakten in Spanien, Frankreich, Italien, England, Schweiz, Ungarn, Österreich, Tschechien, USA, Lateinamerika.[54] Offensichtlich beobachten wir einen tatsächlichen Paradigmenwechsel: Ohne eine geschichtswissenschaftliche Kompetenz, die den Nationalstaat transzendiert, die eher eine europäische denn eine globalgeschichtliche Ausprägung hat, stehen die Chancen für Nachwuchswissenschaftler auf eine Professur in Deutschland schlecht.

Das soziale Feld der deutschen Geschichtswissenschaft fördert in vielfältiger Hinsicht die internationale Ausrichtung des Faches. So unterstützt das Internet in bislang unbekannter Weise den weltweiten Zugriff auf Quellen und Literatur.[55] Die DFG und andere Institutionen ermöglichen über Nationallizenzen die weltweite Konsultation von Monographien, Quelleneditionen, Zeitschriften und Dokumentendiensten. Als Rückgrat für eine international ausgerichtete

---

[54] Die entsprechenden Informationen lassen sich leicht über das Internet recherchieren.
[55] Vgl. Armin Heinen, „Basarabia 2.0" Cartarea cognitivă a unei provincii valaho-moldova-otomano-ruso-româno-soveitică-autonomă în lexicoanele de limbă germană, engleză și din română din secolul al XVIII-lea și pînă în prezent, in: Timpul. Revistă de cultură, 8. August 2012, S. 12–14.

Geschichtswissenschaft dienen die Sondersammelgebietsbibliotheken, so dass die deutsche Historiographie heute über mehr Möglichkeiten verfügt, bessere Arbeitsbedingungen hat, deutlich weniger auf das nationale Umfeld angewiesen ist, als sie es um 1900 war. Gleichwohl ist mit diesem Verweis auf die veränderten Arbeitsbedingungen nur die ausgeprägte Internationalisierung der deutschen Geschichtswissenschaft, nicht aber deren Europäisierung erklärt.

Was also sind die Gründe der stärkeren Öffnung in Richtung Europa? Selbst die kleineren Universitäten wie Siegen und Wuppertal, um zwei Beispiele anzuführen, haben Wissenschaftler, die nicht mehr auf Deutschland beschränkt sind und sowohl West- wie Osteuropa, Süd- und Nordeuropa thematisieren können. Die Antwort ist keinesfalls trivial, vielmehr ist ein ganzes Faktorenbündel dafür verantwortlich, von der veränderten Sozialisation junger Menschen bis hin zur Eurokrise. Betrachten wir zunächst das soziale Feld für Historiker.

1. Die Europäisierung der Lebenswelten dürfte eine Rolle spielen, Städtepartnerschaften, Klassenfahrten, der Fremdsprachenunterricht in den Schulen, das ein- oder zweisemestrige Auslandsstudium. Manche Grenzuniversitäten – von Saarbrücken, von Aachen weiß ich es, von Duisburg, von Düsseldorf – haben recht gute Kontakte zu Nachbaruniversitäten aufgebaut. Studierende, Dozenten treffen sich dann in einem mehr oder weniger regelmäßigen Turnus, diskutieren miteinander, besprechen geschichtswissenschaftliche Deutungsansätze.

2. Die Förderung europäischer Forschungsvorhaben sollte nicht unterschätzt werden, durch Co-Tutelles, durch gemeinsame Graduiertenkollegs, durch mischfinanzierte Forschungsprojekte. Es gibt beinahe keinen geschichtswissenschaftlichen Verlag, der nicht seine eigene Reihe mit Themen zu Europa herausgibt. „Institutions matter" könnte man anführen und aufzählen, was da nicht alles an Europa-Universitäten, Europa-Professuren, Kontaktgruppen, Zeitschriften sowie andere europabezogene Projekte existiert. Das Nicht-Europäische ist dagegen häufig in besonderen Abteilungen ausgelagert, für türkische Geschichte etwa, für asiatische Geschichte. Davon war schon die Rede.

3. Berufungen, so mein Eindruck, ergehen an Spezialisten für Deutschland und England, für Spanien und Frankreich, Rumänien und die Niederlande, Italien, Polen und die DDR. Mit einem rein nationalen Profil, so meine – sicherlich eingeengte – Wahrnehmung, werden junge Historikerinnen und

Europäisierung und Entnationalisierung

Historiker nicht mehr berufen. Auch hier gilt also, „institutions matter". Sie haben sich tatsächlich europäisiert.

Wie sieht es nun um die Erinnerungsgemeinschaften aus? Wenn Geschichtswissenschaft auf Krisen sozialen Zusammenhalts reagiert, die Identität von Kommunikationsgemeinschaften thematisiert, dann spiegelt die Europäisierung der Geschichtswissenschaft auch die Krise der europäischen Zusammenarbeit:

1. Der anfängliche Versuch, Europa neu zu schreiben, in der Logik des Nationalstaates die kulturellen Gemeinsamkeiten herauszuheben, ist gescheitert. Was für die Postmoderne allgemein gilt, trifft für Europa insbesondere zu. Dass die Zukunft höchst unbestimmt und offen aufscheint, sie im Plural zu denken ist[56], so wie die Vergangenheit, als Wahrgenommene, als Gedeutete, als umstrittener Erinnerungsraum, die Gegenwart stärker beeinflusst, als lange Zeit angenommen. Wenn dann, wie nach 1989/1991, Grenzen fallen, ganz unterschiedliche Erwartungen, Selbstverortungen und Verhandlungskulturen aufeinandertreffen, der Euro disparate Erfahrungen miteinander verbindet, zwangsweise homogenisiert, dann bedarf es offensichtlich der geschichtlichen Erklärung für das unerwartete Auseinanderstreben Europas. Die bewusst formal konzipierten Maastrichter Konvergenzbedingungen, die Kopenhagener Beitrittskriterien, die These einer quasi natürlichen wertorientierten Einheit Europas als Basis für das Zusammenleben haben sich als höchst unvollkommen erwiesen, weil sie differierende kulturelle Voraussetzungen und die Logiken langfristiger sozialer Praktiken außer Acht lassen.

2. Schließlich sollte von Habitus die Rede sein, vom Habitus der Historikerinnen und Historiker heute. Sie verstehen sich nicht mehr als nationale Propheten oder Kritiker, nur zum Teil als Analysten des Vergangenen, sondern vielfach als Erklärer des Fremden. Die multiplen Modernen sind ihr Thema, die Gleichzeitigkeit von funktionalen Erfordernissen, Kontingenz und Offenheit. Damit gerieren sich die Historiker nicht mehr als einer spezifischen Kultur verbunden, sondern als Übersetzer und Deuter in einer Welt der Einheit in der Vielfalt. Europa als Raum verdichteter Kommunikation, der Solidarität einfordert über das Nationale hinaus, in dem unterschiedliche Erinnerungsgemeinschaften aufeinandertreffen, bedarf offensichtlich

---

[56] Vgl. Armin Heinen, Schicksal – Zukunft – und das Leben als Spiel. Was die Geschichtswissenschaft über die Zukunft auszusagen vermag (Manuskript).

solch kultureller Übersetzer. In Anlehnung an Susan Rößner: Europa hat viele Gesichter, so dass für die Zukunft die Notwendigkeit besteht, seine unterschiedlichen Ausprägungen in den verschiedenen Ländern, Regionen und Zeiten methodisch reflektiert und selbstkritisch zu untersuchen.[57] Europageschichtsschreibung ist weit mehr als die Geschichtsschreibung über die europäischen Institutionen.

6 Zusammenfassung: Europäisierung der Lebenswelten, Paradigmen, soziales Feld, Erinnerungsgemeinschaften oder Akteur-Netzwerk-Theorie? Erklärungsmodelle für die Europäisierung der deutschen Geschichtswissenschaft und deren Nutzen

Am Anfang meines Textes hatte ich zwei zentrale Perspektiven auf unsere Fragestellung vorgestellt. Im ersten Fall ging es darum zu klären, ob die makrohistorischen Veränderungen genügen, den Wandel der Geschichtswissenschaft angemessen zu deuten. Für die Zeit um 1900 haben wir gesehen, wie die zunehmende Internationalisierung der Lebenswelten nur ansatzweise eine Erneuerung der Geschichtswissenschaft angestoßen hat. Die Geschichtswissenschaft verblieb in der Logik des Nationalen, nicht zuletzt, weil eine umfassende Internationalisierung und Europäisierung der Lebenswelten ausstand. Mit Hartmut Kaelble und anderen wird man erst für die zweite Hälfte des 20. Jahrhunderts von einer sozial- und kulturräumlichen Verdichtung auf europäischer Ebene sprechen können. Dennoch lässt sich die Europäisierung der deutschen Geschichtswissenschaft mit ihrer Beschleunigung Ende der 1980er Jahre hierdurch nur zum Teil erklären. Das hat uns veranlasst, neben dem Paradigmenwechsel das soziale Feld der Geschichtswissenschaft und deren Anbindung an Kommunikationsgemeinschaften genauer in Augenschein zu nehmen.

Der Feldansatz (Lutz Raphael, Olaf Blaschke) sowie jener Ansatz, der stark auf die Erinnerungs- und Kommunikationsgemeinschaften blickt (Franziska Metzger), erklären recht gut, warum die deutsche Geschichtswissenschaft um 1900 national ausgerichtet blieb. Der Paradigmenansatz macht demgegenüber verständlich, weshalb, trotz aller sozialen Einengungen, einige Historiker bereits um 1900 die zunehmend vernetzte Welt thematisiert haben, sei es durch diachronen oder synchronen Vergleich, sei es durch Aufklärung über kulturelle

---

[57] Vgl. Susan Rößner, Die Geschichte Europas schreiben, S. 344.

Europäisierung und Entnationalisierung

Differenzen oder sei es im Sinne eine Geschichte zunehmender wirtschaftlicher und sozialer Verflechtung. Nach 1989 hat sich die deutsche Geschichtswissenschaft von der Nation als selbstverständliche Referenz ihres Erklärens und Deutens verabschiedet. Territorialität ist nicht mehr vorgegeben. Den zu untersuchenden sozialen Raum bestimmt Geschichtswissenschaft nach ihrer Fragestellung jeweils neu: als transnationale Vernetzung, als situative Aufklärung über Angeeignetes und Fremdes, als Vergewisserung der Historizität regionaler oder lokaler Grenzen sowie deren Überschreitung, schließlich in Form kollektiv- oder individualbiographischer Aufschlüsselung zur Dechiffrierung eigensinniger Lebenswelten.

Offensichtlich bedarf es heute neuer lebensweltlicher Orientierungsleistung. Hier hilft der Paradigmenansatz zu verstehen, warum Historiker die Geschichte der Imperien neuerlich fasziniert, nämlich als großräumliche Organisation kultureller und sozialer Heterogenität, warum sie mit Hilfe der dichten Beschreibung einen genauen Blick auf die so vielfältigen sozialen Praktiken werfen, Diskurs- und Verflechtungsgeschichte schreiben und warum sie den Strukturfunktionalismus zunehmend als ungenügend empfinden. Schließlich sind die Historiker zu Recht fasziniert von den Umbrüchen in Europa seit 1945. Und dennoch ist die Europäisierung der deutschen Geschichtswissenschaft wohl nur zu erklären, wenn zusätzlich der Wandel des sozialen Feldes der deutschen Geschichtswissenschaft in den Blick genommen wird, wenn die Rückbindung an unterschiedliche Kommunikationsgemeinschaften in die Erklärung einfließt. Von Bedeutung sind demnach die veränderten sozialen Rekrutierungsmechanismen, der verminderte Einfluss geschlossener historiographischer Schulen, die Erwartungen an Sprach- und Kulturkompetenz von Historikern, die transnationalen Forschungsverbünde, die Mediensysteme.

Wie aber lassen sich diese von mir angeführten Deutungsansätze miteinander verbinden, zu einer in sich geschlossenen Perspektive verdichten? Zu überlegen ist, ob nicht die Akteur-Netzwerk-Theorie eine umfassende Heuristik bereitstellt, welche hilft, die Konstruktion vergangener Wirklichkeit in ihrer Komplexität angemessen zu untersuchen?[58] Ihr nämlich gelingt innerhalb eines heuristischen Ansatzes, den Gegensatz von Realität und Konstruktion aufzulösen, Wissenschaft als soziales Handeln und als Annäherung an Ver-

---

[58] Vgl. Matthias Wieser, Das Netzwerk von Bruno Latour. Die Akteur-Netzwerk-Theorie zwischen Science & Technology Studies und poststrukturalistischer Soziologie, Bielefeld 2012.

gangenes zu begreifen und dabei zugleich die medialen Voraussetzungen der Vergangenheitskonstruktion zu berücksichtigen, also Zettelkästen und Computer, Archivfolianten und PDF-Dateien. Wenn Studierende aus Aachen und Maastricht sich, wie in diesem Semester (Sommersemester 2013!), gemeinsam ein deutsch-niederländisches Thema auf Englisch, Deutsch und Niederländisch erarbeiten (die Geschichte des Selfkants), dann ist dies nur möglich, weil es eine gemeinsame Forschungsperspektive von Dozenten beider Universitäten gibt. Die Wissenschaftler interessiert die Konstruktion von europäischer, nationaler, regionaler und individueller Identität in Grenzräumen. Gleichzeitig gewinnen die Verantwortlichen mit Hilfe der Kooperation Reputation, machen sich und die beteiligten Universitäten unverwechselbar. Dabei ist die Zusammenarbeit höchst voraussetzungsvoll. Möglich wird sie, weil der zeitliche Aufwand durch die stündlichen Busverbindungen überschaubar bleibt, weil das Internet die Bereitstellung von gemeinsam zu bearbeitenden Quellen und Materialien erleichtert, Doodle, Skype und E-Mails die Kommunikation zwischen allen Beteiligten unterstützen und schließlich europäische Fördergelder den finanziellen Mehrbedarf für die Studierenden und die Dozenten ausgleichen. Als Netzwerke von Vergangenem, Artefakten und Personen lässt sich die Zusammenarbeit beschreiben und hierdurch die Europäisierung der deutschen Geschichtswissenschaft vielleicht besser erklären als mit meinem doch eher additiven Modell von Makrogeschichte einerseits sowie drei verschiedenen historiographiegeschichtlichen Deutungsansätzen andererseits.

Die Diskussion der Intellektuellen und Wissenschaftler über Europa: um das Jahr 1900 / um das Jahr 2000

von Christoph Cornelißen, Frankfurt am Main

1 Einleitung

Seit dem 18. Jahrhundert gehörte das Café zu einem bevorzugten Ort des bürgerlichen politischen Räsonnements. In den Überlegungen von Jürgen Habermas zum „Strukturwandel der Öffentlichkeit" gilt es sogar als ein entscheidender Bereich der öffentlichen Sphäre, weil sich hier erstmals ein bürgerliches Publikum öffentlich zu artikulieren wusste.[1] Diese schon ältere Einsicht ist für unsere Belange deswegen von besonderer Bedeutung, da es bislang kein wirklich „europäisches Café" gibt, also einen Ort, an dem unter Intellektuellen und Wissenschaftlern eine öffentliche und auch kontinuierliche Debatte über Europafragen ausgetragen wird. Jedenfalls ist dies der Eindruck des niederländischen Publizisten, Historikers und Intellektuellen Geert Mak, den er in seinen zurückhaltend optimistischen und auch mit einer Prise Ironie versehenen Rhapsodien unter dem Titel „Was, wenn Europa scheitert" vermittelt.[2] Des Weiteren findet sich an gleicher Stelle der Hinweis darauf, dass es bis heute keine wahrnehmbare europäische Debatte gebe. Angesichts der Profillosigkeit der europäischen Parteien und des europäischen Parlaments, des Mangels an charismatischen Führungsfiguren und einer babylonischen Sprachverwirrung könne man über die europäische Politik außerdem nie lachen – ein schlechtes Zeichen, so Mak.

Obwohl manches für seine Beobachtungen spricht, werfen sie gleichzeitig viele Fragen auf. Zum einen danach, wie wir trotz des Fehlens eines „europäischen Cafés" den seit mehr als einem Jahrhundert anhaltenden Europadiskurs von Intellektuellen und Wissenschaftlern erklären können, der Hunderte von Europaschriften hervorgebracht hat, in denen immer wieder die Idee von der „Einheit Europas" thematisiert oder sogar beschworen worden ist. Zum anderen Fragen danach, welche Redeanlässe, welche Motive und auch welche Deutungen sich aus den unzähligen Europatraktaten herausdestillieren lassen. Noch mehr

---

[1] Vgl. Jürgen Habermas, Strukturwandel der Öffentlichkeit, Frankfurt 1990, S. 92–105.
[2] Vgl. Geert Mak, Was, wenn Europa scheitert, Berlin 2012, S. 75.

und für unsere heutige Fragestellung zugespitzt wäre zu untersuchen: Wie ist das breite Aufleben des Europadiskurses um die Wende vom 19. zum 20. Jahrhundert, ja seine regelrechte Blüte in den Jahren vor dem Ersten Weltkrieg zu erklären, dem erneut um das Jahr 2000 eine zweite, quantitativ und qualitativ ebenso bemerkenswerte Publikationsflut folgen sollte. Jedenfalls weisen die historischen Bibliographien bei den Publikationsdaten zu beiden Phasen eine deutliche Kurve nach oben aus, wobei die Anfänge der zweiten Welle zweifelsohne bereits in den 1990er Jahren anzusetzen wären, als insbesondere die Jugoslawienkriege das Räsonnement über Europas Zukunft förderten. Im Zuge der Diskussionen um den Entwurf eines Verfassungsvertrags für Europa intensivierten sich die einschlägigen Debatten, wobei sich der Fokus nach dem Scheitern der Konferenz des Europäischen Rates in Nizza im Jahr 2000 zunehmend auch auf die Bruchlinien der politisch beschworenen Einheit Europas richtete.[3]

Im Blick darauf gilt es einleitend einen bemerkenswerten Tatbestand festzuhalten: Eine genuin transnationale Debatte unter den Intellektuellen und Wissenschaftlern ist daraus bislang nicht entstanden. Gewiss, mit dem Italiener Claudio Magris, vielleicht auch dem bereits genannten Niederländer Geert Mak, sicherlich aber dem Polen Władysław Bartoszewski oder auch dem Ungarn György Konrád sowie dem Deutschen Jürgen Habermas lässt sich problemlos eine Liste führender Intellektueller und Schriftsteller aufstellen, die sowohl in Hinsicht auf ihre Herkunft als auch ihre persönlichen und akademischen Lebenswege oder auch ihre visionären Europapläne als europäische Intellektuelle eingestuft werden könnten.[4] Ungeachtet der Tatsache, dass sich diese Liste rasch erweitern ließe, verlaufen die großen Europadebatten heute meist weiterhin innerhalb national abgeschlossener Diskursräume, während der grenzübergreifende oder gar transnationale Austausch über drängende Europafragen bislang nur vereinzelt nachzuweisen ist. Selbst dort, wo wir ihn beobachten können, weist die öffentliche Resonanz bemerkenswerte Abweichungen voneinander auf. So führte insbesondere auf deutscher und französischer Seite die nachlassende

---

[3] Siehe dazu Arno Krause/Heiner Timmermann (Hrsg.), Europa. Integration durch Verfassung. Mit dem Text des Verfassungsentwurfs und den Syntheseprotokollen des Konvents vom November 2002–Juli 2003, Münster 2003; Giuseppe Martinico, The tangled complexity of the EU constitutional process. The frustrating knot of Europe, London 2013.

[4] Vgl. dazu die zahlreichen Appelle anlässlich der Vorarbeiten an einem europäischen Verfassungsvertrag, bspw. Jacques Derrida/Jürgen Habermas, Nach dem Krieg. Die Wiedergeburt Europas, in: Frankfurter Allgemeine Zeitung vom 31.5.2003.

Die Diskussion der Intellektuellen und Wissenschaftler über Europa

wechselseitige Faszination für das Land des jeweils anderen dazu, dass die seit dem 19. Jahrhundert intensiv gepflegte Idee oder auch Einheit eines vereinten Europa zuletzt viel von ihrer imaginativen Kraft einbüßt hat.[5] Und dass es weiterhin gerade den Angehörigen der Intellektuellengemeinde aus mehreren Ländern immer wieder schwer fällt, sich auf einen gemeinsamen Europa-Diskurs einzulassen, darauf haben sie selbst wiederholt hingewiesen.[6] Es scheint also so zu sein, dass das Fehlen einer europäischen Öffentlichkeit sowohl Intellektuellen als auch Wissenschaftlern Schwierigkeiten bereitet, wenn sie den nationalen (bzw. nationalsprachlichen) Bezugsraum verlassen.[7] Überdies hat sich gezeigt, dass Intellektuelle und Wissenschaftler vieler Nationen zwar schon seit langem bei der Formulierung kollektiver Identitäten eine wichtige Rolle einnehmen, die europäische Union aber als ein eher ökonomisches Riesengebilde im Grunde ohne eine gemeinsame kulturelle Idee und ohne Beteiligung der Intellektuellen auskommen musste.

Jedenfalls ist der Beitrag der Intellektuellen zur Herausbildung einer europäischen Identität in der Gemeinschaft kaum nachzuweisen.[8] Es wäre somit relativ sträflich, ohne genaue Nachprüfung von einer europäischen Intellektuellengemeinde oder gar einer europäischen Öffentlichkeit zu sprechen. In diesem Zusammenhang ist weiterhin bemerkenswert, dass auf Seite der Medien und Rezipienten die Lage im Grunde nicht viel besser aussieht, denn die nationale Versäulung der Informationsgebung, die mit einer Versäulung des Informationstransports durch Korrespondenten einhergeht, begünstigt insgesamt die Vorherrschaft nationaler Perspektiven bis in die Gegenwart.[9]

---

[5] Vgl. Karl Heinz Bohrer, „Europe" as Utopia. Causes of Decline, in: New Literary History 43 (2012), S. 587–605.

[6] Vgl. dazu Umberto Eco, Perspektiven für Europa, in: Umberto Eco, Im Krebsgang voran. Heiße Kriege und medialer Populismus, München 2007, S. 45–52.

[7] Vgl. Jörg Requate/Martin Schulze Wessel (Hrsg.), Europäische Öffentlichkeit. Realität und Imagination einer appellativen Instanz, in: Jörg Requate/Martin Schulze Wessel (Hrsg.), Europäische Öffentlichkeit. Transnationale Öffentlichkeit seit dem 18. Jahrhundert, Frankfurt 2002, S. 11–40; Knut Hickethier, Europa und die Wirklichkeiten der Fernsehgesellschaft, in: Ute Daniel/Axel Schildt (Hrsg.), Massenmedien im Europa des 20. Jahrhunderts, Köln 2010, S. 149–174.

[8] Vgl. Edgar Morin, Europa denken, Frankfurt 1992, S. 98.

[9] Siehe dazu Jürgen Gerhards, Westeuropäische Integration und die Schwierigkeiten der Entstehung einer europäischen Öffentlichkeit, in: Zeitschrift für Soziologie 22, 1993, S. 96–110, S. 107.

Muss man deswegen auf die Berücksichtigung dieser Debatten verzichten, ja darf man sie stillschweigend übergehen? Das wäre problematisch, denn nicht erst die neuere Geschichte der Ideen und Intellektuellen vermochte nachdrücklich aufzuzeigen, dass den Ideenproduzenten oder auch den „Public Intellectuals"[10] bei der Formulierung kollektiver Identitäten immer wieder eine Führungsrolle zuwächst – selbst unter den medialen Bedingungen der neuen elektronischen Welt. Wenn wir davon ausgehen, dass Identitäten von Gemeinwesen eben nicht statisch, sondern in einem permanenten Wandlungsprozess begriffen sind, dass sie auf einem dialektischen Prozess kollektiver Erfahrungen und ihrer Deutung beruhen, dann wirft dies mit Nachdruck die Frage nach der Rolle von Intellektuellen und Wissenschaftlern beziehungsweise den für die Geschichte des 20. Jahrhunderts so wichtigen Experten in den Prozessen kollektiver Bewusstseinsbildungen auf. Individuell erlebte Wirklichkeiten werden, das wissen wir aus unzähligen Studien, im Licht kollektiver Wirklichkeitsmodelle und Wissensbestände immer wieder neu gedeutet und tragen damit zur Verstärkung und Verstetigung politischer und sozialer Deutungen bei. In diesem Zusammenhang war und ist die Rolle intellektueller „Mythenproduzenten" bedeutsam.

Den Zeitgenossen um 1900 war dies oft klarer als ihren Nachfolgern um das Jahr 2000, obwohl die Kontinuität geradezu mythischer Vorstellungen über die „Einheit des Kontinents" – und dies ist einer der Schlüsselbegriffe, denen wir uns im Weiteren widmen – bis in die Gegenwart handlungsleitend geblieben ist. Dazu zählt an vorderster Stelle die Idee, wonach die Einigung des europäischen Kontinents, wie es der französische Historiker Anatole Leroy-Beaulieu auf einer Konferenz der „Ecole libre des sciences politiques" im Jahr 1900 ausdrückte, nicht nur „un avantage pour l'Europe" abgebe, sondern auch „un bien pour l'humanité, un progrès pour la civilisation".[11] Im Grunde knüpft Jürgen Habermas in seinem Essay „Zur Verfassung Europas" aus dem Jahr 2011 an die ältere Denkhaltung Leroy-Beaulieus an, wenngleich sein Denken frei von jeglichen kulturimperialistischen Anwandlungen bleibt, wie es noch das Schrifttum des Älteren durchzieht. Und doch ergibt sich eine auffällige Nähe der kulturidealistischen Ziele, denn auch Habermas meint festhalten zu können, dass von der handlungsfähigen Avantgarde Europas eine „Sogwirkung" ausgehen könne,

---

[10] Vgl. dazu Stefan Collini, Public moralists. Political thought and intellectual life in Britain 1850–1930, Oxford 1991.
[11] Anatole Leroy-Beaulieu, Les Etats-Unis d'Europe, in: Les Etats-Unis d'Europe. Congrès des sciences politiques de 1900, Paris 1901, S. 5–24, hier S. 24.

Die Diskussion der Intellektuellen und Wissenschaftler über Europa

um das allgemeine Ziel einer postnationalen Demokratie zu erreichen, die im Endzustand eine politisch verfasste Weltbürgergesellschaft abgeben könne.[12] Damit ist indirekt der Vergleich der Diskurse um 1900 beziehungsweise um das Jahr 2000 bereits angesprochen worden, der hiernach zunächst in zwei Blöcken jeweils getrennt für die Phase um das Jahr 1900 und für das Jahr 2000 erweitert und vertieft werden soll, um sodann ausgewählte systematische Überlegungen zwischen den Europastellungnahmen während der beiden Jahrhundertwenden anzustellen.

2 Die Europadiskurse um 1900

Wie bereits angedeutet, liefert der Pariser Kongress über „Les États-Unis d'Europe" aus dem Jahr 1900 aufschlussreiche Zeugnisse für unser Thema. Auf dieser Veranstaltung wies Leroy-Beaulieu auf sechs Faktoren hin, die aus der Wahrnehmung der tiefgreifenden Wandlung Europas an der Schwelle zum 20. Jahrhundert resultierten und die Notwendigkeit einer weitergeführten Diskussion über die Integration Europas sichtbar machen würden. Bei diesen sechs Faktoren handelt es sich um technische Modernisierungsprozesse, die fortschreitende Verbreitung der demokratischen Idee, die „bedrohlichen Ansprüche" – so seine Worte – der Arbeiterbewegung, die Beschränktheit des europäischen Marktes, die Vergrößerung der politischen Einflusssphäre Europas durch die Kolonialpolitik sowie den Aufschwung des Militarismus. Vor diesem Hintergrund solle die Einigung des Kontinents den Abbau der sozialen Unterschiede, außerdem eine Angleichung des Lebensstandards die Hebung der allgemeinen Moral zur Bekämpfung des nationalen Chauvinismus bewirken.[13] Mit seinen Auffassungen stand der französische Historiker um 1900 keineswegs allein, begegnen uns doch auffallend ähnlich lautende Ideen in den Darlegungen vieler zeitgenössischer Intellektueller, Wissenschaftler und Publizisten. Zu ihnen zählte der deutsche Dichter Ernst von Wildenbruch, der 1909 ahnungsvoll von einer neuen Gestaltung Europas sprach, die man als „die Vereinigten Kontinentalstaaten von Eu-

---

[12] Vgl. Jürgen Habermas, Die Krise der Europäischen Union im Lichte einer Konstitutionalisierung des Völkerrechts – Ein Essay zur Verfassung Europas, in: Jürgen Habermas, Zur Verfassung Europas, Frankfurt am Main 2011, S. 39–96.
[13] Vgl. Leroy-Beaulieu, Les Etats-Unis d'Europe, S. 5; Vgl. dazu Monika Grucza, Bedrohtes Europa: Studien zum Europagedanken bei Alfons Paquet, André Suarès und Romain Rolland in der Periode zwischen 1890 und 1914, Phil Diss. Gießen 2011 (http://geb.uni-giessen.de/geb/volltexte/2011/8244/ [18.11.2013]).

ropa" bezeichnen könne und die „im langsamen, aber unabweislichen Werden ist".[14] Weitere Beweggründe für die Entwicklung von europäischen Einigungsprojekten lassen sich einem Beitrag des Soziologen und Kulturphilosophen Ludwig Stein über „Das Ideal des ewigen Friedens" entnehmen.[15] Nach seiner Einschätzung könnte eine politische Einigung des europäischen Kontinents sowohl eine dauerhafte Lösung der „orientalischen Frage" bewirken als auch das Problem des demographischen Zuwachses in Europa „vernünftiger" regeln. Für Stein war dies geradezu „die nothwendige Resultante aus den augenblicklich gegebenen soziologischen Prämissen." Auch der Publizist und Pazifist Alfred Fried sah die politische Einigung des Kontinents als einen erfolgversprechenden Weg zur Sicherung des europäischen Friedens sowie zur Beschleunigung der Prosperität der europäischen Staaten und demzufolge des Wohlstands der Bevölkerung an. Die Etablierung einer Union europäischer Staaten werde dazu dienen, den Rüstungswettlauf zu stoppen und somit eine Verminderung staatlicher Verschuldung zu erreichen. Und der französische Anthropologe und Rassentheoretiker Georges Vacher de Lapouge glaubte mit einer Einigung Europas die Gelegenheit gegeben, die „Russifizierung" Europas zu verhindern.[16] Überhaupt betonten zahlreiche Autoren um 1900, dass eine europäische Union als Garant nationaler Unabhängigkeit vor allem für die „christlichen Kleinstaaten" von Bedeutung sei, welche aus dem Zerfall des türkischen Reiches hervorgingen.[17]

All diese Hinweise sollten zunächst nur verdeutlichen, dass entgegen einer landläufigen Meinung von einer „innocence de l'oeuvre européenne" um 1900, es sich tatsächlich um eine Phase perspektivreicher Überlegungen für den Aufbau eines vereinten Europa handelte. Sie sind gleichzeitig deswegen bedeutsam, weil nun erstmals – Heinz Duchhardt hat darauf verschiedentlich aufmerksam gemacht – die Europadiskussion auf breiter Front die Hörsäle erreichte und damit das Gipfelgespräch führender Geister hinter sich ließ.[18] Dass außerdem viele

---

[14] Ernst von Wildenbruch, Deutschland und Frankreich. Historisch-politische Meditation, in: Ernst von Wildenbruch, Gesammelte Werke, Bd. 16, Berlin 1924, S. 321.
[15] Ludwig Stein, Das Ideal des „ewigen Friedens" und die soziale Frage, Berlin 1896, S. 55.
[16] La question d'Alsace-Lorraine: un article de M. Robert Stein, Lettres de MM. Yves Guyot, Anatole Leroy-Beaulieu, Alfred Naquet, G. Vacher de Lapouge, in: Européen, 30. Juli 1904, Jg. 4, Nr. 139, S. 4–6, hier S. 5.
[17] Vgl. Leroy-Beaulieu, Les Etats-Unis d'Europe, S. 13.
[18] Vgl. Heinz Duchhardt, Der deutsche Europa-Diskurs des 19. und frühen 20. Jahrhunderts, in: Heinz Duchhardt (Hrsg.), Option Europa. Deutsche, polnische und ungarische

Die Diskussion der Intellektuellen und Wissenschaftler über Europa

Zeitschriften und zeitgeschichtliche Studien den Begriff der „Etats-Unis d'Europe" in ihre Titel aufnahmen, signalisiert ebenfalls ein steigendes gesellschaftliches und politisches Interesse. Was die Autoren und die wenigen Autorinnen der einschlägigen Traktate über ein zukünftig vereintes Europa einte, war zum einen ein kurzer Erwartungshorizont, also die Vorstellung, das vereinte Europa werde schon in wenigen Jahren zu realisieren sein. So sprach doch der Chefredakteur der Zeitschrift „Revue Suisse", Jean Finot, bereits im Jahr 1903 davon, dass in nicht weniger als zehn Jahren sich die Idee des vereinten Europa wie ein Lauffeuer „dans la pensée du public intellectuel" ausgebreitet haben werde.[19] Darüber hinaus verband die Autoren die optimistische Vorstellung, wonach die Einheit Europas den Frieden garantieren werde; entweder greifbar in Form eines deutsch-französischen Ausgleichs oder, weit idealistischer, in Form einer großen internationalen Verständigung. Immer wieder verknüpften sich damit auch konkrete wirtschaftliche Hoffnungen. So meinte der Großkaufmann Max Waechter in seinem Buch über den „Europäischen Bund", dass somit ein Krieg tatsächlich „unmöglich" werde. Und er fuhr fort: Europa werde jährlich immense Rüstungsausgaben sparen, die stattdessen für eine gehobene Lebensführung, neue Bedürfnisse und Ansprüche investiert werden könnten. Der gesteigerte Konsum werde wiederum die Produktion und Industrie heben und in Verbindung mit Freihandel und freiem Verkehr eine unerhörte Prosperität herbeiführen. Da darüber auch die Arbeitsstellen in hohem Maße vermehrt würden, werde die Auswanderung aufhören oder könnte wenigstens, wenn sie nicht gänzlich beseitigt würde, in die europäischen Kolonien geleitet werden. Noch mehr, „die Umsturzideen würden allmählich verschwinden, Rassenvorurteile würden aufhören, [...] wirtschaftlich würde Europa allmählich zu gleicher Höhe emporsteigen wie Amerika und würde mit letzterem zu annähernd gleichen Bedingungen in fremden Ländern wetteifern".[20] Optimistische freihändlerische Visionen die-

---

Europapläne des 19. und 20. Jahrhunderts, Göttingen 2005, S. 15–42, hier S. 30; Heinz Duchhardt, Europa-Diskurs und Europa-Forschung: Ein Rückblick auf ein Jahrhundert, in: Jahrbuch für europäische Geschichte 1 (2000), S. 1–14. Vgl. ebenfalls Hartmut Kaelble (Hrsg.), Europäer über Europa. Die Entstehung des europäischen Selbstverständnisses im 19. und 20. Jahrhundert, Frankfurt am Main 2001.

[19] Zit. nach: Adolphe Retté, Français et Anglais, in: L'Européen, 11.4.1903, Nr. 71, Jg. 3, S. 5.

[20] Max Waechter, Der Europäische Bund, in: Die Friedens-Warte, November 1907, Jg. 9, Nr. 11, S. 201–203, hier S. 203.

ser Art über ein künftig geeintes Europa waren um die Jahrhundertwende keine Seltenheit.[21]

Den Autoren ging es mit der Idee der Vereinigten Staaten von Europa keineswegs nur um Frieden sowie soziale und wirtschaftliche Besserstellung. Ein wesentliches Kennzeichen des Europadiskurses um 1900 war seine exkludierende Stoßrichtung. So erhielt nach dem Sieg der Japaner über Russland im Jahr 1905 die Rede von der „gelben Gefahr" eine beträchtliche Virulenz, und noch deutlicher trat die ausgesprochen rassistische Konnotation des Europadiskurses in Bildern von der „schwarzen Gefahr" zum Vorschein.[22] Aus Sicht des französischen Literaturkritikers Émile Faguet wurde die „weiße Rasse" damals aus Afrika bedroht, und zwar

> non pas d'une invasion brusque et torrentielle, mais d'une invasion lente, insensible, progressivement pénétrante et inévitable. Pourquoi? Parce que jaunes et noirs, qui ont ou auront demain les armes artificielles de la race blanche, ont déjà des armes naturelles supérieures aux nôtres: la sobriété, la prolificité. Partout où l'ouvrier chinois ou même nègre est en concurrence avec l'ouvrier blanc, celui-ci est vaincu.

Exkludierend beziehungsweise abgrenzend war ebenso der Amerikadiskurs dieser Jahre. In ihm beklagten die Wortführer der intellektuellen und kulturellen Eliten Europas die negativen Wirkungen der USA auf Europa.

Unter dem negativ verstandenen Oberbegriff der „Amerikanisierung" diskutierten die zeitgenössischen Intellektuellen und Wissenschaftler tatsächliche oder vermeintliche Differenzen, angetrieben von einem ausgeprägten kulturellen und zivilisatorischen Überlegenheitsbewusstsein.[23] Während Europa für sie eine Chiffre für Modernität und globalen Fortschritt abgab, worin sie freilich auch von den Angehörigen außereuropäischer Eliten vielfach bestärkt wurden, stand Amerika für eine Kultur ohne Zivilisation, noch mehr aber für Massenwaren, welche die europäischen Märkte zu überschwemmen drohten. In diesem Sinne hob der Brite Fred A. McKenzie in seinem 1902 publizierten Buch unter dem Titel „The American Invaders" darauf ab, dass amerikanische Manufaktur-

---

[21] Für ein breites Bild der Wende um 1900 vgl. Ute Frevert (Hrsg.), Das Neue Jahrhundert. Europäische Zeitdiagnosen und Zukunftsentwürfe um 1900, Göttingen 2000.

[22] Emile Faguet, Le Prochain Moyen Âge, in: Le Journal des Débats, 25. 7. 1895, Jg. 107, S. 1. Vgl. dazu Grucza, S. 80 f.

[23] Vgl. Mary Nolan, The Transatlantic Century. Europe and America, 1890–2010, Cambridge 2012, S. 30–36.

Die Diskussion der Intellektuellen und Wissenschaftler über Europa

waren inzwischen das gesamte Alltagsleben zwischen Madrid und St. Petersburg beherrschten.²⁴ Das, was er sonst zu dem Thema sagte, bewegt sich hart am Rande einer Karikatur, verdeutlicht aber zugleich, wie sehr Abwehrhaltungen im Amerikadiskurs dieser Jahre vorherrschten. In den hierfür bezeichnenden Worten des deutschen Diplomaten Maximilian Brandt aus dem Jahr 1904 ging es darum, eine Art von „Vereinigten Staaten zur Verteidigung Europas" zu begründen.²⁵

Gleichzeitig sticht die ausgeprägte Realitätsferne vieler zeitgenössischer Europavisionen ins Auge. Vorstellungen, man könne ein Imperium „France-Allemagne à la façon de l'Autriche-Hongrie" begründen, wie es der Anthropologe und Rassentheoretiker Georges Vacher de Lapouge vorschlug, sind ein Beispiel dafür. Schon von den Zeitgenossen erhielt er dafür eine scharfe Abfuhr, betonte doch der Jurist Gaston Isambert auf dem Kongress „Les Etats-Unis d'Europe" 1900, dass es sich um nichts anderes handele als die „Imagination eines Romanciers."²⁶ Zu den wichtigen Merkmalen der Europavisionen der Zeit bis 1914 gehörten weiterhin zahlreiche Berührungspunkte zwischen nationaler Identität und europäischem Selbstbild, was letztlich Vorstellungen von einer traditionellen europäischen Suprematie stärkte. Gewiss, in den Arbeiten des Schriftstellers Romain Rolland, wohl streckenweise auch in den Schriften des Journalisten und Literaten Alfons Paquet, gab es um 1900 durchaus auch Anstöße zur Überwindung allein nationaler Interessen in einem supranationalen kulturellen Bewusstsein, aber im Europadiskurs dieser Jahre überwogen insgesamt sehr deutlich diffuse Bedrohungsgefühle und damit das Bedürfnis nach einer negativen Abgrenzung.

3 Europa um 2000 – die Debatten um Europa und einen europäischen Verfassungsvertrag

Im Blick auf die Jahrtausendwende fällt die Analyse intellektueller Europavisionen schon allein deswegen schwerer, weil nicht nur die Menge der Einlassungen tatsächlich nicht mehr zu erfassen ist, sondern sich auch deren Stoßrichtungen

---

²⁴ Vgl. Fred A. McKenzie, The American Invaders. Their plans, tactics and progress, London 1901.
²⁵ Maximilian Brandt, Die Zukunft Ostasiens, Stuttgart 1895, S. 80.
²⁶ Gaston Isambert, Projet d'organisation politique d'une confédération européenne, in: Les États-Unis d'Europe. Congrès des sciences politiques de 1900, Paris 1901, S. 137–155, hier S. 147.

um ein Vielfaches vermehrt haben. Das demokratisch verfasste Europa der Jahre um 2000 ist im Vergleich zur Wende vom 19. zum 20. Jahrhundert weit stärker ein zivilgesellschaftliches Europa geworden, in dem sich nun ebenfalls Stimmen Gehör zu verschaffen wissen, die ein Jahrhundert zuvor noch geschwiegen hatten, nicht registriert oder schlichtweg unterdrückt worden waren. Hinzu tritt die Tatsache, dass mit der Europäischen Union und ihren Vorläufern ein neuer Akteur auf die Bühne getreten ist, der mit Macht und zuweilen auch beträchtlichen finanziellen Mitteln die Europadiskurse der Intellektuellen und Wissenschaftler förderte, sie immer wieder aber auch herausforderte. Bei einem ersten Überblick sticht ins Auge, wie sehr gerade Schriftsteller und Intellektuelle aus verschiedenen Ländern die fehlende politische Legitimität der Gemeinschaftsorgane und die Technokratie ihrer Aushandlungsprozesse beklagen. So sehr jedoch gerade diese Problematik um das Jahr 2000 kritische Europa-Einlassungen beförderte, stand sie weiterhin unter dem Eindruck des säkularen Umbruchs der Jahre 1989/90. Die Europaessayistik insbesondere der Schriftsteller ist hiervon um die Jahrtausendwende zutiefst geprägt worden.[27]

Im Blick darauf war es im ersten Jahrzehnt nach den politischen und gesellschaftlichen Umbrüchen in Ost- und Ostmitteleuropa zu einer bemerkenswerten Renationalisierung gekommen. In vielen Schriften rückten seitdem die Belange der eigenen Nation oftmals wieder in den Vordergrund, während in den Jahren zuvor die Europadiskurse sich fast ausschließlich auf die politische und wirtschaftliche Integration der Europäischen Union gerichtet hatten.

Weiterhin spielte die publizistische Offensive mitteleuropäischer Intellektueller eine wichtige Rolle, die für ihre Länder einen Weg aus der Umklammerung der sowjetischen Politik suchte. Diese beiden Richtungen befruchteten sich wechselseitig, was insbesondere während eines Berliner Europakongresses der Schriftsteller im Jahr 1988 deutlich wurde, der unter dem bezeichnenden Titel „Ein Traum von Europa" stand. Die an dieser Stelle diskutierte Idee der Gemeinsamkeiten einer europäischen Kultur des Kontinents wurde jedoch danach von den politischen Umbrüchen geradezu überrollt. Denn die Wiedervereinigung Europas und die Ausweitung der Europäischen Union provozierten zahlreiche kritische Stimmen, die sich gegen den Einigungsprozess von oben richteten. Beispiele hierfür sind – allein aus dem deutschsprachigen Raum – die Arbeiten

---

[27] Siehe dazu und dem Folgenden Paul Michael Lützeler, Europäische Identität und Multikultur. Fallstudien zur deutschsprachigen Literatur seit der Romantik, Tübingen 1997, S. 177–192.

der Schriftsteller Carl Amery, Friedrich Christian Delius oder auch von Hans Magnus Enzensberger, in denen sie zuweilen eine heftige Polemik gegen die Europäische Gemeinschaft vorbrachten. So stempelte Delius die europäische Gemeinschaft als eine neo-kolonialistische Institution ab, welche die Dritte Welt ausbeute, und in seiner schon 1985 veröffentlichten satirischen Denkschrift „Einige Argumente zur Verteidigung der Gemüseesser" ging er sogar dazu über, die Brüsseler Gemeinschaftspolitik zu verhöhnen. Hans Magnus Enzensberger wiederum identifizierte die Brüsseler Politik als Zerstörer kultureller Vielfalt beziehungsweise als Rückfall in eine Politik vordemokratischer Zustände. Bereits in seinen Reisebeschreibungen unter dem Titel „Ach Europa" aus dem Jahr 1977 hatte er Ähnliches gesagt. Wovor Enzensberger immer wieder graut, ist die Einebnung historisch entstandener kultureller Unterschiede in den Regionen und Ländern des Kontinents sowie die Internationalisierung, Technisierung und Computerisierung Europas. Mit seiner Polemik richtet er sich kritisch gegen die seiner Meinung nach nicht vorhandene demokratische Legitimation der Gemeinschaftsbehörden und ihre fehlende politische Legitimation. Dieser argumentativen Linie ist er bis zuletzt treu geblieben, wie sein Traktat über „Sanftes Monster Brüssel" aus dem Jahr 2011 nochmals nachdrücklich zeigt. Darin meldet er zum wiederholten Mal scharfe Kritik an einem Rückfall in vorkonstitutionelle Zustände und dem autoritären Duktus der Brüsseler Behörden an, deren Amtsblatt, der sogenannte „Acquis communautaire" so schwer wiege „wie ein junges Nashorn."[28]

In den 1990er Jahren wurde diese Kritik jedoch zeitweilig von den Kontroversen über die Jugoslawienkriege überdeckt. Im Hinblick hierauf taten sich in den Reihen der Intellektuellen Europas bemerkenswerte Risse auf, fanden sie doch in den Fragen über Krieg und Frieden, Intervention oder Nicht-Intervention beziehungsweise einer pro- oder antiserbischen Politik kaum mehr zu gemeinsamen Positionen. Insbesondere die Debatten über Peter Handkes Einlassungen zum Jugoslawienkrieg waren von einer großen Schärfe getragen. Gleichzeitig taten sich auch nationale Risse auf, brachten doch beispielsweise gerade deutschsprachige Autoren eine ausgesprochene Distanz zu den Initiativen französischer Philosophen um Bernard-Henri Lévy auf. Nur wenige Intellektuelle wie der ungarische Schriftsteller György Konrád ließen sich über diesen Streit nicht den Blick auf die gesamteuropäischen Verhältnisse trüben.

---

[28] Hans Magnus Enzensberger, Sanftes Monster Brüssel oder Die Entmündigung Europas, Frankfurt 2011.

Peter Sloterdijks „Falls Europa erwacht" aus dem Jahr 1994 lässt sich dagegen in einer scharfen Kritik an der „Hohlheit", den „Illusionen und Bequemlichkeiten" der europäischen Politik seit 1945 aus, wobei sein – aus humanitären Erwägungen vorgetragener – Wunsch nach einem aktivistischen und mit Weltmacht-Ambitionen ausgestatteten Europa politisch kaum zu überzeugen vermag. Hier wie auch an anderen Stellen brachen sich Traditionen einer älteren Europa-Essayistik Bahn, welche seit ihren Anfängen von der Abwehr des Fremden, nicht vom Dialog mit dem Fremden gelebt hatte.[29] Im Gegensatz dazu sind die pluralistischen und multikulturellen Grundlagen der europäischen Identität in den Schriften der Wissenschaftler und Intellektuellen um das Jahr 2000 weit weniger thematisiert worden. Einer der Ausnahmen ist der Schriftsteller Gert Heidenreich, der in seinen „Notizen aus der Provinz" von einem Europa spricht, „das sich seiner mediterranen und orientalischen Wurzeln bewusst ist und seine Ränder offen hält für die Osmose mit anderen Kulturen, eines, das neugierig sein will auf sich selbst und auf das Fremde."[30] Stimmen dieser Art haben aber – soweit sich dies überblicksweise festhalten lässt – eine weit geringere Resonanz erzielt, als dies für die europaskeptischen Einlassungen gesagt werden kann.

Jürgen Habermas liefert hierfür mit seinem Traktat über „Die Verfassung Europas" aus dem Jahr 2011 gleichsam eine politische Vision der ansonsten stärker kulturell eingefärbten Europapläne. Er folgt darin vielen Gedankengängen, die er in seinen Texten seit den 1990er Jahren entwickelt hatte. Nach Habermas geht es darum, Szenarien für das Regieren in entgrenzten Räumen zu entwickeln, denn dort, wo globale Probleme auftreten, ließen sich diese ohne Formen supranationalen Regierens kaum mehr lösen. Aus seiner Sicht sind die Nationalstaaten inzwischen in die unentrinnbare Abhängigkeit von den systemischen Zwängen einer zunehmend interdependenten Weltgesellschaft geraten. Angesichts dieser Herausforderung dränge sich die politische Notwendigkeit auf, demokratische Verfahren über die Grenzen des Nationalstaats hinaus zu entwerfen. An die Stelle eines ethnischen Nationen-Begriffs müsse das der übergreifenden „Staatsbürgernation" als eines rechtlich verfassten, supranationalen Gemeinwesens treten. Zwar sieht auch Habermas, dass es noch kein „europäisches Volk" gibt, aber er lässt den Einwand gegen den Souveränitätszuwachs

---

[29] Vgl. Lützeler, Europäische Identität, S. 177–192.
[30] Gert Heidenreich, Europa! Aber wo liegt es? Ansichten aus der Deutschen Provinz, in: Suchbild Europa – Künstlerische Konzepte der Moderne, hrsg. von Jürgen Wertheimer, Amsterdam 1995, S. 47–52, hier S. 52.

Die Diskussion der Intellektuellen und Wissenschaftler über Europa

einer gesamteuropäischen Demokratie nicht gelten. Denn es gibt ihm zufolge eine ganze Reihe von Grundüberzeugungen, die alle Europäer teilen. Er zählt dazu die Glaubensfreiheit, soziale Gerechtigkeit, persönliche Integrität und Rechtsstaatlichkeit. Überdies sei, so seine weitere Diagnose, dank der List der ökonomischen Vernunft eine länderübergreifende Kommunikation wenigstens in Gang gekommen. Tatsächlich bräuchte es auch für „die Transnationalisierung der bestehenden nationalen Öffentlichkeiten" keine neuen oder andere Medien, sondern vielmehr eine andere Praxis der Berichterstattung, um auf diesem Weg die bisherige bestehende Asymmetrie zwischen der auf die eigene Nation ausgerichteten und den auf das gemeinsame Europa fokussierten Aufmerksamkeitsökonomie auszugleichen.[31]

In verfassungsrechtlicher Hinsicht ist an seinen Gedanken wesentlich, dass die Souveränität zwischen europäischen Bürgern und den Mitgliedsstaaten geteilt ist. Nach Habermas sollen die Bürger auf doppelte Weise an der Konstituierung des höherstufigen politischen Gemeinwesens beteiligt werden, in ihrer Rolle als künftige Unionsbürger und als Angehörige eines der Staatsvölker. Darüber hinaus sieht er die Chance, dass sich mit der von ihm erhofften Herbeiführung einer transnationalen Öffentlichkeit ein übergreifender, an der gemeinsam zu beschließenden Verfassung orientierter Patriotismus in der Staatengemeinschaft durchsetzen werde. Und zuletzt bezieht sich sein Plan auf das Gleichgewicht der Mächte innerhalb eines zur Weltgesellschaft expandierenden kosmopolitischen Sozialsystems. Als Solidargemeinschaft werde die eine Stimme den europäischen Staaten ein größeres Gewicht innerhalb der globalisierten Welt verleihen, in der die ökologischen, militärischen und wirtschaftlichen Risiken keine territorialen Grenzen kennen.[32]

Habermas' optimistische Prognose beruht freilich auf der Annahme, dass die List der ökonomischen Vernunft inzwischen eine länderübergreifende Kommunikation zumindest in Gang gebracht habe. Gewiss, nach fünfzig Jahren einer weit entwickelten innereuropäischen und globalen Immigration wird man die europäischen Staatsvölker nicht mehr als kulturell homogene Einheiten imaginieren können, aber berechtigt diese Beobachtung tatsächlich zu der Hypothese, dass sich eine europäische Öffentlichkeit und die Ausbildung transnationaler Solidaritätsstrukturen eingestellt haben? In der optimistischen Hypothese schwebt zuletzt doch ein Gutteil Idealismus mit, ja, es tritt darin erneut eine

---

[31] Vgl. Habermas, Krise, hier S. 77 f.
[32] Vgl. ebd., S. 86–96.

Realitätsferne zum Vorschein, die den Visionen der Intellektuellen um 1900 gar nicht so fern steht. Denn auch heute noch gelten weiterhin die von Rainer M. Lepsius schon 1991 klar bezeichneten Allokationsprobleme der Europäischen Union. Die fehlende oder unausgebildete Ressourcen-, Kompetenz- und Legitimationsallokation der Europäischen Union schließen, so hat Lepsius argumentiert, das Aufkommen einer europäischen Öffentlichkeit aus. Tatsächlich hinke die Öffentlichkeit in Europa dem Transfer von Kompetenzen sogar weit hinterher.[33] Auch von anderer Seite ist ähnlich argumentiert worden. So trifft Richard Münch die Feststellung, dass Europas Intellektuelle auch noch in den 1990er Jahren ausgeprägt nationalen Denkweisen, Weltsichten und Werthaltungen zugeordnet werden könnten. Ob englischer Empirismus und Common sense, französischer Rationalismus und Esprit, deutscher Idealismus und Geist, man suche vergeblich nach den „europäischen Intellektuellen."[34] Kaum zufällig ist seine Analyse mit „Projekt Europa" betitelt.

4 Europa um 1900 – Europa um 2000: Europadiskurse im Vergleich

Der Vergleich richtet sich zunächst auf die Protagonisten der Diskurse, traten doch sowohl um 1900 als auch 2000 in vielen europäischen Ländern Intellektuelle, Wissenschaftler und zunehmend Experten als selbstbewusste, zuweilen sogar selbstgewisse Verfechter eines vereinten Europa auf den Plan. Dieses Phänomen hat mit einem für das 20. Jahrhundert insgesamt prägenden Glauben an den geradezu unermesslichen Einfluss von Ideen zu tun, der sich quer durch alle politischen Richtungen und alle Länder zieht. Dem liegt ein genereller Funktionswandel zugrunde, der Intellektuellen und Wissenschaftlern in zunehmend komplex aufgebauten Gesellschaften die Rolle von geistigen Sachverwaltern, immer mehr aber auch die des technischen Experten zuwies. In diesem Sinne kann man im Vergleich der Epochenwenden auch von einem allmählichen Funktionsverlust der Intellektuellen sprechen, denn die Experten machten den Generalisten unter den Intellektuellen zunehmend die Position streitig, die sie um 1900 für sich

---

[33] Vgl. Rainer M. Lepsius, Der europäische Nationalstaat. Erbe und Zukunft, in: Rainer M. Lepsius, Interessen, Ideen, Institutionen, Opladen 1990, S. 256–268; Vgl. ebenfalls Hartmut Kaelble et al. (Hrsg.), Transnationale Öffentlichkeiten und Identitäten im 20. Jahrhundert, Frankfurt 2002.

[34] Richard Münch, Das Projekt Europa, 2. Aufl., Frankfurt am Main 1995, S. 97.

Die Diskussion der Intellektuellen und Wissenschaftler über Europa

erkämpft hatten.[35] In beiden Phasen aber blieben intellektuelle Entwürfe bedeutsam, denn so abstrus die Visionen im Einzelnen ausfallen mochten, die in vielen Entwürfen enthaltenen Ideologien und die mit ihrer Hilfe gerechtfertigten Institutionen sind immer wieder als plausible Lösungen für aktuelle Probleme verstanden worden. Nicht nur ein Leroy-Beaulieu, sondern auch ein Habermas verstanden und verstehen sich weiterhin als ein intellektueller „Störungsfaktor" ihrer Gemeinschaftsordnungen, die mittels des kritischen Einsatzes des Wortes in der Öffentlichkeit und ohne direkte Verantwortlichkeit für praktische Dinge Bewusstseinsänderungen bewirken wollten und wollen. Genau dies entspricht dem Selbstverständnis, das der Nationalökonom Joseph A. Schumpeter seiner Definition des Intellektuellen im 20. Jahrhundert unterlegte.

Aus dieser Konstellation heraus haben Intellektuelle und Wissenschaftler um beide Jahrhundertwenden wiederholt die „Einheit des Kontinents", ja die Idee der „Vereinigten Staaten von Europa" beschworen, die weit mehr darstellen sollten als eine wirtschaftspolitische Integration von Märkten. Politisch äußerten sich die Herausforderungen um 1900 vor allem in dem Anspruch, der Kontinent müsse befriedet und die Wirtschaft nach außen gestärkt werden. Im Hinblick darauf lassen sich am Ende des 20. Jahrhunderts verschiedene Parallelen beobachten. Europa müsse, so lauteten zahlreiche Forderungen nach der Wende von 1989/90, als Einheit auftreten, um Verantwortung vor allem im östlichen und südöstlichen Europa übernehmen zu können. Gleichzeitig kam ein globaleres Selbstverständnis von Europas Rolle in der Welt zum Tragen, sollte diese nunmehr ebenfalls verstärkt Aufgaben im Mittelmeerraum wahrnehmen und sich ebenfalls gegenüber den großen Mächten Asiens neu positionieren. So sehr sich unter dem Druck der Globalisierung der Blick um 2000 weit stärker als um 1900 auf das Verhältnis „Europa – Außer-Europa" richtet, wurde schon am Ende des 19. Jahrhunderts die Furcht vor einem Niedergang nicht zuletzt von einer wachsenden Konkurrenz aus Übersee genährt.

Auffallend ist sodann, dass an beiden Wendepunkten eine starke Unsicherheit in und über Europa den Anstoß und zugleich Motor unzähliger Europadiskurse abgab.[36] Aus den Debatten der Intellektuellen und Wissenschaftler wird

---

[35] Vgl. dazu Jan Werner Müller, Das demokratische Zeitalter. Eine politische Ideengeschichte Europas im 20. Jahrhundert, Berlin 2013.
[36] Vgl. Hartmut Kaelble, Representations of Europe as a Political Resource in the Early and Late Twentieth Century, in: Comparativ 22, H. 6, 2012, S.11–20; Hartmut Kaelble, Europäische Identitäten, in: Jahrbuch für europäische Geschichte 13 (2012), S. 141–146.

deutlich, dass Europa weder um 1900 noch um 2000 seiner selbst sicher gewesen ist. Außerdem stand es sowohl um 1900 als auch um 2000 im Wettbewerb mit außereuropäischen Mächten und Volkswirtschaften. Während um 1900 der Aufstieg der USA und später der Japans Anlass zu regelmäßigen Warnungen davor gab, dass Europa in der Konkurrenz mit außereuropäischen Staaten und Kulturen unterliegen werde, ist um das Jahr 2000 der Krisendiskurs von der Globalisierungsdebatte stark beflügelt worden. Diese Auseinandersetzungen mündeten in beiden Fällen einerseits in zahlreiche Niedergangsprophetien, welche aus demographischen, wirtschaftlichen und kulturellen Gründen den unabweislichen Abstieg Europas und der Europäer vorhersagten, riefen andererseits aber ebenso eine Welle von Einlassungen hervor, die den Standortvorteil und den globalen Selbstbehauptungswillen Europas herausstellten.

Gleichzeitig zeigt sich, dass diesen Diskursen in beiden Phasen spezifische Bilder der Moderne zugrunde lagen. So war es eben kein Zufall, dass sowohl um 1900 als auch um 2000 zahlreiche intellektuelle Europavisionen von einer geradezu nostalgischen Sichtweise überformt wurden. Damit ist ein „altes" Europa gemeint, dass noch ohne die Dominanz des Kommerzes auskam und sich für traditionelle Werte einsetzte. In gleichem Maße aber begegnen uns zahlreiche Entwürfe, in denen Europa als ein Inbegriff der Moderne beziehungsweise des Fortschritts erscheint. Während in diesem Zusammenhang um 1900 oftmals Vorstellungen einer europäischen Suprematie vorherrschten, welche zuweilen Europa sogar als ein Synonym für Modernität verstanden, stellt sich die Lage um das Jahr 2000 ganz anders dar. Nunmehr hatten die USA, zunehmend aber auch China aufgeholt, noch mehr: sie galten und gelten seitdem als die Modelle der Moderne.[37] Gleichwohl, auch noch in dieser Phase vertraten viele Europäer in bestimmten Fragen weiterhin selbstbewusst die Sicht, der eigene Kontinent sei Exponent des Fortschritts. Hierfür beispielhaft sind insbesondere die Umweltpolitik, aber auch der Umgang der Europäer mit Fragen der öffentlichen Sicherheit, der Stadtplanung oder auch im Hinblick auf die Säkularisierung von Gesellschaft und Politik. Diese positive Sichtweise Europas zeichnet ebenfalls ein Bild, indem der Kontinent im Vergleich zu anderen Weltregionen als ein Raum mit höherer sozialer Sicherheit, auch einem Mehr an Wohlstand und Konsum dasteht. In dieser Sichtweise fanden sich viele Europäer durch Stimmen außerhalb Europas bekräftigt, wobei in diesem Fall nicht zuletzt die Kritik an

---

[37] Vgl. Nolan, Transatlantic Century, S. 342.

Die Diskussion der Intellektuellen und Wissenschaftler über Europa

den USA häufig den Anlass für eine Hochschätzung Europas abgab und abgibt. Gewiss, die ältere Funktion der Europabilder zur Legitimation der europäischen Vorherrschaft in Übersee hat sich vollständig verloren, aber als positiv verstandenes Kontrastbild haben sich derartige Vorstellungen durchaus erhalten.

Zweifelsohne hat der Prozess der Europäisierung und Globalisierung seit den 1990er Jahren eine neue Entwicklungsstufe erreicht, auf der sich die Dialektik des Fortschritts in neuen Varianten beobachten lässt. Europäische Identitäten bilden sich seitdem teilweise auf Kosten nationaler Identitäten, und außerdem treten sie im globalen Wettbewerb fast zwangsläufig in schärfere Abgrenzung zu Nicht-Europäern. Im Gefolge dieser Konstellationen sind innerhalb Europas größere Bande der Zusammenarbeit und Solidarität entstanden, als dies noch um 1900 der Fall war, aber diese sind bis heute zerbrechlich geblieben. Darüber hinaus hat sich im Prozess der Vereinheitlichung die Differenz zwischen den einzelnen Nationalstaaten, aber auch die Differenz zwischen den Nationalstaaten und den nach Autonomie strebenden Regionen verschärft. In diesem Sinne erscheint es also in keiner Weise ausgemacht, wohin die Reise des Kontinents gehen wird.

Die Europadiskurse der Intellektuellen und Wissenschaftler spiegeln diese Sachverhalte getreulich wider. Schon vor einiger Zeit hat Wilfried Loth festgehalten, es gehöre weder besonderer Mut noch übertriebener Optimismus zu der Voraussage, dass die Gemeinsamkeiten der Europäer mit der Ausweitung der Gemeinschaftsaufgaben und der Demokratisierung europäischer Politik stärker hervortreten werden.[38] Diese Prognose hat sich inzwischen bestätigt und kann im Grunde weiter zugespitzt werden: Das Europa der anhaltenden Finanz- und Bankenkrisen hat seit dem Jahr 2000 ein weit stärkeres Europabewusstsein zutage gefördert als um 1900, denn es wird aus konkreten, gemeinsam zu bewältigenden Krisen und Konflikten gespeist. Dieser Sachverhalt spiegelt sich in den neuesten Schriften der Intellektuellen und Wissenschaftler deutlich wider. Womöglich wird dann darüber in Zukunft ein „europäisches Café" entstehen, dessen Fehlen bislang als klares Zeichen für eine nicht voll entwickelte europäische Öffentlichkeit beklagt wird. Sowohl Intellektuelle als auch Wissenschaftler werden sich freilich bemühen müssen, eine gemeinsame Sprache zu finden, um den Aushandlungen vor Ort Substanz zu verleihen.

---

[38] Vgl. Wilfried Loth, Europäische Identität in historischer Perspektive (http://aei.pitt.edu/166/1/dp_c113_loth.pdf [18.11.2013]).

Europa in der Welt. Das Beispiel der transatlantischen Beziehungen

von Kiran Klaus Patel, Maastricht

Um 1900 waren die transatlantischen Beziehungen in erster Linie bestimmt von den Menschen und den Gütern, die in ganz konkreter Weise Alte und Neue Welt miteinander verbanden: Im Jahr 1901 zum Beispiel wanderte knapp eine halbe Million Menschen in die USA ein, in ganz überwiegender Zahl aus Europa, während umgekehrt für die USA der Handel mit Europa mit großem Abstand vor dem mit allen anderen Kontinenten lag.[1] Auch einhundert Jahre später stellte die transatlantische Migration keineswegs einen unbedeutenden Faktor dar – rund 100.000 Menschen wanderten weiterhin jährlich von Europa in die USA aus; Europa war jedoch keineswegs mehr die Hauptquelle US-amerikanischer Immigration. Zugleich lag der Grad ökonomischer Verflechtung – nach einer langen „Delle" vom Ersten Weltkrieg bis in die 1960er Jahre – so hoch wie noch nie, wenngleich Asien sowohl für Europa wie auch für die Vereinigten Staaten zu einer weiteren wichtigen Handelsregion aufgestiegen war.[2] So erwirtschaften die EU und die USA zusammen heute über 50% des globalen Bruttosozialprodukts, und auf den nordatlantischen Markt konzentrieren sich über 40% des globalen Handels an Gütern und Dienstleistungen. Beide Seiten verantworten außerdem zwischen 60 und 70% der ausländischen Direktinvestitionen für die jeweils andere Seite; engere wirtschaftliche Bindungen sind somit kaum vorstellbar.[3]

Diplomatiegeschichtlich bestand der Nordatlantik um 1900 im Wesentlichen aus der Summe binationaler Beziehungen, deren Tiefe und Bedeutung jeweils unterschiedlich stark war, insgesamt aber nicht überschätzt werden sollte. Hundert Jahre später ruhten die transatlantischen Beziehungen auf vielen politischen Säulen, wobei sich bi- und multilaterale Kanäle ergänzen. Während Euro-

---

[1] Vgl. Historical Statistics of the United States: Colonial Times to 1970, 2 Bde., Cambridge 1975, Bd. 1, S. 105, Bd. 2, S. 903.

[2] Vgl. Historical Statistics of the United States, Millennial online Edition, Cambridge 2006 (04.05.2013).

[3] Zu den momentanen Zahlen etwa Günter Burghardt, The Road Traveled: An Appraisal of the Evolution of the Transatlantic Partnership, in: European Affairs, März 2013; aus historischer Perspektive etwa Hubert Bonin/Ferry de Goey (Hrsg.), American Firms in Europe, 1880–1980: Strategy, Identity, Perception and Performance, Genf 2009.

pa um 1900 das unbestrittene Zentrum des globalen Mächtesystems darstellte, war hundert Jahre später zwar jene Spaltung der Alten Welt überwunden, welche der Kalte Krieg mit sich gebracht hatte. Nach Jahrhunderten globaler Dominanz war Europa jedoch deutlich geschwächt, während gleichzeitig die Vereinigten Staaten um 2000 den absoluten Höhepunkt ihres globalen Einflusses erreichten. Sie firmierten damals als einzig verbliebene Supermacht und stilisierten sich zum politisch und ökonomisch unangefochtenen Sieger des Kalten Krieges. Auf den 9. November 1989 folgte jedoch bald der 11. September 2001 als Symbol für die Verletzlichkeit des amerikanischen Modells und zugleich der westlichen Werteordnung im Allgemeinen. Die sich anschließenden Kriege in Afghanistan und im Irak verschlangen nicht nur immense Ressourcen und schwächten die USA politisch und ökonomisch; sie kosteten auch viel an internationaler Glaubwürdigkeit. Das erste Jahrzehnt des 21. Jahrhunderts sah zudem den Aufstieg Chinas und – mit deutlichem Abstand – Indiens, Brasiliens und anderer Länder. Einige der Faktoren, welche die transatlantischen Beziehungen im Jahr 2000 bestimmten, scheinen so heute, gut eine Dekade später, selbst schon wieder Geschichte zu sein.

Wie im Folgenden näher gezeigt werden wird, ergibt sich bei einem Vergleich der internationalen Beziehungen um 1900 mit denen von heute ein Übergang von einem multipolaren, eurozentrischen Mächtesystem mit den USA in einer aufsteigenden Randposition zu einem multipolaren, US-zentrierten Mächtesystem, in dem sich Europa zu behaupten versucht. Der Beitrag will mit dieser These beispielhaft verdeutlichen, wie fundamental sich die Position Europas in der Welt im zurückliegenden Jahrhundert geändert hat – was sowohl an innereuropäischen Dynamiken liegt, wie auch an globalhistorischen Verschiebungen, die ihren Ursprung oder ihr Kraftzentrum in anderen Weltregionen haben. Supranationale Leistungen spielen im Folgenden eine relativ nachrangige Rolle, zumindest wenn man einer engen Definition von Supranationalität folgt und diese über Organisationen definiert, die rechtsverbindliche Mehrheitsbeschlüsse mit unmittelbarer und verbindlicher Wirkung für ihre Mitgliedsstaaten fassen können und mit ihren gemeinsamen Politiken gewisse staatliche Kernaufgaben übernommen haben.[4] Denn wenngleich sich vieles im Verlauf der letzten 100 Jahre geändert hat, herrscht auf dieser Ebene zumindest auf den ersten

---

[4] Vgl. z. B. Hans-Peter Ipsen, Europäisches Gemeinschaftsrecht, Tübingen 1972, S. 67–70; Paul Kirchhof, The European Union of States, in: Armin v. Bogdandy/Jürgen Bast (Hrsg.), Principles of European Constitutional Law, Oxford 2010, S. 735–761.

Europa in der Welt. Das Beispiel der transatlantischen Beziehungen

Blick ein gutes Maß an Kontinuität: Ähnlich wie um 1900 sind auch heute die Staaten Europas nicht bereit, im Bereich der Außenpolitik ihre Souveränität zugunsten europäischer Integration drastisch einzuschränken. Trotzdem weisen die internationalen Beziehungen Europas heute einen grundsätzlich anderen Charakter auf als vor hundert Jahren, und insofern hat sich nicht nur Europas Rolle in der Welt massiv geändert, sondern auch die Instrumente zur Vertretung europäischer Sichtweisen sind in einem ganz anderen Licht zu sehen.

Bevor auf die Außenbeziehungen näher eingegangen werden kann, muss zunächst ein grundlegender Wandel in Bezug auf Formen von Staatlichkeit im Verlauf der letzten 100 Jahre konstatiert werden. Während Europa um 1900 mehrheitlich aus konstitutionellen Monarchien bestand, von denen viele nationalstaatliche Souveränität und imperiale Herrschaft in Übersee (z. B. Großbritannien, Niederlande) oder auf dem Kontinent (z. B. das Habsburgerreich) miteinander verbanden, setzt sich die EU heute aus demokratisch legitimierten, postklassischen Nationalstaaten zusammen.[5] Außenpolitik bildete um 1900 einen Teil des Arkanbereichs der Macht. Wenngleich sie sich natürlich auch damals der Öffentlichkeit zu stellen hatte, war der Kreis der Entscheidungsträger sehr viel kleiner und weniger demokratisch legitimiert als im Jahre 2000 oder als heute. Dagegen verfügen in der Gegenwart die Legislative und häufig auch die Judikative über einen größeren Einfluss auf außenpolitische Entscheidungsprozesse. Hinzu kommt eine facettenreiche, kritische Öffentlichkeit, die viel stärker als vor 100 Jahren transnational vernetzt ist. Das gilt in besonderem Maße für die transatlantischen Beziehungen: Aufgrund der hervorragenden Bedeutung der USA auf globaler Ebene ist die Aufmerksamkeit für die transatlantischen Beziehungen besonders hoch. Diplomatische Fragen werden wie in Bezug auf kein weiteres Land durch intensive ökonomische und kulturelle Kontakte flankiert. Der Kultstatus von Apple und phasenweise von Obama; das Unverständnis für das Festhalten an der Todesstrafe in den USA oder gegenüber dem ausgedehnten Waffenbesitz verdeutlichen, dass diese Beziehungen keineswegs reibungsarm oder widerspruchsfrei sind. Diese Phänomene verweisen jedoch darauf, dass die Beziehungen auch dies- und jenseits des diplomatisch Geregelten besonders tief sind.

Weiterhin haben sich durch die Revolution der Transport- und Kommunikationssysteme die Zeithorizonte außenpolitischen Handelns deutlich ver-

---

[5] Auf die gegenwärtigen problematischen Entwicklungen in Ungarn sei jedoch verwiesen.

ändert. Das heißt nicht, dass alles schneller geht. Spitzenpolitiker und -beamte treten jedoch weitaus häufiger als vor hundert Jahren in direkten Kontakt. In einer Zeit, die sich vom Prunk und Zeremoniell des alten Europa denkbar weit entfernt hat, spielen zudem Repräsentation und öffentliches Auftreten weiterhin eine zentrale Rolle. Um 2000 war es der europäischen Presse zum Beispiel viel Papier Wert, Bill Clintons Manier, Anzüge mit Cowboystiefeln zu kombinieren, zu kommentieren. Die Rituale mögen sich deutlich geändert haben, spielen jedoch auf nationaler, europäischer und transatlantischer Ebene weiterhin eine wichtige Rolle. Wenngleich im Folgenden das Augenmerk eher auf der institutionellen Ebene liegt, gilt es, diesen Faktor zu bedenken.

Als dritte Veränderung von Staatlichkeit im Verlauf der vergangenen Jahrzehnte kommt die enorme Ausweitung der politischen Agenden hinzu. Freilich, auch um 1900 handelte Außenpolitik nicht nur von Krieg und Frieden oder von Handel. Während etwa Fragen aus dem Bereich der Sozialstaatlichkeit international intensiv diskutiert wurden, kamen die Hauptakteure damals von zivilgesellschaftlicher Seite oder aus dem kommunalen Umfeld.[6] Die Gründung der International Labour Organization nach dem Ersten Weltkrieg brachte in diesem Kontext bereits eine wichtige Veränderung mit sich, und seitdem sind viele andere Fragen (etwa der Umweltschutz oder die innere Sicherheit) in einer Weise auf die diplomatische Agenda gerückt, zu der es um 1900 keine Parallele gab. Umgekehrt hat sich der Stellenwert klassischer Bereiche der Außenpolitik verändert. Wenngleich die Staaten Europas um 2000 durchaus in internationale Konflikte verwickelt waren, die manche in direkter Kontinuität zur kolonialen Praxis um 1900 sehen, ist die Internationale Politik doch deutlich weniger militarisiert als vor hundert Jahren und stärker auf ökonomische und wohlfahrtsstaatliche Fragen ausgerichtet.

Nachdem nun grundlegende Veränderungen im Bereich der Staatlichkeit im Verlauf des zurückliegenden Jahrhunderts geklärt sind, soll zunächst der Rolle der USA aus europäischer Sicht nachgegangen werden. Aus dieser Perspektive spielte der Nordatlantik um 1900 auf diplomatischer Ebene keine hervorragende Rolle: Die USA waren zu diesem Zeitpunkt eine aufsteigende, jedoch keineswegs eine zentrale Macht in einem europäisch beherrschten, globalen

---

[6] Vgl. z. B. Daniel Rodgers, Atlantic Crossings: Social Politics in a Progressive Era, Cambridge, MA 1998; Marcus Gräser, Wohlfahrtsgesellschaft und Wohlfahrtsstaat. Bürgerliche Sozialreform und Welfare State Building in den USA und in Deutschland 1880–1940, Göttingen 2009.

Europa in der Welt. Das Beispiel der transatlantischen Beziehungen

Mächtesystem. Von Europa richtete sich der Blick im Feld der internationalen Beziehungen nicht so sehr über den Nordatlantik hinweg, sondern vor allem in zwei andere Richtungen; zum einen nämlich auf das zunehmend labile Gleichgewicht innerhalb der Alten Welt. Das europäische Mächtesystem und das es tragende, stets nur sehr vage definierte *Ius publicum Europaeum* gerieten um die Jahrhundertwende zunehmend aus den Fugen, wie sich etwa am Aufstieg des Nationalismus oder der Verschärfung der sozialen Frage verdeutlichte.[7] In jenen Jahren, die sich im Rückblick als die letzte Friedensphase vor dem Ersten Weltkrieg darstellen, kam es deswegen zu zahlreichen Bemühungen um Einhegung und Ausgleich. Die „Triple-Entente" zwischen Großbritannien, Frankreich und Russland von 1907 und die Pflege verwandtschaftlicher Beziehungen zwischen London, Berlin und St. Petersburg stehen für solche Versuche ebenso wie zahlreiche Anläufe zur Entspannung auf nachgeordnet diplomatischer Ebene.[8] Zugleich zeichnete sich die Politik der Großmächte durch ein gewisses Maß an Autismus aus: Jeweils stellte man die vorgeblichen eigenen Interessen in den Mittelpunkt, ohne allzu sehr nach deren Wahrnehmung beim Gegner und nach möglichen Reaktionen und Rückwirkungen auf das Gesamtsystem der Mächte zu fragen.[9] Auch alternative Modelle zur Herstellung einer globalen Ordnung – wie die mit Giuseppe Mazzini verbundene Idee eines Internationalismus der Nationalstaaten; das mit Richard Cobden identifizierte Programm des Freihandels; oder schließlich der auf Karl Marx aufbauende, sozialistische Internationalismus – konnten daran nichts ändern.[10]

Der zweite Schwerpunkt europäischer Aufmerksamkeit bildete die koloniale Expansion. Wenngleich die Berliner Konferenz von 1884–1885 die Spielregeln imperialer Expansion präzisiert hatte, gelang es ihr nicht, die Konkurrenz der europäischen Mächte zu mildern. Die beiden Marokko-Krisen (1905/1906 und 1911) waren lediglich zwei von mehreren Anlässen, welche die Grenzen der Fähigkeit zum Ausgleich zwischen den verschiedenen konkurrierenden

---

[7] Vgl. als Überblicke dazu etwa Matthias Schulz, Das 19. Jahrhundert, Stuttgart 2011; Theodor Schieder, Staatensystem als Vormacht der Welt, 1848–1918, Berlin 1992 (1980), S. 219–306.
[8] Vgl. etwa Friedrich Kießling, Gegen den „großen Krieg"? Entspannung in den internationalen Beziehungen 1911–1914, München 2002.
[9] Vgl. jetzt etwa Christopher Clark, The Sleepwalkers: How Europe Went to War in 1914, London 2012.
[10] Vgl. Mark Mazower, Governing the World: The History of an Idea, London 2012.

Imperialmächten verdeutlichten. Zugleich hat die jüngste Forschung zu Recht die Kolonisierung als gemeinsames imperiales Projekt der europäischen Mächte beschrieben. In Übersee kündigten sich die verschiedenen europäischen Kolonialmächte ihre wechselseitige Solidarität erst mit dem Ersten Weltkrieg auf, während sie bis dahin gemeinsam an der europäischen Beherrschung und Ausbeutung des globalen Südens gearbeitet hatten.[11]

Für die innereuropäischen Herausforderungen ebenso wie für die Kolonialfrage gab es um 1900 somit durchaus noch Alternativen zum Weg in den Weltkrieg, wenngleich sich diese zunehmend verschlissen. Das ändert nichts daran, dass die Vereinigten Staaten in diesen Fragen jeweils keine herausragende Rolle spielten, weder als Konkurrent, noch als Partner oder Vermittler. In den innereuropäischen Bündnissystemen und Rivalitäten kamen die USA so gut wie nicht vor. Und wenngleich sie zur Berliner Konferenz eingeladen worden waren und einen Vertreter geschickt hatten, weigerten sie sich, deren Generalakte zu unterschreiben, da sie sich ausdrücklich nicht am europäischen Kolonialprojekt in Afrika beteiligen wollten.

Umgekehrt nahm Europa aus US-amerikanischer Perspektive um 1900 ebenfalls keine zentrale Rolle ein, wenngleich die Alte Welt für die Neue etwas mehr Gewicht besaß als umgekehrt. Mit der Besetzung Kubas, Puerto Ricos, Guams und der Philippinen als Ergebnisse des Spanisch-Amerikanischen Krieges von 1898 setzten die USA ihre koloniale Expansion über den nordamerikanischen Kontinent hinaus fort.[12] Dies war begleitet von einer großen und äußerst kontrovers geführten Imperialismus-Debatte. Europa spielte in diesem Zusammenhang eine mehrfache Rolle: Erstens bildete der Imperialismus der europäischen Mächte den Gegenentwurf zur Politik des antiimperialistischen Lagers in Amerika. Vor diesem Hintergrund verbot sich ein allzu naives und uneingeschränktes Bekenntnis zu globaler Expansion, weil dies dem Selbstverständnis der USA als genuin antikolonialer Macht widersprochen hätte.[13] Zwei-

---

[11] Vgl. Ulrike Lindner, Koloniale Begegnungen. Deutschland und Großbritannien als Imperialmächte in Afrika, 1880–1914, Frankfurt am Main 2011.

[12] Diese Deutung impliziert, dass zwischen der Westexpansion in Nordamerika bis ungefähr 1890 und der kolonialen Expansion um die Jahrhundertwende kein fundamentaler Unterschied liegt; Vgl. dazu etwa Thomas Bender, A Nation among Nations: America's Place in World History, New York 2006, S. 183–245.

[13] Vgl. z. B. Kenneth E. Hendrickson, The Spanish-American War, Westport 2003; Louis A. Peréz, The War of 1898: The United States and Cuba in History and Historiography, Chapel Hill 1998.

tens erhoben die USA um diese Zeit explizit den Anspruch als Schutzmacht in der westlichen Hemisphäre. Mit dem so genannten *Roosevelt Corollary* von 1904 zur Monroe Doktrin von 1823 arrogierten sie sich das Recht, in die inneren Geschicke anderer amerikanischer Republiken einzugreifen. Zur Begründung verwies man vor allem auf die Aufgabe, auf diesem Weg möglichen europäischen Eingriffen zuvorzukommen. So sehr sich die Amerikaner rhetorisch von Europa abgrenzten, wies diese neu gefasste amerikanische Außenpolitik deutliche Parallelen zum Hochimperialismus europäischer Prägung auf. Während Mächte wie Großbritannien und Frankreich oder auch Portugal und die Niederlande in der Zeit jedoch global ausgerichtet waren, beschränkten sich die USA im Wesentlichen auf die westliche Hemisphäre und den Pazifik.[14] Drittens kam es um diese Zeit zu Momenten hochimperialer Kooperation unter Einschluss der USA, etwa als sie sich zusammen mit den europäischen Großmächten und Japan zwischen 1899 und 1901 an der Niederschlagung des Boxer-Aufstands in China beteiligten. Im Lichte des antiimperialistischen Selbstverständnisses der USA mag man dieses Verhalten schizophren finden; in den Vereinigten Staaten sah man trotzdem vor allem die Unterschiede zwischen dem eigenen Verhalten und der europäischen Politik.[15] Viertens schließlich verlor Spanien mit dem Krieg von 1898 seine letzten bedeutsamen Kolonien; ein langes Kapitel europäischen Expansionismus kam damit an sein Ende. Das Gravitationszentrum des Imperialismus verschob sich somit in Europa stärker nach Norden und über den Atlantik hinweg nach Westen. Da Spanien um 1900 längst aufgehört hatte, eine mächtige Stimme im europäischen Mächtekonzert zu sein, blieben die Rückwirkungen dieser Territorialverluste auf das Mächtesystem der Alten Welt jedoch vergleichsweise gering.[16] Nimmt man diese vier Dimensionen zusammen, so zeigt sich, dass sich die Vereinigten Staaten zu Europa eher über Abgrenzung als über Kooperation definierten und dass zugleich der außenpolitische Aufmerksamkeitsschwerpunkt Washingtons eher auf der amerikanischen Hemisphäre und dem Pazifik lag als auf dem Nordatlantik.

---

[14] Vgl. z.B. Serge Ricard, The Roosevelt Corollary, in: Presidential Studies Quarterly, H. 36 (2006), S. 17–26.
[15] Vgl. Robert A. Bickers, The Scramble for China: Foreign Devils in the Qing Empire, 1800–1914, London 2011.
[16] Vgl. Sebastian Balfour, The End of the Spanish Empire, 1898–1923, Oxford 1997.

Wenn der englische Journalist William Stead dennoch pünktlich zum Beginn des neuen Jahrhunderts die „Americanization of the World" prognostizierte[17], handelte es sich lediglich um eines von mehreren Szenarien, dem erst im Verlauf des Jahrhunderts Plausibilität zuwuchs. Es hätte genauso gut ein weiteres allgemein-eurozentrisch definiertes bleiben oder ein britisches, ein deutsches oder ein ganz anderes Jahrhundert werden können. Weder aus europäischer, noch aus amerikanischer Sicht zeichnete sich um 1900 zwingend jenes Mächteverhältnis ab, welches die transatlantischen Beziehungen die längste Zeit des 20. Jahrhunderts prägen sollte.[18]

Das sollte sich erst mit dem Ersten Weltkrieg, vor allem dem Eintritt der USA 1917, langsam ändern. Die Vereinigten Staaten beeinflussten das Kriegsergebnis maßgeblich. In der Zwischenkriegszeit nahmen die USA bereits in einigen Fragen eine herausragende Rolle ein, was sich auch aus jener Schwächung ergab, die die „Urkatastrophe des 20. Jahrhunderts" (George F. Kennan) für letztlich alle europäischen Staaten darstellte. Amerikas neuer Einfluss zeigte sich vor allem auf finanzieller Ebene, wobei das Heft des Handels weniger in Washington als an der Wall Street lag. Vor diesem Hintergrund schrieb etwa Edwin L. James, der die 1920er Jahre als Reporter der *New York Times* weitgehend in Europa verbrachte, 1930 bereits davon, dass die USA im 20. Jahrhundert auf globaler Ebene jene Stellung einnehme, die Großbritannien im 19. Jahrhundert und zuvor Frankreich besetzt habe – insgesamt handle es sich um „our century".[19] Tatsächlich wurde der Nordatlantik jener Zeit geprägt durch jene finanziellen Verpflichtungen, die sich für die europäischen Entente-Mächte aus dem Weltkrieg ergaben. Hinzu kamen die Reparationsleistungen der Mittelmächte, die diese wiederum aus amerikanischen Krediten finanzierten. Im Gegensatz zu dieser starken Präsenz auf finanzieller und auf ökonomischer Ebene im Allgemeinen sah die Bilanz auf diplomatischer Ebene anders aus: Wiewohl die USA mit Präsident Wilsons berühmten 14 Punkten vom Januar 1918 die Idee des

---

[17] William T. Stead, The Americanization of the World: The Trend of the Twentieth Century, London 1901.

[18] Vgl. zu dieser Debatte etwa Eberhard Jäckel, Das deutsche Jahrhundert. Eine historische Bilanz, Stuttgart 1996.

[19] Edwin L. James, Our World Power and Moral Influence, in: International Digest, H. 1 (1930), S. 21–23. Von hier war es nur noch ein sehr kleiner Schritt zu Henry Luces deutlich bekannterer Charakterisierung des 20. Jahrhunderts als „American century" von 1941.

Europa in der Welt. Das Beispiel der transatlantischen Beziehungen

Völkerbundes angestoßen hatten, scheiterte eine amerikanische Mitgliedschaft in der Organisation am Widerstand des Kongresses. Isolationistische Politiker wie der republikanische Senator William E. Borah aus Idaho dominierten mit ihrem Argument, dass Wilsons Plan die „very first principles of this Republic" gefährde, da er auf eine Einschränkung der Souveränität der USA hinauslaufe.[20] Als die Weltwirtschaftskrise ab 1929 schließlich zuschlug, waren die USA nicht bereit, die systemische Verantwortung für das Weltwirtschaftssystem zu übernehmen, sondern zogen sich weitgehend auf einen ökonomischen Nationalismus zurück.[21] Diese Politik, unter Präsident Hoover eingeleitet, sollte sich unter Franklin D. Roosevelt übrigens zunächst noch verstärken, während sich ein klares Bekenntnis zum Internationalismus erst Anfang der 1940er Jahre Bahn brach.[22]

Vor diesem Hintergrund gilt es denn auch die Bemühungen um europäische Integration seit dem Ende des Zweiten Weltkriegs zu sehen. Diese speisten sich aus vielerlei Gründen, nicht zuletzt aus der Zerstörungskraft, die extremer Nationalismus und Militarismus im Inneren Europas in den zurückliegenden Jahrzehnten entfaltet hatten. Insofern stellte die neue Form der Kooperation eine grundlegende Alternative zur alten Bündnis- und zur Appeasementpolitik dar, die 1914 und 1939 katastrophal gescheitert war. Zugleich verstand sich europäische Integration immer auch als Reaktion auf die Spaltung des Kontinents im Ost-West-Konflikt und auf den relativen Bedeutungsverlust der Alten Welt im globalen Gefüge. Der Spaak-Bericht von 1956, ein zentrales Dokument auf dem Weg zu den Römischen Verträgen des Folgejahrs, brachte dies auf den Punkt, wenn in seinem Vorwort nüchtern und lakonisch einige globale Trends rekapituliert wurden: Auf die USA entfalle in fast allen Gebieten die Hälfte der Weltproduktion. Europa sei gespalten. Sein Einfluss nehme ab. Dann folgten konkrete Beispiele, die zeigten, dass die europäischen Staaten, sollten sie weiterhin abgekapselt nebeneinander her wirtschaften, global kaum würden bestehen können. Zum Beispiel sei kein europäisches Land in der Lage, ohne äußere Hilfe ein großes Verkehrsflugzeug zu bauen. Auch das aufziehende Atomzeitalter

---

[20] William E. Borah, Closing Speech of Hon. William E. Borah on the League of Nations in the Senate of the United States, November 19, 1919, Washington 1919, S. 9.
[21] Diese These wurde in klassischer Form vertreten von Charles P. Kindleberger, The World in Depression 1929–1939, London 1973.
[22] Vgl. dazu Kiran Klaus Patel, The New Deal: A Global History, Princeton 2014 (*forthcoming*).

zwinge zu neuen, gemeinsamen Kraftanstrengungen.[23] Neben der innereuropäischen Aussöhnung und der Hoffnung auf Wohlstandssteigerung war europäische Integration somit von Anfang an dadurch motiviert, Europas Rolle in der Welt neu zu bestimmen. Am Ende einer jahrhundertelangen Phase europäischer Dominanz auf globaler Ebene verstand sich Integration so auch als Antwort auf Prozesse wie den Kalten Krieg und die Dekolonisation.[24]

Der neue Stellenwert, welcher der Integration nun zugebilligt wurde, ergab sich jedoch nicht allein aus innereuropäischen Verschiebungen und globalem Bedeutungsverlust. Er wurde darüber hinaus ab 1947 massiv von den USA unterstützt, die damit eine markant andere Rolle in Europa einnahmen als in der Zwischenkriegszeit. Angetrieben durch die Dynamik des Ost-West-Konflikts waren sie nunmehr zu einem dauerhaften, politischen und militärischen Engagement in Europa bereit, und in dessen Kern stand eine explizite Unterstützung des westeuropäischen Einigungsprozesses. Wenige Tage nachdem etwa der französische Außenminister Robert Schuman 1950 seine Vorstellungen einer Kohle- und Stahlgemeinschaft der Öffentlichkeit vorgestellt hatte, sprach sich Präsident Truman explizit für das Unternehmen aus.[25] Während in den USA Wirtschaftsvertreter wie Clarence Randall den Schuman-Plan deutlich kritisierten, da er amerikanische ökonomische Interessen zu gefährden drohte, gab der Präsident übergreifend-politischen Überlegungen die Priorität. Zugleich ist in der Forschung umstritten, wie bedeutsam die Vereinigten Staaten für den Verlauf der Integration unter Vorzeichen des Marshall-Plans (ab 1947) und mehr noch von Montanunion (ab 1951) und Römischen Verträgen (ab 1957) waren. Eines jedoch ist sicher: dass sie bis in die 1960er Jahre hinein besonders das supranationale Modell europäischer Einigung förderten und anfangs sogar versuchten, die Vereinigten Staaten von Europa nach dem Vorbild ihrer eigenen Union zu formen.[26] Sogar der Begriff „Integration", der heute so selbstverständ-

---

[23] Der Spaak-Bericht ist abgedruckt in Jürgen Schwarz (Hrsg.), Der Aufbau Europas. Pläne und Dokumente 1945–1980, Bonn 1980, S. 277–334.
[24] Vgl. zum weiteren Kontext z. B. Sally Marks, The Ebbing of European Ascendancy: An International History of the World, London 2002.
[25] Vgl. Department of State Bulletin, Bd. XXII, 22. Mai 1950.
[26] Vgl. z. B. für die verschiedenen Positionen Alan S. Milward, The European Rescue of the Nation-State, 2. Aufl. London 2000; Beate Neuss, Geburtshelfer Europas? Die Rolle der Vereinigten Staaten im europäischen Integrationsprozeß 1945–1958, Baden-Baden 2000; Dieter Krüger, Sicherheit durch Integration? Die wirtschaftliche und politische Zusammenarbeit Westeuropas. 1947 bis 1957/58, München 2003; Jeffrey Glen Giauque,

Europa in der Welt. Das Beispiel der transatlantischen Beziehungen

lich zur Bezeichnung gewisser Formen europäischer Kooperation und Einigung verwandt wird, hat tiefe Wurzeln in amerikanischen Debatten der späten 1940er Jahre über die Zukunft Westeuropas hinterlassen.[27]

Zugleich basierte, wie der norwegische Historiker Geir Lundestad betont hat, das amerikanische Engagement auf kontinuierlichen „Einladungen" von europäischer Seite an die USA, sich in der Alten Welt zu engagieren. Am offensichtlichsten betraf dies die sicherheitspolitische Ebene, in der die USA durch massive Truppenpräsenz und Nuklearwaffen zur Schutzmacht Westeuropas wurden.[28] Dementsprechend war und ist zum Beispiel der Oberkommandeur des NATO-Kommandos Europas (SACEUR) stets ein US-Amerikaner; das war von Anfang an unbestritten und von den Europäern sogar ausdrücklich erwünscht.[29]

Darüber hinaus wäre es falsch, die Europäische Union inklusive ihrer Vorläuferorganisationen in ihrer Rolle, Europas Beziehungen zur Welt oder auch nur zu den USA als westlicher Vormacht zu organisieren und zu strukturieren, zu überschätzen. Bekanntlich beteiligten sich zu Beginn lediglich Frankreich, Deutschland, Italien, die Niederlande, Belgien und Luxemburg am Integrationsprojekt. Wenn die Sechs dennoch von der *Europäischen* Gemeinschaft für Kohle und Stahl oder der *Europäischen* Wirtschaftsgemeinschaft (EWG) sprachen, handelte es sich somit nicht zuletzt um Propaganda, in der sich ihr Anspruch ausdrückte, für einen grundsätzlichen Neuanfang unter supranationalen Vorzeichen zu stehen.[30] Großbritannien setzte mit der Europäischen Freihandelszone (EFTA), die bei ihrer Gründung 1960 auch Dänemark, Norwegen, Österreich, Portugal, Schweden und die Schweiz umfasste, auf eine politisch weniger

---

Grand Designs and Visions of Unity. The Atlantic Powers and the Reorganization of Western Europe, 1955–1963, Chapel Hill 2002; Thomas Alan Schwartz, Lyndon Johnson and Europe: In the Shadow of Vietnam, Cambridge, MA 2003.

[27] Vgl. Ludolf Herbst, Die zeitgenössische Integrationstheorie und die Anfänge der europäischen Einigung 1947–1950, in: Vierteljahrshefte für Zeitgeschichte, H. 34 (1986), S. 167–205.

[28] Vgl. Geir Lundestad, The United States and Western Europe since 1945: From „Empire" by Invitation to Transatlantic Drift, Oxford 2003.

[29] Vgl. z. B. Neuss, Geburtshelfer Europas, S. 125–127.

[30] Vgl. ausführlicher zu diesem Spezifikum der frühen Einigungsprozesses und seinen Konsequenzen für die Historiographie Kiran Klaus Patel, Provincializing the European Communities: Cooperation and Integration in Europe in a Historical Perspective, in: Contemporary European History, H. 22 (2013), *forthcoming*.

ambitionierte Alternative. Nicht nur aufgrund des Ost-West-Konflikts, sondern auch vor dem Hintergrund der Rivalität zwischen EWG und EFTA war Europa in den 1960er Jahren somit auf wirtschaftspolitischer Ebene in verschiedene Projekte gespalten.[31]

Die EWG sollte man auch insofern nicht überschätzen, da die NATO immer das sicherheitspolitische Rückgrat der transatlantischen Beziehungen blieb. Das Projekt einer spezifisch westeuropäischen Sicherheitsintegration scheiterte dagegen bereits 1954, als sich die französische *Assemblée nationale* gegen die Europäische Verteidigungsgemeinschaft aussprach. Auch im Bereich der Außenpolitik verfügten die EWG, die Europäische Gemeinschaft und später die EU nur über geringe Kompetenzen. Das Fehlen einer klaren organisatorischen Einheit auf außenpolitischer Ebene in Westeuropa nahm US-Außenminister Henry Kissinger in den 1970er Jahren mit einem bekannten Bonmot auf das Korn: Halbironisch beklagte er, dass er nicht wüsste, welche Telefonnummer er anzurufen habe, um mit Europa zu sprechen. Wenngleich es heute eine solche europäische Telefonnummer gibt – immerhin hat die EU seit dem Vertrag von Lissabon das Amt des Hohen Vertreters der Europäischen Union für Außen- und Sicherheitspolitik bestätigt – verbirgt sich dahinter eher eine Vermittlungszentrale als ein Machtzentrum.[32] Weder der Vertrag von Maastricht (1992) noch die vielen Folgeverträge inklusive des Vertrags von Lissabon (2007) haben die außenpolitischen Kompetenzen der Europäischen Union so stark vertieft, als dass man wirklich von „supranationalen Leistungen" in diesem Bereich sprechen könnte. Die Gemeinsame Außen- und Sicherheitspolitik (GASP), formell mit dem Maastrichter Vertrag errichtet als rein intergouvernementale Kooperation der Regierungen der Mitgliedsstaaten auf Grundlage des Einstimmigkeitsprinzips, wurde mit dem Lissabonner Vertrag zwar verändert und um verbindlichere Möglichkeiten einheitlicher Festlegung auf Unionsebene ergänzt; sie bleibt jedoch weitgehend intergouvernemental geprägt.[33]

---

[31] Vgl. etwa Wolfram Kaiser, The Successes and Limits of Industrial Market Integration: The European Free Trade Association, 1963–1969, in: Wilfried Loth (Hrsg.), Crises and Compromises: The European Project 1963–1969, Baden-Baden 2001, S. 371–390, ferner etwa auch Roland Mauerhofer, Die schweizerische Europapolitik vom Marshallplan zur EFTA, 1947–1960. Zwischen Kooperation und Integration, Bern 2002.

[32] Vgl. auch bereits Henry Kissinger: Europa hat heute eine Telefonnummer, in: Euronews, 31.3.2007.

[33] Vgl. z. B. Walter Frenz, Die neue GASP, in: Zeitschrift für ausländisches öffentliches Recht und Völkerrecht, H. 70 (2010), S. 487–521; Marise Cremona: External Relations

Europa in der Welt. Das Beispiel der transatlantischen Beziehungen

Auf dieser Grundlage hat die EU mit den USA in den vergangenen Jahrzehnten einige Verträge abgeschlossen, welche das transatlantische Band weiter verfestigt haben. Die Transatlantische Erklärung vom November 1990[34] sah eine enge Kooperation in einer Vielzahl ökonomischer Fragen vor und zog den Aufbau elaborierter, regelmäßiger Konsultationen auf hoher Ebene nach sich. Die Neue Transatlantische Agenda vom Dezember 1995[35] vertiefte und entwickelte diese Prozesse weiter und reagierte zugleich auf den enormen Kompetenzgewinn, den die europäischen Institutionen durch den Vertrag von Maastricht 1992 erlangt hatten. Auf dieser Grundlage sind seitdem eine ganze Reihe weiterer Kooperations- und Konsultationsmechanismen aufgebaut worden, wie etwa der Transatlantische Wirtschaftsrat (seit 2007) oder die *High Level Working Group on Jobs and Growth* (seit 2012).[36] Die intergouvernementale GASP taugt somit durchaus als Basis zur Festigung des Verhältnisses zwischen EU und den USA.

Wichtiger war sowohl während des Kalten Krieges, um die Jahrtausendwende oder auch heute trotzdem etwas ganz anderes: Dass seit der zweiten Hälfte der 1940er Jahre und anders als um 1900 die diplomatischen Beziehungen zu den USA durch eine *Vielzahl* von Internationalen Organisationen und anderen Kanälen immer weiter verregelt wurden. Ihre schiere Zahl, ihre inhaltlichen Kompetenzen sowie ihre geographische Reichweite haben sich im Verlauf des letzten halben Jahrhunderts wesentlich intensiviert – allen Unkenrufen über transatlantische Konflikte zum Trotz. Die Gründung der Nato 1949 stellte die sicherheitspolitische Basis dar, auf der sich andere Formen der Kooperation bauen ließen. Wirtschaftspolitische Kooperation in der EGKS und der EWG blieb stets eingebettet in GATT und WTO, und wenngleich es in diesem Rahmen immer wieder zu transatlantischen Konflikten kam, fanden diese in institutio-

---

and External Competence of the European Union: The Emergence of an Integrated Policy, in: Paul Craig/Gráinne de Búrca (Hrsg.), The Evolution of EU Law, Oxford 2011, S. 217–267.

[34] Eine kurze Erläuterung findet sich im Internet unter: http://fr.wikipedia.org/wiki/Déclaration_transatlantique_de_1990 (Stand: 24.04.2015). Text unter: http://eeas.europa.eu/us/docs/trans_declaration_90_en.pdf (Stand: 24.04.2015).

[35] Erläuternde Angaben unter: http://fr.wikipedia.org/wiki/Nouvel_Agenda_transatlantique (Stand: 24.04.2015). Text unter: http://eeas.europa.eu/us/docs/new_transatlantic_agenda_en.pdf (Stand: 24.04.2015).

[36] Vgl. zu diesen verschiedenen Initiativen vgl. http://tinyurl.com/kpkhh67; http://tinyurl.com/kkjok8y; http://tinyurl.com/kvsaoeh (alle 04.05.2013).

nell geordneten Bahnen statt. Eine lange Liste weiterer Einrichtungen, wie die aus dem Marshall-Plan hervorgegangene OECD, das Bretton Woods-System (bis in die 1970er Jahre) oder der gesamte Kosmos der UN mit ihren Unterorganisationen traten hinzu, die zudem durch viele informelle oder ganz durch zivilgesellschaftliche Akteure getragene Foren ergänzt wurden. Die G-8, 1975 als Abstimmungsforum von zunächst sechs Staaten gegründet, gehören in diesen Zusammenhang, aber zum Beispiel auch die noch informelleren Treffen der Bilderberg-Gruppe.[37]

Die Belastbarkeit dieser sich insgesamt intensivierenden, die offizielle Diplomatie flankierenden Institutionen zeigte sich vor allem in Phasen, in denen die transatlantischen Beziehungen auf harte Belastungsproben gestellt wurden. Ebenso deutlich wurden dann jedoch auch die Grenzen der Kooperation und das Auseinanderklaffen von Interessen und Werten, allen verbindenden Institutionen zum Trotz. Das Ende des Kalten Krieges als eine Phase der Zeitgeschichte, der sich die Forschung erst zögerlich zuwendet, mag hier als Beispiel dienen. Wie Matthias Schulz und Thomas A. Schwartz gezeigt haben, hatte sich bereits in den 1970er Jahren die europäische Integration von einer Klammer transatlantischer Beziehungen zu einer Belastung entwickelt, vor allem da Washington immer weniger bereit war, ökonomische Konzessionen zugunsten des europäischen Zusammenschlusses zu machen.[38] In der Europäischen Gemeinschaft sprach man bald von „Eurosklerose", während Lundestad die Jahre von 1977 bis 1984 für die transatlantischen Beziehungen als Entwicklung „from bad to worse" zusammenfasst.[39] Das ist alles richtig, erklärt jedoch nicht, warum man wenige Jahre später schnell wieder zusammenfand und letztlich sowohl die atlantische Gemeinschaft als auch die Europäische Gemeinschaft und Europa im Allgemeinen gestärkt und erweitert aus dem Kalten Krieg hervorgingen. Wichtig ist dabei wiederum, die Vielzahl der Klammern zu sehen, die Europa selbst in den Krisenjahren zusammenschweißten. Zwischen 1978 und 1985 etwa stieg die

---

[37] Vgl. etwa Emmanuel Mourlon-Druol, „Managing from the Top": Globalisation and the Rise of Regular Summitry, Mid-1970s-early 1980s, in: Diplomacy and Statecraft, H. 23 (2012), S. 679–703; Valérie Aubourg, Organizing Atlanticism: The Bilderberg Group and the Atlantic Institute, 1952–1963, in: Intelligence and National Security, H. 18 (2003), S. 92–105.

[38] Vgl. Matthias Schulz/Thomas A. Schwartz (Hrsg.), The Strained Alliance: U.S.-European Relations from Nixon to Carter, Cambridge 2010, vor allem die vorzügliche Einleitung und der Epilog der Herausgeber.

[39] Vgl. Lundestad, The United States and Western Europe since 1945, S. 201–225.

Zahl der Internationalen Organisationen von 290 auf 380 und die der international tätigen NGOs von 2.400 auf 4.700. Während in den 1960er Jahren auffallend viele neue Organisationen im globalen Süden gegründet wurden, lag nun der Fokus wieder stärker auf der nordatlantischen Welt.[40] Dramatisch stieg in dieser Zeit auch der transatlantische und der globale Handel an.[41] Nun soll hier zwar kein quantitativer Nominalismus betrieben werden, während andererseits hier auch nicht der Ort ist, die Dynamiken der europäischen Beziehungen zu den USA im Zeitraum genauer zu sezieren.[42] Festhalten lässt sich jedoch, dass man für jene Phase die tagespolitischen Turbulenzen im europäisch-amerikanischen Austausch nicht überbewerten sollte. Im Nachhinein erscheint jene Dekade von Mitte der 1980er bis Mitte der 1990er Jahre, welche das Ende des Kalten Krieges rahmte, vielmehr als eine Hochzeit transatlantischer Kooperation.

Selbst der transatlantische Konflikt um eine angemessene Politik gegenüber dem Irak, die 2003 im Krieg kulminierte, ist teilweise vor diesem Hintergrund zu interpretieren. In Europa brachte die Auseinandersetzung eine tiefe Spaltung zu Tage. Während manche Staaten wie Großbritannien, Polen oder Portugal die Politik George W. Bushs unterstützten und sich der so genannten „Koalition der Willigen" anschlossen, hielten andere, wie Frankreich, Deutschland oder Schweden, den Einmarsch für einen großen Fehler. Zugleich gab es in den verschiedenen Staaten und Gesellschaften intern tiefe Konflikte über die Frage einer angemessenen Haltung, vor allem in jenen, die zunächst die Bush-Politik unterstützten. Ein Konsens über dieses Problem ließ sich in der EU vor diesem Hintergrund nicht herstellen. Man kann diese Spaltung als Manko europäischer Einheit beklagen, und ohne Zweifel stellten sie eine schwere Belastungsprobe für die Union und die transatlantischen Beziehungen dar. Zugleich sollte man nicht übersehen, dass die Notwendigkeit zu einer verbindlichen, einheitlichen Position jeden organisatorischen Rahmen in Europa überfordert und den Einigungsprozess in eine noch viel tiefere institutionelle Krise gestürzt hätte. Sieht man die Dinge pragmatisch, so erscheint institutionelle Flexibilität als angemessene Antwort auf die Unmöglichkeit zu inhaltlichem Konsens. Zugleich blieb auch in den USA selbst Bushs Politik immer kontrovers, und einige der schärfsten und

---

[40] Vgl. Yearbook of International Organizations, 1909–1990, Schaubild 2, online-Fassung (04.05.2013).
[41] Vgl. World Trade Organization, International Trade Statistics 2000, Genf 2000, S. 28.
[42] Vgl. dazu Kiran Klaus Patel/Kenneth Weisbrode (Hrsg.), European Integration and the Atlantic Community in the 1980s, Cambridge 2013 (*forthcoming*).

politisch vernichtendsten Kritiken am Irakkrieg und seinen Folgen wurden in Amerika selbst formuliert.

Die Flexibilität und Schlagkraft der vorhandenen innereuropäischen und transatlantischen Strukturen zeigte sich mehr noch daran, dass trotz des gravierenden Konflikts über der Irak-Frage die NATO-Staaten im Rahmen der Internationalen Sicherheitsunterstützungstruppe (ISAF) in Afghanistan und anderswo auf der Welt ohne größere Probleme kooperierten. Auf fundamentaler Ebene wurde die transatlantische Sicherheitskooperation trotz des Irak-Konflikts nicht in Frage gestellt. Zugleich sollte die schiere Fortexistenz bisheriger Formen der Zusammenarbeit nicht überdecken, dass sich die Orientierungen auf beiden Seiten des Nordatlantiks in wichtigen Fragen auseinanderentwickelt haben und Europa für die USA mitnichten mehr jene zentrale Bedeutung einnimmt, die ihm phasenweise während des Kalten Krieges zukam. Kontinuität und Wandel halten sich somit die Waage.

Nichtsdestotrotz hat sich in anderen Bereichen die Kooperation weiter intensiviert; unter anderem in jenen, in denen es tatsächlich Kissingers berühmt-berüchtigte europäische Telefonnummer gibt. Im Bereich des Außenhandels mit Agrar- und Industriegütern traten die EWG-Staaten bereits seit den 1960er häufig mit einer Stimme in den verschiedenen Runden des GATT auf. Wenngleich es auf dieser Ebene in den vergangenen Jahrzehnten eine Vielzahl transatlantischer Konflikte gab – angefangen beim „Hähnchenkrieg" von 1961–1964 und fortgesetzt mit dem Streit über europäische Bananenimporte, Stahl oder die Luftfahrtindustrie – spielt die EU (bzw. ihre Vorläufer) in diesem Bereich eine zentrale Rolle für die europäischen Außenbeziehungen.[43] Die zurzeit laufende Debatte über ein Freihandelsabkommen zwischen den USA und der EU verdeutlicht zugleich, dass beide Seiten weiterhin an umfangreiche, gemeinsame Projekte glauben.[44]

Sicherlich hat die Bindung zu Europa für die USA jene zentrale Stellung verloren, die sie vor allem während der Frühphase des Kalten Krieges und erneut in den 1980er Jahren innehatte. Bei allen Debatten darüber, ob sich die USA nicht zunehmend von einer nordatlantischen Macht zu einer pazifischen umdefinie-

---

[43] Vgl. z. B. für den Hähnchenkrieg Kiran Klaus Patel, Europäisierung wider Willen: Die Bundesrepublik Deutschland in der Agrarintegration der EWG, München 2009, S. 237–251.
[44] Vgl. Barack Obamas State of the Union Address im Februar 2013, http://tinyurl.com/l7g7gb2 (10.05.2013).

Europa in der Welt. Das Beispiel der transatlantischen Beziehungen

ren, sollte man dennoch die Vielzahl und Qualität der Bindungen zu Europa nicht unterschätzen. Wie stark die jahrzehntelang gewachsenen Strukturen den veränderten Orientierungen des 21. Jahrhunderts gerecht werden können, lässt sich jedoch kaum vorhersagen.[45]

Auf die europäischen Außenbeziehungen bezogen verdeutlicht dies, dass es heute eine ganze Reihe von „Europas" gibt, die jeweils in stark institutionalisierter und verregelter Form mit der weiteren Welt inklusive der USA interagieren. Wenngleich auf globaler Ebene immer noch vergleichsweise wenige sanktionsbewehrte Institutionen existieren – wie sich etwa an den regelmäßigen Krisen der Vereinigten Nationen ablesen lässt – bilden die transatlantischen Beziehungen einen Bereich des Internationalen Systems, der von gemeinsamen Werten, Interessen und Sanktionen vergleichsweise stark geprägt wird. Dass die EU etwa einen US-Konzern wie Microsoft zu Strafzahlungen verdonnern kann; oder dass heute über eine Angleichung der Standards zum geistigen Eigentum oder von Umweltstandards diskutiert wird, verdeutlicht dies. Der Blick über die EU und ihre Vorläufer hinaus auf diese „multiple Europes" ist somit notwendig, um trotz des Fehlens einer supranational ausgerichteten, europäischen Außenpolitik den signifikanten Unterschied zur Situation um 1900 zu verstehen.

Insgesamt hat sich so Europas Rolle in der Welt im vergangenen Jahrhundert mehrfach fundamental geändert. Dieser Wandel resultierte aus der Redefinition von Staatlichkeit, der Entstehung von „multiple" Europes auf internationaler Ebene, den allgemeineren Verschiebungen im System der internationalen Beziehungen und der veränderten Rolle der USA auf globaler Ebene. Das heißt nicht, dass die europäischen Staaten weitgehend souverän und autonom agierten: Durch eine Vielzahl von internationalen Verpflichtungen, zu denen auch die Europäische Union gehört, sind sie ausnahmslos zu postklassischen demokratischen Nationalstaaten geworden[46], die ihre Außenbeziehungen zu den USA und anderen Staaten über eine Vielzahl von Kanälen gestalten. Europas gegenwärtige Rolle im multipolaren Mächtesystem, in dem die Vereinigten Staaten in vielerlei Hinsicht (noch) als primus inter pares firmieren, weist insofern auf nationaler wie auf internationaler Ebene Gemeinsamkeiten und Unterschiede zur Welt um 1900 auf; insgesamt überwiegen die Veränderungen jedoch deutlich die Kontinuitäten.

---

[45] Vgl. z.B. Hillary Clinton, America's Pacific Century, in: Foreign Policy, November 2011.
[46] Vgl. Heinrich August Winkler, Geschichte des Westens, 3 Bde., München 2009–2013.

# Autorinnen und Autoren

Autorinnen und Autoren

Cornelißen, Christoph
Prof. Dr. phil., Inhaber des Lehrstuhls für Neueste Geschichte an der Goethe-Universität Frankfurt am Main

Heinen, Armin
Prof. Dr. phil. Drs. h. c., Inhaber des Lehrstuhls für Neuere und Neueste Geschichte an der Rheinisch-Westfälischen Technischen Hochschule (RWTH) Aachen

Henrich-Franke, Christian
PD Dr. phil., Akademischer Rat am Historischen Seminar der Universität Siegen

Hilger, Susanne
Prof. Dr. rer. pol., Leiterin der Abteilung Wirtschaftsgeschichte an der Heinrich-Heine-Universität Düsseldorf. Seit November 2013 leitet sie die PwC-Stiftung Jugend – Bildung – Kultur in Frankfurt am Main

Hoebink, Hein
Jean Monnet Professor, Dr. phil., M. A., bis Mai 2013 langjährige dienstliche Tätigkeit an der Heinrich-Heine-Universität Düsseldorf, seitdem dort und an der Westfälischen Wilhelms-Universität Münster weiterhin lehrend

Mutz, Mathias
Dr. phil. (des.) wissenschaftlicher Mitarbeiter am Lehr- und Forschungsgebiet Wirtschafts-, Sozial- und Technologiegeschichte der Rheinisch-Westfälischen Technischen Hochschule (RWTH) Aachen

Patel, Kiran Klaus
Prof. Dr. phil., Professor für europäische und globale Geschichte an der Universität Maastricht

Proelß, Alexander
Prof. Dr. jur., Inhaber des Lehrstuhls für Öffentliches Recht, insbesondere Völkerrecht und Europarecht, an der Universität Trier

Schmid, Anita
Dipl.-Oec., wissenschaftliche Mitarbeiterin am Lehrstuhl für Volkswirtschaftslehre, insbesondere Internationale Wirtschaftsbeziehungen der Heinrich-Heine-Universität Düsseldorf

Autorinnen und Autoren

Smeets, Heinz-Dieter
Prof. Dr. rer. pol., Inhaber des Lehrstuhls für Volkswirtschaftslehre, insbesondere Internationale Wirtschaftsbeziehungen der Heinrich-Heine-Universität Düsseldorf

Thiemeyer, Guido
Prof. Dr. phil., seit Oktober 2013 Lehrstuhlinhaber für Neuere Geschichte an der Heinrich-Heine-Universität Düsseldorf; zuvor Professeur d'histoire contemporaine an der Universität von Cergy-Pontoise

Wessel, Horst A.
Prof. Dr. phil., Professor der Heinrich-Heine-Universität Düsseldorf; Lehrbeauftragter der Friedrich-Alexander-Universität Nürnberg-Erlangen

Anhang
zu den Ausführungen
in der Einführung

Anhang zu den Ausführungen in der Einführung

I Binnenhandel der EU-15 Mitgliedstaaten („EU15_INTRA") / Import und Export nach vorliegenden Angaben

(EU trade since 1988 by CN8 [DS-016890])

I.a

Last update: 13.11.14
Extracted on: 17.11.14
Source of data: Eurostat [DS-016890]

PARTNER PRODUCT FLOW INDICATORS: EU15_INTRA TOTAL IMPORT VALUE_IN_EUROS

REPORTER*/PERIOD	Jan.-Dec. 1995	Jan.-Dec. 2000	Jan.-Dec. 2005	Jan.-Dec. 2010
AUSTRIA	38.438.973.940	53.931.716.675	70.648.251.160	77.575.396.102
BELGIUM (and LUXBG -> 1998)	86.885.500.839	131.952.902.065	178.199.665.763	194.889.708.439
GERMANY	214.118.517.728	295.338.018.761	339.119.713.438	402.606.122.339
DENMARK	25.221.251.043	33.666.538.113	40.128.857.334	39.288.526.696
SPAIN	59.466.749.612	112.302.678.814	143.145.214.228	134.897.502.845
FINLAND	14.647.112.616	23.082.258.989	28.163.238.310	29.561.923.069
FRANCE	151.470.524.814	239.507.653.392	259.669.609.777	290.889.230.658
UNITED KINGDOM	111.457.051.349	188.764.913.627	220.646.756.670	197.761.296.616
GREECE	13.879.031.813	22.107.068.472	26.003.916.289	23.129.773.892
IRELAND	15.978.084.647	34.380.477.867	36.197.708.931	29.793.274.238
ITALY	95.845.378.943	146.571.454.837	165.243.957.603	174.172.102.782
LUXEMBOURG	:	10.091.822.182	12.934.490.336	14.879.950.476
NETHERLANDS	74.503.964.538	120.844.210.273	137.087.256.797	165.628.083.197
PORTUGAL	18.435.782.769	32.493.570.805	38.931.440.168	43.387.374.910
SWEDEN	34.125.417.902	50.651.560.760	57.501.939.367	66.286.643.112
EU15 (AT, BE, DE, DK, ES, FI, FR, GB, GR, IE, IT, LU, NL, PT, SE)	954.473.342.553	1.495.686.845.632	1.753.622.016.171	1.884.746.909.371

* REPORTER = Meldeland

Anhang zu den Ausführungen in der Einführung

I.b

REPORTER/PERIOD	PARTNER PRODUCT FLOW INDICATORS				EU15_INTRA TOTAL EXPORT VALUE_IN_EUROS
	Jan.-Dec. 1995	Jan.-Dec. 2000	Jan.-Dec. 2005	Jan.-Dec. 2010	
AUSTRIA	29.035.821.463	44.984.799.134	57.683.559.770	62.349.070.673	
BELGIUM (and LUXBG -> 1998)	100.673.917.060	151.813.114.271	197.768.325.270	211.661.145.741	
GERMANY	232.722.151.115	337.379.599.716	426.167.224.024	465.617.248.899	
DENMARK	25.921.663.681	37.163.723.504	45.016.643.144	43.608.166.010	
SPAIN	50.827.042.812	87.665.713.321	106.631.925.701	123.117.155.029	
FINLAND	17.787.266.218	27.779.820.633	25.830.102.679	24.566.734.267	
FRANCE	145.032.607.479	219.074.100.265	220.811.050.583	221.383.111.587	
UNITED KINGDOM	105.945.099.860	176.369.534.504	169.415.066.062	154.239.727.264	
GREECE	5.080.310.686	6.018.038.033	7.044.934.531	7.489.857.140	
IRELAND	25.273.775.242	53.008.180.874	55.246.385.508	49.329.084.904	
ITALY	102.383.524.497	144.411.020.028	159.956.254.173	162.931.281.957	
LUXEMBOURG	:	7.635.716.113	13.254.459.319	11.858.962.623	
NETHERLANDS	109.015.790.120	198.566.128.286	245.810.972.711	310.426.044.894	
PORTUGAL	13.951.605.383	21.173.477.063	24.422.371.719	26.941.408.924	
SWEDEN	36.628.573.604	52.771.546.459	56.505.219.992	61.353.813.140	
EU15 (AT, BE, DE, DK, ES, FI, FR, GB, GR, IE, IT, LU, NL, PT, SE)	1.000.279.149.220	1.565.814.512.204	1.811.564.495.186	1.936.872.813.052	

Anhang zu den Ausführungen in der Einführung

II Außenhandel der EU-15 Mitgliedstaaten in Nicht-Mitglieder der EU-15 („EU15_EXTRA") als „Partner" / Import und Export nach vorliegenden Angaben [DS-016890]

II.a

Last update: 13.11.14
Extracted on: 17.11.14
Source of data: Eurostat [DS-016890]

PARTNER: EU15_EXTRA
PRODUCT: TOTAL
FLOW: IMPORT
INDICATORS: VALUE_IN_EUROS

REPORTER*/PERIOD	Jan.-Dec. 1995	Jan.-Dec. 2000	Jan.-Dec. 2005	Jan.-Dec. 2010
AUSTRIA	12.200.911.239	24.450.866.721	31.696.516.238	42.368.071.827
BELGIUM (and LUXBG -> 1998)	34.263.181.021	60.242.037.296	77.969.363.508	100.182.404.980
GERMANY	140.521.192.159	242.987.461.847	285.486.641.456	393.059.465.762
DENMARK	9.899.913.369	15.659.084.690	20.622.814.597	23.359.226.757
SPAIN	27.334.814.658	56.755.990.172	88.979.019.958	111.776.379.949
FINLAND	7.883.344.288	14.209.757.391	19.072.331.904	22.337.491.180
FRANCE	69.774.347.451	127.468.983.282	145.542.532.373	170.052.010.824
UNITED KINGDOM	92.860.945.659	188.083.891.939	196.741.907.101	248.112.515.112
GREECE	5.920.721.300	14.142.254.315	20.439.266.924	27.638.907.189
IRELAND	8.746.224.140	20.882.897.166	18.914.481.173	15.674.181.685
ITALY	61.638.399.170	111.935.149.773	144.048.091.429	193.217.702.710
LUXEMBOURG	:	2.119.146.920	5.237.065.934	4.047.583.846
NETHERLANDS	52.118.026.293	115.477.748.370	155.350.977.688	221.205.558.773
PORTUGAL	6.495.108.577	10.763.609.724	12.447.778.158	15.260.016.351
SWEDEN	15.595.531.030	28.256.815.876	32.279.299.929	46.065.793.022
EU15 (AT, BE, DE, DK, ES, FI, FR, GB, GR, IE, IT, LU, NL, PT, SE)	545.252.660.354	1.033.435.695.482	1.254.828.088.370	1.634.357.309.967

* REPORTER = Meldeland

Anhang zu den Ausführungen in der Einführung

II.b

REPORTER/PERIOD	PARTNER PRODUCT FLOW INDICATORS		EU15_EXTRA TOTAL EXPORT VALUE_IN_EUROS	
	Jan.-Dec. 1995	Jan.-Dec. 2000	Jan.-Dec. 2005	Jan.-Dec. 2010
AUSTRIA	15.106.024.336	28.326.672.578	42.937.084.819	52.729.447.190
BELGIUM (and LUXBG -> 1998)	31.256.716.330	52.140.154.052	71.020.465.936	95.868.720.009
GERMANY	167.474.288.161	260.075.811.202	354.247.931.733	484.012.185.598
DENMARK	12.996.994.998	18.371.629.898	23.402.977.325	29.138.490.571
SPAIN	23.980.145.776	37.118.657.835	48.214.501.132	68.794.730.186
FINLAND	13.168.111.347	22.136.262.337	26.816.482.384	27.871.852.391
FRANCE	85.212.136.721	135.636.740.932	151.689.518.229	173.704.041.894
UNITED KINGDOM	75.975.053.129	132.666.049.641	144.755.810.601	159.525.816.983
GREECE	3.370.858.237	6.704.539.273	7.845.500.959	13.650.461.844
IRELAND	8.903.769.685	30.808.607.908	32.895.605.800	38.546.400.256
ITALY	76.335.024.085	116.002.231.057	139.967.161.978	174.476.070.153
LUXEMBOURG	:	1.435.183.361	2.114.012.880	3.037.650.096
NETHERLANDS	31.161.227.553	53.848.068.179	80.828.725.703	122.747.044.863
PORTUGAL	3.466.568.365	5.205.285.726	6.714.712.646	10.326.497.584
SWEDEN	24.869.682.934	41.568.497.839	48.761.189.727	58.242.907.684
EU15 (AT, BE, DE, DK, ES, FI, FR, GB, GR, IE, IT, LU, NL, PT, SE)	573.276.601.657	942.044.391.818	1.182.211.681.852	1.512.672.317.302

Anhang zu den Ausführungen in der Einführung

III Stellung Europas im Welthandel

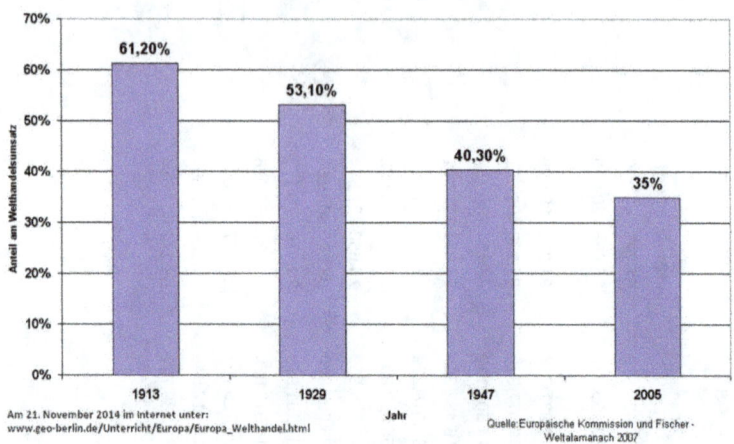

Anhang zu den Ausführungen in der Einführung

EU-Anteil am Welthandel nach vorliegenden Angaben [ext_lt_introle]

IV

Letzte Aktualisierung   06.06.14
Exportierte Daten   21.11.14
Quelle der Daten   Eurostat [ext_lt_introle]

GEO = Geonomenklatur (von Eurostat)

GEO/TIME	2000	2005	2010	INDIC_ET	Anteil der Gesamteinfuhren am Weltimport (%)
Europäische Union (28 Länder)	:	19,2	17,5		
Europäische Union (25 Länder)	19,4	:	:		
Russland	0,7	1,3	2,0	SITC06	Insgesamt – Alle Waren
Kanada	5,1	4,1	3,4		
Vereinigte Staaten	26,5	22,5	16,9		
Mexiko	3,8	2,9	2,6		
Brasilien	1,2	1,0	1,6		
China (ohne Hongkong)	4,7	8,6	12,0		
Japan	8,0	6,7	6,0		
Südkorea	3,4	3,4	3,7		
Indien	1,1	1,8	2,3		
Singapur	2,8	2,6	2,7		

GEO/TIME	2000	2005	2010	INDIC_ET	Anteil der Gesamtausfuhren am Weltexport (%)
Europäische Union (28 Länder)	:	18,0	16,0		
Europäische Union (25 Länder)	17,7	:	:		
Russland	2,3	3,3	3,5	SITC06	Insgesamt – Alle Waren
Kanada	6,2	5,0	3,4		
Vereinigte Staaten	17,4	12,4	11,4		
Mexiko	3,7	2,9	2,7		
Brasilien	1,2	1,6	1,8		
China (ohne Hongkong)	5,6	10,5	14,1		
Japan	10,7	8,2	6,9		
Südkorea	3,8	3,9	4,2		
Indien	0,9	1,4	2,0		
Singapur	3,1	3,2	3,1		

Anhang zu den Ausführungen in der Einführung

V Direktinvestitionen[1] (als Kapitalgabe) von EU-15 Staaten (s. unter GEO/Time) in den 15 Ländern der EU-Mitgliedstaaten oder in „allen Ländern der Welt" („Ausland") nach vorliegenden Angaben [bop_fdi_main]

Von EU-15 Mitgliedstaaten oder „allen Ländern der Welt" in EU-15 Mitgliedsländern (s. unter GEO/Time) – im „Inland" – zur Anlage empfangene Direktinvestitionen – nach vorliegenden Angaben [bop_fdi_main]

---

[1] „Eurostat" definiert „ausländische Direktinvestitionen" als „an international investment within the balance of payment accounts". Vgl. dazu die näheren Angaben unter: epp.eurostat.ec.europa.eu/statistics_explained/index.php/Glossary:Foreign_direct_ investment_(FDI).

Anhang zu den Ausführungen in der Einführung

Direktinvestitionen von EU-15 Staaten in EU-15 Staaten V.a

EU-Direktinvestition – Hauptindikatoren [bop_fdi_main]

Letzte Aktualisierung	18.06.14
Exportierte Daten	21.11.14
Quelle der Daten	Eurostat [bop_fdi_main]

INDIC_BP	Direktinvestition-Bestände – Millionen ECU/EUR
POST	Kapitalbilanz, Direktinvestitionen, im Ausland
PARTNER	Europäische Union (15 Länder)

GEO = Geonomenklatur (von Eurostat)

GEO/TIME	1995	2000	2005	2010
Europäische Union (15 Länder)	508.185	2.444.842	3.637.819	5.757.954
Belgien	:	:	:	:
Dänemark	:	41.165	65.761	:
Deutschland	111.487	267.967	349.729	:
Irland	:	:	57.424	:
Griechenland	:	:	1.767	:
Spanien	:	60.347	133.411	:
Frankreich	84.350	234.658	460.752	:
Italien	:	121.688	183.277	:
Luxemburg	2.764	6.494	18.144	:
Niederlande	66.481	165.161	299.914	:
Österreich	4.132	11.257	18.761	:
Portugal	:	7.227	22.972	27.264
Finnland	8.040	36.013	48.984	:
Schweden	:	80.244	:	:
Vereinigtes Königreich	85.936	569.981	487.750	:

Anhang zu den Ausführungen in der Einführung

V.b Direktinvestitionen von EU-15 Staaten in allen Ländern der Welt

INDIC_BP Direktinvestition-Bestände – Millionen ECU/EUR
POST   Kapitalbilanz, Direktinvestitionen, im Ausland
PARTNER   Alle Länder der Welt

GEO/TIME	1995	2000	2005	2010
Europäische Union (15 Länder)	980.097	4.182.888	6.280.148	10.318.942
Belgien	:	:	:	280.364
Dänemark	:	71.191	109.586	162.562
Deutschland	196.419	520.092	673.220	865.558
Irland	:	30.011	88.287	254.538
Griechenland	:	:	11.370	32.100
Spanien	26.434	180.246	258.902	488.876
Frankreich	152.710	478.335	778.656	1.134.657
Italien	73.838	193.739	248.755	366.451
Luxemburg	3.430	8.519	28.525	93.629
Niederlande	137.358	328.276	521.935	715.489
Österreich	8.906	26.674	55.476	132.370
Portugal	:	21.271	35.573	49.942
Finnland	11.431	56.001	69.391	103.026
Schweden	54.925	133.469	176.177	279.117
Vereinigtes Königreich	232.150	964.095	1.015.778	1.215.333

Anhang zu den Ausführungen in der Einführung

Direktinvestitionen von EU-15 Staaten an EU-15 Staaten V.c

INDIC_BP	Direktinvestition-Bestände – Millionen ECU/EUR
POST	Kapitalbilanz, Direktinvestitionen, im Inland
PARTNER	Europäische Union (15 Länder)

GEO/TIME	1995	2000	2005	2010
Europäische Union (15 Länder)	492.047	2.165.013	3.606.989	5.443.885
Belgien	:	:	:	:
Dänemark	:	35.488	64.618	:
Deutschland	75.476	372.875	397.026	:
Irland	:	:	109.915	:
Griechenland	:	:	19.245	:
Spanien	:	122.927	249.118	:
Frankreich	91.899	200.445	419.323	:
Italien	:	76.760	140.614	:
Luxemburg	:	:	29.777	:
Niederlande	50.886	161.778	226.856	:
Österreich	8.987	25.389	40.923	:
Portugal	11.051	28.626	38.768	66.188
Finnland	4.525	22.842	42.257	:
Schweden	:	58.375	:	:
Vereinigtes Königreich	51.335	219.013	356.298	:

Anhang zu den Ausführungen in der Einführung

V.d Direktinvestitionen von EU-15 Staaten an alle Länder der Welt

INDIC_BP   Direktinvestition-Bestände – Millionen ECU/EUR
POST   Kapitalbilanz, Direktinvestitionen, im Inland
PARTNER   Alle Länder der Welt

GEO/TIME	1995	2000	2005	2010
Europäische Union (15 Länder)	858.920	3.272.587	5.418.919	8.523.205
Belgien	:	:	:	338.418
Dänemark	:	71.683	98.704	108.683
Deutschland	146.775	506.112	542.560	682.893
Irland	:	129.703	138.620	213.722
Griechenland	:	:	24.788	30.235
Spanien	79.671	168.026	325.963	470.245
Frankreich	143.001	279.179	559.850	741.220
Italien	48.283	121.492	189.935	245.515
Luxemburg	13.492	25.246	36.111	73.302
Niederlande	95.027	261.937	382.499	438.614
Österreich	13.342	32.704	58.874	118.571
Portugal	13.816	34.437	53.691	83.588
Finnland	6.453	26.086	46.454	64.254
Schweden	23.283	101.265	145.717	259.814
Vereinigtes Königreich	152.123	470.997	712.406	842.936

Anhang zu den Ausführungen in der Einführung

Der Handel mit Printmedien innerhalb der EU-15 Mitgliedstaaten und – zum Vergleich – mit den USA nach vorliegenden Angaben

VI

(EU trade since 1988 by CN8 [DS-016890])

Last update	21.11.14
Extracted on	23.11.14
Source of data	Eurostat [DS-016890]

VI.a

PARTNER	EU15_INTRA
PRODUCT	PRINTED BOOKS, BROCHURES AND SIMILAR PRINTED MATTER, IN SINGLE SHEETS, WHETHER OR NOT FOLDED (EXCL. PERIODICALS AND PUBLICATIONS WHICH ARE ESSENTIALLY DEVOTED TO ADVERTISING)
FLOW	IMPORT
INDICATORS	VALUE_IN_EUROS

REPORTER*/ PERIOD	Jan.-Dec. 1995	Jan.-Dec. 2000	Jan.-Dec. 2005	Jan.-Dec. 2010
AUSTRIA	15.453.075	22.144.854	30.185.801	32.167.018
BELGIUM (and LUXBG -> 1998)	46.682.241	55.875.247	48.840.701	39.928.495
GERMANY	18.915.606	84.229.559	68.034.646	23.830.292
DENMARK	10.983.658	5.120.619	16.001.441	15.234.833
SPAIN	4.111.313	13.420.437	39.918.279	17.431.969
FINLAND	1.140.095	10.172.969	14.243.341	5.129.392
FRANCE	77.431.102	116.819.254	108.770.022	69.808.074
UNITED KINGDOM	35.681.576	72.109.715	119.808.146	53.648.322
GREECE	891.771	3.239.496	9.416.898	3.118.904
IRELAND	10.553.200	22.168.733	35.125.344	16.430.421
ITALY	20.898.901	50.139.399	30.376.293	30.921.945
LUXEMBOURG	:	9.166.131	6.209.690	5.521.143
NETHERLANDS	19.808.204	20.307.700	39.913.951	30.181.766
PORTUGAL	667.063	5.434.859	14.737.910	6.304.197
SWEDEN	5.939.070	12.532.107	14.180.026	19.230.349
EU15 (AT, BE, DE, DK, ES, FI, FR, GB, GR, IE, IT, LU, NL, PT, SE)	269.156.875	502.881.079	595.762.489	368.887.120

* REPORTER = Meldeland

Anhang zu den Ausführungen in der Einführung

VI.b

PARTNER	EU15_INTRA
PRODUCT	PRINTED BOOKS, BROCHURES AND SIMILAR PRINTED MATTER, IN SINGLE SHEETS, WHETHER OR NOT FOLDED (EXCL. PERIODICALS AND PUBLICATIONS WHICH ARE ESSENTIALLY DEVOTED TO ADVERTISING)
FLOW	EXPORT
INDICATORS	VALUE_IN_EUROS

REPORTER/ PERIOD	Jan.-Dec. 1995	Jan.-Dec. 2000	Jan.-Dec. 2005	Jan.-Dec. 2010
AUSTRIA	8.384.459	9.245.451	6.705.125	6.634.490
BELGIUM (and LUXBG -> 1998)	30.517.766	45.149.905	67.005.480	58.449.111
GERMANY	36.492.056	135.871.518	233.896.045	44.639.496
DENMARK	17.418.322	7.277.072	4.389.144	8.038.699
SPAIN	14.891.731	21.513.011	39.580.531	23.472.792
FINLAND	7.421.455	17.574.454	3.555.870	689.753
FRANCE	16.180.399	42.414.648	74.781.990	38.883.987
UNITED KINGDOM	53.072.620	65.038.978	79.772.407	59.547.805
GREECE	169.826	776.118	7.792.582	3.220.396
IRELAND	1.424.603	26.088.849	7.896.524	10.603.901
ITALY	33.603.175	46.656.511	43.806.648	46.029.495
LUXEMBOURG	:	1.475.012	2.299.015	8.735.454
NETHERLANDS	30.684.125	22.352.781	101.214.843	88.039.892
PORTUGAL	33.039	98.232	309.253	828.131
SWEDEN	2.663.277	2.170.569	4.303.143	9.770.546
EU15 (AT, BE, DE, DK, ES, FI, FR, GB, GR, IE, IT, LU, NL, PT, SE)	252.956.853	443.703.109	677.308.600	407.583.948

Anhang zu den Ausführungen in der Einführung

VI.c

PARTNER	EU15_INTRA
PRODUCT	PRINTED BOOKS, BROCHURES AND SIMILAR PRINTED MATTER (EXCL. THOSE IN SINGLE SHEETS; DICTIONARIES, ENCYCLOPAEDIAS, PERIODICALS AND PUBLICATIONS WHICH ARE ESSENTIALLY DEVOTED TO ADVERTISING)
FLOW	IMPORT
INDICATORS	VALUE_IN_EUROS

REPORTER/ PERIOD	Jan.-Dec. 1995	Jan.-Dec. 2000	Jan.-Dec. 2005	Jan.-Dec. 2010
AUSTRIA	227.452.729	240.561.700	338.742.507	367.095.117
BELGIUM (and LUXBG -> 1998)	177.740.096	293.474.601	287.027.547	308.815.225
GERMANY	173.136.788	335.883.653	254.043.767	231.713.050
DENMARK	53.764.384	84.133.028	72.474.949	73.746.636
SPAIN	77.718.285	108.121.172	127.034.813	99.296.805
FINLAND	24.304.550	38.614.809	33.786.903	38.935.600
FRANCE	353.786.459	363.301.693	432.892.335	468.267.277
UNITED KINGDOM	151.255.174	234.575.169	267.688.930	181.205.312
GREECE	26.990.780	42.257.011	41.909.420	37.553.599
IRELAND	44.113.666	97.182.964	124.923.978	94.558.481
ITALY	86.446.950	118.609.943	113.807.067	85.325.429
LUXEMBOURG	:	14.731.898	27.510.486	31.787.531
NETHERLANDS	113.493.448	112.448.582	124.432.072	125.027.711
PORTUGAL	22.240.575	38.811.866	38.564.101	35.870.949
SWEDEN	57.731.507	107.415.564	97.530.370	70.020.829
EU15 (AT, BE, DE, DK, ES, FI, FR, GB, GR, IE, IT, LU, NL, PT, SE)	1.590.175.391	2.230.123.653	2.382.369.245	2.249.219.551

Anhang zu den Ausführungen in der Einführung

VI.d

PARTNER	EU15_INTRA
PRODUCT	PRINTED BOOKS, BROCHURES AND SIMILAR PRINTED MATTER (EXCL. THOSE IN SINGLE SHEETS; DICTIONARIES, ENCYCLOPAEDIAS, PERIODICALS AND PUBLICATIONS WHICH ARE ESSENTIALLY DEVOTED TO ADVERTISING)
FLOW	EXPORT
INDICATORS	VALUE_IN_EUROS

REPORTER/ PERIOD	Jan.-Dec. 1995	Jan.-Dec. 2000	Jan.-Dec. 2005	Jan.-Dec. 2010
AUSTRIA	61.700.576	65.184.419	42.023.764	46.141.889
BELGIUM (and LUXBG -> 1998)	218.241.471	246.637.172	247.395.187	158.560.338
GERMANY	325.581.573	515.084.337	577.158.613	628.938.518
DENMARK	65.879.022	60.900.077	50.414.052	25.533.485
SPAIN	138.425.904	313.595.773	324.549.783	197.654.876
FINLAND	19.071.473	20.925.305	19.486.574	17.668.559
FRANCE	176.966.352	208.479.814	215.480.250	260.124.586
UNITED KINGDOM	404.568.798	677.105.514	769.761.310	729.850.559
GREECE	439.495	3.876.535	4.269.422	6.943.519
IRELAND	40.074.311	35.630.085	106.874.934	15.967.456
ITALY	250.031.976	297.858.169	298.542.659	290.568.635
LUXEMBOURG	:	1.571.501	9.271.066	1.272.244
NETHERLANDS	120.459.410	201.490.554	176.632.160	167.241.910
PORTUGAL	10.485.408	9.623.640	10.747.403	9.865.879
SWEDEN	30.261.729	42.684.940	44.206.368	28.598.080
EU15 (AT, BE, DE, DK, ES, FI, FR, GB, GR, IE, IT, LU, NL, PT, SE)	1.862.187.498	2.700.647.835	2.896.813.545	2.584.930.533

Anhang zu den Ausführungen in der Einführung

VI.e

PARTNER	UNITED STATES
PRODUCT	PRINTED BOOKS, BROCHURES AND SIMILAR PRINTED MATTER, IN SINGLE SHEETS, WHETHER OR NOT FOLDED (EXCL. PERIODICALS AND PUBLICATIONS WHICH ARE ESSENTIALLY DEVOTED TO ADVERTISING)
FLOW	IMPORT
INDICATORS	VALUE_IN_EUROS

REPORTER/ PERIOD	Jan.-Dec. 1995	Jan.-Dec. 2000	Jan.-Dec. 2005	Jan.-Dec. 2010
EU15 (AT, BE, DE, DK, ES, FI, FR, GB, GR, IE, IT, LU, NL, PT, SE)	33.076.793	76.831.717	98.861.103	106.111.391

FLOW	EXPORT
INDICATORS	VALUE_IN_EUROS

REPORTER/ PERIOD	Jan.-Dec. 1995	Jan.-Dec. 2000	Jan.-Dec. 2005	Jan.-Dec. 2010
EU15 (AT, BE, DE, DK, ES, FI, FR, GB, GR, IE, IT, LU, NL, PT, SE)	27.716.893	65.200.188	151.440.272	109.095.921

Anhang zu den Ausführungen in der Einführung

VI.f

PARTNER	UNITED STATES
PRODUCT	PRINTED BOOKS, BROCHURES AND SIMILAR PRINTED MATTER (EXCL. THOSE IN SINGLE SHEETS; DICTIONARIES, ENCYCLOPAEDIAS, PERIODICALS AND PUBLICATIONS WHICH ARE ESSENTIALLY DEVOTED TO ADVERTISING)
FLOW	IMPORT
INDICATORS	VALUE_IN_EUROS

REPORTER/ PERIOD	Jan.-Dec. 1995	Jan.-Dec. 2000	Jan.-Dec. 2005	Jan.-Dec. 2010
EU15 (AT, BE, DE, DK, ES, FI, FR, GB, GR, IE, IT, LU, NL, PT, SE)	483.350.465	686.166.724	474.995.457	450.127.115

FLOW	EXPORT
INDICATORS	VALUE_IN_EUROS

REPORTER/ PERIOD	Jan.-Dec. 1995	Jan.-Dec. 2000	Jan.-Dec. 2005	Jan.-Dec. 2010
EU15 (AT, BE, DE, DK, ES, FI, FR, GB, GR, IE, IT, LU, NL, PT, SE)	370.359.223	597.341.791	347.635.993	217.443.531

Anhang zu den Ausführungen in der Einführung

Ausländische Studierende aus dem Bologna-Raum[2] in % der inländischen Studierenden in EU-15 Staaten, nach vorliegenden Angaben

VII

(Ausländische Studenten in % der inländischen Studenten nach Herkunftsland (ISCED 5A-6) [educ_bo_mo_el8i])

GEO = Geonomenklatur (von Eurostat)

Letzte Aktualisierung 10.07.13
Exportierte Daten 23.11.14
Quelle der Daten Eurostat [educ_bo_mo_el8i]

GEO/TIME	2000	2005
Belgien	7	8,8
Dänemark	2,9	4,1
Deutschland	6,4	7,5
Griechenland	:	2,4
Spanien	0,5	0,8
Frankreich	2,6	2,8
Italien	0,9	:
Niederlande	1,7	1,6
Österreich	2,3	2,9
Portugal	0,6	0,8
Finnland	1,1	1,5
Schweden	4,6	4,9
Vereinigtes Königreich	6,9	5,7
Europäischer Hochschulraum (Bologna-Prozess)	2,1	2,6

---

[2] Zum territorialen Zuschnitt des Bolognaprozesses vgl. die „Alphabetische Liste der Unterzeichnerstaaten/Mitgliedstaaten des Bologna Prozesses" aus dem Jahr 2007, im Internet unter: www.ebcert.de/wp-content/downloads/de/mitgliedsstaaten_bologna_prozess.pdf (Stand 23.11.2014). S. darüber hinaus den „Bericht über die Umsetzung des Bologna-Prozesses" unter dem Titel: „Der Europäische Hochschulraum im Jahr 2012", im Internet unter: eacea.ec.europa.eu/education/eurydice/documents/themnatic_reports/138DE.pdf (Stand: 23.11.2014).

www.ingramcontent.com/pod-product-compliance
Lightning Source LLC
Chambersburg PA
CBHW050527300426
44113CB00012B/1992